엘리트 세습

MERITOCRACY TRAP

중산층 해체와 엘리트 파멸을 가속하는 능력 위주 사회의 함정

엘리트 세습

대니얼 마코비츠 지음 · 서정아 옮김

THE MERITOCRACY TRAP

세라와

우리 아이들을

위하여

추천사

"과감하고 충격적이다. 마코비츠는 좋은 학교를 나온 전문직 종사자들이 습관처럼 내뱉는 낙천적인 자화자찬에 제동을 건다."

「뉴욕 타임스 북 리뷰New York Times Book Review」

"창의성이 빛나는 이 책은 교수 휴게실, 컨트리하우스의 바, 가족의 저녁 식사 자리에서 끝없는 논쟁을 불러일으킬 것이다. 독자들의 충격과 분노를 자극할 것이다. 마코비츠는 나무가 무성한 교정에서 점점 더 크게 벌어지고 있는 빈부 격차를 놀랍도록 생생하게 묘사한다."

「보스턴 글로브Boston Globe」

"우리 시대의 가장 중요한 문제를 규명하는 책이다. 과거의 귀족과 달리 오늘날의 신흥 엘리트는 도덕적 우위를 확보한 것처럼 보인다. 시스템은 전과 다른 방식으로 조작되었지만, 조작된 것은 분명한 사실이다."

「선데이 타임스Sunday Times」

"우리는 미국의 잘못된 변화를 설명해줄 목소리를 기다려왔다. 대니얼 마코비츠가 그 목소리의 주인공이다. 이 책은 사회학의 걸작이다. 양육과 교육기관에 대한 고발이며 지배 계층과 그들이 창조해낸 경제에 대한 노골적인 초상화다. 마코비츠의 명쾌한 비판에 자신의 현실을 인식할 독자가 수도 없이 많을 것이다. 그들은 급격한 분노, 쓰라린 후회, 체제를 개혁하고 싶은 불타는 욕망을 느끼게 될 것이다."

프랭클린 포어Franklin Foer, 『생각을 빼앗긴 세계World Without Mind』의 저자

"대니얼 마코비츠는 불평등 심화 현상을 도발적인 시각으로 분석하고 사회 분열에 대해 충격적인 이야기를 들려준다. 그는 우리에게 능력주의가 덫이며 특정 기량과 일평생 계속되는 시험을 우상화한다고 똑똑히 경고한다. 마코비츠는 상류층의 교육과 엘리트 직장의 그릇된 연결고리를 놀랍도록 세세하게 해부할 뿐만 아니라, 이 두 가지가 결합할 때 소수 특권층은 크나큰 혜택을 얻는 반면에, 나머지 사람들은 가치가 깎이고 사기가 떨어진다는 것을 보여준다."

제리 브라운Jerry Brown, 전 캘리포니아 주지사

"마코비츠의 저서는 광범위하고 엄밀한 동시에 섬세하고 예리하다. 이 책은 세부적으로나 전체적으로나 통찰력을 제공한다. 능력주의의 장점을 찬양하는 사람에게 이 책부터 읽어볼 것을 권한다."

콰메 앤서니 아피아Kwame Anthony Appiah, 뉴욕 대학 철학과 및 로스쿨 교수,

『구속력이 있는 거짓말: 정체성 재고찰하기The Lies That Bind: Rethinking Identity』의 저자

"대니얼 마코비츠는 능력주의가 유발하고 심화시킨 불평등을 과감하고 용감하게 비판한다. 그는 능력주의가 승자와 패자 모두를 파괴하며 기운을 꺾는다고 주장한다. 통념에 반기를 들고 기술 변화가 자연의 섭리가 아니라고 주장한다. 훌륭한 자격을 갖춘 근로자가 운 좋게 기술 변화 덕분에 자기 가치를 올린 것이 아니라고 말한다. 그보다는 훌륭한 자격을 갖춘 근로자가 기술 변화를 일으켜 노동시장을 자기에게 유리하도록 왜곡하고 중산층 공동화를 유발했다고 주장한다. 이 훌륭한 책은 능력주의를 신봉하는 엘리트들에게 자기 성찰 기회를 제공할 것이다."

마이클 J. 샌델Michael J. Sandel, 『돈으로 살 수 없는 것들What Money Can't Buy』의 저자

"시스템은 조작되었다. 그리고 마코비츠의 주장에 따르면 범인은 공정함을 촉진해야 할 능력주의다. 뛰어나고 명쾌하며 집요한 이 책은 미국의 대참사를 까발린다."

제임스 포먼 주니어James Forman Jr.,

퓰리처상 수상작 『자국민을 잡아 가두다Locking Up Our Own』의 저자

자본주의의 승자들이 실은 패자에 불과한가? 불평등이 모든 이에게 해악을 끼친다는 논점을 설파하는 수작. 대다수 선진국에서 불평등이 심각해지는 지금 시기에 매우 적절한 책.

리처드 리브스Richard Reeves, 『파이낸셜 타임스Financial Times』

마코비츠는 베블런, 존 갤브레이스에 이어, 당대의 미국인들이 파악하지 못하는 미국 사회를 경제학과 사회학을 융합해 포착한 수작의 계보를 충실히 잇는다.

조지프 엡스타인Joseph Epstein, 『월스트리트 저널Wallstreet Journal』

·추천의 글·

'공정'이라는 말은 시대정신이 됐다. 2016년 이화여대에서는 〈다시 만난 세계〉라는 노래가 울려 퍼졌다. '엄마 찬스'라는 이름으로 권력의 시혜를 입은 특권에 대한 분노로 대학생들은 마스크를 쓰고 집회를 열었다. 그 분노는 정권을 무너뜨리는 시작점이 되기도 했다. 조금 지나 2019년과 2020년을 수 놓은 '조국 사태', '인국공(인천국제공항)' 논쟁, 입학사정관제를 통한 대학 입시, 의학전문대학원 입시, 그리고 비정규직의 정규직 전환이 한국 사회의 문제로 환기됐다. 어떤 청년들은 '공정'의 문제를 끊임없이 제기했다. 같은 시간 고등학생들은 '공정'한 입시를 위해 학생부종합전형에 근거한 수시를 축소하고 수능 위주의 정시를 확대해야 한다고 주장했다. 그리고 2020년 여름, 전공의들은 공공의대 설립과 의대 정원 확대에 반대하며 파업(진료 거부)을 진행했다. 그들은 공공의대 인원 선발 시 '시민사회 추천'이 하나의 '특권' 혹은 '세습'이 될 수 있다고 주장했다.

특권과 세습을 배격하고, 사회 모든 영역에서 능력과 실력에 따라 선발과 평가가 이뤄져야 한다는 생각이 공정함을 말할 때 한 축이 된다. 그 근거를 정의하는 말이 바로 '능력주의'다.

예일 대학 로스쿨 교수 대니얼 마코비츠는 『엘리트 세습The Meritocracy Trap』에서 이런 공정, 능력주의에 대한 생각이 비단 한국에만 널리 퍼져 있는 것이 아님을 보여준다. 마코비츠는 엘리트를 양성하는 대학의 교수로서 자신이 마주치는 엘리트 사회가 어떻게 변해왔는지, 그 변화가 미국 사회를 어떻게 바꾸었는지 탁월하게 추적한다.

넷플릭스의 다큐멘터리 〈인사이드 빌 게이츠〉를 보자. 현대 소프트웨어 산업을 이끈 선구자 중 한 명인 빌 게이츠는 죽을 때까지도 가진 돈을 다 쓸 수 없으며, 미국 증시의 활황 속에서 자산이 계속 증가하는 세계 최고 부자다. 그는 하루 일정을 분 단위로 쪼개어 '관리'당하며, 일에서 해방되는 순간에도 뭔가를 공부하기 위해 별장으로 가서 콜라 몇 캔과 햄버거를 먹으며 하루 종일 책을 읽는다. 그나마 한담을 나누는 것이 또 다른 세계 최고 부자 워런 버핏과의 식사 시간이다. 빌 게이츠는 끊임없이 '일의 영감'을 찾는다. 그 영감은 빌&멀린다 게이츠 재단의 일이 된다. 칠순을 바라보는 그는 여전히 문제를 해결해야 잠을 잘 수 있는 일하는 현역이다. 20대의 빌 게이츠는 에너지 드링크에 의존해 하루 종일 프로그래밍을 하고 때로는 며칠씩 밤을 새우는 일도 서슴지 않는 일 중독자였다. 20대 빌 게이츠의 모습은 실리콘밸리 IT

업계 엘리트의 '인재상'이 됐다. 탁월한 프로그램을 짜고, 문제해결을 위해서라면 언제든 몰입해서 밤을 새우는 괴짜geek.

　미국 뉴욕의 월가도 장시간 몰입 노동에서 자유롭지 않다. 하루 종일 전화기를 붙들고 거래를 진행하고 퇴근 후에는 시장을 분석하느라 바쁜 주식·파생상품 트레이더, 일주일에 100시간 넘게 일하며 졸음이 올 때는 트레드밀에 올라 달리기를 하는 컨설턴트. 상경계 엘리트만 그런 것이 아니다. 미국의 변호사들은 단위 시간당 최고 수임료를 받기 위해 연간 2,400시간 노동도 감수해야 하는 처지다. 그렇게 점점 더 일의 강도를 높여가며 끝도 없이 자기 자신을 착취하는 톱니바퀴에 끌려들어간다. 능력을 입증하기 위해 강박적인 과로에 시달린다.

　탐욕스럽고 거드름을 피우며 유유자적하는 상류층 자본가의 모습은 미국 사회에서 사라졌다. 아이비리그 대학과 스탠퍼드 대학 등 미국의 명문대들은 기부금을 많이 내는 명문가의 자제 대신 실력 있고 유능한 학생을 뽑는다. 명문대를 나온 엘리트들은 자신들의 초과근무와 몰입을 통해 비싼 명문대 등록금의 학자금 대출 원리금보다 훨씬 많은 연봉과 보너스를 받는다.

　토마 피케티는 자본의 수익률이 경제성장률보다 높고 노동소득보다 높다고 했지만, 마코비츠는 이 셈법이 틀렸다고 한다. 엘리트들은 부를 임대 수익이나 금융 수익으로 얻는 게 아니라 노동소득으로 얻는다는 것이다. 노동소득으로 수억 원, 수십억 원을 넘어 수백억 원씩 받는 이들, 이들이 새로운 시대의 엘리트인 것이다.

　명문대를 나와 고숙련을 요구하는 일자리를 얻고, 비싼 가치의 일을 오랫동안 많이 하니 많이 벌어 부자가 된다. 이들이 특권이나 세습과는 거리가 먼 '공정한' 세상의 건강한 엘리트일지 모른다. 새로운 시대의 엘리트들은 자녀에게 자산을 물려주지 않고 '쿨'하게 자선재단을 만드는 식으로 부를 사회에 환원한다. 에이미 골드스타인의 『제인스빌 이야기』에 나오는 GM 공장의 생산직 노동자 같은 '평범한 사람들', 즉 중산층 노동자들은 일자리를 잃고 비정규직의 단기 일자리를 전전한다. 고숙련 일자리와 저숙련 일자리만 늘어나는 '일자리의 양극화' 때문이다. 노동조합에 의해 고용이 안정되고 정년이 보장되며 근속 연수에 따라 임금이 올라가던 생산직으로 대표되는 중숙련 노동자의 일자리는 사라졌다. 그런데 사라진 '평범한 사람들'의 이야기는 묻힌다. 이들은 부당하게 자신의 몫을 받지 못한 사람이 아니라, 시대가 요구하는 '능력'이 없는 '화이트 푸어' 혹은 '꼴통 보수 레드 넥'이 되어버린다. 일자리를 상실한 중숙련의 중산층 노동자와 고숙련의 고학력 엘리트 노동자 사이 감정의 간극과 소통 부재는 미국에서 트럼프와 포퓰리즘 열풍, 그리고 민주당 리버럴 정치의 어려움으로 극적으로 표출된다.

능력으로 무언가를 쟁취한 이들은 자신들의 부를 기부할지언정, 누진소득세나 상속세, 증여세 등을 통해 분배하는 것에 반감을 드러낸다. 특권으로 세습받은 부가 아니라 잠 못 자며 노력으로 일궈낸 부가 아닌가! 엘리트 사회의 내외적 변화와 기술혁신으로 인한 노동시장의 변화 속에서 경제적 격차는 커져가고 미국의 사회적 발언의 편중은 더욱 심해져간다. 실제로 미국의 엘리트 초고소득자들의 세금은 특별히 늘지 않았다고 한다.

한국으로 돌아와보자. '전교 1등'이 되기 위해 코피 흘리며 하루 3시간씩 잤던 의대생들, 학점·외국어·인턴십 등 스펙을 쌓고 공기업 인재가 되기 위해 부단히 노력했던 취준생들, 주 80시간씩 뛰어다니며 환자들을 돌봤던 전공의들의 목소리는 미국의 능력주의와 같은 문법을 따른다. 하지만 사실 미국의 일부 밀레니얼 세대 엘리트들은 엘리트 착취로 몰아가는 능력주의에 회의감을 보이기도 한다.

공정이라는 말의 한 축을 능력주의가 차지하는 것은 분명해 보이지만, 그게 전부는 아니다. 공정이라는 말의 다른 한 축에는 정의와 공평이 존재한다. 정의와 공평이란 말 속에는 격차를 시정해야 한다는 평등함에 대한 요청이 존재한다. 사회과학과 인문학을 풍미했던 '신자유주의 통치성'이라는 개념을 기억하는 독자라면, 마코비츠의 책을 읽으면서 '자기계발하는 주체'라는 말이 유행했던 10년 전을 떠올리며 이론적인 논점을 검토해볼 수 있을 것이다.

'헬리콥터 맘', '타이거 맘'을 떠올리는 사람도 있을 것이다. 최적화된 인적 자본으로 거듭나기 위한 사람들의 '노력' 뒤에 숨어 있는 '엘리트 세습 방식'으로서의 능력주의와 '흙수저' 청년이 '금수저'라는 세습으로 열패감을 갖게 되는 '헬조선'의 문제가 함께 보일 수도 있다. 책을 읽으면서 평등에 대한 생각을 더 많이 할 수도 있다. 어쩌면 능력주의 속에 담긴 '변화한 세습 방식'의 문제를 짚어낼 수도 있겠다. 실용적으로는 "사실 일이라는 게 혼자 해서 되는 게 아닌데" 하며 좀 더 현실적으로 시험 성취에 몰입하는 '책상물림 엘리트'들의 한계를 짚어내는 노련한 생활인도 있을지 모르겠다.

좀 더 역동적으로 많은 기회와 공평한 결과물을 나눠 가질 수 있는 사회가 되려면 어떻게 바뀌어야 할까?" 개방적인 민주주의 사회에서 어떤 사회 문제든 은폐되기보다는 속속들이 드러나 그 구조가 보일 때 사회적 논의가 잘 시작된다고 믿는다. 21세기 미국 엘리트들의 생활양식을 마치 잘 구성된 다큐멘터리처럼 드러낸다는 점만으로도 이 책의 미덕은 충분해 보인다. 미국 사회의 능력주의와 엘리트 세습 문제를 살피며, 한국 사회에 필요한 양질의 논의를 많은 이가 함께 펼쳤으면 한다.

양승훈
경남대 사회학과 교수,
『중공업 가족의 유토피아』 저자

실력대로 공정하다는
능력주의는 속임수다

모든 문명사회는 능력주의meritocracy가 속임수라는 사실을 부정한다. 웬만한 사람은 누구나 능력과 노력으로 혜택이 얻어져야지 계층과 함께 상속되면 안 된다는 생각에 동의한다. (사회적·경제적 보상이 태생이 아니라 성취에 기반을 두고 제공되어야 한다는)[1] 능력주의의 이상은 이 시대 사람들의 자아상에 영향을 준다. 이제 모든 선진 사회에서 귀족 제도aristocracy는 뒤안길로 물러나고 능력주의가 기본 신조로 떠올랐다.

그것은 과거에는 세습되었던 엘리트 계층을 재능과 야망 말고는 가진 것이 없는 외부인들에게 개방함으로써 평등과 기회를 촉진한다는 약속을 내건다. 또한 더 나아가 부와 지위가 성취를 통해 확보되어야 한다고 주장하면서 개인의 혜택과 공익이 조화를 이루게 하겠다는 약속도 한다. 한마디로 능력주의는 고된 노력과 기량, 합당한 보상이라는 이상을 퍼뜨림으로써 사회 전체를 통합하려 한다.

그러나 능력주의는 더 이상 약속대로 작동하지 않는다. 오늘날 중산층 어린이는 학교에서 부유층 어린이에게 뒤처지고 중산층 성인은 직장에서 명문대 졸업자에게 밀려난다. 중산층에겐 기회가 차단된다.[2] 그것도 모자라 소득과 지위 경쟁에서 패배한 사람들을 비난한다. 모두가 규칙대로 해도 부유층만 승리하는 경쟁인데 말이다.

그러나 능력주의는 엘리트에게도 해롭다. 그런 교육관 때문에 부유한 부모들은 자녀의 엘리트 교육에 수천 시간과 수백만 달러를 투자한다. 이 직업 문화 속에서 엘리트 성인들은 뼈 빠지도록 치열하게 일하며 이제까지의 투자에서 수익을 뽑아내기 위해 자신들이 받은 교육을 최대한 활용한다. 과거의 귀족과 달리 불안하고 정통성이 없는 엘리트를 무자비하고 일생 동안 지속되는 경쟁으로 끌어들이며 뼈를 깎는 노력을 통해 소득과 지위를 얻으라고 부추긴다.

오늘날 능력주의는 엘리트와 중산층을 갈라놓고 있다. 중산층은 기득권에 원한을 품고 엘리트는 특권 계층의 부정한 특혜에 집착한다. 중산층과 엘리트가 공유해야 하는 사회는 쌍방 비난, 무배려, 기능 장애의 소용돌이에 말려들고 있다.

이런 모든 해악이 드러나지 않는 까닭은 능력주의의 마력 때문이다. 게다가 이 마력 때문에 해악의 배후에 능력주의가 있다는 사실을 인식하기가(그리고 진지하게 고찰하기가) 쉽지 않다. 엘리트들을 맹렬하게 비판하는 사람들조차 그 이상을 순순히 받아들인다. 이들은 부패한 엘리트들이 성과에 대한 보상을 제공하는 척하지만 실제로는 자신들의 보상만 챙긴다고 비난한다. 이들은 능력주의의 이상을 실행에 옮기지 못한다고 악당 개개인을 비난함으로써 원칙적으로는 그 논리를 재차 긍정한다. 그러나 실제로는 개개인의 악행보다는 사회와 경제 구조가 불신과 불협화음을 유발해 사람들의 삶을 어렵게 한다. 본래 취지와 초기 성과가 무엇이든 간에, 오늘날 능력주의는 혜택을 집중시키고 해로운 불평등을 고착한다. 이 모든 문제의 주된 원인은 그것의 확산이다.

성과 자체도 실속 없는 덕목이자 허울뿐인 숭배 대상이 되었다. 그뿐만 아니라 능력주의는 한때 자애롭고 정의로웠지만 이제 스스로 맞서 싸워야 할 대상과 똑같은 존재가 되고 말았다. 부와 특권의 집중과 세습을 대대손손 유지하는 메커니즘이자 원한과 분열을 불러일으키는 계층 제도가 된 것이다. 심지어 새로운 귀족 제도라고 해도 과언이 아니다.

엘리트가 독점하는 사회

나는 능력으로 여기까지 온 사람이다. 이 책이 폭로하는 여러 가지 힘의 산물이자 행위자다.

능력주의가 기세를 더하던 1987년 여름에 나는 텍사스주 오스틴의 공립고등학교를 졸업하고 북동부로 가서 예일 대학에 다녔다. 그 후 15년 동안 런던 정치경제 대학, 옥스퍼드 대학, 하버드 대학, 마지막으로 예일 대학 로스쿨 등 여러 대학에서 일련의 학위를 취득했다.[3]

현재 나는 예일 대학 교수다. 그곳의 내 제자들은 젊을 때 나와 놀랄 정도로 비슷하다. 대대수는 전문직 부모와 일류 대학의 산물이다. 나는 그들에게 과거 내 스승들이 전수했던 지식을 전달한다. 이와 같이 모든 면에서 내 성공과 지위는 엘리트 교육기관이 제공한 교육과 일자리 덕분에 얻은 것이다.

　능력주의는 현재 정점에 도달해 엘리트들을 양성하고 채용하는 모든 기관에서 압도적인 영향력을 떨치고 있다. 하버드 대학은 "세계에서 가장 야심 찬 학자들의 안식처"를 자처한다.[4] 하버드의 사명 선언문을 보면 그 목표는 학문적 우수성을 달성하는 것뿐만 아니라 "우리 사회의 시민과 시민 지도자들을 교육"해 이들이 "이 세상에 가장 훌륭하게 공헌하는 방법"을 배울 수 있도록 하는 것이다.[5] 이런 사명은 하버드나 다른 일류 대학 졸업생이 주로 취업하는 기업에서도 이어진다. 엘리트들은 성인이 되어서까지 그 영향을 받는다. 골드만삭스 Goldman Sachs는 "지구 역사상 가장 많은 엘리트가 결집된 직업 사회"로 불리며,[6] 골드만삭스의 홈페이지는 자사가 이를테면 뉴저지주 뉴어크의 '부흥'과 뉴올리언스의 '재기'를 도운 투자를 중개함으로써 엘리트와 한참 동떨어진 계층에서도 '발전'을 촉진하고 있다고 홍보한다.[7] 이처럼 여러 차례 되풀이되어온 친숙한 표현은 엘리트들을 전반적인 번영의 촉진자로 광고하고 공익과 연관 지음으로써 엘리트의 특별한 재능을 만방에 알리는 동시에 계층 제도를 민주주의적 삶의 도덕적 의무 가운데 하나로 포함시킨다.

　능력주의의 약속은 혁명을 예고한다. 과거의 귀족은 혈통이나 가문 덕택에 태어나면서부터 지위를 얻었고 부당한 특권을 남용해 부당한 혜택을 독점했다. 오늘날의 엘리트들은 자신들이 재능과 노력을 통해 지위를 얻었으며 누구에게나 허용된 수단을 이용해 정정당당하게 출세했다고 주장한다. 과거의 나태한 귀족들은 미미한 성과만 거두거나 아무런 성과도 내지 못했다. 그들은 다른 사람의 노동력을 착취함으로써 호화롭게 살았다. 오늘날 열심히 일하는 엘리트들은 자신들이 제 역할을 다하고 있으며 엄청난 성과를 올려 사회에 정당하게 기여하는 지도자라고 주장한다.

과거의 계층 제도는 해롭고 모욕적이었다. 그러나 능력주의는 공정하고 자애로우며 건전한 가치임을 표방한다. 능력주의meritocracy는 라틴어 어원mereo ●에 걸맞게 후천적으로 얻은 혜택만을 예찬하며 엘리트를 민주주의 시대에 적합하게 바꿈으로써 계층 제도의 이상을 회복하겠다고 약속한다. [8]

능력주의의 의례 절차는 계층 제도의 이상을 구체적이고 접근 가능한 것으로 만들며, 합당한 혜택이라는 개념을 삶에 접목함으로써 그 이상을 강화한다. 미국 여름철의 주기적인 행사가 된 졸업식은 능력주의의 의례 절차가 어떤 힘을 발휘하는지 고스란히 보여준다. 예일 대학 로스쿨에서는 졸업식이 이틀 동안 성대하게 치러진다. 빌 클린턴,[9] 조 바이든,[10] 대법관에 오른 두 여성 루스 베이더 긴즈버그Ruth Bader Ginsburg와 소니아 소토마요르Sonia Sotomayor[11] 같은 저명인사는 졸업생들에게 자신의 관심사를 추구하고 공익을 위해 재능을 활용하라고 훈계한다. 교수들은 모직, 실크, 모피로 된 밝은 색상의 모자와 가운을

● 일해서 벌다, 받을 자격이 있다는 뜻이다.

걸친다. 대학 간부들은 보석으로 장식된 목걸이를 착용하고 의식용 지팡이를 든다. 전임 학장은 유럽에서 가장 오래된 대학인 볼로냐 대학이 명예박사 학위와 함께 수여한 호화로운 의상을 착용한다.[12]

　대학 졸업식은 방종하거나 격식을 탈피한 행사가 아니다. 그보다는 (결혼식처럼) 진지한 목표를 선포하고 정치적으로든 개인적으로든 심오한 뜻을 담고 있다. 졸업 연설은 능력을 쌓은 엘리트에게 공익에 기여하라고 재차 촉구한다. 중세풍의 화려한 행사는 능력주의에 지금은 사라진 귀족 제도의 아련한 매력을 부여한다. 앞으로 나아가기 위해 과거를 회고하고 새 술을 담을 수 있게 낡은 술통을 정비하는 셈이다.[13] 여름철 오후 고딕 양식의 사각형 안뜰에서 그림자가 길게 드리워질 때, 과거의 역사가 현재 존재하듯 생생하게 느껴진다. 대학이 대대손손 단절 없이 이어진 끈처럼 느껴진다. 졸업식은 피할 수 없는 미래와 시간을 초월한 과거를 이음새 없이 연결하고 일련의 변화를 흡수하며 성년기의 문턱에 선 졸업생들에게 안도감을 준다. 능력주의의 의례 절차는 미래가 다가오기도 전에 미래를 친숙한 것으로 만든다. 그런 절차는 능력주의를 현대인의 삶에서 가장 중요한 서사로 고착시킨다.

　능력주의는 고유한 언어를 형성할 정도로 일관된 용어와 무대를 배경으로 한다. 그런 언어는 여러 맥락에 걸쳐 되풀이되어 이 시대 모든 시민에게 친숙한 삶의 형태가 되었다. 그 결과 엄청나게 강력한 마력을 얻었다. 그 광채는 사람들의 상상력을 사로잡고 시선을 잡아끌어 비판적 판단을 잠재우고 개혁을 억누른다. 능력주의는 그 자체를 기본 상식으로 내세우며 일상 경험의 바탕에 파고 들어감으로써 현재 그 논리에 직면한 모든 사람을 위협하는 해악을 은폐한다. 실제로 능력주의 때문에 혜택을 분배하는 그 외 방식은 부당하거나 부정한 것으로 간주된다. 다른 방식은 혜택이 편견이나 연고에 따라 분배되거나 높은 지위가 제비뽑기로 배정된다는 인상을 전달한다.

그러나 능력주의가 점점 심화해 한 세대 전에는 눈에 띄지 않던 새롭고 억압적인 계층 질서를 낳고 있다. 역사상 유례없으며 능력주의를 원인으로 한 불평등이 새로운 도금 시대gilded age●를 어지럽히고 있다. 엘리트들은 소득, 부, 권력뿐만 아니라 산업, 공식적인 영예, 개인적인 존경까지 독점한다. 능력주의는 중산층을 사회적·경제적 혜택에서 철저하게 소외시키며, 동시에 엘리트를 계층을 지키기 위한 파괴적인 경쟁으로 끌어들인다. 능력주의에 따른 불평등(부유층과 나머지 계층 간의 격차 확대) 때문에 미국은 심상치 않은 경로에 서 있다. 능력주의로 말미암은 불평등이 확대되고 능력주의의 부담이 커질수록 능력주의가 도덕적이라는 주장은 흔들리고 그런 의례 절차는 힘을 잃는다. 능력주의의 신조는 한때 사람들의 마음을 사로잡았지만 이제는 그 지배력이 점차 약해지고 그에 대한 저항감이 커지는 추세다. 전체의 이익을 증진해 혜택을 얻으라는 식의 뻔하고 상투적인 이야기는 설득력을 잃었으며 과거의 의례 절차는 더 이상 위안을 주지 못한다. 오히려 능력주의가 유발하는 불평등에 대한 불만이 비판으로 이어지고 있다. 가장 중요한 사실은 사람들의 삶을 지배하는 고통이 능력주의가 불완전하게 구현되었기 때문이 아니라 능력주의 그 자체 때문이라는 점이다.

● 19세기 후반 미국에서 철도 건설 등의 산업화로 거대 자본가가 나타나고 온갖 부정이 횡행했던 시대를 가리킨다.

엘리트 밀레니얼 세대의 딜레마

능력 경쟁은 미국의 중산층을 경제와 사회의 중심부에서 몰아내고 혜택, 명예, 부를 가늠하고 할당하는 사회적 기준의 적용 대상조차 되지 못하게 한다. 능력주의의 에너지, 야심, 혁신은 인류 역사의 큰 흐름을 바꿔놓았지만 능력주의는 창의력의 원천을 극소수 엘리트에게 집중시키고, 그 때문에 창의력의 원천은 폭넓은 중산층의 현실적이고 창의적인 지평에서 갈수록 멀어진다. 능력주의는 아이비리그, 실리콘밸리, 월가를 엘리트끼리 야망을 겨루는 격전지로 만든다. 이 같은 장소에서 활약하는 혁신가들은 (스탠퍼드 대학과 구글의 경우) 인터넷을, (하버드 대학과 페이스북의 경우) 소셜미디어를, (프린스턴 대학과 월가 전반의 경우) 금융을, 그리고 그 외 수천 곳에 달하는 세부 부문을 뒤바꿔놓음으로써 새로운 생활 세계life-world를 창조할 수 있다. 그러나 능력주의 체제 변방에 놓인 중산층 어린이는 위대한 차세대 발명품을 만들기보다 그런 발명품의 희생양이 될 가능성이 크다. 능력주의는 시민 대다수를 사회 주변부로 몰아내고 중산층 어린이들을 무기력한 학교로, 중산층 성인들을 장래성 없는 직장으로 보낸다.

통념상 능력주의는 기회의 평등과 결합되는 일이 많다.[14] 물론 능력주의가 기회의 평등을 보완하는 요소로 받아들여졌으며 초기에는 엘리트 계층을 다른 계층에게 개방한 것도 사실이다. 그러나 현재는 사회 이동을 촉진하기보다 억제하는 요소에 가깝다. 한때 사람들을 하찮은 주변부에서 미국의 상층부로 올려놓았던 수단들이 현재는 급격하게 줄어들고 있다. 중산층 가정은 부유한 가정처럼 정성스러운 교육을 감당할 여력이 없으며, 평범한 학교는 충분한 자원을 끌어모으지 못하고 열등한 교육을 제공하기 때문에 갈수록 엘리트 학교에 뒤처지는 추세다. 일류 대학조차 교육보다 성과를 강조함에 따라 중산층 출신 학생들이 승리할 수 없는 입학 경쟁이 펼쳐지고 있으며, 일류 대학의 학생회를 구성하는 대다수는 부유층 자제다. 오늘날의 능력주의 교육은 일반 국민이 아니라 엘리트 계층의 목표를 충족하는 도구나 마찬가지다.

마찬가지로 능력주의로 말미암아 직업은 엘리트 대학에서 특별한 교육을 받은 대졸자에게 유리한 방향으로 변화하고 있다. 그 결과 직업은 학교에서 형성된 불평등을 확대하고 심화한다. 실력과 성실한 직업의식만으로는 더 이상 좋은 일자리가 보장되지 않는다. 노동시장이 갈수록 특별한 교육과 값비싼 훈련을 받은 인력을 우대하는 추세로 변화하는 가운데 일류 대학 학위가 없는 중산층 근로 인력은 노동시장 전반에서 차별을 받는다.

능력주의는 결과의 배제뿐 아니라 기회의 배제까지도 유발하며 능력주의식 가치관은 물질적 피해도 모자라 도덕적 모욕까지 안긴다. 능력주의는 중산층에게서 훌륭한 교육과 보람된 일자리 기회를 박탈하면서도 학교와 직장에서의 성과를 고결한 가치로 포장한다. 따라서 능력주의가 내세우는 기준을 충족하려는 노력은 좌절되고 대다수는 그 기준에 부합하지 못한다. 엘리트 계층이 아닌 사람들은 이 모든 사실을 알고 있다. 또한 엘리트 계층의 역동성 때문에 중산층의 무기력한 권태감은 한층 더 두드러져 보인다. 아직은 물질적 여건이 괜찮은 곳에서도 능력주의에 따른 불평등은 중산층의 정신세계를, 서서히 진행

되지만 꺾을 수 없으며 파괴적인 몰락으로 이끈다.[15]

　게다가 능력주의는 엘리트 계층에 특혜를 부여하는 듯 보이지만, 실제로는 더 이상 엘리트에게도 도움이 되지 않는다. 한때 사회 전반에 공평하게 분배되었던 교육과 직업이 현재는 그 무게를 감당하기에 숫자가 너무 적은 엘리트 계층에 집중되어 있다. 중산층에 타격을 입힌 바로 그 힘이 엘리트 계층에게도 과중한 부담으로 작용한다.

　귀족은 출생으로 결정되었다. 그러나 능력주의 시대의 엘리트는 후천적으로 만들어질 수밖에 없다. 과거의 세습 엘리트들은 타고난 권리 덕분에 자신의 계층을 자녀들에게 어려움 없이 상속했다. 다음 세대 귀족은 앞선 세대의 귀족이 사망하는 즉시 작위와 대저택을 자동으로 물려받았다. 반면에 능력주의 세계에서는 계층을 대대손손 물려주고 싶은 가족들이 특권을 끊임없이 다시 구축해야 한다. 세대가 바뀔 때마다 업적을 세워 스스로의 엘리트다움을 새로이 재정비해야 한다는 이야기다. 능력주의 시대 엘리트는 차별화된 방식으로 자녀를 양육함으로써 그 목표를 달성한다. 귀족들에게는 자녀들을 교육할 의향과 능력이 부족했던 반면에, 능력주의 시대 엘리트들(특히 유능한 엄마로서 의무를 다하기 위해 자기 경력을 희생한 여성들)은 갈수록 자녀 교육에 재산뿐 아니라 기량과 에너지를 쏟아붓는 추세다.

　부유층 어린이들은 그런 교육을 흡수하면서 어린 시절을 보낸다. 부유한 부모를 둔 어린이들은 자그마치 일생의 3분의 1에 해당하는 (출생에서 시작해 성년기 한참 지나서까지 이어지는) 기간에 교육 프로그램 때문에 혜택을 얻고 고통을 받는다. 부유층 어린이들이 얼마나 체계적이고 강도 높은 교육을 받으며 가차 없는 요구를 충족해야 하는지는 반 세기 전의 중산층뿐만 아니라 오늘날의 중산층에게도 거의 알려져 있지 않다. 미국 헌법 입안자들은 경험을 쌓은 성인만이 대통령 자리에 오를 수 있도록 대통령의 나이를 35세 이상으로 규정했다.[16] 그런데 오늘날의 엘리트들은 35세에 이르러서도 학교에 재학 중인 경우가 허다하다.

능력주의가 만연해질수록 엘리트들은 점점 더 큰 압박을 받고 있으며, 오늘날에는 최고 지위에 오른 사람들마저 자신들을 형성한 치열하고 경쟁적인 교육에 반대하고 있다. (역사상 최초로 능력주의가 판을 치는 세상에서만 살아온) 밀레니얼 세대 *는 그 같은 압박을 가장 강렬하게 체감하고 있다. 엘리트 밀레니얼 세대는 고귀하고 나약할 수는 있지만 어느 논객의 조롱 섞인 묘사처럼 유일무이한 눈송이snowflake **같이 행동하지는 않는다. 엘리트 밀레니얼 세대는 자신들의 특권에 대한 도전에 매번 녹아내리거나 무너지지 않을 뿐 아니라, 특권을 얻기 위해 일생 동안 치열하게 경쟁을 벌이는 가운데에서도 꺾이지 않는다. 이들은 방종하지도, 불건전하지도 않다. 그보다는 늘 긴장하고 지친 상태다.

그뿐만 아니라 엘리트 밀레니얼 세대는 날이 갈수록 자신이 처한 현실을 자각한다. (능력주의의 전형적인 산물인) 예일 대학의 내 제자들은 자만하고 자신감 넘치기보다는 자신들의 혜택에 주눅 들고 당황한 상태다. 이들은 자신들의 성취로는 얻을 수 없는 의미를 찾아 나서

● 대략 1980년부터 2000년대 초반 사이 태어나 디지털 문화에 익숙한 세대.
●● 척 팔라닉이 1996년에 발표한 소설 『파이트클럽』에서 유래했으며 예민하고 자기중심적인 신세대를 경멸조로 일컫는 표현.

고 높은 계층을 지탱해주는 강도 높은 교육을 절망감에 가까운 무기력한 심정으로 바라본다. 대다수가 기득권 가정 출신인 이들은 자신들의 과도한 특권을 인식하고 있으며 자신들에게 혜택을 누릴 자격이 없다는 생각을 본능적으로 품는다. (평범한 가정에서 자라난 극소수의 엘리트 학생들이 이질적인 사회로 용이하게 진입하기 위해 '1세대 전문가first-generation professionals'● 지원 단체를 구성할 정도로 기득권 출신이 엘리트 대학의 문화를 좌지우지하고 있다.) 이런 학생들은 모두 학교에서 좋은 성과를 내고 계층을 유지하기 위해 끊임없이 분투를 벌일 수 있도록 양육될 뿐 아니라 교육되고 지도되고 훈련되고 형성되며 포장된다. 또한 그들은 이득을 얻기 위한 술수를 경멸하고 그런 행위에 연루된 자신들을 자조한다. 최근 설문조사에서 드러난 대로 이들은 소득과 지위를 분배하는 '위신 경제prestige economy' 안에서 출세하기 위한 '집단 광란collective frenzy'에 희생된다.[17]

내 제자들은 능력주의 세상에서 살아가는 다른 동년배들과 마찬가지로 '집단 불안'에 빠져 있다.[18] 이 같은 불안은 기대에 부응하지 못할지도 모른다는 두려움 때문에 생겨난다. 그들은 자신이 전에 올린 성과를 확신하지 못하고 미래에 경쟁이 심한 학교가 똑같이 경쟁이 심한 직장으로 바뀔 뿐, 이제까지 겪은 시련이 재현될까 봐 걱정한다. 능력주의 시대 엘리트들조차 능력주의가 진정한 성공을 촉진하지 못하고, 부유하지만 불건전한 방향으로 나아가리라 생각한다. 그들이 그렇게 생각하는 데는 명확하진 않지만 타당한 이유가 있다.

───────

● 가족 중 최초로 대학원에 다니는 학생을 뜻한다.

능력주의에 따른 불평등

능력주의는 공통된 주제를 슬쩍 변형해 세대와 상관없이 수많은 사람에게 부담을 지운다.[19] 이중으로 된 재난을 부과하는 셈이다. 통합된 메커니즘은 그야말로 소득과 지위를 집중시킨다. 그와 동시에 능력 경쟁 때문에 중산층은 실질적인 혜택을 얻을 기회를 빼앗기고 엘리트들은 과도하고 치열하게 헛된 이익을 추구할 수밖에 없다. 이와 같이 능력주의는 엘리트와 중산층(부자들과 그 이외 사람들)을 삼엄하고도 적대적인 포위망 안으로 끌어들인다. 능력주의에 따른 불평등은 적대감을 불러일으키고 모든 계층을 오해, 갈등, 불화는 물론 야전open warfare에 휘말리게 한다. 다시 말해 능력주의는 조직적인 계층 갈등을 조장해 사회적·정치적 생활을 망가뜨린다.

중산층은 한때 공평하게 제공되었던 기회와 혜택(교육과 직업, 소득과 지위)을 엘리트가 강제로 빼앗고 자신들을 치욕적이고, 그런 만큼 용서할 수 없는 소외로 내모는 상황을 경험한다. 당연히 소외는 능력주의가 고착시킨 이상과 제도에 대한 적의와 불신을 낳는다. 중산층은 갈수록 엘리트 학교, 대학, 전문적인 기업을 자신들과 동떨어진 장소로 간주하는 추세다. 이들은 그런 곳들이 기껏해야 비정상적인 가치관을 조장하고, 최악의 경우에는 그런 가치관을 대중에게 강요한다고 생각한다. 또한 중산층에게 그런 곳들은 책으로 배운 쓸모없는 지식, 정치적으로 올바른 표현, 오만과 자만이 넘치는 조직이다. 역설적이게도 이런 적대감은 (견고한 내적 논리가 없다고 할 수는 없지만) 소외에서 비롯되며 각종 소수자를 포용한다는 정치적 올바름에 대한 공격으로 나타나기도 한다. 특히 엘리트들이 이민자 등 다문화 출신 엘리트를 포용한다는 것에 분노한다.

더욱이 이 같은 적대감은 직접적이고 강력한, 심지어 세계를 뒤바꿀 만한 결과를 불러온다. 도널드 트럼프가 부유하고 강력하며 낙천주의로 유명한 나라의 대통령에 오른 것은 그런 적대감 덕분이다. 트럼프는 인정사정없이 현상을 공격하고 그 자신이 '기득권'으로 부르는 대상을 거부하며 능력 있는 엘리트들과 문화적 이방인들의 부정한 연합이 미국의 현 상황을 낳았다고 비난한다. 아메리칸 드림이 끝났다는 트럼프의 암울한 시각은 그의 종말론적인 취임사에서도 드러났다. 그는 미국이 심각한 부진에 빠져 있으며 가난, 범죄, 경제 붕괴 때문에 황폐해지고 있다고 말하면서 그런 상황을 '미국의 대학살'로 일컬었다.[20] 그의 창의적인 세계관과 '미국 우선' 등의 노골적인 언어는 자국에서는 대공황 당시의 좌절감과 분노를, 해외에서는 경제 위기와 전면전에서의 수치스러운 패배로 초토화된 나라들의 좌절감과 분노를 연상케 한다. 일반적으로 강력하고 번영하는 사회는 패배와 굴욕으로 타격을 입은 사회와 다르게 움직인다. 미국은 능력주의에 따른 불평등과 그 결과로 발생한 적대감 때문에 그러지 못했다.

트럼프주의에 실린 적대감과 거부 정책은 능력주의 계층 체계의 맨밑 계층이 겪는 정신적 부담감을 반영한다. 트럼프는 취임사에서 "이제까지 잊혔지만 더 이상 잊혀서는 안 될 미국 국민"들의 마음을 대변한 것이다.[21] 이들은 미국의 전통적인 정치계를 지배하는 발전 서사를 다시 위대한 미국을 만들 거라는 이상으로 대체한 트럼프주의의 활약에 가장 큰 짜릿함을 느끼는 집단이다. 대학 졸업장이 없는 백인 가운데 70% 가까이가 취임사만큼이나 어둡고 분노에 찬 트럼프의 공화당 전당대회 연설이 미국에 대한 자신들의 감정을 대변한다고 응답했다.[22] 트럼프 시대의 공화당원 중 60% 가까이는 대학 교육이 미국에 해롭다고 생각한다.[23]

그뿐만 아니라 능력주의에 따른 불평등과 계층 갈등은 엘리트들까지 망가뜨린다. 그 결과 (역설적이게도) 그들이 경멸하는 트럼프주의 정치가 흥한다. 중산층 어린이가 혜택을 입지 못하는 상황은 부유층 어린이가 반드시 혜택을 입는 상황으로 이어지지 않는다. 능력주의에 따른 불평등으로 말미암아 엘리트 계층이 극소수로 한정됨에 따라 혜택을 받은 이들조차 위태로운 처지에 직면한다. 엘리트들은 현재의 지위를 잃을까 봐 큰 두려움을 느끼며 그 같은 불안감 때문에 자연스레 고립되고 중산층을 깔본다. 그뿐만 아니라 엘리트들은 능력주의가 자신들의 계층에 유리하다는 사실을 잘 알며 그 전개 과정을 정확히 알지는 못하지만 엘리트들을 빛나게 하는 힘이 중산층에게 어둠의 장막을 드리운다고 생각한다. 능력주의에 힘입은 엘리트들은 제아무리 순수한 동기를 지니며 양심적인 방법으로 성공을 거둔다 해도 포부와 성과를 달성하는 과정에서 자신들이 비판하는 불평등에 관여하게 된다.

특권과 그에 따른 의무와 관련된 각종 비전과 다짐은 엘리트들이 처신만 잘하면 만사형통해진다는 내용을 담고 있다. 능력주의에 따른 불평등이 공익과 관련 있다는 식이다. 그러나 능력주의의 부담이 커지고 능력주의에 따른 불평등이 가중될수록 그처럼 상투적인 말들은 효력을 잃고 있다. 능력주의 초반기에 엘리트의 삶에 확산되었던 관대한 승리의식은 취약하고 불안한 오만으로 대체되는 중이다.

불안에 떠는 엘리트 계층은 자기회의를 물리치기 위한 방어기제로서 중산층의 습관과 가치관을 경멸한다. 능력주의 시대 엘리트들은 갈수록 심화하는 불안정성에 대한 방어막으로서 성과뿐만 아니라 탁월한 자질을 치켜세우는 한편 평범함을 폄하한다. 그들은 터무니없는 것(미식가 행세)부터 무신경한 것(기업 구조조정)에 이르기까지, 나머지 계층은 물론 자기 계층의 다른 사람들보다 우월한 자신의 장점을 공고히 하는 인식과 관행에 집착한다. 이처럼 왜곡되고 오락가락하는 태도는 중산층의 적대감을 한층 더 부추기는 동시에 엘리트들의 정치적 영향력을 떨어뜨린다. 어느덧 환멸의 대상이 된 엘리트들은 미국의 정치계에 낙천적인 전망을 다시 제시하지 못하고 있다. 심지어 스스로도 그런 전망을 믿지 않는다. 능력주의가 유발한 불만 덕분에 트럼프의 음흉한 포퓰리즘populism*은 그것을 경멸하는 엘리트들의 정치적인 상상력조차 장악해버릴 정도로 큰 힘을 얻었다.

왜 모두가 불행한가

능력주의의 광채는 마음을 사로잡고 분석하려는 시도를 증발시킨다. 이 시대의 자아상을 지배하고 비판을 잠재우며 비판하는 사람들을 타락시킨다. 그러나 허울을 걷어내고 광채를 지우면, 그 아래에는 불

---

* 대중 영합주의.

만의 웅덩이가 깊이 파여 있다. 능력주의가 유발하는 불만은 능력주의 체제 내부에서 바라볼 때 심각한 모순을 드러낸다.

엘리트에 대한 중산층의 반감은 잘못된 것처럼 보인다. 오늘날, 원칙적으로는 누구나 성공할 수 있다. 지금처럼 교육에 엄청난 자금이 투입되거나 널리 보급된 적은 없었다. (기독교를 믿는 백인 남성만 받았으며 그중에서도 출신을 따져 학생을 선발했던) 가장 배타적인 학교와 대학조차 오늘날에는 학업 성과를 토대로 입학 여부를 결정한다. 마찬가지로 일자리와 직업 경력도 노력과 재능에 중점을 둔다. 한때 다수의 시민을 무조건 배제했던 기관들도 이제는 성공 가능성이 있는 사람이라면 누구나 환영한다.

따라서 엘리트 계층이 불안을 느낀다는 사실은 놀랍기만 하다. 엘리트 학위를 취득하기 위한 교육은 그 어느 때보다 탁월하며 대학 졸업생들은 전에 없이 기량이 뛰어나다. 교육이 부여하는 사회적·경제적 우위 역시 전에 비해 강력하다. 그런 만큼 엘리트 대학 졸업자들은 스스로 과거를 자랑스러워하고 미래에 얻게 될 지위와 소득에 대해 확신을 품어야 마땅하다.

그럼에도 불만은 이어지고 가중되며 한층 더 거세진다. 능력주의에 따른 불평등이 심화하고 능력주의가 자체적인 매력을 상실함에 따라 불안감을 느낀 엘리트들은 오래전부터 미국 중산층이 품어온 해묵은 불만에 동참하고 있다. 불만이 쌓여가는 까닭은 엘리트들이 살아온 경험을 중요한 진리와 연관 지어 생각하기 때문이다. 이들은 오늘날의 경제와 사회에 만연해 있으며 개인의 실존적인 삶과 공적인 정치 생활에 두루 존재하는 문제들을 포착할 만능 열쇠를 찾아냈다. 외부 관점에서 보면 기이하지만, 미국의 상황은 능력주의에 따른 불평등 덕분에 단단하며 정치적으로 강력한 모습으로 비친다.

능력주의가 낳은 불만은 기존 체제의 구조에 대한 공격으로 이어지는데, 이는 능력주의 자체에 대한 비판에 뿌리를 둔다. 중산층 억압과 엘리트 착취는 별개일 뿐 아니라 상반된 문제로 보이지만 공통된 근원에서 비롯된다. 다양한 수단과 서로 엇갈리는 경로를 통해 미국의 엘리트, 미국의 중산층, 그리고 미국이라는 나라는 모두 능력주의의 덫에 걸려들고 말았다.

규모가 큰 사물이라면 무엇이나 그렇듯이, 능력주의는 가까이에서 보면 이해하기 어렵다. 지난 50년 동안 경제 불평등이 심화한 끝에 엘리트와 중산층은 (겉보기에는 반성 없이) 각자 별개의 세상에 살고 있는 것처럼 보인다. 오늘날 부자와 나머지 사람들을 위한 두 개의 미국이 존재한다는 것이 통설이다.[24] 좌우 진영을 통틀어 가장 강력하게 터져 나오는 의견은 미국이 경제와 정치는 물론 사회생활 측면에서 분열되고 있다는 것이다.[25]

한 걸음 물러나서 보면 좀 더 폭넓은 시각이 열릴 뿐 아니라 그 같은 통설이 잘못되었음을 알 수 있다. 엘리트와 중산층은 서로 다른 양상을 보이지 않는다. 그러기는커녕 부유층과 나머지 계층은 단일하며 공통되고 상호 파괴적인 경제적·사회적 논리에 갇혀 있다. 이들의 부담감은 상반된 듯 보이지만, 실제로는 능력주의라는 공통된 질병의 두 가지 증상일 뿐이다. 능력주의 시대의 엘리트들은 미국인 대부분을 인정사정없이 배제하는 동시에 배제되지 않는 사람들까지 무자비하게 망가뜨리는 과정을 통해 지위를 얻는다. 강력하게 감지되지만 실체를 알 수 없으며 양쪽 계층 모두에 타격을 주는 좌절감, 즉 중산층이 느끼는 전례 없는 분노와 엘리트가 느끼는 헤아릴 수 없는 불안감은 같은 강에서 휘몰아치는 소용돌이로서, 공통된 흐름에서 에너지를 얻는다.

이 책은 새로운 질병을 접한 의사가 그렇듯이, 능력주의 심화 증상을 단순하게 나열하는 식으로 시작한다. 그러므로 1부는 능력주의에 대한 불만을 시대순으로 기록한다. 또한 대대수 사람을 배제하는 동시에 극소수에게도 해를 끼치는 계층 체제가 어떤 인적 피해를 낳는지 서술한다. 이런 서술을 통해 능력주의에 따른 불평등 속 삶의 진실과 이런 진실이 불러일으키는 정서를 공감 가도록 전달하고자 한다. 능력주의의 양극단에 선 사람들이 자신이 살면서 겪은 경험을 인식하고 대응할 수 있기를 바라는 마음에서다. 독자들이 '맞아, 우리가 처한 상황이 바로 이거야'라는 깨달음을 얻었으면 한다. 능력주의의 마력은 그 해악을 은폐하고 그에 따라 능력주의로 인한 좌절감에 시달리는 사람들을 혼란에 빠뜨린다. 그러므로 깨달음은 해방을 불러온다. 새로 얻은 지혜가 불편한 자기반성과 날카로운 자아비판을 유도한다 해도 해방은 안도감을 준다.

그다음으로 2부에서는 능력주의가 어떻게 돌아가는지 자세히 다룬다. 이런 시도를 통해 능력주의가 만들어낸 (소득, 교육, 직업 관련) 사회적·경제적 계약을 설명하고자 한다. 2부는 능력주의가 심화함에 따라 혜택이 불공평하게 분배된 원인을 정리하고, 능력주의가 유발한 불평등이 중산층과 엘리트 계층을 어떻게 해서 망치고 있는지 메커니즘을 폭로한다. 이런 논의는 그런 불평등과 부담이 일탈이나 도피 때문이 아니라, 능력주의의 성공과 성취 때문에 발생한다는 것을 단계별로 보여준다. 능력주의 체제의 내부 작동 방식을 들여다보면 그 덫의 구조를 알 수 있다.

마지막으로 3부에서는 능력주의의 가면을 벗기고 능력주의가 신종 귀족 제도임을 폭로한다. 즉 능력주의는 소득과 부의 최대 원천이 토지가 아닌 노동력인 세상을 위해 맞춤 제작된 귀족 제도라는 것이다. 능력주의는 공정하고 호의적이며 개인의 이익과 공익을 조화시키는 데다 모두의 자유와 기회를 촉진한다는 주장을 내세운다. 그러나 실제로 능력주의가 유발하는 사회적·경제적 불평등은 능력주의의 공식적 원칙이 뒷받침하고 능력주의의 의례 절차가 칭송하는 가치관에 위배된다. 귀족 제도가 한때 그러했듯이 능력주의가 유발하는 불평등은 이제 그 안에 갇힌 사람들의 삶을 총체적으로 통제한다. 귀족 제도와 마찬가지로 능력주의에 따른 불평등은 지속적이고 자급자족적인 계층 체제를 고착한다. 이런 계층 체제는 능력주의의 요소 사이에서 작동하는 되먹임 고리feedback loop로 지탱된다. 능력주의가 높이 평가하는 자질은 진정한 우수성이 아니라 구체제의 귀족들이 떠들썩하게 내세웠던 가치와 일맥상통하며 불공평한 혜택 분배를 정당화하기 위해 고안된 허위에 가깝다.

덫에서 탈출하기

이 책은 능력주의의 제도적 절차 안에서 탄생했다. 실제로 능력주의의 마력을 강화하는 의례 절차 중 한 가지를 바탕으로 한다. 또한 이 책은 능력주의가 불러일으키는 복잡성과 모순을 심층적으로 다룬다.

2015년 5월(도널드 트럼프가 자기 회사 로비로 내려와 대통령 선거에 출마하겠다고 선언하기 한 달 전) 예일 대학 로스쿨 졸업반은 내게 졸업식에서 연설을 해달라고 부탁했다. 나는 다른 사람들과 마찬가지로 경제 불평등에 대해 생각하고 있었기 때문에 엘리트 졸업생들이 물려받을 막대한 부와 나머지 미국인들에게 돌아가는 미미하고 가치가 적은 몫을 지적하기로 마음먹었다. 졸업생들에게 전통적인 교훈을 제시할 생각이었다. 학위를 이용해 한정된 사익을 얻으려는 유혹을 엄중히 경고하는 동시에 공익을 추구하라며 경건하게 촉구할 작정이었다.

그러나 연설문을 쓰기 위해 자리에 앉고 나서 (특권으로 말미암아 혜택을 입을 뿐만 아니라 고통에 시달리는) 학생들에게 실제로 연설하는 장면을 상상하자, 옳은 말을 하려던 충동이 사라지고 좀 더 낯선 감정이 들었다. 불가사의하게도 강력한 연민과 불길한 예감이 혼합된 감정이었다. 그 당시는 능력주의의 역설을 간파하지 못했지만 전에 없는 감정이 솟아나고 연설의 구조적 틀이 떠올랐다. 사람들은 통념보다 더 선량하지만, 주위 상황은 통념보다 훨씬 더 악의적이다.

능력주의 신봉자들이 내세우는 경건함과 불평등을 비판하는 이들의 도덕적인 분노는 우리 앞에 놓인 문제를 제대로 반영하지 못한다. 능력주의나 경제 불평등에 대해 우리가 느끼는 불안감은 타당한 것이지만, 악당을 찾아내거나 명백한 잘못을 바로잡는 식으로는 해소되지 않는다. 그보다 그 같은 불안감은 교육과 직업을 조직하고 성과에 대한 보상을 제공하는 방식에, 즉 우리의 기본적이고 직접적인 생활방식에 뿌리 깊이 내재하고 만연한 역기능을 반영한다. 누구를 비난하려는 의도는 아니지만 모두가 이 진단에 불편함을 느낄 것이다.

이 같은 진단은 불편하긴 하지만 해결책에 대한 희망을 불러일으키기도 한다. 우리는 경제 불평등을 제로섬 게임으로 간주하도록, 즉 재분배를 통해 최하위층에 도움을 주면 최상위층이 압박을 받는다고 생각하도록 교육받는다. 그러나 이는 사실과 다르다. 실제로 능력주의에 따른 불평등은 그 누구에게도 도움이 되지 않으며, 따라서 능력주의의 덫에서 탈출하는 것은 사실상 모두에게 이득이 된다. 오늘날 자존감을 잃고 성공할 길이 막힌 중산층이 능력주의에서 해방되면 원래 위치를 되찾아 사회생활과 경제생활에 적극적으로 동참하게 될 것이다. 현재 소모적인 자기 착취에 빠진 엘리트 계층이 능력주의에서 해방되면 지위와 부가 축소되는 대신에 귀중한 여가와 자유를 얻음으로써 참된 자아를 되찾을 것이다. 그뿐만 아니라 능력주의에서 해방되면 능력주의로 말미암아 억압적이고 불신이 만연해진 사회를 원래 상태로 돌려놓을 것이다.

능력주의의 덫에서 어떻게 빠져나올 것인가는 여전히 문제로 남아 있다. 어떤 방법으로 정치를 중재하고 민주적 사회·경제 질서를 다시 세우는 데 필요한 정책을 설계할 것인가. 만만치 않은 과제다. 이 책의 진단이 옳다면 능력주의에 따른 불평등은 경제적·사회적 힘에서 비롯된다. 이런 힘은 깊이와 강도 측면에서 200년 전 산업 자본주의가 봉건 농업을 대체하던 당시 작동한 것과 흡사하다. 시간 여행자가 1800년 영국으로 가서 선한 의도를 품은 국왕이나 총리에게 1860년이 되면 산업화의 힘이 사회 질서를 뒤흔들고 크나큰 불평등을 유발해 대도시 맨체스터에서 태어난 어린이의 기대수명이 흑사병이 창궐한 이래 유례없는 수준으로 떨어진다고 알려줄 수 있었다 해도 기대수명이 하락하는 것을 멈출 방법은 없었을 것이다.[26]

그럼에도 우리는 이전 세대에 비해 자기 자신을 잘 알고 유능하다. 능력주의에 따른 불평등이 전 세계 대다수에게 해롭다는 사실을 깨닫게 되면 우리는 정치적 의지를 모아 그 폐해를 바로잡을 수 있다. 더욱이 우리가 정치적 의지를 한데 모으면 정책 수립에 더 큰 목소리를 낼 뿐 아니라 세상사에 더 큰 영향을 끼칠 수 있다. 이 책은 도덕적인 비난보다는 구조적 힘에 대한 정치적 인식이 현명하고 효율적인 행동의 필수조건이라는 믿음에서 출발한다. 이 책의 목표는 그 같은 인식을 지렛대 삼아 정치적으로 강력한 변화의 힘을 키우고 좀 더 평등하고 민주적인 사회·경제 질서를 회복하는 데 필요한 구체적인 정책을 제시하는 것이다. 그 같은 희망을 이루려면 명료한 사고방식과 인식을 효율적인 행동으로 전환할 수 있는 능력 등의 덕목이 필요한데, 그런 덕목은 그 자체로 능력주의와 연관된 경우가 많다. 또한 능력주의를 통해 그 자체의 문제를 해결하고 덫을 해체하며 본래의 민주적인 약속을 되살리고 엘리트가 공익을 증진할 때 자기 자신도 성공할 개방적이며 공정한 사회를 다시 세울 수 있다는 생각은 모순이 아니다.

한편으로 희망은 계획이 아니다. 능력주의의 덫에서 탈피하기 위해서는 정치가 능력주의 때문에 공공생활에 발생한 약점과 잘못된 유인을 모두 없애야 한다. 부유층과 그 외 계층 모두가 (포퓰리즘적이고 보호주의적인 적대감에서 비열한 경쟁심과 오만한 업신여김에 이르기까지) 국민을 갈라놓는 불안의 정체를 간파해야 한다. 양쪽 계층 모두 자신들의 고민은 물론 적대감조차 능력주의라는 단일한 근원에서 발생한다는 사실을 깨달아야 한다. 그뿐만 아니라 양쪽 계층 모두 연대에 동참해 능력주의가 다른 계층에 끼치는 부담에 공감하고 그 부담을 분담해 고통을 완화해야 한다.

모두가 민주주의 부활로 이득을 보는 상황에서도 그런 연대를 달성하려면 부단한 상상력이 필요하다. 그러나 능력주의가 빚어낸 불만 때문에 관용적이고 민주적인 정치에 필요한 덕목이 갈 곳을 잃는다. 불안과 원한의 골이 깊어진 부유층과 나머지 계층은 언뜻 보기에 매력적이지만 더 거센 폭풍의 원인이 될 뿐인 차악을 선택하고 만다. 우리시대는 조작에 능한 올리가르히oligarch●와 원한을 품은 포퓰리스트가 위의 제안과 판이한 연대를 맺고 있다. 이들의 연대 때문에 능력주의가 완전히 밀려날 위기에 처했을 뿐 아니라, 그 대신에 한층 더 음흉한 이념이 대두하려 하고 있다.

이 같은 위기를 알아채지 못하는 것은, 미국이 자각하지 못한 탓에 도널드 트럼프가 당선되는 것이나 마찬가지다. 능력주의의 아이러니다.

● 소수 집권층.

3부 새로운 귀족과 나머지의 사회

THE
MERITOCRACY
TRAP

본문에 숫자로 표시된 각주에 대한 설명은
QR코드를 통해 전자파일로 다운로드할 수 있습니다.

THE

MERITOCRACY

TRAP

1부

능력 충만한
엘리트의 시대

· 1장 ·

엘리트 귀족의 탄생

인류 역사를 통틀어 소득과 근면성은 서로 반대되는 경로를 걸었다. 가난한 사람들은 엄청나게 오랜 시간 열심히 일했다. 1800년 영국의 노동자는 일주일에 평균 64시간 동안 일했다.[1] 미국인의 주당 평균 노동 시간은 1900년에도 60시간에 머물렀다. 1920년대에도 생산직 노동자들은 1주일에 50시간 넘게 일했다.[2] 그 모든 시간 동안 단조롭고 고된 작업이 이어졌다. 결국 중산층의 부상으로 근로 계층의 노동 시간과 강도가 다소 줄어들었고 수많은 근로자가 중산층에 편입되었지만 노동 시간과 노동 강도에는 큰 변화가 없었다. 한때 중산층의 번영을 이끌었던 생산직 일자리는 근로자들을 흡수했고, 근로자들은 탈진할 정도로 일했다.

이와 대조적으로 부유층은 눈에 띄게 사치스럽고 호화로우며 한가한 생활을 영위했다. 상류사회는 수백 년은 물론 수천 년에 걸쳐 우아한 여가활동을 즐겼고, 엘리트 계층은 근면성을 경멸했다.[3]

낮은 임금 때문에 근로자들의 소득은 쥐꼬리만 한 수준을 벗어나지 못했다. 19세기 근로자는 아무리 열심히 일해도 안락하고 풍요로운 생활을 영위할 수 없었다. 제2차 세계대전 종전 후의 호황 덕분에 20세기 중반의 근로자들이 일해서 번 돈으로 중산층처럼 편안한 삶을 살 수 있었던 것은 사실이지만, 엘리트 계층 같은 부를 누리기란 여전히 불가능했다.

한편 부유층은 토지와 공장에서 얻은 소득이나 유산 등의 자본으로 여가 활동의 비용을 치렀다. 부유층과 그 외 계층 모두에게 상황은 선택이나 성취가 아닌 출생 당시의 운명으로 결정되었다. 귀족 작위가 중요성을 잃거나 심지어 폐지된 뒤에도 사회는 사실상 세습 귀족의 것으로 남아 있었다. 사람들에게 얼마만큼 열심히 일하는지 물어보기만 해도 그들이 얼마나 가난한지 알 수 있었다.[4]

그러나 오늘날에는 전례 없는 사회·경제 제도가 등장함에 따라 그처럼 오래된 연관성이 깨지고 있다. 중산층의 일자리는 점점 사라지는 추세이며 수백 년 동안 경제의 노를 저어온 근로자들은 전에 비해 열심히 일하지 않는다. 중산층은 게으르지도, 일을 꺼리지도 않는다. 그들이 갈수록 빈둥거리는 까닭은 일할 기회를 얻지 못하기 때문이다. 급격한 기술 변화로 중산층의 일자리는 사라지고 경제적 필요성에 의해 중간 숙련 노동력이 남아돌게 되었다. 이런 추세로 인해 감소한 총 근로시간은 20세기 중반 남성과 여성의 근로시간 차이에 필적한다.

다시 말해 두 세대 전에 성차별이 여성 고용을 압박했듯이, 오늘날에는 신체제가 근로 계층과 중산층의 고용을 압박한다.[5] 신체제는 중산층에게서 그들이 노력을 통해 얻은 소득과 지위를 박탈한다.

신기술이 일자리를 완전히 없앤 것은 아니다. 오히려 최고로 숙련된 엘리트 노동력에 대한 수요는 점점 더 증가하고 있다. 한때 한가한 생활을 영위했던 부유층은 중산층과 대조적으로 과거 그 어느 때보다 열심히 일한다. 이들은 사회의 나머지 사람들보다 더 열심히 일하고 굉장한 노력을 기울인다. 남녀를 통틀어 대학 학위가 있거나 그 이상의 교육을 받은 중장년층이 일자리를 포기할 가능성은 학력이 고졸 이하인 사람들과 비교해 절반도 되지 않는다.[6] 더욱이 엘리트들은 고용되고 나면 중산층 근로자보다 훨씬 더 오랜 시간 일하며 여가시간도 더 적다.[7] 실제로 가전제품의 보급으로 노동력이 크게 절감되었음에도 오늘날의 엘리트는 20세기 중반의 엘리트에 비해 여가를 즐기지 못한다.[8]

엘리트의 가치관과 관습은 이처럼 새로운 현실에 맞게 변화했다. 상류사회는 방향을 전환했다. 이제 상류사회에서는 근면성이 높은 평가를 받는 반면에 한가한 삶은 경멸을 받는다. "어떻게 지내요?"라는 지인의 인사에 대한 적절한 대답이 "너무 바빠요"라는 것은 부유층 사람이라면 누구나 아는 상식이다. 과거 유한계급은 그런 대답을 체면 떨어지는 일로 간주했을 테지만, 오늘날 일하는 부유층은 자신들의 수요가 높다는 사실을 뽐낸다.

새로운 근로 체제는 임금 혁명으로 완성된다. 중산층의 직업으로 개인이 부유해지기란 여전히 불가능하다. 반면에 엘리트는 치열한 노력을 통해 현재 막대한 소득을 창출하고 있다. 일반적으로 최상위 직업의 연봉은 50만 달러에서 100만 달러는 물론 500만 달러에 이르기도 한다. 심지어 몇몇 엘리트는 1,000만 달러, 1억 달러, 10억 달러의 연봉을 받는다.[9] 실제로 오늘날 부유층이 얻는 소득의 대부분은 스스로의 노력에서 비롯되며, 직업은 부유층으로 가는 경로 중에서도 으뜸이다.[10] 더욱이 엘리트들은 혹독한 훈련을 통해 쌓은 엄청난 기량 덕분에 연봉이 높은 직업을 얻으며, 치열하고 경쟁적이며 매우 생산적인 노력을 통해 그 직업을 유지한다. 요즘에는 사람들에게 어느 정도로 오랜 시간 열심히 일하냐고 물어보면 그들이 얼마만큼 가난한지가 아니라 얼마만큼 부유한지를 알 수 있다.

이 새로운 체제의 등장으로 우위를 차지하고 유지하는 사람들의 특성이 급속도로 변화하고 있다. 신체제에서는 구체제를 지배했던 귀족 제도가 설 자리를 잃었다. 그 대신 신체제를 지배하는 것은 능력주의다. 능력, 노력, 성과에 따라 경제적·사회적 우위가 제공되어야 하며, 이 세 가지 요소를 입증하려면 학교와 직장에서 벌어지는 지속적인 경쟁에서 성공해야 한다.[11]

한때 유한계급은 자기들에게 종속된 근로 계층을 지배하고 착취했다. 더욱이 노동은 노예, 농노, 고용 계약에 얽매인 하인들은 물론 ('노동' 운동을 통해 치욕을 극복하고 자부심을 되찾은) 산업 근로자들의 종속으로 이어졌다. 이제는 근면한 부자들이 나머지 사람들을 지배한다. 수천 년 동안 소득과 지위를 장악했던 유한 귀족은 노력을 통해 탄생한 신흥 엘리트 계층에 자리를 내주었다. 신흥 엘리트 계층은 일을 하긴 하지만 종속과 거리가 먼 최상위 계층이다.[12]

신체제에서 탄생한 능력주의 시대 엘리트 계층은 앞서 설명했듯이 소득을 점유하는 소수의 중심부(전체 가계의 1% 정도)와 좀 더 숫자가 많고 그 테두리에서 일하는 주변부(전체 가계의 5~10% 정도)로 구성된다. 능력주의는 두 가지 힘을 통해 그 같은 엘리트 계층을 구축한다. 각각의 움직임에는 경쟁이나 각축전이 수반된다. 이 두 가지 힘이 결합되면 능력주의의 덫이 형성되고 고착된다.

첫째, 능력주의는 교육을 혹독하고 치열하며 엘리트들이 참여하는 경쟁의 장으로 바꿔놓는다. 능력주의로 말미암아 교육은 초일류 교육을 받고 최고 명문 학교와 대학 입학, 그리고 학점 경쟁에서 승리한 극소수 계층에게 집중된다. 둘째, 능력주의는 자격요건이 엄청나게 까다롭고 막대한 수익을 창출하며 엘리트 계층을 지탱하는 일자리를 만들어냄으로써 직업 세계를 송두리째 바꿔놓는다. 능력주의는 기량을 맹목적으로 숭배하며 한정된 최상위 근로자에게 직업과 소득을 집중시킨다.

능력주의의 두 가지 측면(엘리트 교육의 치열하고 경쟁적인 훈련 과정과 엘리트 직업의 엄청난 근면성 요구와 과도한 보상)은 당연하고 불가피한 일처럼 보일 정도로 우리 삶 속에 깊숙이 뿌리를 내렸다. 이 두 가지 측면이 존재하지 않는 삶은 상상하기 어렵다. 그러나 사실 그 두 가지는 놀랄 만큼 새로운 현상이다. 두 가지 현상이 탄생한 과정을 살펴보면 능력주의가 어떻게 작용하는지 짐작할 수 있으며, 그런 현상의 영향력을 면밀하게 연구하면 문제점이 무엇인지 드러난다.

너무 치열해진 교육

과거에는 엘리트 교육이 결코 치열하지 않았다. 20세기에도 1950년대 말까지는 대부분의 엘리트 대학이 능력보다 태생을 입학 기준으로 삼았다. 아이비리그는 '가장 우수하고 명석한' 학생들을 공략하지도, 받아들이지도 않았다. 그보다는 미국 명문가 자제들의 사회적 품격을 유지하고 연마하는 데 치중했다.

대학원과 전문가 양성 기관조차 놀랄 만큼 관대한 기준으로 학생을 선발했다. 예를 들어 20세기 중반에 예일 대학 로스쿨을 졸업한 사람이 최근 구술사학자에게 털어놓은 내용에 따르면, 그는 그 당시 입학처장이던 잭 테이트Jack Tate와 단 한 번 대화를 나눈 직후 "지원하면 합격할 겁니다"라는 말을 듣고 실제로 합격했다.[13]

그러다가 20세기 중반 들어 상황이 바뀌기 시작했다. 제임스 브라이언트 코넌트James Bryant Conant 하버드 대학 총장과 (좀 더 후대 인물인) 킹먼 브루스터Kingman Brewster 예일 대학 총장은 미국의 엘리트를 발굴하고 확대하며 활성화할 목적으로 귀족적인 배제 방침에 대놓고 반대했으며 태생보다 성과에 치중하는 식으로 입학 요건을 재구성했다.

1970년에는 오랫동안 태생 좋은 엘리트 계층을 지탱했던 명문가, 학교, 대학 간의 밀월 관계가 이미 깨진 상태였다. 현재는 미국 최고 대학에 다닐 사람이 치열한 경쟁으로 결정된다. 이 같은 변화는 엘리트 교육의 근본적인 성격을 (정도뿐만 아니라 종류까지) 뒤바꾼 혁명을 몰고 왔다.

입학사정관들은 사회적 적합성을 대충 평가하던 방식에서 벗어나 철저하고 엄정한 심사를 통해 인재를 선발했으며 지원자들은 특정 대학을 선호하는 가족 전통에서 탈피해 대학 순위로 측정되는 객관적인 위상에 따라 대학을 택했다.

앞선 사례는 그런 변화를 단적으로 보여준다. 현재 미국의 로스쿨 지원자는 연간 5만 명이 넘으며 그 가운데 3,000명 정도는 최상위인 예일 대학 로스쿨에 지원한다.[14] 예일 대학 로스쿨은 교수 서너 명이 따로따로 개별 지원서를 평가하는 식의 철저한 검토를 통해 지원자의 8% 정도를 선발한다(그 결과 오늘날의 입학 경쟁은 20세기 중반보다 4배 더 치열하다). 예일 대학 로스쿨의 중위 합격생은 학부에서 평균 A학점을 받고 로스쿨 입학시험LSAT에서 상위 1% 안에 드는 점수를 기록했다.[15] 마지막으로, 지원자들은 너나 할 것 없이 위상을 중요시하다 보니 합격한 로스쿨 중에서도 가장 순위가 높은 곳에 등록한다. 결과적으로 예일 대학 로스쿨에 합격한 지원자 가운데 80%는 예일 대학에 등록한다.[16]

예일 대학 로스쿨은 극단적일지는 몰라도 유별난 사례가 아니다. 범위를 넓혀도 같은 패턴이 바뀌지 않고 유지된다. 상위 5대 로스쿨, 즉 예일, 스탠퍼드, 하버드, 시카고, 컬럼비아 로스쿨은 통틀어 지원자의 15% 정도를 받아들인다.[17] 상위 5대 로스쿨의 중위 학생은 학부에서 평균 A학점과 LSAT에서 상위 3%에 드는 점수를 받았다.[18] 정확한 데이터를 입수할 수는 없지만 합리적인 추정을 해보면 5대 로스쿨에 합격한 2,000명 가운데 10위권 대학 출신이 아닌 사람은 5명 이하다(사실상 전무하다고 보면 된다).[19]

엘리트 학생의 인생에서 로스쿨 입학 경쟁은 유일무이한 일회성 이벤트가 아니다. 오히려 상위 로스쿨은 혹독한 교육이라는 기나긴 사슬에 마지막으로 추가되는 고리다. 엘리트 전문대학원에 입학한 학생 대다수는 입학하기가 극도로 까다로운 대학에서 A학점을 받았다. 하버드, 예일, 프린스턴, 스탠퍼드의 입학 경쟁은 불과 20년 전보다 3배 더 치열해졌다.[20] 더욱이 엘리트 대학의 재학생 중에는 극도로 경쟁적인 고등학교와 극도로 선별적인 초등학교는 물론 유치원까지 거친 사람이 압도적으로 많다. 다시 말해 확실하게 엘리트 교육을 받으려면 대규모 인원이 참여하며 여러 단계로 이루어진 능력 경쟁에서 상위 1% 안에 들어야 한다. 이 같은 경쟁에서는 단계별로 어떤 학교가 최상급인지 경쟁자들의 의견이 일치한다.

이런 학교들은 스스로의 엘리트 위상에 걸맞게 시종일관 집중적인 교육을 제공한다. 다시 말해 상위 학교는 모두 학생의 교육에 엄청난 투자를 한다. 엘리트 사립학교가 학생 한 명당 지출하는 돈은 연간 7만 5,000달러에 이른다(전국 공립학교 평균 지출의 6배 넘는 금액이다.)[21] 엘리트 대학과 대학원은 연간 학생 한 명당 9만 달러 넘는 돈을 지출한다.[22] 엘리트 교육에 대한 총과잉투자, 즉 중산층 학교 교육에 대한 투자를 초과하는 금액은 수백만 달러에 달한다.

그런 교육은 성공적이고 그 막대한 투자는 결실을 맺는다. 공부와 시험은 근면성과 야망을 촉진하며 훈련은 기량을 배양한다. 하버드 대학 로스쿨의 학장은 입학생들을 환영하면서 "우리 학교만큼 변화하는 세계에 맞는 법조인, 공직자, 지도자를 제대로 양성하는 로스쿨은 달리 없습니다"라는 약속을 내건다.[23] 예일 대학 로스쿨의 가장 최근 학장은 매년 졸업반 학생들에게 그들이 "한마디로 지구상에서 가장 뛰어난 로스쿨 신규 졸업생"이라고 말했다.[24] 이런 주장은 언뜻 자화자찬이나 자아도취로 들릴 수도 있다. 그러나 놀랍게도 이들의 주장을 통해 구체적이고 명확하며 입학 경쟁과 학생 영입 경쟁이라는 양방향 경쟁으로 입증되는 사실들이 재확인된다.

능력 입증은 엘리트 학생의 일생을 지배해왔다. 30년 가까이 예일대학 로스쿨 졸업생은(사실상 모든 상위권 대학과 전문대학원 졸업생은) 공부하고 노력하고 연습하고 훈련을 쌓아왔다. 이들은 지속적으로 심사받는다. 그리고 결과적으로 선택된다. 그렇게 해서 엘리트 계층에 합류한다.

일생 이어지며 엘리트 대학원에서의 고급 학위로 마무리되는 교육과 그 같은 교육을 받고 학위를 얻기 위한 경쟁이 오늘날만큼 치열한 적은 없었다. 피니싱 스쿨finishing school●은 명문가 태생의 보증서 역할을 하고 학생의 예절을 가다듬어주던 교양 학교에서, 성과를 기준으로 학생을 선발하고 학생의 기량을 키워주는 엄정한 교육기관으로 전환했다.

이와 같이 엘리트 학위는 혹독하고 빠듯하며 의욕적이고 성공적인 훈련을 상징한다. 이 같은 훈련을 통해 탄생한 능력 위주 엘리트들은 전에 없이 유능하고 근면하다. 과거 그 어느 엘리트도 이들의 수준에 필적하지 못했다.

● 주로 귀족의 딸들이 결혼 전에 다니던 예비 신부 학교를 일컫는다.

극한 직업 엘리트?

능력주의 교육의 패턴은 능력 위주의 직장 생활을 통해 성년기 내내 이어진다. 엘리트 직업은 엘리트 학교의 치열함과 경쟁이 되풀이되는 세계이며 엘리트 학교에서 전수하는 기량을 높이 평가한다. 그와 동시에 엘리트 직업이 상위 근로자superordinate worker에게 제공하는 소득과 지위는 그런 직업이 구성원에게 요구하는 노고에 부합한다. 오늘날 엘리트 직업의 요구사항과 보상은 과거 그 어느 때보다 크다.

과거에는 엘리트의 직업 습관, 즉 부자의 일상 주기가 엘리트 교육만큼 느슨했다. 그것은 우연의 일치가 아니었다. 귀족들은 특별한 역량을 거의 갖추지 못한 데다 근면성을 미덕으로 간주하지 않았다. 따라서 그들은 직업에 전념할 능력도, 동기도 없었다. 게다가 20세기 중반의 경제 체제에서 중산층 근로자들이 자연스럽고 필연적으로 제품 제조와 판매뿐만 아니라 기업의 자금조달과 경영의 중추 세력으로 떠오름에 따라 중산층의 노동력이 20세기 중반 모든 경제부문을 장악했다. 적당히 숙련된 지역은행 직원, 대출 담당자, 주식 중개인 들이 금융계를 좌지우지했다. 적당히 숙련된 중간관리자와 일선 관리자들이 사실상 미국 기업 대부분의 관리직을 도맡았다. 과거의 귀족은 본능적으로 노동시장을 중산층에게 넘겨주었다. 한가한 엘리트 계층이 중산층의 활동을 부추긴 셈이다.

하지만 더 이상 그런 일은 없다.

귀족들이 중산층에게 자연스레 일을 넘겨준 반면에, 능력주의의 산물인 상위 근로자들은 기량뿐만 아니라 열심히 일할 의지를 갖추고 있다. 이들이 경제계의 주목을 끄는 것은 당연하다. 과거 40년 동안 컴퓨터와 로봇을 비롯한 신기술이 제품 제조와 서비스 제공 방식을 뒤바꿔놓았다. (이익을 추구하는 혁신가들이 발명하고 능력주의 교육으로 탄생한 기량에 맞게 조정된) 와해성 기술disruptive technology의 도입과 더불어 생산의 중추가 중간 숙련 근로자에게서 초고도 숙련 근로자에게로 이동하고 있다.

예를 들어 자동화 산업 로봇의 발명으로 중간 숙련도를 갖춘 생산직 근로자가 그런 로봇의 설계와 프로그래밍을 담당하는 초고도 숙련 근로자로 대체된다.[25] 유통, 창고 보관, 전자상거래의 혁신으로 말미암아 중산층에 속하는 자영 상인들은 갈 곳을 잃고 그 자리를 월마트Walmart의 고객맞이 직원greeter●과 아마존Amazon의 창고 근로자 등 최하위 근로자뿐만 아니라, (월마트를 소유한 월턴 가문 등의 세계에서 가장 부유한 가문들을 비롯해) 대형 판매업체의 슈퍼리치 소유주와 세계 최고의 부자(예를 들면 아마존의 최고경영자 제프 베이조스) 같은 최상위층 사람들이 차지한다.[26]

파생금융상품 등의 최첨단 금융 기법 덕분에 월가의 엘리트 금융인은 중산층인 지역은행 직원, 대출 담당자, 주식 중개인 없이도 아쉬울 게 없어졌다.[27] 새로운 경영 기법 덕분에 고위 중역과 최고경영자는 중간관리자와 일선 관리자를 없애고 직접 막강한 영향력을 행사해 생산직 근로자들을 조직하고 관리할 수 있게 되었다.[28] 그 외에도 이와 비슷한 혁신이 수없이 일어남에 따라 쓸모없어진 중산층 근로자들이

● 매장 앞에서 고객에게 인사만 하는 점원.

소외된다. 혁신 기술은 전반적으로 중산층의 일자리를 엘리트 계층으로 이전해 상위 근로자 계층을 만들어낸다.

그 같은 패턴을 단적으로 보여주는 이들이 오늘날의 법조인이다. 엘리트 변호사가 현재의 3분의 1 정도 소득을 올렸던 1962년에 미국 변호사협회American Bar Association는 일반 변호사의 "연간 수임료 청구 시간이 대략 1,300시간이다"라고 자랑스레 알렸다.[29] 이와 대조적으로 오늘날의 주요 로펌이라면 "제대로 관리만 된다면" 최대 2,400시간에 달하는 수임료 청구 시간이 "무리가 아니다"라고 똑같이 자랑스레 내세울 수 있다. "파트너 변호사가 되기를 바란다면 이 정도는 필수"라는 말을 완곡하게 표현한 것이다.[30] 2,400시간을 청구하려면 휴가나 병가 없이 매주 6일 동안 아침 8시부터 저녁 8시까지 일해야 한다. 엘리트 로스쿨 졸업생들은 흔히 초임 변호사뿐만 아니라 파트너 변호사에게까지 1주일에 60~80시간, 심지어 100시간 동안 일하도록 요구하는 법무법인에 취직한다.

변호사가 수임료 청구 시간을 6분 간격으로 따지는 식으로, 다른 상위 근로자 엘리트도 비슷한 경험을 한다. 한때 엘리트 금융인들은 '은행가의 시간banker's hours'을 지켰다. '은행가의 시간'이란 19세기부터 20세기 중반까지 은행의 근무시간이 오전 10시부터 오후 3시까지였던 데서 비롯된 것이며, 훗날에는 짧은 근무시간을 가리키는 표현으로 바뀌었다.[31]

엘리트 관리자 역시 '조직의 사람organization man'으로 일했다.[32] 이 표현은 성과보다 연공서열에 따라 보상을 제공하던 기업에 뼈를 묻은 종신 직원들을 뜻한다. 오늘날 투자은행 간부들은 "1주일에 7일 동안

하루에 17시간" 일한다.[33] 실제로 어느 투자은행 간부에 따르면 "날마다 자정이나 새벽 1시까지 일하며 주말도 예외가 아니라 온종일 일한다. 그러고도 매주 아니면 2주에 한 번씩 밤샘 근무를 할 가능성이 있다".[34]

마찬가지로 조직의 사람은 『하버드 비즈니스 리뷰Harvard Business Review』의 표현대로 극한 직업extreme job에 종사하는 사람으로 대체되었다.[35] "직장에 출근해 하루에 적어도 10시간 동안 근무"하고, "출장을 자주" 가야 하며, "연중무휴 고객을 응대"해야 하고, "정규 근무시간 외에 업무 관련 행사"에 참석해야 할 뿐 아니라, "한 가지 업무에 국한된 직무 범위 대신 과도한 직무 범위"를 지닌 직장인이 극한 직업 종사자다.[36]

법률, 금융, 경영의 직업 역사를 살펴보면 좀 더 광범위한 추세를 확인할 수 있다. 그 역사에는 예외적인 사례보다는 엘리트 직업을 지배하는 새로운 법칙이 명확하게 드러난다. 현재 소득이 가장 높은 1% 가구 가운데 절반 넘는 비율에 주당 50시간 넘게 일하는 사람들이 포함된다[37](전체 가구 중에서 소득이 가장 낮은 5분위와 비교해 15배 이상 높은 비율이다). 전반적으로 소득분포에서 상위 1%에 해당하는 핵심 연령 남성의 평균 근무시간은 하위 50%보다 절반 가까이 더 길다.[38]

엘리트 직업은 어느 유형이나 어김없이 과거의 귀족적인 엘리트라면 품격을 떨어뜨린다며 터무니없어했을 긴 근무시간을 요구한다. 지난 수백 년 동안 구체제는 명예와 공적을 얻거나 소명을 다하기 위한 이유 등의 열정 때문이 아니라 소득을 얻기 위해 열심히 일하는 사람들에게 사회적 불명예를 씌웠다. 20세기 중반까지는 그런 오명이 남아 있었으나 오늘날에는 완전히 사라졌을 뿐만 아니라 반전을 맞이했다.

오늘날의 엘리트 직업인은 모든 분야에 걸쳐 긴 근무시간에 가치를 두며, 지위를 내세우는 수단으로 자신의 근면성을 연설 등 되풀이되는 행위를 통해 떠들썩하고도 거의 강박적으로 알린다. 능력주의는 열심히 일하는 것, 즉 분주함을 가치와 필요성을 인정받았다는 표식이자 명예의 증표로 만든다.[39]

엘리트 교육, 기량, 근면성은 지위뿐 아니라 소득으로 이어진다. 뉴욕이나 다른 대도시 일류 법무법인의 1년 차 변호사는 연간 20만 달러 정도를 번다[40](그리고 사실상 모든 예일 대학 로스쿨 졸업생이 마음만 먹으면 그런 곳에 취직한다). 더욱이 엘리트 변호사의 소득은 경력이 쌓일수록 현저히 증가한다. 현재 파트너당 연간 수익이 500만 달러 이상인 법무법인이 한 곳 존재하며, 파트너당 100만 달러 넘는 수익을 창출하는 법무법인도 70여 개에 달한다.[41] 이 같은 법무법인의 파트너 자리는 엘리트 로스쿨 졸업생들이 장악한 것이나 다름없다. 수익이 가장 높은 5대 법무법인의 파트너 가운데 절반 이상이 전통적인 '상위 10위권' 로스쿨 졸업생이다. 또한 파트너당 수익이 500만 달러인 법무법인의 파트너 가운데 80%가 전통적으로 '상위 5위권' 안에 드는 로스쿨 출신이다.[42]

전문의, 전문 금융 분야 종사자, 경영 컨설턴트, 엘리트 경영인도 모두 엘리트 학위를 가진 사람들이다. 이들은 대부분 연간 수십만 달러를 번다. 이 분야에서 100만 달러 넘는 소득은 매우 흔한 일이다. 투자은행 임원, 대기업 고위 중역, 가장 많이 버는 헤지펀드 매니저

등의 상위 근로자는 일 년에 수천만 달러에서 수억 달러에 달하는 소득을 챙긴다.

일류 법무법인은 최상위 로스쿨(때로는 순전히 하버드, 프린스턴, 스탠퍼드, 예일 대학에 가끔씩 MIT와 윌리엄스 대학) 출신만 채용한다.[43] 그 외 학교 출신은 채용조차 하지 않는 일이 허다하다.[44] 결과적으로 교육의 투자 수익률은 최근 수십 년 동안 천정부지로 치솟았으며,[45] 특히 엘리트 학교나 대학의 경우에는 주식이나 채권 수익률의 2~3배에 달하기도 한다.[46] 그로 말미암아 교육 수준별 소득 차등화라는 놀라운 현상이 나타난다.

모든 산업부문의 노동시장이 능력주의 교육을 통해 연마되는 기량을 최고로 중시하며, 그 결과 초고도 숙련 근로자들이 생산을 장악한 상태다. 그와 동시에 중간 숙련 근로자들이 일자리를 잃고 있다. 어떤 부문에서는 중산층 일자리가 회복 불가능할 정도로 감소했다. 제조, 유통, 중간관리 부문의 중간 숙련 일자리는 온데간데없이 사라져버렸다.

새로운 직업 체제에서는 종속 근로자와 상위 근로자가 완전히 분리되기도 한다. 적당히 숙련된 지역은행 간부는 변화가 지점의 하급 창구 직원과 월가의 상위 투자자로 대체된다. 부유층 구성원들은 장시간 근무하는 데다 그만큼 높은 급여를 받기 때문에 집안일을 직접 하는 것이 이치에 맞지 않는다. 그런 상황에서 부유층을 위한 가사노동처럼, 새로운 유형의 종속 근로자가 호황을 누린다.[47]

어떤 경우든 혁신으로 말미암아 암담한 직업과 멋진 직업의 구분이 나날이 뚜렷해지고 있다. 암담하다고 하는 까닭은 지금 당장 보상이 제공되지도 않고 나중에 승진할 가망도 없기 때문이며, 멋지다고 하는 까닭은 보람 있는 일을 한다기보다는 그럴듯한 소득과 지위를 얻을 수 있기 때문이다(능력주의가 심화하고 중간급 일자리가 암담한 직업과 멋진 직업에 밀려 사라질수록 암담한 일자리가 대다수를 이루게 된다[48]). 능력주의는 중간 숙련 직업을 내리누를 뿐 아니라 암담한 직업에도 암울한 그림자를 드리운다. 그리고 능력주의의 현란한 빛은 멋진 직업에 허울뿐인 광채를 만들어낸다.[49] 사회가 경제 생산을 소수의 엘리트에게 집중시키려 할 때는 엘리트의 엄청난 노력이 필요한데, 산업계에 만연한 능력주의 문화는 그런 노력에 박차를 가한다.

전례 없는 불평등

능력주의의 두 가지 구성 요소는 함께 발달했으며 이제는 서로 영향을 주고받으면서 능력주의를 가속화하고 있다. 정성스러운 엘리트 교육은 뛰어난 업무 윤리와 출중한 기량을 지닌 상위 근로자를 만들어낸다. 이어서 이들은 자신들의 고급 기량을 우대하는 노동시장에 큰 변화를 유발하며 동시에 그 같은 변화로 새로 창출되는 고수익 일자리를 장악한다.

이 두 가지 변화는 중간 숙련 근로자에게서 할 일을 빼앗고 신흥 엘리트를 끌어들인다. 그 결과 신흥 엘리트는 어마어마한 생산성을 발휘하며 엄청난 고소득을 얻는다. 승리의 보상은 능력 경쟁의 강도에 비례해 늘어난다. 실제로 상위 1% 소득자뿐 아니라 상위 0.1%의 경우

총소득의 3분의 2에서 4분의 3이 근로소득이다.[50] 교육의 덕을 톡톡히 보는 셈이다. 신흥 엘리트 역시 소득을 자녀의 고급 교육에 집중 투자한다. 그리고 이 같은 순환은 되풀이된다.

엘리트 교육, 엘리트의 근면성, 능력주의로 지탱되는 엘리트의 근로소득은 총체적으로 어마어마하다. 오늘날 과거 그 어느 때보다 불평등이 전반적으로 급격하게 심화하고, 특히 다른 고소득 국가에 비해 미국의 불평등이 유독 두드러지는 까닭은 능력주의 때문이다.

미국에서는 상위 1%의 가구가 전체 소득의 20%를, 상위 0.1%의 가구가 전체 소득의 10%를 차지한다.[51] 100가구당 가장 부유한 가구가 평균 소득자 20명분만큼, 1,000가구당 가장 부유한 가구가 평균 소득자 100명분만큼의 소득을 얻는다는 뜻이다. 1950년부터 1970년까지의 시간과 비교하면 상위 1%가 소유한 몫이 2배로, 상위 0.1%의 몫은 3배로 늘어난 셈이다.[52] 더욱이 자본이 경제생활을 지배하는 경향이 심화한다는 불만이 쏟아지지만, 실제로는 증가한 자본 가운데 3분의 2에서 4분의 3이 엘리트의 근로소득 증가분(앞서 설명한 상위 근로자의 막대한 급여)에서 비롯된다.[53] 다시 말해 경제 불평등이 심화된 원인은 노동에서 자본으로의 소득 이전 때문이라기보다는 중산층 직업에서 상위 직업으로의 소득 이전 때문이다.[54]

불평등이 커질 대로 커지면 정도의 차이가 종류의 차이로 바뀐다. 20세기 중반만 해도 미국의 경제 분포는 캐나다, 일본, 노르웨이 같은 다른 고소득 민주주의 국가와 전반적으로 비슷했다.[55] 오늘날에는 미국의 소득 불평등이 인도, 모로코, 인도네시아, 이란, 우크라이나, 베트남을 앞선다.[56] 미국의 국가 데이터는 여러 지역의 상황이 축적된 결과물인데, 초점을 좁히면 전반적인 통계 수치가 극명하게 드러난다. 한 예로 코네티컷주의 페어필드 카운티는 태국의 방콕보다 한층 더 극심한 경제 불평등에 시달린다.[57]

현재 미국의 경제·사회 체제는 능력주의에 의해 구축되었으며 전례 없는 교육과 일에 대한 경쟁, 평가, 성취, 보상의 복합체를 통해 실행되고 있다. 극도로 불평등한 경제 체제 때문에 1,000명 단위로 가장 부유한 사람이라 해도 돈을 벌기 위해 일하는 이 같은 상황은 인류 역사를 통틀어 그 어떤 장소와 시대에도 선례가 없었다.

누구나 인정하는 '능력'이라는 잣대

그럼에도 강력한 본능이 이 같은 불평등을 보호한다. 능력주의 초기에 출생에 따른 특권을 상대로 거둔 도덕적 승리는 신흥 엘리트의 기량 및 엄청난 에너지와 결합한 결과, 노력과 재능에 맞게 혜택이 제공되어야 한다는 생각을 난공불락으로 만들었다. 물론 그 같은 생각이 능력주의에 의해 퇴출된 귀족적 혈통 숭배 사상보다는 낫다. 능력주의에 기반한 사회를 향한 불만이 커져가는 상황에서도 능력주의 그 자체는 우수한 평판을 유지한다.

그 같은 직관을 만들어낸 것은 능력주의 신봉자들이다. 이들은 성적 등급과 시험 점수가 학생의 학업 성취도를, 소득이 근로자의 성과를 반영하는 척도이며 그 두 가지 척도가 개인의 이익과 공익에 부합한다고 주장한다. 능력주의 관행은 그 두 가지 척도의 연관성을 강화한다. 그 둘 사이의 연관성을 높이고 공고히 하는 일을 하는 전담 직종(교육적 시험 시행과 보상 관련 컨설팅 등)이 있을 정도다. 이와 같이 능력주의는 경제적·사회적 성과로 전환된 노력과 기량을 의미하는 근면성을 혜택의 척도로 만든다.

그 같은 연관성 덕분에 능력주의 혁명은 우둔하고 굼뜨며 무기력한 귀족들을 몰아내고 야망과 재능 있는 사람이라면 누구나 엘리트 계층에 받아들일 뿐 아니라 활력과 역동성으로 문화를 발전시키고 경제를 추진하는 상위 근로자들의 의욕을 일깨울 수 있었다. 이 같은 시각에 따르면 능력주의는 광범위한 번영을 촉진한다.

엘리트의 어마어마한 생산성은 부자들이 능력주의적인 불평등에 따라 더 우수한 성과를 내더라도 나머지 역시 괜찮은 성과를 올리도록 보장한다. 더욱이 능력주의는 혜택이 공적에 따라 제공되도록 보장한다. 상위 근로자는 자신의 엄청난 근면성 덕분에 막대한 소득을 올린다. 실제로 그같이 승리에 찬 시각에 따르면 능력주의는 불평등 자체를 변화시켜 불평등에 도덕성을 되찾아준다. 그러므로 능력에 따른 불평등은 박탈이나 착취도 없이 발생한다. 귀족적인 불평등이 소모적이고 부당했던 데 반해, 능력에 따른 불평등은 효율적이고 정당하다는 것이다.

2007~2008년에 발발한 세계 금융위기가 능력주의의 자존심을 흔들어놓기까지, 승리 지상주의는 사실상 그 어떤 비판론자는 물론 회의주의자의 반대에도 부딪히지 않은 채 형태를 달리해 사상 분야를 지배했다. 오늘날에도 비판적인 목소리는 여전히 잠잠하거나 적어도 왜곡되고 힘을 발휘하지 못하는 상태다. 능력주의에 기반을 둔 승리 지상

주의의 영향력이 지속되고 있기 때문이다.

능력주의는 외적 영향력과 내적 논리를 드러내지 않으며 (대학 같은) 능력주의 시행 기관과 (졸업식 같은) 의식은 그런 은폐를 강화한다. 대학 등은 사람들이 삶을 살아가고 이야기하는 무대가 되어주며, 각자의 인생 이야기는 졸업식 같은 특정 의례를 중심으로 펼쳐진다. 능력주의는 논리뿐 아니라 경험을 통해 생명을 얻으며 그 안에 빠져든 사람들의 창의성과 비판 능력을 억누른다.

실제로 능력주의 이념과 능력주의에 따른 불평등은 동시에 상승하며 서로를 추진한다. 면역계가 저항성이 강한 기생충을 점점 더 많이 받아들이는 것을 생각해보면, 그 같은 기생충은 면역력을 높이므로 갈수록 면역계에 없어서는 안 될 요소가 된다.[58] 그런 식의 위장에 힘입어 (실제로는 불확실하고 최근에 나타나 여전히 새로운) 능력주의는 필수불가결하며 당연하고 필연적인 사상이라는 인상을 준다.[59] 능력주의는 스스로를 불가피한 것으로 포장하고 대안을 인정하지 않는 독재자처럼 모든 권력을 장악함으로써 불평등을 비판하는 사람들을 기습 공격한다.[60]

능력주의의 산물인 경제 불평등 심화를 비판하는 이들조차 웬만하면 능력주의 자체는 비판하지 않는다. 좌우를 막론하고 대중 정치의 화두로 자주 떠오르는 불만이 있다.[61] 부유층이 실제로는 능력이 아니라 (구시대적인 귀족 제도의 유산인) 연고주의nepotism와 기회의 불평등 덕분에 부를 얻는다는 것이다. 그 같은 관점에 따르면 엘리트 학교와 대학은 지성, 학업 능력이 아니라[62] 문화적 자본, 출신 배경, 동문 자녀 여부를 기준으로 학생을 선발하고 엘리트 고용주는 기량이나 재능보다는 사회적 인맥과 혈통을 따져 직원을 채용하는 한편,[63] 상위 근로자는 지대 추구rent seeking나 노골적인 부정행위를 통해 어마어마한 소득을 마음껏 얻는다.[64]

두 번째로 친숙한 비판은 토마 피케티Thomas Piketty가 상세하게 전개한 것으로, 경제 불평등 심화의 원인이 노동에서 자본으로, 극단적인 경우에는 최근 부상하고 있는 소수 세력으로 소득이 이전하는 현상 때문이라는 내용이다.[65] 그런 관점에 따르면 경제적·정치적 세력이 자본과 권력을 최상층에 몰아주기 위해 부를 재집중하고 소득을 재분배하며, 이를 통해 구시대적인 불로소득자rentier를 꿈꾸는 엘리트는 21세기형 세습 자본주의 안에서 경제와 정치를 지배하는 특권계층으로 재탄생한다.

양쪽의 주장 모두 능력주의에 대한 기존 엘리트들의 진실성을 비판한다. 두 진영 모두 불평등이 능력주의로부터의 이탈 때문이라고 비난하는 한편, 내심 현재보다 강화되고 개선된 능력주의를 경제 불평등의 해결책으로 간주한다. 따라서 경제 불평등을 가장 소리 높여 비판하는 이들조차 현재 경제 상황을 칭송하는 이들 못지않게 능력주의의 마력에 현혹되어 능력주의의 약속을 거부하기는커녕 직접 표명한다. 능력주의는 경제 불평등에 관한 틀에 박힌 논쟁이 전개되는 공통의 틀이자 이 시대의 지배적인 신조가 되었다. 다시 말해 능력주의는 이 시대의 기본 상식이다.

이 같은 상황은 능력주의의 본질에서 직접적으로 비롯된다. 우선 경제 불평등 그 자체(동반되지 않는 불평등)를 비판하면서 잔소리꾼처럼 보이지 않기란 쉽지 않다. 중산층의 몫이 충분하다면 특히 엘리트 계층의 막대한 재산이 그만큼 엄청난 노력에서 비롯되었다고 했을 때, 엘리트의 몫이 더 많다고 해서 문제 될 일이 있겠는가? 이런 경우에는 불평이 시샘처럼 보인다.

부정행위, 연고주의, 세습 자본주의라는 혐의는 불평등에 대한 비판에 품위 있는 면모를 부여한다. 그런 혐의는 명백한 부정행위를 구체적으로 지적하고 경제 불평등 비판론자들에게 도덕적 진실성이 있다는 식의 인상을 만들어낸다. 그런 다음 도덕적 분노는 자체적으로 생명력을 얻는다. 그 결과 경제 불평등의 근원이 (엘리트 교육, 노력, 기량 등을 통한) 능력주의라고 강조하는 주장은 부유층에 지나치게 호의적이며 세상사에 무관심한 견해처럼 보일 뿐만 아니라, 심지어 정적주의quietism● 같은 느낌을 준다.

또한 불평등 심화에 대한 일반적인 비판은 그에 1차적 책임이 있는 주요 유권자들의 책임을 덜어주는 역할을 한다. 비판을 전개하는 지식인들과 그 외 전문가들은 상위 1%에 속할 가능성이 크지만 사기꾼도, 귀족적인 불로소득자도 아니라고 스스로 되뇌면서 안도감을 느낄지도 모른다.

과도한 자기거래self-dealing●●와 세습 자본주의의 부활에 대한 불만 덕분에 상위 근로자들은 자신의 소득과 지위, 그리고 그 두 가지를 안겨준 능력주의 체제를 크게 문제 삼지 않고도 자신들에게 이득을 준

● 인간의 능동적 의지를 최대한 억제하고 초인적인 힘에 전적으로 의지하려는 수동적 사상.
●● 기업의 임원이 자신의 이익을 도모하기 위해 회사에 손해를 입힐 가능성이 있는 행위를 하는 것.

경제 불평등을 비난할 수 있게 되었다. 그 덕분에 엘리트들은 문제가 자신이 아닌 남들에게 있다고 말할 수 있다.

그들은 자신을 불평등에 대한 무고한 구경꾼으로 포장하고 그에 대해 진심으로 후회한다고 말할 수 있다. 그들은 가담 사실을 인정하고 스스로의 생존에 필수불가결한 능력주의 신조를 포기하는 일 없이도 만천하에 비난을 퍼부을 수 있다. 실제로 악당 개인의 악행만 강조하고 그런 악행에서 의식적으로 거리를 둘수록 엘리트 계층 전반의 능력주의적인 광채는 한층 더 빛을 발한다.

그럼에도 그 같은 일반론 때문에 많은 것이 공상으로 치부되고 그보다 더 많은 것이 은폐된다. 전통적인 불만이 지적하듯이 도덕적 악행이 사실이라고 해도 그 같은 타락 행위는 능력주의 체제의 주변부에서 일어난다. 부정행위, 지대 추구, 자본의 부활이 불평등 심화에 실질적인 역할을 담당하는 것은 사실이며 그에 대한 통렬한 비난은 실제 표적에 대한 비난이기도 하다.[66] 그러나 불평등의 주요 원인은 불평등을 주로 비판하는 이들의 구미에 맞지 않게도, 능력주의 내부에 존재한다.

엘리트 교육기관과 직업 선발 과정에는 당연히 연고주의가 개입되지만 아직은 성과와 기량이 선발을 좌우하며, 솔직히 말하자면 능력이 판단 기준이다.[67] 부유한 부모가 자녀에게 제공하는 집중 교육은 크나큰 성과 차이를 만들어낸다. 능력 위주의 입학 전형 자체가 부유층 학생에게 절대적으로 유리한 까닭도 그 때문이다. 게다가 능력 있는 엘리트들은 연고 없이도 왕조를 세울 수 있다.[68] 실제로 그 효과는 어마어마해서 입학 절차가 갈수록 능력 위주로 바뀌고 동문 자녀 특혜 입

학 사례가 감소하는 상황에서도 일류 학교는 부유층 학생으로 채워지는 경향이 있다.[69]

대학이 동문 자녀의 특혜 입학을 허용하는 것은 비난받아 마땅한데 대학 특유의 제도 때문에 연고주의가 학생 선발에 미치는 영향을 정확히 가늠하기는 어렵다. 그러나 한 사례를 보면 엘리트 학생의 부유층 편중 과정에서 능력주의가 연고주의보다 한층 더 강력한 영향을 끼친다는 사실을 알 수 있다.

예일 대학 로스쿨은 학교 순위를 좌우하는 LSAT 점수를 매우 높게 유지해야 하는 등 능력주의의 압력에 직면해 지원자들의 순위를 매기는 과정에서 동문 자녀에게 '가산점'을 주는 관행을 중단했다. 그럼에도 학생 중에는 소득분포에서 상위 1%에 드는 가구 출신이 많을 뿐만 아니라 어떤 연도에는 하위 절반보다 상위 1%에 해당하는 학생이 훨씬 더 많다.[70]

마찬가지로 엘리트의 소득이 자기거래에 힘입어 불어난 것은 사실이지만 소득 대부분은 여전히 엘리트의 근면성 덕분이다. 은행이 약삭빠르거나 기만적인 관행으로 수백 달러의 수수료를 챙기는 일은 얼마든지 가능하다. 대표적인 사례로 주택담보부증권인 아바쿠스ABACUS 거래에 관여해 미국 증권거래위원회Securities and Exchange Commission로부터 사기 혐의를 받은 골드만삭스를 들 수 있다. 골드만삭스는 주요 설계자 중 한 사람(헤지펀드 매니저 존 폴슨)이 해당 상품의 가격 하락에 돈을 걸었다는 사실을 공개하지 않은 채 상품을 판매해 1,500만 달러를 벌어들였다.[71] 그러나 이런 이익도 수십억 달러에 달하는 골드만삭스의 총수익에 비하면 새 발의 피에 불과하다.[72]

좀 더 광범위하게 보면, 부정행위가 엘리트 소득에서 차지하는 비중은 수십억 달러인 반면, 상위 소득 상승분은 수조 달러에 달한다.[73] 전반적으로 엘리트의 소득 상승은 여전히 성과급의 대폭 상승에서 비롯되는 일이 많다.[74]

마지막으로, 자본이 노동의 소득 지분을 빼앗아가긴 하지만 상위 1%의 소득 상승분 가운데 4분의 3은 노동 내 소득 이전에서 비롯된다. 중위 임금median wage의 정체는 상위 근로자의 폭발적인 급여 상승과 동시에 발생한 결과다.[75] 이런 패턴과 관련해 잘 알려진 몇 가지 사례가 있다.

1960년대 중반에는 대기업 최고경영자가 일반적인 생산 근로자보다 20배 정도 높은 급여를 받았지만 현재는 300배 높은 급여를 받는다.[76] 더 나아가 산업 전반에 걸쳐 소득은 같은 추세를 보이고 있다. 1960년대 중반에는 흉부외과 전문의가 간호사보다 4배 높은 소득을 올렸으나[77] 2017년에는 그 격차가 7배 이상으로 커졌다.[78] 엘리트 법무법인의 파트너당 수익은 1960년대 중반에 비서가 받는 급여의 5배가 안 되었으나[79] 현재는 40배가 넘는다.[80]

가장 급격한 변화가 나타난 분야는 금융계일 것이다. 데이비드 록펠러David Rockefeller는 1969년에 체이스맨해튼 은행Chase Manhattan Bank 회장이 되었을 때 (2015년 달러 가치로) 160만 달러 정도를 급여로 받았다.[81] 이 금액은 그 당시 일반적인 은행 창구 직원이 받던 급여의 50배에 달했다. 현재 제이피모건체이스JPMorgan Chase의 최고경영자인 제이미 다이먼Jamie Dimon이 2018년에 받은 보수 총액은 2,950만 달러로, 오늘날 은행이 창구 직원에게 지급하는 평균 급여의 1,000배

가 넘는다.[82]

종합하자면 앞서 설명한 상위 직업 종사자는 100만 명에 가까우며, 이들이 총급여에서 차지하는 몫은 어마어마하다.[83] 그뿐만 아니라 경제 불평등 심화는 노동 대비 자본의 우위보다는 중산층 근로자에 대해 상위 근로자의 우위가 갈수록 커지는 현상에서 비롯된다.[84]

불평등 심화의 주범은 악당들이 아니며 악당들만을 비난하다 보면, 도덕적으로 따지기 어렵지만 한층 더 중요한 구조적 문제를 놓칠 수 있다. 실제로 경제 불평등 심화에 대한 진부한 비난은 경제 불평등에도 도움이 되지 않는다.

비판론자들이 능력주의 원칙을 받아들이면 스스로의 무능을 자초하고 자신들이 비난한다는 불평등을 공고히 하는 격이 된다. 그런 도덕주의자들은 지엽적인 부분에만 집착한다. 불평등 심화에서 능력주의가 담당하는 역할에 주목하는 주장만이 문제의 심각성과 범위를 제대로 인식하고 있다.

능력주의는 불평등 심화의 해결책이 아니라 근원이다. 능력주의의 내적 논리는 비민주적이고 경제 불평등 완화와 반대되는 방향으로 변화하고 있다. 능력주의는 알려진 그대로 작용할 때도 지위와 부의 세습을 조장하고 경제 불평등을 심화하는 톱니바퀴를 돌아가게 한다. 평소에는 자신들의 힘으로 통제와 탈출이 불가능한 경제적·사회적 힘에 합리적으로 대응하는 품위 있는 사람들조차 극소수에게만 이득이 되고 그보다 더 적은 사람들이 칭송하는 성과를 내는 것이다.

이 시대의 가장 큰 비극이 능력주의의 승리를 반영한다. 능력주의는 자체적인 이상을 저버리기보다는 실현함으로써 평등 신봉자들이 비난해야 마땅한 계층 질서를 만들어낸다. 불평등을 해소하려면 능력주의의 이상 그 자체에 저항해야 한다.

2장

중산층의 몰락과
엘리트의 자기 착취

능력주의가 부상하기 전인 제2차 세계대전 종전 당시 태어난 중산층 어린이들은 개방적이며 급속도로 확대되는 세상에서 따뜻한 환영을 받았다. 1940년대 중반에서 1960년대 사이 중위소득은 2배 가까이 뛰어올라[1] 엘리트 계층에 편입되지 못한 어린이조차 성인이 되어 부모보다 더 유복한 삶을 영위할 것이 분명해졌다.[2] 널리 분배된 막대한 부가 개별 가구와 가정생활에 그치지 않고 문화 전반으로 확산되었다. 20세기 중반에 번영을 누리던 중산층 공동체는 새로 얻은 부를 이용해 완전히 새로운 생활방식을 만들어냈다.

중산층의 번영은 전 세계에 물리적 흔적을 남기기도 했다. 자동차를 소유해 거리가 가까워지고 중산층의 주택 수요가 폭등해 앞다퉈 건설 붐이 일어나면서 도시가 탈바꿈했다. 마을과 농촌 공동체는 교외가 되었고 교외의 삶은 과거에 상상조차 할 수 없었던 수준으로 풍요로워졌다.

한때 조용하기만 했던 미시간주의 휴양지 세인트클레어쇼어스는 1950년대에 잘나가는 도시 디트로이트의 교외로 번영을 누렸다. 현지 볼링장 주인은 그 당시 볼링장에서 일하던 소년들이 18세 생일이 되면 3대 자동차 제조업체 중 한 곳에 지원해 주당 100달러를 받는 일자리에 채용되었다고 기억한다. 주당 100달러는 오늘날의 가치로 환산하면 연봉 4만 달러에 해당한다.[3] 더욱이 이들은 노조원으로서 사실상 종신고용을 보장받았고, 유능하다고 인정된 새내기 근로자들은 연장 및 금형 제작자 등의 숙련공이 되는 훈련을 받았으며, 결국에는 연간 10만 달러에 해당하는 봉급에 수당까지 받았다. 게다가 20세기 중반의 근로자들은 고등학교 이상의 정규 교육을 받지 않고도 이 모든 것을 이룰 수 있었다.

볼링장 주인이 아직 '특권 근로자 계층'으로 부르는 해당 근로자들 덕분에 세인트클레어쇼어스는 27층짜리 쇼어클럽 초고층 아파트와 요트 정박장이 들어설 정도로 부유해졌다.[4] 1962년에 착공된 이 아파트에서는 세인트클레어 호수가 내려다보인다. 이와 비슷하게 신설 도로로 연결된 신축 주택단지가 미국 전역에 즐비하게 들어섰으며, 형체로도 새로울 뿐 아니라 사회적으로도 새로운 세상이 탄생했다. 20세기 중반 미국의 근로자들은 미국의 계층 구조를 재구성해 스스로 새로운 명칭을 얻었다. 폭넓은 중산층을 구축해 대규모로 확대된 사회를 대표했을 뿐만 아니라 지배할 수 있을 정도로 지대한 성공을 달성했다. 존 케네스 갤브레이스John Kenneth Galbraith는 중산층의 번영을 20세기의 고전이 된 저서 『풍요로운 사회The Affluent Society』의 주제로 삼았다.[5]

오늘날 능력주의는 다시 한번 중산층의 삶을 바꿔놓고 있다. 다만 이번에는 나쁜 쪽으로 바꾸고 있다. 중산층이 가난해진 것은 아니다. 실제로 경제성장 덕분에 중산층은 20세기 중반보다 더 유복해졌다. 그럼에도 현재 중산층의 삶은 능력주의의 여파로 전보다 훨씬 더 못하다. 20세기 중반의 중산층이 번영을 누리고 성장했던 반면에, 능력주의는 현재의 중산층에게 정체되고 고갈되고 축소된 세계를 남겨놓는다. 20세기 중반의 중산층이 미국의 창의력을 지배했다면, 능력주의는 현재 중산층을 경제적·사회적 삶의 중심부에서 몰아내 경제적·문화적으로 낙후된 곳에 밀어넣는다.

세인트클레어쇼어스는 이처럼 새롭고도 복잡하게 얽히고설켰으며 모순된 세계를 생생하게 보여주는 사례다. 이 소도시는 극심한 박탈에 직면하지도, 명백한 부당대우나 탄압에 시달리지도 않는다. 7만 달러 조금 밑도는 이곳의 중위 가구 소득은 전국 중위 소득에 맞먹는다.[6] 빈곤선보다 3배 가까이 높다는 이야기다.[7] 한편 이곳의 빈곤율은 9% 정도로, 전국 빈곤율보다 더 낮다.[8] 이곳 어린이들은 나무가 늘어선 거리를 따라 있는, 수수하면서도 견고하고 완벽하게 관리되는 단층집(침실 3개에 100제곱미터 정도 면적[9])의 깔끔하게 손질된 마당에서 놀이를 즐긴다. 이 소도시 명칭의 기원인 세인트클레어 호수에 가까워질수록 집의 크기는 커진다(대개 2층집이다). 세인트클레어쇼어스는 잘 가꾼 집에 상을 주며 칠이 벗겨지거나 앞마당의 새에게 먹이를 주는 등 사소한 부주의에도 소환장을 발부하는 식으로 주택 관리를 장려한다.[10] 주민들은 시민 생활의 그런 측면을 수용한다. 어느 시의원은 이곳에 30개 넘는 자발적인 도시위원회가 운영되고 있다고 자랑스레 보고했다.[11] 세인트클레어쇼어스의 여름은 미시간주에서 가장 대규모라고 하는 전몰장병추모일 행진으로 시작되는데,[12] 2018년에는 올림픽 피겨스케이트 선수인 낸시 케리건Nancy Kerrigan이 행진을 이끌었고 디트로이트 레드윙스Detroit Red Wings의 아이스링크 정빙기 잼보니를 모는 앨 소보트카Al Sobotka가 행진에 등장하기도 했다. 여름은 하퍼 대로를 따라 펼쳐지는 클래식 개조 자동차 운행 대회로 끝난다.[13] 과거를 기억하는 주민들은 1960년대의 중산층 가치관이 여전히 이 소도시를 지배한다고 말한다.[14]

이처럼 겉보기에는 꾸준하고 안정된 생활방식을 영위하고 있지만, 세인트클레어쇼어스에는 기대할 일이 거의 남아 있지 않으며 걱정거리만 잔뜩 있다. 능력주의는 20세기 중반의 경제가 쌓아 올린 이곳을 서서히 무너뜨리고 있다.

세인트클레어쇼어스의 남쪽에 인접해 있으며 한때 이곳의 문화적·경제적 원동력이었던 디트로이트는 수십 년 동안 몰락에 시달리다 미국 역사상 최대 규모의 도시 파산을 겪었다.[15] 따라서 세인트클레어쇼어스가 20세기 중반의 풍요로움을 되찾는 일은 없을 것이다. 20세기 중반에 중산층을 일구었던 제조업 일자리는 대부분 사라졌고 세인트클레어쇼어스 사람 중 그 누구도 제조업 일자리가 다시 생겨나리라 기대하지 않는다. 20세기 중반에 나타난 부의 원천은 고갈되었다.

더욱이 현재는 타지 기업을 유치하고 스타트업의 관심을 자극할 만큼 경기가 좋지 않기 때문에 세인트클레어쇼어스에는 새로운 경제 투자가 거의 이루어지지 않는다. 매력적인 일자리나 진정한 엘리트 일자리가 드물며, 이곳 근로자들로선 경영진이나 전문직종으로 출세할 기회가 거의 없다. 이 지역의 성인 가운데 학사 학위를 가진 사람은 25% 미만이며 석사 학위나 전문 학위가 있는 사람은 10% 미만이다.[16] 따라서 이곳에는 적어도 전국 기준으로 사실상 진짜 부자가 한 명도 살고 있지 않다. 현지 사업가이자 시민사회 지도자인 사람에 따르면 이곳 극소수 부자의 연간 소득은 30~40만 달러다[17](물론 상당한 금액이지만 상위 1%에는 들지 못한다).

20세기 중반에 세인트클레어쇼어스에 넘쳐났던 경제적 활기와 사회적 역동성은 현재 소멸했으며 상업 문화는 정체 상태다. 이곳에는 공예운동의 영향을 받은 소규모 주택과 20세기 중반의 현대적 농장 등 낡은 건축물이 즐비하지만, 이 오래된 건축물들을 보완해줄 현대식 빌딩은 존재하지 않는다. 최신식 유행을 반영한 상점도, 식당도, 클럽도 없다. 정말로 사치스럽거나 돈이 많이 들거나 흥미진진하거나 참신한 할 일이 없다. 밤에 외출하는 이곳 주민들은 (1955년부터 운영된) 12달러짜리 햄버거와 좀 더 비싼 딥피자가 있는 길버츠 로지 Gilbert's Lodge 등의 장소를 찾는다.[18] (현지 교사에 따르면 가격이 그 정도라는 것은 '길버츠 로지에 가는 사람들'이 지역 사회의 '상류층'이라는 사실을 말해준다.)[19]

세인트클레어쇼어스는 발전한다기보다 보존된다는 느낌을 준다(몇 년 전 길버츠 로지가 화재로 무너졌을 때 소유주들은 서까래 위를 달리는 모형

열차부터 박제 동물 머리 벽장식에 이르기까지 그대로 재현한 건물을 다시 세웠다[20]). 더욱이 보존 작업은 주로 (현재 은퇴한) 구세대 근로자가 20세기 중반에 벌고 모아 축적된 소득으로 이루어진다. 이곳의 보존을 돕던 세력은 이제 기반을 잃어가고 있다. 이곳 시민의 문화생활에서 중요한 역할을 담당하는 세인트클레어쇼어스 공공도서관은 직원 숫자가 과거보다 3분의 1 정도 줄어든 상황이며 그마저 빡빡한 예산 때문에 시간제 단기 근로자에 의존할 수밖에 없다. 이 도서관은 기본 수요를 맞추기 위해 민간 자선단체에 점점 더 많은 부분을 의존하고 있으며, 어느 직원에 따르면 아직도 열람실에는 (몇 년 전 천갈이가 이루어지긴 했지만) 1971년에 구매한 의자가 놓여 있다.[21]

세인트클레어쇼어스는 기존 주민들이 기존 관습 안에서 품위를 지키며 살아갈 정도로는 유지되고 있다. 그러나 정체된 상황 탓에 좀 더 풍요로운 삶을 누리거나 실험적인 시도를 하거나 발전하지는 못하고 있다. 게다가 타지 사람들이 이주해오거나 많이 방문하는 곳도 아니다. 이 소도시의 인구는 1970년에 정점을 찍은 이후 3분의 1 가까이 줄어들었다.[22] (개조되지 않은 아파트와 엉망진창인 공용 공간으로 이루어진) 쇼어클럽 아파트는 낡아빠진 상태지만 아직까지도 이곳에서 가장 높은 건물이다.[23] 그뿐만 아니라 한때 세인트클레어 호수로 몰려들었던 여행객과 다른 방문객들을 맞이하기 위해 호황기에 개장한 쇼어포인트모터로지는 여전히 세인트클레어쇼어스의 유일한 호텔이다.[24]

능력주의는 전국의 중산층 공동체에 세인트클레어쇼어스와 같은 운명을 안긴다. (세인트클레어쇼어스의 침체 원인인) 디트로이트 자동차 산업의 실업률은 미국 전역의 자동차 산업이 겪고 있는 일이며, 그 때문에 미국은 1,000만 개 가까운 중산층 일자리를 상실했다.[25] 산업 전반에서 고도로 숙련된 상위 근로자들이 중간 숙련도를 갖춘 중산층 근로자들을 경제 생산의 중추에서 밀어냈다. 모든 경제부문을 통틀어 혁신 때문에 중산층 직종이 소수의 폼 나는 직종과 대다수 암울한 직종에 밀려나고 있다. 그 추세가 어찌나 급격한지 폼 나는 직종의 막대한 소득은 엘리트에 유리하고 중산층에 불리한 소득 재편의 가장 큰 원인이며 또한 엘리트의 소득 상승과 중산층의 소득 정체를 유발한 주요 원인이기도 하다. 1975년 이후 상위 1%의 소득이 3배 증가하는 동안 중위 실질 소득은 고작 10분의 1 정도 늘어났으며 2000년 이후 중위 소득은 사실상 정체된 상태다.[26]

능력주의 신봉자들은 능력주의의 위계질서가 관대하고 정의롭다고 주장한다. 박탈 없는 불평등은 무해하며 근면성에서 비롯된 불평등은 무고하다는 것이다. 그러나 중산층의 생활 경험은 그 주장과 전혀 다른 사실을 알려준다. 능력주의는 할 일을 잃어가는 중산층의 사기를 떨어뜨리며 중산층에게서 소득, 힘, 위신을 차단한다. 더욱이 능력주의의 덫이 일자리를 잃은 중산층에게 직업이 주는 소득과 지위를 허용하지 않는 그 순간에도 능력주의는 이 근면성을 지위를 얻고 유지하는 데 반드시 필요한 요소로 만든다. 이와 같이 능력주의는 중산층 미국인에게 가상의 강력한 부담을 떠안긴다. 능력에 따른 불평등을 정당한 것으로 선언함으로써 능력주의는 중산층의 정체라는 경제적 피해에 도덕적인 모욕까지 가한다. 그런 모욕은 엄청난 손실을 추가로 일으킨다.

기회가 사라진다

능력주의가 유발하는 불평등은 결과뿐만 아니라 기회에도 타격을 준다.

갈수록 극소수의 출중한 학생들에게 교육 수익률이 집중되는 세상에서 세인트클레어쇼어스의 중산층 어린이는 무난하지만 평범한 공립 고등학교에 다니고 (전국 평균과 거의 비슷한) 두드러지지 않은 SAT(대입 학습 능력 적성 시험) 점수를 받을 것이 분명하다.[27] 고등학교 졸업자들은 대부분 현지 대학, 즉 아직도 고등학생들을 대상으로 숙련직에 종사하라는 라디오·텔레비전 광고를 내보내는 마콤 전문대,[28] 웨인 주립대학, 미시간 주립대학 등에 입학한다. 온라인 게시판에 따르면 일부 학생은 미시간 대학을 희망한다.[29] 그러나 세인트클레어쇼어스에는 학문이나 직업에 대해 야망을 품는 문화가 존재하지 않는다. 아이비리그나 진정한 엘리트 대학에 지원하는 학생은 사실상 전무하며 (주민들의 말로는) 그런 대학에 입학하는 학생은 지역 신문에 보도될 정도로 희귀하다.[30]

이 같은 양상은 전국 어디에서나 찾아볼 수 있다. 현재 중산층 어린이는 대부분 부모 세대의 시원찮은 전망을 고스란히 물려받으며 저소득층 어린이에 비해서도 엘리트 대학 재학률이 높다고 할 수 없다.[31] 경쟁이 치열한 대학의 경우 소득분포상 상위 25%에 속하는 가구 출신이 중위 50%에 속하는 가구 출신보다 6배 가까이 많다.[32] 초일류 대학의 부 편중 현상 역시 믿기 어려울 정도로 심각하다. 하버드와 예일 대학에는 소득분포상 상위 1%에 속하는 가구 출신이 하위 50% 가구 출신보다 더 많이 재학하고 있다.[33] (석사 이상의) 고등 학위를 가진 미국인은 10% 정도에 불과하다.[34] 중산층이 거의 모든 대학원과 전문 대학원에서 여전히 배제된다는 뜻이다.

능력에 따른 불평등은 (결과뿐 아니라 기회까지 저해함으로써) 중산층의 지위를 떨어뜨린다. 구체적인 원인은 능력주의다. 능력주의 엘리트는 과거 그 어느 시대에 나타난 엘리트보다 교육하는 방법에 능통하다. 실제로 이들은 그 무엇보다 교육에 대해 잘 안다. 그러므로 능력주의 엘리트는 중산층 부모가 감당할 수 있는 교육과 차원이 다른 엘리트 교육을 자녀에게 제공하기 위해 돈을 쏟아붓는 데 거리낌이 없다. 능력주의의 내적 논리로 말미암아 부모가 생존해 있는 동안 자녀에게 제공되는 집중적인 교육은 계층 세습에 반드시 필요한 메커니즘이 된다.

그렇다 해도 교육에 대한 엘리트들의 투자 규모와 범위는 놀랍기만하다. 부유한 지역에 있으며 값비싼 주택에 부과되는 부동산세로 뒷받침되는 일류 공립학교가 학생 한 명에게 들이는 지출 금액은 세인트클레어쇼어스에 있는 학교 같은 중산층 학교보다 2~3배나 많다.[35] 이런 투자로 말 그대로 특별한 교육이 보장된다. 세인트클레어쇼어스에서는 음악 교사 한 명이 중학생 750명을 가르치기 위해 일주일 동안 음악실도 없는 이 학교 저 학교를 전전해야 하는 반면에, 부자 학교들은 일반 학교들이 꿈도 꾸지 못할 시설을 뽐낸다.[36] 예를 들어 매사추세츠의 뉴턴에는 최첨단 기상 관측소가 있으며[37] 캘리포니아 코로나도에는 3D 프린터가 갖추어진 디지털 미디어 전문 교육기관이 있다.[38] 종합적으로, 그리고 결과적으로 보면 부자 학교가 얻는 추가 자금은 더 뛰어난 교사를 더 많이 채용하는 데 사용된다. 어느 대규모 카운티에 대한 면밀한 연구에 따르면 부유한 학교의 교장은 가난한 학교의 교장보다 평균적으로 1년 더 많은 경력을 쌓았으며 교사들의 경력은 평균 2년 더 길 뿐만 아니라 교사 중 석사 학위자도 25% 더 많다.[39] 게다가 부유한 학교에는 (일반적으로 교수법을 연마하느라 정신없는) 1년차 교사 숫자가 가난한 학교의 절반도 안 된다.

엘리트 사립학교는 (세인트클레어쇼어스에 있는 교사의 표현에 따르면 외부인 출입 제한 주택단지와 비슷하게[40]) 일반적으로 소득분포상 상위 4% 학생 가운데 80%를 유치한다. 이 같은 학교의 투자 규모는 한층 더 엄청나 전국 공립학교 평균보다 6배나 많다.[41] 엘리트 사립학교는 깜짝 놀랄 만한 시설을 갖추고 있으며, 교정은 학교라기보다 대학 같은 인상과 느낌을 주고 대학과 흡사한 기능을 제공한다. 게다가 공립학교보다 학생 한 명당 2배 이상 많은 교사를 채용한다.[42] 엘리트 사립학교의 교사 자체가 폭넓은 교육을 받은 엘리트들이다. 『포브스Forbes』가 미국의 상위 20대 예비학교로 꼽은 학교의 교사 가운데 자그마치 4분의 3이 석사 이상의 고등 학위를 가지고 있다.[43]

엘리트의 막대한 교육 투자는 성과를 낳는다. 현재 부유한 학생과 가난한 학생의 학업 격차는 대법원이 브라운 대 교육위원회Brown v. Board of Education 소송의 판결을 내린 1954년의 흑백 학생 간 격차보다 더 크다.[44] 오늘날 경제 불평등은 미국이 인종분리정책을 시행했을 때보다 더 큰 교육 불평등을 만들어내고 있다.[45] 교육 불평등은 부유층과 저소득층을 갈라놓을 뿐 아니라 갈수록 부유층과 중산층 사이에도 장벽을 만드는 추세다. 예를 들어 현재 부유층 어린이와 중산층 어린이의 학업 성과 격차는 중산층 어린이와 저소득층 어린이의 격차보다 훨씬 더 크다.[46] 어린이들이 대학에 입학하는 시점에는 그 차이가 한층 더 커지며, 특히 이때 엘리트 계층의 뛰어난 성과가 두드러진다. 부유층 어린이와 중산층 어린이의 SAT 점수 격차는 중산층 어린이와 저소득층 어린이 사이 격차보다 2배나 더 크다.[47] 엘리트 가정이 아닌 곳에서 계층을 극복하고 엘리트 수준의 성과를 보이는 어린이가 드물 정도로 엘리트 계층은 중산층보다 엄청나게 더 많은 교육을 받는다. 하위 3분의 1에 속하는 가구의 어린이 200명 중 1명만이 예일 대학 평균에 상응하는 SAT 점수를 받는다.[48]

이처럼 불평등한 패턴의 불가피한 원인은 능력주의의 내적 논리다. 능력주의는 (능력 위주의 대학들이 학업 성과로 학생들을 선발하고 고용주들이 기량을 기준으로 직원들을 채용하기 때문에 탁월하기만 하면 성공할 수 있다는 이론을 토대로) 평등을 약속하지만, 현실적으로 그 약속은 거짓이다. 우수성만 강조하는 현상은 원칙적으로 그 동기가 무엇이든 간에 실제로는 입시 경쟁을 낳고 저소득층은 물론 중산층 출신마저 성공하지 못하는 노동시장을 만들어낸다. 예외적인 사례는 언제나 존재하지만 일반적으로 저소득층뿐만 아니라 중산층 가정의 어린이조차 엘리트 대학의 자리를 놓고 벌이는 경쟁에서 출생이나 그 이전 자궁에서부터 계획적이고 숙련된 투자를 막대한 규모로 꾸준하게 받아온 부유층 어린이의 상대가 되지 못한다. 결과적으로 평범한 교육을 받은 근로자는 엘리트 교육을 통해 엄청난 기량과 근면성을 갖춘 상위 근로자의 경쟁 상대가 되지 못한다.

종합적으로 이 같은 패턴은 사회적 이동성을 크게 제한한다. 하위 5분의 1가구에서 태어난 어린이 100명당 1명과 중위 5분의 1가구에서 태어난 어린이 50명당 1명만이 상위 5%에 합류할 가능성이 있다.[49] 따라서 미국의 저소득층이나 중산층 어린이들은 프랑스, 독일, 스웨덴, 캐나다, 핀란드, 노르웨이, 덴마크의 비슷한 어린이들에 비해 소득 사다리를 올라갈 가능성이 낮다[50](더욱이 캐나다, 핀란드, 노르웨이, 덴마크의 이동성은 미국의 2배를 웃돌며 어떤 경우에는 3배에 달한다). 절대적 경제 이동성 역시 줄어드는 추세다. 20세기 중반 이후 중산층 어린이가 부모보다 더 많은 소득을 올릴 가능성은 절반 넘게 줄어들었으며, 그 하락세는 저소득층보다 중산층 사이에서 두드러진다.[51]

소외의 악순환은 이렇게 돌아간다. 엘리트 대학 졸업자들이 최고 직업을 독점하는 동시에 초고숙련 근로자에게 유리한 신기술을 고안해 최고 직업은 더 훌륭해지고 나머지 직업은 더 열악해지는 것이다. 능력으로 얻은 근로소득 덕분에 엘리트 부모의 엘리트 교육 독점 현상은 세대가 바뀔수록 점점 더 심화된다. 이와 같이 능력주의는 교육과 직업 사이 되먹임 고리를 만들어내며 그 고리 안에서 개별 분야의 불평등은 다른 분야의 불평등을 증폭한다. 엘리트와 중산층의 소득 격차를 통해 우리는 능력에 따른 성과의 불평등 정도를 가늠할 수 있다. 엘리트와 중산층의 교육 투자 격차를 통해 우리는 능력에 따른 기회의 왕조적 세습dynastic transfer과 불평등 정도를 헤아릴 수 있다. 이 모든 것이 결합되어 능력주의의 덫이 만들어내는 소외의 강도가 고착된다.

능력주의가 부와 특권을 대대손손 세습함에 따라 중산층의 정체, 엘리트의 번영, 경제적·사회적 분열의 확대는 서로 불가분의 관계를 맺는다. 능력주의의 톱니바퀴가 한차례 돌아갈 때마다 불평등은 가차 없이 확대되고 그런 영향이 결합되어 전반적인 불평등이 심화된다. 초기의 능력주의자들은 헛된 희망을 전파했다. 능력주의는 오늘날 미국의 기회 평등에 가장 큰 걸림돌이 되었다.

'한결같이 좋은 삶'의 끝

세인트클레어쇼어스의 호숫가에 있는 유명 식당의 어느 바텐더가 살아온 경험에는 앞서 설명한 모든 이야기가 녹아들어 있다. 세인트클레어쇼어스에서 자라난 그는 서해안으로 떠나 시애틀에 살면서 일했다. 그 후 여러 가지 이유에서 고향으로 복귀(도피)했다. 시애틀에선 급여가 더 높았지만 모든 것이 비쌌기 때문에 그는 자신이 실제로 더 많은 것을 얻을 수 있을지 확신할 수 없었다. 자신이 구할 수 없는 것들이 시애틀에 정말로 많이 존재하는 건 분명했다.[52] 특히 집값이 문제였다. 시애틀의 집값은 그의 주택 소유가 원천적으로 차단될 정도로 높았다. 게다가 현재만이 아니라 가까운 미래에도 그럴 것이 뻔했다. 그러나 이와 대조적으로 세인트클레어쇼어스에서는 사실상 중산층 가정이 감당할 수 있는 것만 판매된다. 이 바텐더는 모든 현지 상점에서 물건을 사고 길버츠 로지나 자신이 근무하는 식당을 비롯한 모든 현지 식당에서 외식하는 데 어려움을 느끼지 않는다. 그는 5만 달러 정도에 구매한 아파트에 살기 때문에 임대료를 낼 필요가 없다. 한편 (현지 부동산 중개업자의 말에 따르면) 교사와 결혼한 자동차 업체 노조원이나 의료 보조간호사physician's assistant와 결혼한 일반 간호사는 저축만 한다면 세인트클레어쇼어스에서 가장 비싼 동네인 호숫가에 집을 살 수도 있다. 이 도시에는 손에 닿지 않는 것이 존재하지 않는다.

사회는 경제를 따라가게 마련이다. 따라서 세인트클레어쇼어스는 문화적으로도 시애틀보다 더 민주적이며 이 같은 사회 구조는 실패와 소외를 은폐하는 허울을 만들어낸다. 시애틀은 다른 해안 도시와 마찬가지로 전국(심지어 세계)에서 내로라하는 엘리트(아마존, 마이크로소프트, 보잉이 데려온 상위 근로자)를 중심으로 돌아간다. 앞서 언급한 바텐더는 그곳에서 자신이 소비뿐만 아니라 자격과 지위 측면에서도 배척당한다는 사실을 깨달았다. 부자가 아닌 그는 부자를 위해 세워진 도시에서 소외됨에 따라 자신이 가난하다고 생각했다.

반대로 세인트클레어쇼어스에서는 중산층이 삶의 중심을 차지한다. 현지 주민에게 중요한 인물의 이름과 그 이유를 물어보니 그곳에서는 지위가 교육과 직업이나 소득과 재산이 아니라 도시에 대한 헌신으로 결정된다고 말했다.[53] 지역사회 지도자는 부자가 아니라 지역사회에 참여하는 사람이다. 이곳의 지도층 인사들은 시애틀 같은 곳을 지배하는 지위의 표식을 대놓고 거부한다. 어떤 이는 "사람들은 엘리트를 좋아하지 않는다"라면서[54] "나는 어느 학교를 나왔느냐 나오지 않았느냐로 사람을 채용한 적이 없다"라고 주장한다.[55]

이 같은 분위기 때문에 세인트클레어쇼어스 안에서는 더 넓은 세상에서보다 지위를 얻기가 훨씬 더 용이하다. 이곳의 어느 지도층 인사는 바텐더의 이야기를 듣더니 "이곳에 살면 훨씬 적은 돈으로도 성취감을 느낄 수 있다"라고 말했다. 그러면서 그녀는 해안 대도시에 살면 "더 많은 돈이 있어도 성취감을 느끼지 못한다"라고 지적한다.[56] 그보다는 패배감과 소외감이 일생 동안 따라다닌다면서 "성공했든 그러지 못했든 결과적으로 만족감을 느낄 수 없다"라고 덧붙였다.[57] 앞서 말한 볼링장 주인은 간단히 말해 해당 바텐더가 여기에서는 "중산층임을 느꼈을 것"이라면서, 이곳 세인트클레어쇼어스가 중산층 세상이라는 식의 말을 덧붙였다.[58] 어느 영향력 있는 주민은 "한결같이 좋은 삶"이 "잠깐 동안의 멋진 삶"보다 낫다고 주장했다.[59] 남들이 사는 부유한 사회의 가장자리로 밀려나기보다 내가 사는 가난한 사회의 중심에 서야 더 큰 만족감을 느낄 수 있다는 이야기다.[60]

20세기 중반에는 세인트클레어쇼어스가 그처럼 민주주의적인 약속을 실천할 수 있었다. 중산층이 풍요를 누림에 따라 '한결같이 좋은 삶'은 실제로도 꾸준히 더 나아졌고 중산층이 미국 곳곳에서 주도적인 역할을 함에 따라 세인트클레어쇼어스의 중심에 선 사람은 미국 생활의 중심에 선 것이나 마찬가지였다. 게다가 (미국의 경제적 우위를 감안할 때) 세계의 중심은 말할 것도 없었다. 경제 펀더멘털fundamental●이 중산층 문화를 받쳐주었고 세인트클레어쇼어스 외부에서 바라본 관점은 그 안에서 바라본 관점과 일치했다.

오늘날에는 능력주의에 따른 불평등이 민주주의의 논리를 서서히 좀먹고 있으며, 다른 곳과 마찬가지로 세인트클레어쇼어스에서도 중산층의 소외를 감추는 허울이 갈라질 뿐 아니라 벗겨지는 중이다. 해마다 혁신이 일어나면 어느 곳의 경제나 문화가 반짝 경기를 타지만 세인트클레어쇼어스에서는 결코 그런 일이 일어나지 않는다. 더 거대한 능력주의 세상은 전진을 거듭함에 따라 세인트클레어쇼어스의 민

● 국가의 경제 상태를 나타내는 주요 거시 경제 지표.

주주의 질서와 중산층의 가치에 대한 존중을 잃어가고 있다.[61] 이곳에서 삶은 서서히 열악해진다. 아직까지 비참해질 정도는 아니지만 악화되고 위태로워진다.

이제 지역의 소도시 안에서 성취감을 느끼는 것은 덧없는 일이다 (외부 관점을 적용하면 그 같은 성취감은 쉽사리 산산조각 날 수 있다). 게다가 이 도시는 문화를 지탱하려고 안간힘을 쓰지만 문화의 경제적 기반이 무너지는 상황이다. 능력주의가 만연한 세상에서 중산층이 된다는 것은 시대에 뒤처질 뿐 아니라 퇴행하는 것이며, 성장보다는 유지에 전력하고 인정사정없이 뒤떨어지는 생활방식에 빠져 있는 것이다. 축소되고 붕괴하는 요새를 보호하는 격이다. 그 요새는 반드시 조만간 무너지게 되어 있다.

세인트클레어쇼어스는 미국 전역의 중산층과 마찬가지로 공격보다는 수비에 나선다. 이 도시는 한때 어느 지도층 인사의 말마따나 "매우 안전한 데다 세심하게 관리되는" 중산층 공간이었지만, 이제는 그녀가 냉소적이고도 절제된 표현으로 인정하듯이, 갈수록 안전성이 떨어지고 제대로 관리되지 않고 있다.[62]

루저로 몰아가기

능력주의는 중산층 근로자들을 사실상 실직 상태로 내모는 바로 그 순간에도 근면성을 높이 평가하고 게으름을 증오한다. 따라서 20세기 중반의 미국을 자신의 모습대로 건설한 중산층은 능력주의가 판을 치자 하층으로 전락해 경제적 가치뿐 아니라 장점과 사회적 지위까지 박탈당했다.

이 같은 방식으로 능력주의에 따른 불평등은 중산층의 경제사정뿐 아니라 마음과 생각까지 공격한다. 임금 정체라는 경제적 타격을 입히는 데 그치지 않고 중산층 근로자를 쓸모없는 존재로 선언함으로써 도덕적 모욕까지 퍼붓는 셈이다. 능력주의 이념은 그 같은 모욕을 표면화하고 승인하며, 더 나아가 중산층에게 스스로의 전락을 받아들이도록 요구한다. 능력주의의 덫은 창의력을 제한하고 경제적 소외를 개인이 유능하지 못한 탓으로 돌림으로써 능력주의의 폐해에 대한 중산층의 집단 각성을 방해한다. 능력주의는 중산층을 무직의 무산계급 lumpenproletariat으로 개조한다.

제자리에서 정체는 옴짝달싹 못 하는 사람들에게 해롭다. 기회의 감소는 활력과 긍정적인 생각을 서서히 파괴하며 강제적인 실업은 경멸을 자아내고 나태함을 불러올 뿐만 아니라 좌절감과 분노를 키운다. 엘리트들이 계속 앞지르다 손이 닿지 못하는 곳까지 나아가는 상황에서, 중산층이 다른 면에서는 모두 만족할 만한 상황에 갇히는 것은 어쩌면 큰 문제가 아니다.

능력주의의 소득과 지위에 대한 양면 공격은 중산층의 파괴로 나아간다. 예를 들어 지역사회에서 중산층 일자리가 사라질 때는 소득뿐 아니라 결혼과 출산도 감소하며 (중산층 남성을 중심으로) 사망률이 상승한다.[63] 가정은 해체된다. 한 예로 고등학교 이하 교육을 받은 여성들은 절반 넘는 자녀를 혼외 관계로 얻게 된다(대학 이상의 교육을 받은 여성들은 혼외 자녀가 3%에 불과한 것과 비교된다[64]). 어린이들은 학교에서 어려움을 겪는다. 어른들은 그저 생존을 위해 무리하게 된다.

사망률은 능력주의의 덫이 끼치는 심리적인 악영향을 놀랄 만큼 극명하게 보여준다. 지난 2년 연속 미국의 중년 사망률과 기대수명이 하락했다.[65] 특히 중산층 백인 사이에서 이런 현상이 두드러졌다. 이는 충격적이고 전례 없는 일이다. 일반적인 조건에서는 대규모 전쟁, 경제적 붕괴, 전염병만이 인구 사망률 급등을 초래할 정도로 많은 사람을 죽음에 이르게 할 수 있다. 물론 지난 2년에 걸친 미국 전체의 기대수명 하락은 1962~1963년에 발생한 유행 독감 때문이다.[66] 그러나 오늘날 사망률은 원인을 막론하고 전반적으로 상승하는 추세이며, 특히 역사상 그 어느 때보다 더 많이 소비하고 노동 부담이 줄어든 중산층에서 상승세가 두드러진다. 중산층 미국인은 이렇다 할 이유도 없이 대량으로 사망하고 있다.

능력주의가 정신에 미치는 부담이 그런 수수께끼를 푸는 열쇠다. 사망 원인을 보면 그 해로운 부담의 정체가 드러난다. 현재 중산층 미국인은 간접적이거나 심지어 직접적인 자해를 통해 사망하고 있다. 그들이 느낀 모욕감이 말 그대로 신체 증상으로 발현되기 때문이다. 이런 모욕감은 능력주의로 정당화되는 소외에서 비롯된다. 디트로이트에서 세인트클레어쇼어스까지 주간고속도로 94번의 동쪽 방향을 따라 늘어선 광고판 가운데서도 '아편 유사제opioid●의 과용을 막는' 의약품 나르칸Narcan의 광고는 유독 눈에 띄는 곳에 세워져 있다.[67] 그뿐만 아니라 2016년 세인트클레어쇼어스가 있는 마콤 카운티에서는 약

● 마약성 진통제.

물 관련 사망률이 1999년에 비해 7배나 상승했다.[68] 아편 유사제의 유행은 세인트클레어쇼어스에서 멀리 떨어진 지역에서도 확산되고 있다. 자살, 약물 과용, 알코올 남용은 (교육 수준이 높은 성인보다 교육 수준이 낮은 성인 사이에서 3~5배 더 빠른 속도로 증가하는 추세로) AIDS 유행에 거의 맞먹는 속도로 미국인들을 죽음에 이르게 하며 전반적인 사망률 상승의 원인이기도 하다.[69] 이처럼 무수한 방법으로 능력주의의 덫이 경제에 불필요한 존재가 된 중산층에게 떠안기는 무위도식의 삶은 지난 10년 동안 100만 명 넘는 사람을 '절망의 죽음deaths of despair'으로 몰고 갔다.[70]

능력주의가 의미 있는 직업과 기회의 확산을 활성화한다는 통념은 가짜다. 사실 그 같은 통념은 현실을 거의 정반대로 반영하는 경향이 있다. 능력주의 신봉자들은 능력주의가 불평등과 빈곤 사이의 오랜 연결고리를 끊는다고 주장한다. 그러나 실제로는 능력주의에 따른 불평등 때문에 모든 사람이 소외된다. 일류 학교를 나와 일류 직업에 종사하며 점점 더 숫자가 줄어들고 있는 엘리트만 예외다. 능력주의는 중산층에게서 사회적·경제적 기회를 앗아간다. 마찬가지로 능력주의 신봉자들은 능력주의가 불모지에도 혜택을 가져다주므로 능력주의에 따른 경제적 불평등은 도덕적으로 해롭지 않으며 바람직하기까지 하다고 주장한다. 그러나 사실 능력 불평등에 따른 사회적·경제적 위계질서가 정당하다는 그들의 독선적인 주장만 보더라도 그 같은 위계질서는 선택된 엘리트를 제외한 모든 이에게 각별히 해롭고 무자비한 영향을 미친다. 능력 불평등이 중산층에게 얼마나 큰 부담을 지우는지는 중산층의 사망률만 보더라도 알 수 있다.

엘리트 착취

능력주의가 엘리트에게 가하는 해악은 덜 분명하며 어차피 부유층은 자연스레 동정이 가는 대상이 아니다. 그럼에도 오늘날의 능력주의 엘리트들은 귀족이던 선배들에 비해 훨씬 못한 삶을 살고 있다. 능력주의 불평등이 상류층의 삶 전반에 드리운 광채는 심오하거나 자비롭다기보다 얄팍하고 무자비하기까지 하다.

노력이라는 유행병은 능력주의 엘리트들을 파괴한다. 엘리트의 삶은 사실상 요람에서 무덤까지 상위 직업을 위한 노력으로 점철된다. 엘리트의 노력은 아주 어릴 때 시작된다. 양육과 교육은 훗날 상위 직업에 필요할 만한 기량을 키워주는 것을 목표로 한다. 사립이든 공립이든 엘리트 학교는 학생에게 극한의 노력을 요구한다[71](실제로 중학생이 밤마다 3시간씩 숙제하고 고등학생이 5시간씩 숙제하는 것은 특이한 일이 아니다). 미국 질병통제예방센터Centers for Disease Control and Prevention가 학교 숙제로 말미암은 수면 부족의 악영향을 경고했을 정도다.[72] 더 나아가 방과 후에는 가정교사, 코치, 시험 대비 업체 등이 제공하는, 끊임없이 이어지는 보충 교육이 부유층 자녀를 옭아맨다.

그뿐만 아니라 쉴 새 없고 치열한 노력은 성년기에 접어든 뒤에도 한참 동안 지속되며 상위 근로자의 경력 내내 이어진다. 나이 든 엘리트는 과도하게 일한다. 법무법인은 일반 변호사에게 수임료 청구 시간을 늘리라고 요구할 뿐만 아니라 수임료 청구 시간에 대한 개별 파트너 변호사의 공헌도를 빠짐없이 확인한다. 어떤 법무법인은 파트너 변호사가 24시간 동안 20분에 한 번씩 다른 파트너 변호사의 공헌도를

(스마트폰으로) 평가할 수 있는 시스템을 통해 온라인 데이터베이스를 수시로 갱신한다.[73] 은행 간부들은 직급이 올라갈수록 기여도를 "단계적으로 높여야" 한다는 기대를 받는다.[74] 『포춘』선정 500대 기업의 어느 고위 중역은 회사에서 "가장 열심히 일하는" 사람들은 최고 관리자들로, 이들은 "남들보다 더 많이 일하고 더 열심히 기량을 연마하는 데다 더 많은 교육을 받기" 때문에 일자리를 얻고 유지한다고 말한다.[75]

상위 근로자들은 모두 자신의 바람보다 더 고되고 길며 치열한 노력을 기울인다. 이들은 여가를 얻기 위해 소득을 희생할 수 있다고 이구동성으로 말한다. 일주일에 60시간 넘게 일하는 사람들은 주당 근무시간이 평균 25시간 줄어들었으면 좋겠다고 응답한다.[76] 체계적 연구에 따르면, 이들이 그런 말을 하는 까닭은 일이 가정 생활의 다방면에 지장을 주기 때문이다. 가정을 유지하고 자녀와 친밀감 쌓기, 배우자와 좋은 관계를 형성하며 심지어 만족할 만한 성생활을 영위하는 능력에도 악영향이 끼친다.[77] 따라서 과로한 엘리트에게서 '시간 기근time famine'이란 말을 자주 듣는 것도 놀랍지 않은 일이다.[78] 일률적이고 가차 없이 이어지는 근무시간 때문에 상위 근로자의 삶은 침몰한다.

더욱이 능력주의 엘리트는 치열한 경쟁의 압박 속에서 그처럼 어마어마한 노력을 이어간다. 오늘날 능력주의 경쟁은 엘리트의 삶 곳곳에 침투한다. 한때 대학 입시철이나 임원 승진 시기와 같이 예외적인 기간에 한정되었던 평가가 이제는 엘리트 경력의 모든 단계에 영향을 미친다. 유치원 시기부터 은퇴할 때까지 어떤 형태로든 기회를 걸러내고 추적하며 기회에 영향을 미치는 경쟁이나 평가가 매년 계속된다.

엘리트들은 성적, 시험 점수, 입학에 대한 경쟁에 투입되는 유년기에 처음으로 능력주의의 압력에 부딪힌다. 경쟁이 가장 치열한 유치원들이 입학을 허락하는 인원은 지원자의 10분의 1도 되지 않는다.[79] 유치원마다 평가 목적으로 네 살짜리 지원자에게 에세이, 평가, 면접 등의 혹독한 시련을 거치도록 한다. 그럼에도 요즘 뉴욕, 보스턴, 샌프란시스코 같은 도시에서 부유층 부모들이 유치원 열 곳에 지원서를 내는 것은 흔한 일이 되었다.[80]

엘리트 사립 초등학교와 고등학교에 지원할 때도 시련은 되풀이되며 능력주의 엘리트들이 밀집한 일류 공립학교에서도 비슷하거나 한층 더 치열한 경쟁이 펼쳐진다. 한 예로 뉴욕 맨해튼의 8개 엘리트 특목고에 지원해 입학시험을 치르는 학생만 3만 명에 달하며 이들은 모두 5,000개 남짓한 자리를 두고 경쟁한다.[81] 이 같은 패턴은 대학에서도 그대로 되풀이된다. 20~30년 전 엘리트 대학의 합격률은 30%였지만 현재는 10%도 되지 않는다(1995년만 해도 시카고 대학은 지원자 중 71%를 받아들였으나 현재 스탠퍼드 같은 대학에 합격하는 지원자는 5% 미만이다).[82]

경쟁은 상위 직업에서 다시 시작되고 성년기 내내 이어진다. 요즘 법무법인은 수익 기여도를 토대로 파트너 변호사의 등급을 인정사정 없이 나눈다(파트너 직급 내 수익 격차는 20배에 달한다[83]). 게다가 최고위 직급인 지분 파트너equity partner도 영업을 창출하지 못하면 쫓겨난다.[84] 30년 전에는 상상조차 하기 어려웠던 관행이다. 은행은 명목상의 상무이사와 '참여적인 상무이사participating managing director' 또는

'파트너'를 구별하며 일반 이사와 '그룹장'을 분류한다. 해마다 성과급이 배분되는 '보너스 데이'에 은행 간부 모두의 성패가 결정된다.[85] 대기업은 일반 관리자와 고위 관리자를 구별하며,[86] 최고경영자는 주로 성과급 형태로 보수를 받을 뿐 아니라 공격적인 기업 지배권 시장에도 대처해야 한다.[87] 이전과 달리 최고경영자의 소득은 물론 일자리도 경쟁사를 물리치고 주가 상승을 달성하느냐 여부에 달려 있다.

동시에 경쟁 자체도 갈수록 거세지는 추세다. 학교 합격률이 30% 정도면 치열한 경쟁이 일지만 어느 정도 능력 있고 부모의 지원을 받는 지원자라면 적어도 한 번은 합격할 가능성이 충분하다. 10% 미만 합격률은 지원자가 한 번의 실수만으로도 낙오되는 경쟁을 만들어낸다. 따라서 이 같은 경우에는 합격하려면 포부를 이루는 데 모든 것을 바칠 수 있는 의지와 행운까지 필요하다. 예전에는 직장에서 파트너가 되거나 경영진에 합류하기 위한 경쟁이 치열했지만 감당할 수 있는 수준이었다. 그러나 현재는 전에 없이 뾰족해진 위계 구조 내에서 경영진, 고위 임원 등 극도로 배타적인 최고위 직급에 도달하려면 숨 가쁘게 경쟁을 치러야 한다.

이런 변화 역시 능력주의에서 비롯된 불평등의 가차 없는 내적 논리를 따라간다. 상위 소득의 상승, 그리고 부유층과 중산층 간 격차 확대는 혹독한 능력 경쟁을 정당화하는 당근과 채찍을 만들어낸다. 엘리트 어린이는 능력주의가 지배하는 학교에서 과도하게 노력하고 엘리트 성인은 능력주의가 판을 치는 직장에서 인정사정없는 혹독한 경쟁을 감내한다. 암울한 직업은 매우 낮은 보상을 제공하는 반면 폼 나는 직업은 매우 높은 보상을 제공하는데, 폼 나는 직장은 그 숫자가 한정되어 있기 때문이다. 승자독식이 심해질수록 승리하기 위한 경쟁은 치열해진다.[88] 엘리트의 기회는 경쟁적인 노력으로만 얻을 수 있다.

능력주의는 기본적으로 가정에서, 학교에서, 직장에서, 어린 시절부터 은퇴에 이르기까지 엘리트의 삶을 재설계한다. 오늘날 엘리트 교육이 지속적으로 확실한 성과를 요구함에 따라 부유한 가정은 엘리트 교육의 규율에 복종한다. 과거 귀족 자녀들은 특권을 마음껏 향유했지만 능력주의가 판을 치는 오늘날 엘리트의 자녀들은 자신의 미래를 계산한다. 그들은 포부, 희망, 근심으로 이어지는 익숙한 리듬에 맞춰 연출된 자기표현적 의례를 통해 미래를 계획하고 절제한다.

과거 귀족 부모들은 자녀를 자상한 무관심으로 대하고 자기 생활을 즐긴 반면, 능력주의 시대 엘리트 부모들은 자녀가 교육 경쟁에서 승리할 가능성을 극대화한다는 목표에 맞춰 가정을 재편한다. 마찬가지로 엘리트 직업이 지속적으로 높은 성과를 요구함에 따라 엘리트 직업에 종사하는 부유한 성인들은 성년기를 통틀어 그 규율에 복종한다. 능력주의는 옴짝달싹 못 하게 옭아매며 결코 끝나지 않는 경쟁에 엘리트들을 가둬둔다. 동료는 모두 경쟁자다. 모든 단계에서 승리가 아니면 탈락이다.[89]

능력주의 경쟁은 소득 및 지위와 안정성 사이의 전통적인 연관성을 뒤집어놓는다. 무엇보다 능력주의 때문에 위계 구조의 상층부에 전에 없는 차등화가 나타나며 그와 동시에 사회적·경제적 사다리도 길어지는 추세다. 그 결과 사다리를 올라갈수록 사다리 계단 사이 간격은 넓어진다. 이와 같이 능력 경쟁은 엘리트 사이에서 매우 치열해지고 있다.

가장 훌륭한 성과를 올리는 학생과 근로자 역시 가장 불안정한 상황에 처하게 되었다. 그 어느 곳보다 상층부에서는 작은 성과 차이에도 보상의 격차가 벌어지기 때문이다. 엘리트의 불안정성은 출생과 거의 동시에 시작되어 결코 끝나지 않는다. 특히 능력주의 사다리 꼭대기에서 불안정성은 최고조에 달한다.

실제로 엘리트 계층이 극소수로 한정됨에 따라 엘리트 계층에 합류하기 위한 경쟁은 극도로 치열해져 세대가 바뀔 때마다 새로운 쟁탈전이 시작된다. 이와 같이 능력주의 세상에서는 그 누구도 '공고한' 지위를 마음 편히 누릴 수 없다. 계층 불안이 어린 시절부터 청소년기와 대학 시절을 거쳐 경력을 쌓고 양육하는 시기까지, 엘리트 계층의 삶을 지배한다. 상위 근로자와 그 자녀는 기대에 부합하지 못해 엘리트 계층에서 추방당할지도 모른다는 위협 속에서 살아가는 것이다. 능력주의는 모순되게도 계층 자체를 위태롭게 한다. 능력주의 세상에서 얻을 수 있는 부는 어마어마하지만 조금만 삐끗해도 놓치기 쉽다. 과거 귀족 체제에서는 안정성과 귀족으로서의 자격이 타고난 권리였다. 이 둘 사이의 대비는 더 이상 극명할 수 없다. 능력주의는 왕조적 세습을 허용하지만 왕조 구성원에게 큰 부담을 안긴다.

문명 전체의 경제활동이 엄청난 교육과 극소수 엘리트의 근면성을 중심으로 돌아감에 따라 상위 근로자 개인이 져야 하는 부담이 커지고 있다. 그 같은 부담을 지기에는 숫자가 너무 적은 엘리트에게 대부분의 생산을 의존한다. 그 결과, 능력주의 사회의 신성한 핵심부에 진입하고 머무르기를 원하는 엘리트라면, 스스로 과중한 부담을 지고 외톨이와 같은 상태로 자기 자신의 노동력을 쥐어짜내야 한다.

고성능 인적 자본

이 모든 일은 우연이 아니다. 오히려 엘리트의 뼈를 깎는 분투는 새로운 경제적 요구로의 변화를 반영하는데, 그 같은 요구 자체도 능력주의의 내적 논리에 따라 발생했다. 신흥 엘리트는 경쟁적인 교육과 직업에 한결같이 전념하지 않고서는 소득과 지위를 얻을 수 없다.

과거의 엘리트는 토지와 (좀 더 후대에는) 공장으로 부를 유지했다. 토지와 공장은 소유주가 이렇다 할 노동을 제공하지 않아도 지대rent나 이익을 창출할 수 있다. 심지어 대부분의 경우 소유주는 전혀 일할 필요가 없다. 따라서 지대를 받는 귀족은 놀면서 소득을 얻을 수 있었다. 보수가 적은 임차인이나 근로자가 모든 노동력을 제공하고 한가한 귀족들이 이익을 독차지했다. 물적 자본과 금융 자본은 그 소유주들을 자유롭게 한다.[90]

이와 대조적으로 신흥 능력주의 시대에는 엘리트의 부가 교육과 기량에 좌우된다. 어떤 의미에서 능력주의 시대 엘리트는 본질적으로 지대 소득자rentier로서 구체화된 교육, 기량, 인적 자본을 자산으로 보유한다. 여느 지대 소득자와 마찬가지로 능력주의 시대 엘리트는 노동과 결합된 자본에서 이익이나 소득을 뽑아낸다. 부유층이라고 해서 그 외 사람들에게 없는 노력의 비결이 있는 것이 아니다. 그보다는 상위 근로자의 노동에는 이전의 막대한 교육 투자가 바탕이 되므로 엘리트 의사, 법조인, 은행 간부, 경영인 같은 상위 근로자가 한 시간 일할 때는 미숙련 노무자가 그와 동일한 노력으로 한 시간 일할 때보다 더 큰 가치가 창출된다. 능력주의 세상에서 상위 근로자의 막대한 소득이 유지

되는 까닭은 각별한 노력보다는 엄청나게 축적된 인적 자본의 경제적 가치 때문이다.[91]

능력주의 시대 엘리트와 귀족이 보유한 자본의 형태는 각자의 삶과 특히 자유에 상반된 영향을 준다. 인적 자본은 토지나 공장과 달리 적어도 현재 기술로는 소유주 자신의 노동력이 동시에 투입되어야만 소득을 창출할 수 있다. 상위 근로자가 자신의 인적 자본으로 다른 사람들을 고용해 자신의 기량과 교육에 그들의 노동력을 결합해 활용하는, 이를테면 법무법인의 파트너 변호사가 자신의 법적 통찰력을 보강하기 위해 신참 변호사들을, 관리자가 자신의 계획을 실행하기 위해 생산 근로자들을 고용하는 경우에도 상위 근로자는 고용한 사람들과 동시에 집중적으로 일해야만 자신의 인적 자본에 다른 사람들의 노동력을 생산적으로 결합할 수 있다. 오늘날의 부유층이 마지못해 일하는 까닭은 그래야만 그들 특유의 부를 유지할 수 있기 때문이다. 인적 자본은 그 소유주를 자유롭게 하기보다 노예에 가깝게 만든다.

인적 자본으로 살아가기 위한 가상의 요구 조건은 능력주의 시대 엘리트에게 더 큰 부담을 안긴다. 그 같은 요구 조건은 긴 작업 시간처럼 구체적이지 않고 그보다 더 큰 불안감을 준다. 능력주의의 발달로 인적 자본이 소득과 지위의 원천이 됨에 따라 경쟁은 한층 더 즉각적이고 불가피하게도 개개인의 문제가 되었다. 능력 경쟁은 모든 능력주의 시대 엘리트의 외부 환경과 희망과 두려움 같은 내밀한 삶의 틀이 되는 문화를 지배한다. 유치원부터 은퇴할 때까지 기대에 부합해야 한다는 요구를 받는 사람들은 노력에 매몰된다. 이들은 자기 자신의 성과를 통해 형성된다. 따라서 엘리트다움은 어떤 사람이 향유하는 것에서 그 사람의 모든 것으로 확대된다. 능력주의가 발달한 세상에서 학교와 직업은 그곳에서 얻는 지위 이외에는 자아를 남겨놓지 않을 정도로 엘리트의 삶을 통째로 지배한다. 두 살 때 성공회 학교에 입학한 다음 돌턴스쿨, 프린스턴 대학, 모건스탠리Mogan Stanley를 거쳐 최종적으로 골드만삭스에 안착한 (그리고 그곳에서 얻은 소득으로 자녀를 자신이 다녔던 학교에 보내는) 투자은행 간부가 남들의 생각뿐만 아니라 스스로의 생각으로도 그 단적인 사례일 것이다.

목적을 위한 수단으로만 자산을 이용하는 자산 소유주는 자산의 진정한 본질과 고유한 가치를 향유하지 못하게 된다. 전통적인 지대 소득자조차 소득을 얻기 위해서만 토지를 운용할 때는 한때 귀족과 토지를 묶어놓았던 봉건적 유대에서 벗어나게 된다. 안톤 체호프는 희곡「벚꽃 동산Cherry Orchard」에서 이윤 추구가 "그 과정의 모든 것을 집어삼켜 어떤 물질을 다른 물질로 바꿔버린다"고 우려했다.[92] 오래된 벚꽃 동산은 벚나무가 모조리 베어져 휴가용 별장 부지로 쓰일 때 더 큰 수익을 낸다. 다시 말해 벚꽃 동산 자체의 완전한 파괴와 한때 벚꽃 동산 덕분에 지탱되었던 생활방식의 파괴를 통해 더 큰 수익이 창출된다는 이야기다.

그러나 토지나 공장의 소유주, 특히 체호프의 희곡에서 농노의 아들처럼 봉건적 가치를 부정하는 신흥 소유주는 그 같은 비용을 합리적으로 부담할 수 있을 뿐 아니라 전혀 신경 쓰지 않아도 된다. 실제로 지대 소득자가 뽑아내는 이익은 당사자가 경제적 소득이나 사회적 지위에 대한 걱정 없이도 자신의 에너지를 예술이나 정치나 상류사회 활동과 같은 진정한 관심사와 포부에 쏟아부을 수 있는 자유를 준다. 물적 자본과 금융 자본 형태의 전통적인 부는 그 소유주에게 일하지 않아도 되는 자유를 부여할 뿐 아니라 자아를 좀 더 온전하게 확립할 기회를 준다.

인적 자본은 이와 거의 정반대로 작동한다. 인간이 자본이 될 수 있다는 개념은 사람을 수단으로 취급해, 결과적으로 개인의 소외를 불러온다. 그런 생각은 자신의 인적 자본으로 지대를 창출하는 사람들에 대한 이윤 체계의 파괴 욕구를 키운다. 더욱이 능력주의는 그 같은 생각을 엘리트에게 가장 집중적으로 적용한다. 능력주의는 엘리트 근로자의 재능, 기량, 교육 또는 자아를 가장 큰 경제적 자산이자 가장 중요한 부와 지위의 원천으로 전환한다.

상위 근로자는 이 같은 종류의 부를 통해 소득을 얻고 지위를 확립하려면 스스로를 도구 측면에서 이해해야 한다. 상위 근로자가 엘리트다움을 지키려면 다른 사람들이 인정하는 기량을 개발하기 위해 훈련을 멈추지 않고 역시 다른 사람들이 정한 업무와 과제에 집중하는 식으로 자신의 교육 수준과 노동력을 쉴 새 없이 관리해야 한다. 상위 근로자는 사실상 자기 자신이 포함된 포트폴리오를 운용하는 자산 관리자처럼 행동해야 한다.

능력주의는 체호프가 토지를 논하면서 개탄했던 상업화를 인적 자본에까지 확대한다. 실제로 능력주의는 명백한 표현으로 엘리트 교육과 직업의 상업화를 강조한다. 상위 근로자들을 양성하는 학교와 대학은 교육을 표준화되고 측정 가능하며 순위까지 매길 수 있는 단위로 분류한다(「유에스뉴스＆월드리포트」의 순위를 생각해보라). 그야말로 급을 나누는 것이다. 마찬가지로 엘리트 노동시장은 과제를 묶어 각각의 직무로 나누고 직무에 등급을 매기기도 한다(예를 들어 '일류' 은행, 컨설팅사, 법무법인의 명단이나 이들이 청구하는 시간의 척도를 생각해보라).

직무 등급의 가장 단적인 척도는 급여다. 상위 근로자들의 대표적인 일터인 골드만삭스는 인사 부서를 '인적 자본 관리' 부서로 개칭했다.[93] 능력주의적인 생산은 능력주의 시대 엘리트들을 '집어삼키고' 그들을 '어떤 물질(인간)'에서 '다른 물질(인적 자본)'로 전환한다. 능력주의는 체호프의 희곡에 등장하는 귀족이 토지 때문에 겪었던 소외를 능력주의와 개인의 관계로 옮겨놓는다. 귀족과 달리 능력주의 시대 엘리트는 자신의 소외를 완화하거나 해결하기 위해 다른 생활방식으로 전환할 수 없다.

사실 심화된 능력주의는 엘리트에게 자기 자신을 도구로 이용하도록 요구함에 따라 엘리트의 삶을 말 그대로 지배한다. 엘리트 부모는 내키지 않아도 의식적으로 자녀에게 실험이나 놀이 위주의 교육이 아니라 엘리트 대학에 합격하고 그 후 엘리트 직업을 얻는 데 필요한 인적 자본을 축적하는 교육을 시킨다. 엘리트 학교는 인적 자본 축적 위주로 조직되고 교육학의 최신 경향에 맞춰 교수법을 지속적으로 조정한다.

놀이가 허용되는 경우라도 놀이는 목적이 아니라 학업을 위한 도구가 된다. 어떨 때는 놀이가 협동을 가르치거나 나중에 상위 직업에 필요할 창의적 사고를 함양하는 도구로 사용된다. 놀이가 한층 더 철두철미하게 이용될 때도 있다. 예를 들어 어느 일류 초등학교에서는 교사 한 명이 5학년 학생들에게 하교 전까지 풀어야 하는 '오늘의 문제'를 내주되 시간에는 제한을 두지 않았다. 동시에 여러 가지 일을 하거나 쉬는 시간을 포기함으로써 여분의 시간을 활용하는 방법을 가르칠 목적이었다. 능력주의는 이처럼 수많은 도구를 이용해 어린 시절을 소비 현장에서 생산 현장으로 바꿔놓는다. 그 결과적 산물은 성인이 된 상위 근로자의 인적 자본이다.

마찬가지로 능력주의의 지배를 받는 성인들에게도 직업은 자기표현이나 자기실현 기회라기보다 가치를 뽑아낼 기회다. 인적 자본을 얼마만큼 쌓았느냐에 부와 지위가 달려 있는 사람은 직업 선택 과정에서 자신의 관심사나 흥미를 고려하는 여유를 부릴 수 없다. 호기심을 충족하거나 소명이나 천직을 추구하기에는 교육과 직업에 너무 많은 것이 걸려 있다. 더욱이 임금이 점점 더 최고 소득 근로자에게 집중됨에 따라 최고 소득을 올릴 수 있는 직업의 숫자와 종류가 갈수록 줄어드는 추세다.

최고 소득은 둘째치고 자녀에게 엘리트 교육을 제공하기에 충분한 소득을 벌어들일 수 있는 직업조차 금융, 경영, 법률, 의학 등 종류가 극히 제한적이다. 엘리트 소득에 맞먹는 보상을 제공하는 직업은 100개 중 1개도 되지 않으며,[94] 예를 들어 교육, 언론, 공공 서비스는 물론 엔지니어링 등의 중산층 직업 중에서는 그만한 소득을 제공하는 직업이 거의 없다. 이런 분야나 인적 자본 수익률을 극대화할 수 없는 분야에 타고난 관심이 있는 사람은 자신과 자녀의 특권을 포기하는 희생을 치러야만 천직을 추구할 수 있다.

그처럼 선택지가 제한되어 있을 때는 애당초 열정적인 몰입을 피함으로써 좌절을 미리 방지하는 편이 훨씬 더 바람직하다. 그것이 다른 일을 하고 싶어도 자신만의 포부를 추구하는 일에 낭비하기에는 너무 가치가 큰 인적 자본을 지닌 사람들이 엘리트 직장에 넘쳐나는 (역사적으로 유례가 없다는 사실조차 가려질 정도로 친숙한) 현상의 원인이다. 대학에서 영문학이나 역사를 전공한 은행 간부나 미국시민자유연맹 American Civil Liberties Union이나 개인권리옹호센터Center for Individual Rights의 일에 감명받아 로스쿨에 진학한 기업 변호사들이 그 예다. 상위 근로자가 소외된 노동임에도 자기 직업에 밤낮없이 헌신하는 것도 그런 이유에서다. 능력주의가 유발하는 불평등은 부유층의 자유로운 소비를 가능하게 할지는 몰라도 그들을 생산에 종속시킨다.[95]

이런 식으로 사는 사람은 자기 자신을 남들의 처분에 맡기는 셈이다. 이는 자기 파괴다. 보석 세공사가 저울로 귀금속의 무게를 재듯이, 그 같은 방식으로 측정되는 삶은 평생 그늘에서 벗어날 수 없다. 최악의 경우 능력주의 시대 엘리트는 진정으로 가치 있는 목표를 세우고 추구하는 능력을 잃는다. 그 결과 명예는 호들갑 떨지 않고 쓸모를 발휘하는 것으로 전락한다.[96] 기껏해야 능력주의는 심각한 소외를 불러일으킨다.

능력주의 시대 엘리트는 자기 자신을 착취하고 자신의 인격을 망가뜨리는 대가로 막대한 근로소득을 얻는다. 엘리트 학생들은 상황을 꿰뚫어 보고 '금별gold star●'과 '반짝이는 것' 따위를 경멸하면서도[97] 실패를 필사적으로 두려워하며 전통적인 성공의 지표를 갈망한다. 한편 엘리트 근로자가 진정한 열정을 추구하는 것은 고사하고, 관심사를 파악하고 일을 통해 의미를 찾는 것조차 점점 더 어려워지고 있다. 능력

● 미국에서 우등생에게 주는 상.

주의는 모든 세대를 인간의 품위를 떨어뜨리는 두려움과 진짜가 아닌 야망 속에 가둔다. 이들은 적절한 식량을 찾아내거나 파악하지 못한 채 늘 굶주림에 시달린다.[98]

능력주의의 영향을 받은 생산은 엘리트 근로자를 자기 자신의 인적 자본을 착취해야만 소득을 얻을 수 있는 지대 소득자로 만든다. 그 결과 직업은 상위 근로자가 진정한 자아를 표현하기보다 억압하는 장이 된다. 사실 이는 카를 마르크스가 19세기에 무산계급의 노동력 착취에 대해 진단한 노동 소외와 동일한 현상이다. 실제로 기술 발전 때문에 중간 숙련 근로자가 갈수록 경제적 필요성을 초과하는 잉여 노동력이 되고 그와 동시에 초숙련 근로자가 생산 활동의 중심에 나섬에 따라 능력주의는 계층별로 자본주의의 악영향을 바꿔놓는다.[99] 중산층은 점점 더 불필요한 존재가 되어, 한때 직업 없는 무산계급이 차지했던 역할을 떠맡는다. 한편 노동 소외가 부활해 엘리트 계층에 둥지를 틀고 있다.

마르크스의 칼은 다시 한번 예상치 못한 방향을 겨눈다. 오늘날 자신의 인적 자본으로 지대 소득자가 된 엘리트 계층은 자신을 착취하는 피해자일 뿐만 아니라 자기 자신의 소외를 조장하는 매개이기도 하다. 이 경우에도 엘리트 계층은 높은 계층의 특권과 혜택을 누리지 못하는 사람들에게 동정을 기대할 수 없으며 그럴 권리도 없다. 그러나 상위 근로자가 겪는 고통은 사치스러운 실망감에 그치지 않는다. 소외는 인간에게 언제나 실질적이고 묵직한 부담을 떠안긴다. 물적 자본과 금융 자본 소유주가 남들의 비위를 맞춰야 하는 부담에서 자유로워진 반면, 인적 자본 소유주는 지속적으로 그 같은 부담에 치여 산다.

능력주의의 막대한 부로 향하는 밝지만 비현실적인 경로와[100] 과거 엘리트들의 타고난 안정성과 권리 사이에는 더 이상 건널 수 없는 차이가 존재한다. 전통적인 부를 지닌 귀족들은 진정한 자아를 추구할 수 있었던 반면, 인적 자본 형태의 새로운 부를 지닌 능력주의 시대 엘리트들은 진정한 자아를 완전히 잃어버리는 상황에 몰린다. 능력주의는 상위 근로자들의 영혼에 타격을 가하고 그들에게 실존적인 불안감과 깊은 소외감을 안긴다. 제아무리 엄청난 소득과 지위로도 그 고통을 누그러뜨릴 수는 없다.[101]

화이트칼라의 소금광산 ●[102]

엘리트의 성과에서도 능력 경쟁이 엘리트에게 강요하는 자기 억압으로 인한 고통과 과로가 드러난다. 최근 예일 대학의 지원자 한 사람은 대학에 제출하는 에세이에 다음과 같이 썼다. 그는 각별히 존경하는 프랑스어 교사와 대화를 나누던 중이었는데, 차마 화장실에 간다고 말을 끊을 수 없어서 소변을 지린 적이 있다고 했다.[103] 자신의 지적 성실성과 학업에 대한 열정을 알리려는 의도였을 것이다. 성과를 널리 알려야 한다는 압박감은 학생들이 그런 관행에 이름을 붙일 정도로 엘리트 대학의 문화 곳곳에 스며들어 있다. 예를 들어 스탠퍼드 대학의

● 반복적이고 힘든 일터라는 관용 표현.

학생들은 수면 위로는 미끄러지듯 움직이는 것처럼 보이지만 수면 아래에서는 정신없이 발을 휘저어 앞으로 나아가야 하는 오리에 빗대어 '오리 신드롬Duck Syndrome'이라는 용어를 쓴다.[104]

최근 하버드 경영대학원이 엘리트 중역들을 상대로 시행한 설문조사에서는 어느 응답자가 "내가 아이들에게 밤에 할애하는 10분은 직장에서 쓰는 10분보다 100만 배는 더 유익하다"라고 뽐냈다.[105] 10분이라니!

능력주의에 따른 엘리트의 자아 왜곡은 완전히 비극적인 양상으로 나타나기도 한다. 한 예로 캘리포니아의 팰로앨토◆에서는 성인 가운데 5분의 4가 학사이며 석·박사나 전문 학위를 가진 사람이 절반을 웃돈다.[106] 게다가 이곳의 중위 가구 소득은 전국 중위 소득의 3배에 가깝다.[107] 그런 만큼 이곳은 능력주의 교육의 본보기를 제시한다. 팰로앨토의 학생 1인당 교육 지출액은 세인트클레어쇼어스의 2배에 이른다.[108] 팰로앨토의 공립 고등학교인 팰로앨토 고등학교(약칭 '팰리 Paly')와 헨리 M. 건 고등학교 학생들은 평균적으로 SAT에서 전국 상위 10%에 드는 점수를 받는다.[109] 게다가 졸업생 가운데 엘리트 대학에 다니는 비율이 60%를 넘어서고 매년 스탠퍼드 대학에 합격하는 학생만 40명 정도 된다.[110]

그러나 팰로앨토의 아이들은 실력으로 '성공'하기 위해 감내해야 하는 긴장에 무너지기도 하고 비극적인 결말을 맞이하기도 한다. 팰로앨토 고등학교와 헨리 M. 건 고등학교에서는 최근 수십 년 동안 여러

◆ 실리콘밸리가 있는 도시.

차례 연쇄 자살이 발생했다. 이 두 학교의 10년간 자살률은 전국 평균의 4~5배에 달한다.[111] 자살은 기차 앞에 몸을 던지는 식으로 일어나기도 한다. 어느 학생은 수업할 때마다 칼트레인Caltrain*의 경고용 호루라기 소리를 대략 20분에 한 번씩 듣는다고 말하면서 그 소리를 "『헝거게임The Hunger Games』**에서 아이들이 죽을 때마다 터지는 대포 소리"에 비유했다.[112]

이런 연쇄 자살이 팰로앨토만의 특이한 현상은 아니다. 전국적으로 부유한 고등학교의 학생은 가난한 가정의 학생에 비해 마약 복용과 알코올 남용 비율이 높으며,[113] 이들 중 심각한 임상 우울증clinical depression과 불안장애를 앓는 학생의 비율은 전국 평균의 2~3배다.[114] 이 같은 경향은 엄청나게 높은 정신적 고통의 절대치로 이어진다. 예를 들어 최근 실리콘밸리의 다른 고등학교를 대상으로 한 설문조사에 따르면 학생 가운데 54%가 중등도moderate에서 중증severe 우울 증상을 보였으며 80%는 중등도에서 중증의 불안 증상을 보였다.[115]

마찬가지로 요즘 대학생 중 우울증 진단을 받는 비율은 21세기 초의 2배다. 대학에서도 연쇄 자살이 일어난다.[116] 펜실베이니아 대학이 학내 자살 급증에 대응하기 위해 구성한 정신건강대책위원회는 최근 능력을 키워야 한다는 학생의 압박감과 "사기 저하, 소외, 불안감이나 우울증 등의 질환" 사이에 직접적인 연관성이 있다는 결론을 내렸다.[117] 하버드 교육대학원 등 엘리트 교육 전문가들로 구성된 컨소시

● 샌프란시스코와 팰로앨토를 잇는 통근열차.
●● 청소년들이 목숨을 걸고 게임에 나서는 가상의 국가를 묘사한 소설.

엄은 좀 더 광범위한 보고서를 냈다. 해당 보고서는 입시를 둘러싼 '경쟁 광풍'을 개탄하며 경쟁이 지원자들의 정신 건강에 직접적인 위협을 가한다고 경고한다.[118]

성년기도 엘리트에게 안식을 가져다주지 않는다. 엘리트 직업에 만연한 극도의 긴장 때문에 엘리트들은 지치다 못해 극심한 불안을 겪으며 신경쇠약에 시달리기까지 한다. 팰로앨토와 뉴욕을 비롯한 전국의 상위 근로자들은 미친 듯이 치열하게 일한다. 실제로 능력주의의 덫에 걸린 엘리트 직장에서는 신체적 증상으로 발현될 정도로 상위 근로자에 대한 압력이 가중되고 있다. 예를 들어 뉴욕의 어느 신참 금융인은 축농증임에도 고객을 만나러 비행기를 탔다가 고막이 파열됐으며 귀에서 피가 흐르고 잘 들리지도 않는 상태로 고객과의 만남을 가졌다가 뉴욕으로 돌아오자마자 응급실에 실려갔다고 한다.[119] 어느 전직 법조인도 자기 회사의 일반 변호사가 회의실 한가운데에서 기절했을 때 나머지 변호사들이 앰뷸런스를 불렀고 구급대가 그 변호사를 데리고 나간 뒤 곧바로 업무로 복귀했다는 이야기를 들려주었다.[120] (해당 일반 변호사는 나중에 파트너 변호사가 되었는데, 기절 당시 옆에 있던 사람들은 그 사건이 승진에 유리하게 작용했다고 생각한다. 업무에 대한 책임감이 그 일로 부각됐다는 것이다.[121]) 금융인들은 때로 죽도록 과로한다.[122] 실제로 골드만삭스의 어느 분석가는 과로와 관련해 지속적인 문제를 겪다 추락사한 상태로 발견되었다.

이런 일화들은 속속들이 엘리트들이 편집광처럼 자기 자신을 이용하고 심지어 학대하는 일에 매달린다는 사실을 보여준다. 이런 현상은 원래 엘리트 운동선수들 사이에서 좀 더 흔한 일이었다. 프로미식

축구 선수인 로니 롯Ronnie Lott이 수술을 받고 석고붕대를 착용하면 중요한 경기를 놓쳐야 한다는 이유로 부러진 손가락을 자르기로 결정한 것과[123] 비슷한 일이 화이트칼라 사이에서도 일어나는 셈이다.

능력주의 직업 문화는 육체에는 만족감을 줄지 모르지만 정신에는 타격을 준다. 아마존의 사무실이 창고 작업장보다 덜 혹독할지도, 육체적으로 덜 고될지도 모르지만, 무자비하고 비인간적인 것은 마찬가지다. 이 회사의 '리더십 원칙'은 관리자들이 "지속적으로 높은 수준"을 유지할 뿐만 아니라 "성과를 내야" 한다고 명시한다.[124] 이를 위해 아마존은 관리자들에게 "불편하거나 피곤하더라도" 서로에게 이의를 제기하고 전통적으로 사이비 종교집단이나 전체주의 국가와 연관 있는 표현을 차용해 "어색하거나 민망한 기분이 들어도 소리 높여 자아비판을 하라"고 요구한다.[125]

아마존의 직장 문화를 폭로한 기사에서 어느 아마존 직원은 뼈를 깎는 노력, 비판, 경쟁이 결합된 직장 분위기 때문에 "거의 모든 동료가 자기 자리에서 우는" 상황을 목격했다고 술회했다.[126] 최근 다른 직원에 따르면 성과 평가 때 자신의 상사가 꼬박 30분 동안 숙달되지 않은 기량과 달성되지 않은 목표를 줄줄이 읊더니 "승진 축하하네"라고 마무리했다고 한다.[127]

놀랍게도 다른 내부 관찰자들은 아마존 폭로 기사에 실린 주장이 과장되었다고 주장하거나 자기 회사가 유별나다고 생각하지 않았다. 오히려 엘리트 직장인들은 너나 할 것 없이 아마존에 대한 보도 기사가 기대한 그대로이고, 일반적이고 놀라울 것이 없으며, 심지어 진부하다고 평가했다.[128] 기술 기업, 은행, 법무법인, 컨설팅 기업은 물론 대기업과 그 외 "빡쎈 화이트칼라 직장들"도 크게 다르지 않다는 것이다.[129] 극도의 피로는 엘리트 직장 어디에나 만연하다.[130]

능력주의 시대 엘리트에 속하기 위해서는 자기 착취에 따른 스트레스를 품위 있게, 아니면 최소한 냉정하게 흡수할 줄 알아야 한다. 가장 큰 성공은 혼란과 붕괴를 겪는 일 없이 집중력을 유지할 수 있는 사람에게 정확히 찾아온다. 그 사실을 잘 아는 상위 근로자들은 과거에 유한계급이 품위와 교양으로 지위를 가늠했던 식으로 인내력을 지위의 척도로 간주한다. 아마존은 관리자들에게 쉴 새 없는 업무 활동과 스트레스 때문에 "벽에 부딪힐 때" 유일한 해결책은 "그 벽을 타고 올라가는 것"이라고 말한다.[131]

최근 어느 투자은행 관리자는 "중간급 부장이 되고서 일주일에 90시간 동안 회사에서 보내지 않기란 어렵다"라고 말했다.[132] 『포춘』 500대 기업 중역의 말에 따르면 포부가 크고 자신의 기량과 헌신을 입증한 관리자들이 "최종 탈락"에 직면하는 경우가 있다. "어떤 사람은 항상 일만 하다가 갑자기 능력이 떨어지고 이상해진다. (…) 정상에 있는 사람들은 매우 똑똑하고 미친 듯이 일하며 능력이 추락하지도 않는다. 그들은 계속해서 적절한 마음가짐을 유지하고 가정생활을 지킬 수 있다. 그런 사람이 경주에서 승리한다."[133]

능력주의 시대 엘리트들이 누리는 물질적 혜택도 그들의 건강이나 행복을 완벽하게 보장하지는 못한다. 유별나게 뛰어난 회복력으로도 승리가 능력주의 경쟁에서 이긴 사람에게 안기는 쓴맛을 없앨 수는 없다. 불행하고 절망적인 정서가 상위 직업과 엘리트의 삶에 점점 더 만연해지고 있다.[134] 엘리트 근로자 가운데 3분의 2 정도가 새로운 업무에 지금 이상의 에너지를 써야 한다면 승진을 거부하겠다고 단언한다.[135] 현재 엘리트 직장에서는 일과 생활의 균형을 맞추자는 안타까운 외침이 그 어느 때보다 크게 울려 퍼지고 있다.

엘리트의 불만은 미국의 능력주의를 '베트남 상황Vietnam moment'으로 칭할 법한 현상으로 내몰고 있다.[136] 미국 정부가 사실상 대학생들의 징병 연기에 종지부를 찍고 베트남 전쟁의 부담을 부유층 가정으로 확대한 징병 추첨제draft lottery를 도입하자 결과적으로 엘리트들은 전쟁에 반대하고 나섰다. 능력주의의 덫이 엘리트들을 옥죄어옴에 따라 부유층조차 능력주의가 유발한 불평등을 비판하고 있다. 스탠퍼드 대학 로스쿨 학장은 최근 졸업생들에게 보내는 편지에서 엘리트 변호사들이 갈수록 치열하게 돌아가는 톱니바퀴 안에 갇혀 있다고 지적했다.

연봉이 높아지면 그런 연봉을 뒷받침하기 위해 수임료 청구 시간을 늘려야 하며, 수임료 청구 시간이 늘어나면 그 시간을 정당화하기 위해 추가적인 연봉 인상이 필요해진다. 결국 연봉 인상은 매번 이와 같이 끝없이 이어질 것만 같은 순환을 만들어낸다. 이런 일이 누구에게 득이 될까? 그렇게 되기를 바라는 사람이 실제로 있을까?[137]

그러나 호소는 계획이 아니다. 상위 근로자들은 승진 제안을 받아들이고 새로운 업무에 필요한 추가적인 노력을 제공한다. 일과 삶의 균형은 실현 가능한 계획이라기보다 실현 불가능한 구호로 남아 있다. 능력주의 때문에 생겨나는 불만을 피하려는 엘리트들의 시도는 능력주의의 경제 논리로 무산된다. 인적 자본의 소유주가 스스로를 착취해야만 소득을 얻을 수 있다는 사실뿐만 아니라 폼 나는 직업이 제공하는 당근과 암담한 직업에 따라붙는 채찍 때문에 그들의 시도는 좌절된다. 능력주의가 상위 근로자에게 부여하는 소득과 부가 반드시 자유나 번영을 촉진하지는 않는다. 그와 반대로 그와 같이 명목적인 혜택은 엘리트들을 능력주의의 덫 안에 그 어느 때보다 단단히 붙잡아놓고 있다.

3장

다가오는 계층 전쟁

귀족 엘리트는 대개 자기가 지배하는 사회의 나머지 계층과 섞이지 않았다. 귀족은 전통적으로 일반 군중과 차별화되는 물건을 소유했고 의례를 치렀으며 의복과 음식도 남들과 달랐다. 어떤 경우에는 (사치 단속령으로 알려진)[1] 법률을 통해 귀족이 아닌 사람들이 귀족적인 물건을 소유하거나 소비하는 행위를 금지함으로써 계층 구분을 의무화했다.

제2차 세계대전 종전 후에는 미국식 질서가 확산하면서 적어도 경제와 관련된 부분에서만큼은 그 같은 구분이 약화되었다. 20세기 중반 미국에서는 건국 이래 그래왔듯이 인종, 성별, 성 정체성이 사회를 갈라놓았고 계층 질서와 종속 관계를 결정했다. 그러나 대부분의 경우 소득과 부는 그런 역할을 하지 않았다.[2]

1960년, 팰로앨토는 세인트클레어쇼어스와 크게 다르지 않았다. 각 도시는 특유의 정취가 있었다. 제리 가르시아Jerry Garcia●가 팰로앨토에 정착했을 때[3] 세인트클레어쇼어스의 크로스 네스트 이스트Crow's Nest East에서는 밥 시거Bob Seger●●가 공연을 했다.[4] 그러나 그 당시에는 두 도시의 중위 소득과 집값이 엇비슷했다.[5] 더욱이 두 도시 모두 꾸준히 성장했다. 팰로앨토의 소비 수요가 늘어남에 따라[6] 1955년에 스탠퍼드 쇼핑센터가 문을 열고, 몇 년 뒤 세인트클레어쇼어스의 주택 수요가 상승해 쇼어클럽 초고층 아파트가 지어졌다.[7]

팰로앨토와 세인트클레어쇼어스는 그 시대의 상징적인 도시였다. 1950년부터 1970년까지 임금이 전 지역에 걸쳐 수렴했고,[8] 대학 졸업자들이 전국적으로 "놀랄 만큼 균일하게 분포"했다. 도시와 농촌 사이, 지리적 지역 사이, 심지어 같은 도시 안에서도 그 같은 현상이 일어났다.[9] 엘리트 계층과 중산층은 같은 방식으로 결혼하고 자녀를 키웠으며 같은 음식을 먹고 같은 텔레비전과 영화를 보았을 뿐 아니라 제조 브랜드와 판매 상점까지 똑같은 제품을 소유했다. 미국인들이 구매한 자동차 가운데 90%가 포드, 크라이슬러, 제너럴모터스 제품이었다(가장 비싼 차종이라 해도 일반 차종 가격의 2배 정도였다).[10] 또한 가전 제품의 절반을 시어스Sears에서,[11] 시계의 3분의 1을 타이멕스Timex에서 구매했다.[12] 전후 자본주의는 정치적, 경제적, 사회적으로 민주주의적인 사회를 구축했다. 유사 이래 처음으로 부유층과 나머지 계층이

● 미국의 록 밴드 '그레이트풀 데드'의 기타리스트.
●● 미국의 록 가수.

같은 삶을 살았을 뿐 아니라 같은 물건을 소유한 때일 것이다.

20세기 중반 미국인들은 그 같은 민주주의적 통합을 의식적으로 수용했고 대중문화 등을 통해 계층 없는 사회를 찬양했다. 경제 펀더멘털은 사람들의 삶 전반에 깊숙이 파고든 문화 관행을 만들어냈다. 이런 관행은 사람들의 생활방식뿐만 아니라 생활방식에 대한 사고방식에도 영향을 미쳐 상상력의 장을 열었다. 스콧 피츠제럴드는 단편소설에서 "굉장한 부자는 (…) 당신이나 나와 다르다"라고 지적한 바 있고, 어니스트 헤밍웨이는 단편소설 속 등장인물의 입을 빌려 "맞아요, 그 사람들은 돈이 더 많죠"라고 대꾸했다.[13]

20세기 중반의 경제 불평등에 한해서는 헤밍웨이의 말이 맞고 피츠제럴드의 말이 틀렸다. 그 당시 부자들은 중산층에 매끄럽게 통합되었고 소득이 미국 사회를 나눠놓기는 했지만 중산층과 저소득층을 갈라놓았을 뿐이다. 저소득층을 제외하면 20세기 중반의 경제 불평등은 사회적으로 뚜렷한 경계를 긋지 않았다. 물론 경제적 차이가 완전히 사라지지는 않았지만 종전 후 수십 년 동안을 흔히 대압축Great Compression˙ 시대라 부를 정도로 그 차이는 미미했다.

오늘날 능력주의는 귀족적 구분을 되살려냈다. 20세기 중반에 부유층과 중산층은 미미한 경제적 차이를 통해 하나로 통합되었고 사회적으로 뚜렷하게 나뉘지 않았지만 이제 능력주의에 따른 불평등은 그처럼 모호한 사회적 경계를 예리한 것으로 바꿔놓음으로써 부유층과 나머지 계층을 다른 종류로 구분 짓는다.

˙ 경제적 차이가 줄어들어 중산층 중심으로 압축된 사회를 뜻한다.

중위 5분위와 상위 5분위의 소득이 수렴하는 상황에서도 현재 중위 소득 대비 상위 1%의 소득 비율은 20세기 중반의 2배에 달한다.[14] 게다가 능력주의에 따른 불평등이 부유층과 나머지 계층의 삶에 미치는 영향은 추상적인 액수로 환산되는 소득에 국한되지 않는다.[15] 요즘에는 부유층과 나머지 계층이 따로 결혼한다. 현재 미국의 혼인 건수 중 25%가 대학 졸업자끼리의 결혼이다(1960년에는 3%에 불과했다). 부유층과 나머지 계층은 다른 방식으로 양육하고 가정환경도 뚜렷하게 이질적이다.[16] 즐기는 여가 역시 다르다. 부유층은 다른 계층에 비해 수동적인 여가활동에 들이는 시간이 현저히 적고 운동에는 2~5배 더 많은 시간을 투자한다. 과거에는 '유복하다'는 말이 '과체중'을 넌지시 표현하는 것이었지만 이제는 단련된 몸매가 지위의 상징이다.[17] 부유층과 나머지 계층은 다른 신을 믿거나 적어도 다른 종교를 통해 모인다.[18] 고교회파 개신교도High Church Protestant*, 유대교도, 힌두교도는 유달리 부유하며 교육 수준이 높은 반면 저교회파 개신교도Low Church Protestant**는 유달리 가난하고 교육 수준이 낮다. 가톨릭교도만이 사회 전반에 존재한다.

부유층과 나머지 계층은 인터넷에서도 다른 세상에 산다. 최근 미국에서 가장 부유한 카운티와 가장 가난한 카운티에서 이루어진 구글 검색 데이터에 대해 철저한 분석이 이루어졌다[19](카운티의 순위는 소득과 교육을 포함한 지표로 매겨졌다). 해당 연구에 따르면 경제적 여유와 가

● 전례를 중시하는 성공회나 루터 교회의 일파.
●● 복음주의적인 성공회나 루터 교회의 일파.

장 상관관계가 큰 검색에 디지털카메라, 유모차, 스카이프Skype, 해외 여행이 포함되었다고 한다. 이와 대조적으로 궁핍과 가장 상관관계가 큰 검색에는 건강 문제, 체중 감량, 총기, 비디오게임, 적그리스도, 지옥, 휴거가 포함되었다.

최근에는 부유층과 나머지 계층의 사는 지역도 다르다. 팰로앨토는 세인트클레어쇼어스를 멀찌감치 따돌려, 현재 팰로앨토의 중위 소득은 세인트클레어쇼어스의 3배에 가깝다. 중위 주택 가격은 대략 20배 더 높다.[20] 팰로앨토 주민 가운데 학사 학위를 가진 사람은 세인트클레어쇼어스의 3배이며 석·박사 학위나 전문 학위를 가진 사람은 5배다.[21] 팰로앨토 인접 지역에서도 엘리트가 남들과 격리된 삶을 산다. 세인트클레어쇼어스가 디트로이트에 속하듯이 팰로앨토는 실리콘밸리에 속한다.

비슷한 격차가 미국 전역에서 나타나고 있다. 지역 간 임금은 최근 40년에 걸쳐 전반적으로 양극화되는 추세이며 도시와 농촌 사이 교육 격차도 엄청나다. 2000년에 이르기까지 농촌 지역에서 대학을 졸업한 청년의 비율은 도시 평균의 절반이었다.[22] 더욱이 대학 졸업자들은 특별하고 차별화되는 장소에 모인다. 이를테면 둘 다 교육 수준이 높은 부부 가운데 절반 가까이가 대도시권에 거주한다.[23] 이 같은 수렴은 최상위층에서 가장 두드러진다. 하버드, 프린스턴, 예일 대학의 동문을 대상으로 한 최근 조사에서 응답자 중 4분의 3이 소득과 교육 지표로 상위 20%에 드는 동네에 살며, 그 가운데 절반은 상위 5% 동네에, 4분의 1은 상위 1% 동네에 사는 것으로 드러났다.[24] 게다가 엘리트 계층은 이 같은 분류를 가능케 한 이주의 대부분을 수행했다. 대학

을 졸업한 청년이 다른 주로 이주할 가능성은 고등학교를 졸업한 청년에 비해 2배가 넘는다.[25]

그럴 수밖에 없다. 집에서 멀리 떨어진 곳으로 이주하는 일은 짜릿할 뿐만 아니라 직업에서 자아상을 찾는 상위 근로자에게 전향적인 삶을 살 수 있는 기회지만, 발전 가능성 없는 업무에 매달려야 하며 공동체의 유대관계를 통해 자존감을 얻는 중산층 근로자에게는 두렵고 고립을 자초하는 행위일 뿐이다. 그럼에도 (일을 위해 특정 도시로) 이주하는 경험은 그 자체로 엘리트다움의 표식이자 경제적 분리의 중심축이 되었다.[26]

능력은 현대판 차별 기준

능력주의는 사회에 분열을 초래한다. 아동기와 성년기, 집과 직장을 특유의 분열적인 이미지로 재형성한다. 이제 부유층과 나머지 계층은 일, 결혼, 양육, 사교생활, 독서, 식사는 물론 종교 참배도 따로 떨어져서 서로 다른 방식으로 한다. 그 같은 차이가 축적되고 능력주의에 따른 격차가 상상을 초월할 정도로 크게 벌어져, 부유층과 나머지 계층은 서로에게 공감하지 못한다.

이 같은 상황 전개 결과, 능력주의에 따른 불평등의 내적 논리가 작동한다. 부유층은 엘리트들이 청년기를 보내는 대학 등의 학교에서 결혼 상대를 찾는다. 그런 다음 자기 지위를 자녀에게 물려주는 데 필요한 집중적인 자녀 양육과 교육에 맞춰 성인으로서의 삶을 체계화한다. 능력주의는 엘리트들이 사는 장소에도 영향을 준다. 물적 자본은 대체로 고정되어 있으며 필연적으로 분산되어 있다. 따라서 지대 소득자인 엘리트는 자연스레 미국 전역으로 흩어져 산다. 반대로 인적 자본은 유동적이며 결정적으로 상위 근로자들이 가까이 모여 기량을 합칠 때 가장 큰 생산성을 발휘한다. 따라서 능력주의는 교육 수준이 높은 능력주의 시대 엘리트 가정을 특정한 장소를 떠나 다른 곳으로 모이게 유도한다. 이 모든 방식과 기타 수많은 방식으로 능력주의에 따른 불평등은 부유층과 나머지 계층을 갈라놓으며, 그 결과 각자 상대방이 이해하기 어려운 삶을 영위한다.

20세기 중반에는 헤밍웨이가 피츠제럴드와의 논쟁에서 승리했을지 몰라도 능력주의에 따른 불평등이 만연한 오늘날에는 피츠제럴드의 관점이 점점 더 힘을 얻는 추세다. 20세기 중반의 경제 모형이 폭넓은 중산층 전반에 걸쳐 관심사와 이념의 통합을 이룬 반면, 오늘날의 경제 불평등은 과거에 인종과 성별이 그랬듯이 미국을 분열시키려하고 있다.

인종주의와 성차별은 미국 역사에 깊숙이 뿌리를 내렸으며 당연히 오늘날까지 이어지고 있다. 두 가지 모두 계층과는 상관없이 사회 분열을 초래한다. 지속적인 인종 간 소득 불평등과 부의 불평등은 미국의 인종주의가 계층과 별개로 작용하며 법으로 금지된 인종적 종속이 실제로 계속되고 있다는 사실을 입증한다.[27] 그러나 현재 계층은 인종과 성별을 대신하기보다 그에 부가되는 요소로 간주되며 사회적으로나 경제적으로나 강력한 계층화에 대해 체계화된 원칙을 제시한다.

실제로 오늘날의 계층화는 20세기 중반의 합법적인 인종 분리가 유발한 것과 비슷한 불평등을 만들어낸다. 부유층과 저소득층 간 학업 성취도 격차가 짐 크로법Jim Crow Laws● 시행 당시 흑백 간 학업 성취도 격차를 넘어선다는 기존 보고는 광범위한 추세의 한 가지 사례에 불과하다. 예를 들어 주택 소유 비율과 실업률을 통해 본 경제적 격차 역시 20세기 중반의 인종 간 격차와 흡사하다.[28] 이제 경제 불평등은 같은 인종 집단 내 삶마저 나눠놓는다. 예를 들어 1960년대 후반에 태어난 흑인 남성 중에서 고등학교 중퇴자는 인생의 특정 시기에 감옥에 갈 가능성이 59%인 반면, 같은 집단의 대학 졸업자가 수감될 가능성은 5%에 불과하다.[29]

이 같은 비교로 인종적 종속이 가려져선 안 되겠지만, 계층 간 격차가 부각되는 것은 사실이다. 이에 비춰볼 때 계층은 미국인의 사회적·경제적 삶을 능력주의에 맞춰 조직하는 것으로 보인다. 빅토리아 시대 정치가이자 사상가인 벤저민 디즈레일리Benjamin Disraeli의 말을 빌리면 (그가 언급한 계층 제도는 오늘날의 것과 다르지만) 현재 미국에서는 부유층과 나머지 계층이 "두 개의 나라를 구성한다. 그들은 서로 접촉하지도, 동정하지도 않는다. 다른 지역이나 다른 행성에 사는 사람들처럼 서로의 습관, 생각, 감정에 무지하다. 서로 다른 가정교육을 받고 성장하며 다른 음식을 먹고 다른 예법을 따르고 같은 법률을 지키지 않는다".[30]

광범위한 불평등은 미국 사회와 그 너머로 위협을 끼칠 뿐 아니라 능력주의의 덫이 능력주의의 양극단에 선 개개인에게 안기는 고통

● 1876년부터 1965년까지 남부 11개 주에서 시행된 흑백 분리 및 차별법.

을 전체 차원으로 확대한다. 20세기 중반의 사회 연대, 즉 헤밍웨이에게 부유층은 재산으로만 구분된다는 믿음을 심어주었던 관심사와 창의력의 광범위한 통합은 능력주의에 따른 불평등에 의해 산산조각 났다. 불평등의 심화는 중산층을 취약하고 불안정한 상태로 내몰고 있다.[31] 승자독식 경쟁으로 말미암아 엘리트 사이에서는 자기 위치를 방어하려는 동기가 점점 더 커질 수밖에 없다.[32] 게다가 엘리트 교육은 능력주의를 사회이동과 중산층의 기회를 가로막는 장벽으로 재구성한다. 더 나아가 능력주의에 따른 불평등은 20세기 중반에 통합된 이념에도 분열을 초래한다[33](이는 능력주의가 사회 연대에 끼치는 가장 강력한 위협으로, 능력주의 특유의 구조 안에 뿌리 깊게 자리 잡고 있다).

능력주의는 소득을 교육에 연결하며 교육을 통해 직업, 가정, 문화는 물론 장소에도 연결함으로써 경제적 차이에 양적일 뿐 아니라 질적인 차원을 더한다. 이처럼 전반적인 양극화 때문에 부유층과 나머지 계층은 계층 경계를 넘나드는 공익의 이념을 상상조차 할 수 없다.

앤드루 카네기Andrew Carnegie는 도금 시대가 정점에 이르렀을 때 쓴 에세이 「부의 복음The Gospel of Wealth」에서 "우리 시대의 과제는 부를 적절히 관리하는 것으로, 이를 통한 형제애는 부자와 빈자를 조화로운 관계 속에 하나로 통합한다"라고 지적했다.[34] 오늘날 능력주의에 따른 양극화는 그 심각성과 광범위한 영향으로 볼 때 사회를 분열시킬 위험이 있다. 정치 이론가 로버트 달Robert Dahl이 대압축 시대 말기에 드러낸 우려는 앞을 내다본 통찰로 입증되었다. "(사회의) 모든 균열이 같은 방식으로 일어나면 (…) 갈등이 매우 심각해질 수 있다. 그 경우에는 다른 쪽에 있는 사람이 경쟁자에 그치지 않고 곧바로 적이 된다."[35]

능력주의는 정확히 그 같은 방식으로 사회 연대를 훼손한다. 능력주의에 따른 불평등은 종합적으로 고립된 사회계층을 만들어내는 동시에 계층 전쟁을 불러온다.

새로운 지배층

정치계는 자연스레 계층 전쟁의 전투 현장이 된다.

우선 능력주의에 따른 불평등은 정치 경쟁을 장악하려는 엘리트들의 오랜 동기를 되살려낸다. 막대한 재산은 정치적 간섭을 조장한다. 사리사욕은 부유층이 정치를 재산 방어 수단으로 이용하도록 조장한다. 이타주의도 부유층을 정치로 이끈다. 사람은 자기가 원하는 것을 모조리 손에 넣고 나면 남들에게 관심을 돌리는 법이다. 더욱이 능력주의는 확실한 지배를 위해 새로운 수단을 소개하고 엘리트 권력의 새로운 공급원을 창출한다. 엘리트 상위 근로자들에게 경제생활을 지배할 힘을 부여하는 기량, 관행, 제도는 그들에게 정치를 지배할 힘도 준다. 이들은 직접 정책을 수립할 수 없을 때는 정책을 통제하고 국가에 저항하는 식으로 정치를 장악한다. 민주주의가 로버트 달의 말대로 "정부가 정부와 정치적으로 동등한 것으로 간주되는 시민의 기호에 지속적으로 부응하는 현상"[36]을 만들어냈다면 능력주의는 민주주의 정치를 훼손하고 상위 근로자들을 새로운 지배층으로 형성한다.

부유층은 선거 운동의 자금줄을 움켜쥐고 있다. 그것도 깜짝 놀랄 정도로. 미국인 중 가장 부유한 1%가 기부하는 정치헌금은 하위 75%의 기부 총액을 웃돈다.[37] 막대한 정치헌금의 경우에는 상위 1%의 집중이 훨씬 더 두드러진다. 믿을 만한 후보를 추려내고 유권자들의 선택지를 제한하는 역할을 하는 초기 헌금 역시 상위 1%에 집중되어 있다. 2016년 대통령 선거 초기 단계에서는 불과 158가구가 선거자금의 절반 가까이를 제공했으며 해당 가구가 2015년 10월까지 기부한 자금은 총 1억 7,600만 달러에 달했다.[38] 슈퍼리치 기부자들로 이루어진 코크Koch 형제의 인맥이 자유시장정책을 알리는 데 쓴 돈만 해도 10억 달러에 가까울 것이다.[39]

그러는 동안 엘리트가 고용한 로비스트가 정무직 관료들이 임기 중에 한 번씩 추진하는 정책 입안 과정에 영향력을 행사한다. 오늘날 워싱턴의 합법적인 로비스트 수는 1980년대 초반보다 2배나 많으며, 노조나 공익이 아니라 기업 등의 부유층을 위해 일하는 로비스트들이 증가분의 98%를 차지한다.[40] 한정된 의미로 보더라도 로비 자금은 선거자금을 규모 면에서 압도한다. 연방정부에 등록된 로비스트의 연평균 지출은 30억 달러를 초과하며[41] 대기업이 로비스트에게 쓰는 돈은 선거자금의 10배나 된다.[42] 그뿐만 아니라 비교적 최근인 1990년대 후반에 지출된 것보다 90% 가까이 증가한 금액이다.[43]

더욱이 엘리트가 정책 입안에 행사하는 영향력은 공식적으로 인정된 로비 활동을 넘어 멀리까지 닿는다. 이를테면 기업은 자신을 규제하는 위원회에 소속된 국회의원이 내세우는 대의명분에 자선 활동을 집중한다. 그 결과 자선 활동은 로비 활동과 비슷해진다(자선 기부에 대한 세금 공제 형태를 띠는 공공 자금으로만 운영된다는 점에서 그렇다[44]). 일부 경우에는 정부 당국에 대한 로비 활동에 직접적이고 개인적인 자금 제공과 공공 기능에 대한 영향력 행사가 포함된다. 월마트의 재산과 관련된 월턴 재단Walton Foundation은 K-12 교육●에 13억 달러 넘는 돈을 지출했으며 추가로 차터 스쿨charter school●●에 (그리고 차터 스쿨 교사 노조의 해체에) 집중 투입할 10억 달러를 지원하겠다고 약속했다.[45]

이 같은 지출은 헛되지 않다. 기부자들은 직접 나서든 로비스트를 통해서든 선거 후보와 공직자의 시간과 주의를 차지한다. 선거는 자금 예비선거money primary ●●●로 불리는 기간에 수뇌 회의로 시작되는데, 주로 캘리포니아주의 랜초미라지, 조지아주의 시아일랜드, 그리고 라스베이거스 등의 휴양 도시에서 이루어지는 수뇌 회의에서는 후보들이 슈퍼리치 기부자 집단의 눈에 들려고 애쓴다.[46] 그뿐만 아니라 승리한다고 해서 자금 모집의 필요성이 줄어드는 것은 아니다. 국회의원의 '전형적인 일정'을 보면 날마다 사무실에서 4시간 넘게 기부자들에게 도움을 요청하는 일정이 포함된다.[47] 반면에 국회의원들이 기부자 이외의 유권자들과 정책을 논의하는 데 들이는 시간은 그 3분의 1도 안 된다.[48] 그 격차가 어찌나 큰지 정치인들은 공직자라기보다 텔레마케터에 가깝다는 이야기를 듣기도 한다.[49]

트럼프 행정부의 행정관리 예산국장이자 (이 책을 쓰는 현재) 백악관 비서실장 대행인 믹 멀베이니Mick Mulvaney는 최근 미국은행인협회 모임에서 "나는 우리에게 돈을 준 적이 없는 로비스트와는 대화하지 않

● 유치원에서 12학년까지의 교육.
●● 자율형 공립학교.
●●● 출마 선언부터 예비선거까지 자금 모집이 이루어지는 기간.

았다. 우리에게 돈을 준 로비스트라면 나와 말을 나눌 수 있었다"라면 서[50] 자신이 의회에 있을 때의 일을 이야기했다. 그는 미국 정치계의 모든 사람이 이미 알고 있는 사실을 입 밖으로 낸 것에 불과하다. 정치 인들은 압도적으로 많은 시간을 기부자 아니면 자신이 홍보하는 정책 과 관련된 로비스트와 시간을 보낸다.[51]

그러다 보니 법률과 정책은 당연히 돈, 시간, 관심에 의해 정해진 경로를 따라간다. 정책이 전혀 숨김없이 드러내놓고 돈으로 매수될 때 도 있다. 월턴 재단의 지출은 워싱턴의 공교육을 바꿔놓았다. 재단은 "사실상 (…) 미국의 수도 워싱턴에 존재하는 차터 스쿨 전체에 자금 을 보조함으로써 워싱턴에서 현재 차터 스쿨에 다니는 학생이 모든 공 립학교 학생의 절반에 달할 정도로 차터 스쿨 입학률 상승을 부추겼 다".[52] 그 외 사례에서는 돈의 영향력이 은폐되어 그리 명확하게 드러 나지 않지만, 그렇다고 존재하지 않는다는 이야기는 아니다.

금융부문은 세계 금융위기 직후 도드-프랭크 금융 개혁 및 소비자 보호법Dodd–Frank Wall Street Reform and Consumer Protection Act을 통해 특 정 파생금융상품 거래에 부과된 규제를 완화하려는 시도로, 비교적 잘 알려진 하원과 상원의 금융위원회를 제쳐놓고 덜 알려진 농업위원회 에 로비를 펼쳤다(농업위원회의 파생금융상품 관할권은 19세기 농민들이 농 산물 가격을 안정시키기 위해 벌인 활동에서 비롯되었다).[53] 어떤 때는 로비 활동 결과 웃음을 자아낼 정도로 특수 이익집단에 치중된 정책이 나 오기도 한다. 이를테면 카지노 로비는 특히 네바다로의 관광객 유치 에 혈안이 되어 블랙잭, 바카라, 크랩스, 룰렛, 빅 식스 휠 등 도박으 로 딴 돈에는 미국을 찾는 외국인 관광객들의 탈세를 방지하기 위해

도입된 소득 원천징수 규정을 적용하지 않는 정책으로 이어졌다.[54]

이 같은 사례는 예외가 아니라 일반적이며, 심지어 흔한 일이다. 체계적인 연구를 통해 법과 정책이 엘리트의 선호도만을 세심하게 감안하는 반면에 나머지 사람들의 선호도는 거의 염두에 두지 않는다는 사실이 드러나고 있다. 실제로 부유층은 중상층보다 우위를 차지한다. 소득분포에서 90번째 백분위수와 70번째 백분위수의 선호도가 다를 때 정책은 90번째 백분위수에 지속적으로 맞춰가며 70번째 백분위수에는 최소한으로만 부응한다.[55] 중산층과 저소득층이 단합해 부유층에 대항할 때도 정책은 부유층이 선호하는 방향으로만 조정되고 중산층과 저소득층의 공통된 관심사는 간과한다.[56] 경제 불평등은 정치 불평등을 낳고 능력주의는 민주주의를 훼손한다.

소득 방어 산업과 법치주의[57]

능력주의는 법률이 제정될 때와 그 법률이 특정 국민에게 적용될 때 민주주의 정치에 각각 거시적이고 미시적인 타격을 입힌다. 능력주의는 초숙련 금융인, 회계사, 법조인 등의 전문가로 이루어진 신흥 계층을 만들어냈다. 이들은 개인 고객을 대리해 정부에 규제 요건이나 조세 회피 등과 관련된 맞춤형 특혜를 얻으려고 한다. 이 같은 전문 서비스의 규모는 선거자금 기부, 로비 활동, 정치적 자선활동은 물론 이 모든 것을 합한 규모조차 훌쩍 앞선다. 신탁 및 유산 전문 변호사만 해도 1만 5,000명이 넘는다.[58] 2017년에 미국 100대 법무법인의 총매출은 900억 달러,[59] 4대 회계법인의 매출은 1,340억 달러,[60] 10대 투자은행의 매출은 2,500억 달러에 달했다.[61] 이 같은 전문직종은 부유층에게 규제에 대항할 영향력을 제공하고 그에 따라 나머지 계층에게서는 부를 법에 종속시킬 힘을 빼앗는다. 게다가 이런 전문직 종사자들은 능력주의의 창조물이다. 능력주의 교육으로 연마되고 능력주의 직업을 통해 막대한 근로소득을 얻는 사람들이다. 이와 같은 방식으로 능력주의는 민주적인 자치를 저해하는 수단을 직접 만들어낸다.

이념은 엘리트의 이런 권력 수단을 은폐한다. 재산의 종류나 크기와 상관없이 재산을 소유한 모두가 동일한 권리와 보호를 누리며 동일한 방식으로 소유한다는 것이 통념이다. 이 같은 통념에 따르면 국가와 사유재산의 관계는 규모와 상관없이 형성된다.[62] 막대한 재산이든 소소한 재산이든 똑같은 법적 보호를 받으며 고등학교 교사가 집을 소유하듯이 헤지펀드의 억만장자가 포트폴리오를 소유한다는 식이다. 그러나 실제로는 질적으로나 양적으로나 규모가 재산권에 영향을 준다. 중산층인 사람은 국가가 자신에게 내리는 규제를 무조건 준수하고 국가가 매기는 세금을 무조건 납부해야 한다. 교사는 부동산세가 오르면 무조건 그만큼 낸다. 그러나 부자는 불어난 재산으로 숙련된 전문가들을 고용해 규제와 세금에 저항할 수 있으며, 국가와 동등하거나 때때로 국가보다 더 유리한 위치에 설 수 있다.[63] 새로운 세금을 내야 하는 억만장자는 자신의 재산을 재편하고 완전히 합법적인 조세 회피 수단을 이용해 부과된 세금의 대부분이나 전부를 면할 수 있다. 중산층은 법률을 준수하는 경향이 있으므로, 그들의 재산은 규제와 세금의 직격탄을 맞는다. 반대로 부유층은 법률을 수용하거나 거부할 재량이 있으므로 그들의 재산은 정부의 개입을 받지 않는다.

능력주의는 엘리트에게 국가에 저항할 힘을 키워준다. 능력주의에 따른 불평등은 숙련된 근로자에게 자기보다 훨씬 더 부유한 사람들의 재산을 정부의 침해로부터 보호하는 일에 전념할 때 그 자신도 부유해질 수 있는 유인을 제공한다. 민간부문의 상위 직업을 만들어냄으로써 능력주의는 회계사, 금융인, 법조인 등 전문직 종사자에게 엘리트의 재산을 몰수하거나 규제하는 국가 조치를 막을 수단과 동기를 부여한다.

상위 직업은 전에 없던 것으로, 능력주의의 직접적인 창조물이다. 역사적으로 민간부문은 관리자와 전문가의 기량에 가치를 두지 않았으며 그 같은 기량이 필요한 국가는 엘리트 노동력에 대해 사실상 민간부문의 경쟁을 받지 않았다. 그러다가 20세기 초반 들어 고위 공무원들이 중위 임금보다 10~20배 높은 급여를 받았다.[64] 20세기 중반에도 엘리트 공무원의 소득은 민간부문 엘리트의 소득에 맞먹는 수준을 유지했다. 1969년에는 국회의원이 로비스트를 할 때 벌 수 있는 것보다 더 많은 돈을 받았고,[65] 연방법원 판사가 법무법인에 가면 받을 수 있는 급여의 절반 정도를 받았다.[66] 재무부 장관은 금융계에 종사할 때 벌 수 있는 돈보다는 작지만,[67] 그에 필적하는 급여를 받았다. 그러므로 교육 수준과 숙련도가 가장 높은 근로자들은 민간부문에 더 좋은(아니면 더 신뢰할 만한) 대안이 없는 상황에서 자연스레 정부나 그 외 공직을 택하는 경향이 있었다(장자 상속권 때문에 물려받은 토지를 빼앗긴 장남 이외의 아들들이 군대에 가거나 성직에 종사한 것과 마찬가지 현상이었다[68]). 그 때문에 규제자들은 자신들의 규제 대상보다 우위를 유지했고, 국가는 실질적으로 가장 부유한 사람들을 다스릴 수 있었다.

그러나 민주주의 정서로 말미암아 공공부문의 보수는 정체되거나 낮아지는 반면에, 능력주의에 따른 불평등 때문에 민간부문 엘리트 직종의 보수는 가파르게 상승하고 있다. 그 같은 전개와 더불어 과거의 질서는 완전히 역전되었고, 그 결과 공공부문보다 민간부문에 종사하는 상위 근로자들이 몇 배 더 많은 보수를 받고 있다.[69] 국회의원이 로비스트로 나서면 17만 5,000달러에서 200만 달러 정도로 10배 이상 높은 소득을 얻을 수 있다.[70] 대법원장은 대략 27만 달러의 연봉을 받는 반면에 가장 잘나가는 법무법인이 파트너들에게 지급하는 연봉은 평균적으로 500만 달러가 넘는다. 대법원장의 연봉보다 20배나 많은 셈이다. 또한 로스쿨을 졸업한 지 2~3년 된 대법원 재판연구관이 법무법인으로 옮길 경우 받는 선지급 보너스는 현재 40만 달러다.[71] 재무부 장관의 연봉은 20만 달러 남짓인 반면에 제이피모건체이스, 골드만삭스, 모건스탠리 최고경영자의 연봉은 평균적으로 그보다 100배 많은 2,500만 달러다.[72]

절대적 금액뿐만 아니라 민간부문과 공공부문 엘리트 간의 보수 격차도 어마어마하다. 결정적으로 부유층과 나머지 계층이 영위하는 삶에 소요되는 비용에서 근원적인 격차는 엘리트 공무원의 보수보다 높지만 로비스트, 변호사, 회계사, 금융인 등 공공 정책에 민간의 영향을 전달하는 엘리트 민간부문 종사자의 보수보다는 낮은 지점에서 일어난다. 당연히 그럴 수밖에 없다. 엘리트들이 사는 동네의 집값은 집을 사는 엘리트 민간부문 종사자의 보수에 따라 결정되기 때문이다. 어떤 면에서 엘리트 공무원은 중위소득의 몇 배에 달할 정도로 소득 수준이 높다. 그러나 공공부문 엘리트 전반이 민간부문 엘리트 사회를 동경하고 그들과 같은 동네에 살며 자녀들을 같은 학교에 보내고 대학과 전문대학원에서 알고 지낸 데다 자신들의 일상적인 규제 대상인 사람들과 거의 동등한 자격으로 어울리고 싶어 하리라는 것은 상상력을 동원하지 않아도 알 수 있다. 엘리트 관료는 민간부문이 제공하는 기회 덕분에 뇌물을 받는 등의 부패를 저지르지 않고도 더 많은 보수를 받거나 부유층 사회에 낄 수가 있다.

기회는 어김없이 찾아온다. 엘리트 관료는 그야말로 능력주의를 신봉하는 민간부문이 가장 높은 가치를 두는 교육 수준과 기량을 갖추고 있다. 능력주의는 편견에 반대하기 때문에 그 같은 유인을 모든 엘리트 근로자에게 확대한다(예를 들어 초일류 엘리트들로 구성되고 보수적인 크라바스Cravath 법무법인의 수석 파트너는 파키스탄 이민자의 딸이다.[73] 이와 같이 초숙련 직업인 중에는 부유층에 봉사하기보다 저항하도록 국수주의적 사고방식을 주입받은 부류가 더 이상 존재하지 않는다). 정부 부서는 그 같은 유인 때문에 관료들을 민간 기업과 연결해주는 "위장 취업 기관에 지나지 않게" 되었다.[74] 선출직 공무원들도 그 같은 행위에 동참하고 있다. 1970년에는 은퇴한 국회의원 중 3%만이 로비스트가 되었다. 오늘날에는 공직을 떠난 하원의원과 상원의원 중 각각 42%와 50%가 로비스트로 변신한다.[75] 이 같은 움직임은 으레 그러려니 할 정도로 자주 있는 일이 되었다. 한 예로 하원의 여당 원내대표 에릭 캔터Eric Cantor 의원이 최근 은퇴했을 때 「뉴욕 타임스」 편집국은 캔터가 금융계에서 한자리 차지하리라는 예측을 내놓았다. 그리고 실제로 캔터는 소규모 투자은행에 합류했다. 「월스트리트 저널」은 그가 "오랫동안 공화당과 월가 사이 연락책으로 간주된 점"을 감안할 때 자연스러운 선택이라고 평가했다.[76]

전반적으로 오늘날의 인재들은 (인구 비중 대비) 엄청난 숫자로 민간부문에 유입되어 도시 전체를 뒤바꿔놓는다. 현재 워싱턴의 엘리트 직업 시장은 정부 채용보다는 공공부문 종사자들을 꾀어내려는 민간부문의 활동이 지배하고 있다. 이 같은 경향은 만연한 정도를 넘어 불가피한 것이 되었다. 워싱턴 커피숍의 메뉴판에 실리는 광고는 (중간급 관료에게 25만 달러 이상의 초봉을 제공하는 민간부문 구인 광고가 주를 이루는데) 몇 년 전부터 매진된다.[77]

실제로 오늘날 워싱턴은 미국에서 벤처캐피털 거래를 주도하는 도시 중 하나다.[78] 수많은 인재가 민간의 영향력을 정부 정책에 반영하고자 하는 기업과 직종으로 유입되어, 결과적으로 워싱턴 광역권의 2만여 가구가 소득 상위 1%에 포함될 정도다. 이처럼 부유한 가구의 숫자가 다른 도시와 비교도 되지 않을 정도로 많다. 또한 워싱턴 광역권에는 대학 졸업자들이 그 어떤 대도시 광역권보다 더 빠른 속도로 유입되고 있다.[79] 한때 "방위산업체 사람들 사이에서 제독들보다 더 좋은 시계를 차고 다니지 않는 것이 불문율"이던 도시가 이제는 테슬라Tesla 자동차 매장과, 와인을 제외하고도 식사비가 1인당 200달러에 달하는 고급 식당으로 넘쳐난다.[80]

능력주의는 인재 중 절대다수가 정부의 규제와 부유층의 민간부문 접점이 되도록(국가보다 엘리트의 경제적 이익을 증진하도록) 유도한다.

현재 엘리트의 소득과 자산을 방어하는(씨티그룹이 최근 고액 순자산 보유 고객에게 보낸 책자에서 밝혔듯이 "부유층 주도 경제plutonomy"에 반대하는 "사회단체"가 선호하는 "자산 징발 수단"에 저항하는[81]) 일을 전담하는 산업이 따로 존재한다. 이 같은 소득 방어 산업income defense inderstry이 그야말로 국가를 압도할 때도 있다. 도널드 트럼프의 수석 경제 고문을 역임한 게리 콘Gary Cohn은 "머저리들이나 상속세를 낸다"라고 말한 바 있다.[82] 콘의 말은 무신경한 감이 있지만, 적나라한 사실을 전달한다. 언론 전략, 선거자금 기부, 로비 활동, 세금 설계 등을 비롯한 엘리트의 조직적인 활동으로 상속세는 사실상 폐지되었다고 볼 수 있다. 높은 감면 비율과 다양한 세금 설계 기회가 결합됨에 따라 2017년의 세제 개혁으로 상속세가 추가로 완화되기 이전인 2016년에조차 상속세를 조금이라도 내는 가구는 전국적으로 5,300가구에 못 미쳤다.[83]

상속세는 극단적이지만 이례적인 사례가 아니다. 전 세계 고액 순자산 보유자(투자 가용 자산이 3,000만 달러 이상인 사람)들이 대략 18조 달러의 자산을 해외로 이전하는 것이 가능할 정도로 부유층에게 조세 회피 수단을 조언해주는 변호사, 회계사, 금융인 등의 복합체 규모는 어마어마하다.[84] 전반적으로 상위 1%의 국민소득 비중이 2배 정도 증가한 수십 년 동안 상위 1%의 세율은 3분의 1 가까이 낮아졌다.[85] 워런 버핏은 자신의 세율이 비서보다 더 낮다고 개탄한 바 있는데,[86] 이는 특이한 경우라기보다 만연한 현상의 단적인 사례라 할 수 있다. 부유층은 계속해서 커지는 경제력을 이용해 미국의 과세 제도를 개편해 기존 누진세제를 사실상 일률과세제도로 바꿔놓았다.[87] 부유층은 덜미를 잡히더라도 처벌받는 일이 드물다. 예를 들어 오바마 행정부 시절 법무부는 2008년 세계 금융위기를 유발한 금융계 거물 중 사실상 아무도 기소하지 않았다. 한 가지 이유는 사건을 담당해야 할 검사들이 민간부문 직장으로 떠났기 때문이다.[88]

국가에 맞서는 신흥 귀족

능력주의는 상위 근로자라는 엘리트 집단을 창출한 동시에 이들에게 사실상 다루기 어려운 방식으로 설계된 도구를 제공했다. 이 같은 전개는 놀랍게도 중세를 방불케 한다. 중세에는 왕이나 지방 귀족들이나 소수의 중무장한 기사들이 그들의 전투력 덕분에 자신의 위치를 지킬 수 있었다. 더욱이 사회규범상 기사가 섬기는 대상이 지방의 군주든 멀리 있는 국왕이든 기사의 무예와 용맹이 칭송받았다. 또한 세속적이고 정치적인 경계에 근거한 차이와 상관없이 기독교적 미덕이 높이 평가되었다. 이 같은 합의 덕분에 부유한 개인은 물질적일 뿐만 아니라 도덕적인 측면에서 권력과 지위의 중요한 결정 요소를 놓고 국가와 직접 경쟁할 수 있었다. 직접 경쟁으로 말미암아 왕은 약해졌고 지방 영주들은 강력해졌다.

중세부터 20세기 중반까지 서로 연관된 과정이 이어지면서 국가와 민간 엘리트는 서로 다른 길을 걸었다. 국가는 물리력을 독점한 반면에, 민간 엘리트는 토지, 노예, 산업 기계 등 자본을 보유하는 등의 방식으로 경제를 장악했으며 그 같은 자본으로 최고 소득을 얻었다. 그뿐만 아니라 국가는 시민주의적이거나 애국주의적인 양상을 띤 공공 덕목을 강조한 반면에, 민간 엘리트들은 사치스럽고 한가로운 윤리체계에 바탕을 둔 개인의 덕목에 중점을 두었다. 노동 분업 덕분에 국가는 민간과의 직접적인 경쟁이 상대적으로 적은 공공 영역의 주도권을 쟁취할 수 있었다.

마지막으로, 능력주의는 국가와 민간 엘리트들이 다시 한번 동일한 기본 자산(상위 근로자라는 인적 자본)과 동일한 기본 덕목(기량, 노력, 근면성)을 놓고 직접 경쟁을 펼치도록 유도한다. 게다가 중세의 봉건주의적인 국왕이 권력과 지위를 보장해줄 자산을 차지하기 위해 자신에게 직접 대항한 지방 귀족들의 영향력을 억누르느라 어려움을 겪었던 것과 마찬가지로, 오늘날 미국이라는 국가는 상위 노동력을 두고 직접 맞서는 민간 부유층의 영향력을 저지하느라 허덕이고 있다.

거시적으로나 미시적으로나 능력주의는 모든 면에서 엘리트들에게 정치를 장악할 힘을 제공한다. 정부는 시민을 "정치적으로 동등하게" 대하기보다 중산층을 좌지우지하며, 엘리트들의 의견에는 그대로 따라간다. 능력주의는 민주주의를 훼손하고 일하는 부유층을 지배 계층으로 격상시킨다.

능력주의가 유발하는 부패

능력주의에 따른 불평등은 정치적 과정을 왜곡할 뿐만 아니라 정치적 이상을 더럽히고 민주주의 정치를 실천하는 시민들의 가치를 떨어뜨린다. 능력주의적 불평등에 내재된 도덕적 모욕은 정치활동에 타격을 입히며 부유층의 무관심과 나머지 계층의 적대감을 이끌어낸다. 엘리트들은 사회의 정치적 지원이 더 이상 필요하지 않기 때문에 사회에서 거리를 두고 자신들의 덕목에 대해 자화자찬하며 확신한다.

한편 근로 계층과 중산층은 포퓰리즘적인 분노와 토착주의nativism적인 적대감을 품으며 전문 지식과 제도를 거부하는 한편 이국적이고 낯선 것을 공격한다. 마틴 루서 킹 주니어Martin Luther King Jr.가 인종적 편견에 대해 "증오는 증오를 몰아낼 수 없다. 오직 사랑만이 증오를 몰아낼 수 있다"라는 교훈으로 맞섰듯이,[89] 부당한 것으로 간주되는 불평등은 불평등의 혜택을 향유하는 이들에게 시련을 줄 뿐 아니라 그 부담을 떠안는 이들의 격을 높일 수 있다. 그러나 오늘날에는 정당한 듯 보이는 불평등이 능력주의 경계의 양쪽 진영 모두에 타격을 입힐 수 있다.

무엇보다 능력주의가 시인 존 드라이든John Dryden의 시구 "가장 합당한 사람만이 군림할 수 있다"라는[90] 관점을 장려해 엘리트의 가치를 떨어뜨리는 것은 확실하다. 그보다 덜 명확하지만 그만큼 필연적이게도 능력주의로 말미암아 엘리트들은 방어적이면서도 안일해진다. 능력주의와 무관한 차별의 피해에는 지나치게 예민하게 반응하면서도 능력주의가 유발하는 피해에는 무관심한 것이다.

반면에 능력주의 시대 엘리트는 능력주의로 번지르르하게 포장되지 않은 편견(인종, 민족, 성별, 성적 경향 등에 근거한 편견)을 가장 심각하고 용서할 수 없으며 그 어떤 희생을 감수하더라도 완전히 제압해야 할 죄로 만든다. 따라서 엘리트 사이에서 널리 수용되어 그들의 일상을 지배하는 규범은 어느 정도 신중함과 도덕성을 요구하는데, 그 같은 도덕성은 정체성 정치identity politics와 관련 있으며 달리 유사한 것을 찾아보기 어렵다.

엘리트 사회는 이기심, 무절제, 잔인성 등의 전통적인 악행을 용서하고 심지어 모른 체하지만, 엘리트가 편견과 선입견을 드러내면 경력이 끝장날 수 있다. 그 같은 도덕주의는 인생의 복잡성과 불명료함에 대한 공감과 해당되는 피해에 대한 균형 잡힌 시각 없이 선택적으로 작동하는 듯 보인다. 엘리트 계층 외에 제대로 된 사람이라면 누구나 편견이 잘못이라는 사실을 인정하면서도 편견을 탐욕이나 비열함같이 보편적인 악덕으로 간주하는 경향이 있다. 이들은 편견이 비난받아 마땅하다고 생각하지만 인간의 나약함에서 비롯된 것으로 보고 적당히 관용적인 태도를 취한다. 물론, 편견은 개인에게나 사회에나 막대한 해를 끼친다. 또한 (대학 등의) 엘리트 기관이 정치적 올바름political correctness에 굴복한다는 혐의는 정치적 목적성을 띠거나 악의적으로 제기될 때가 많다. 그러나 그 같은 혐의에는 편견에 대한 엘리트의 비난이 지나치게 강경하며 어떤 면에서 그런 이유로 지나치게 불안정하다는 중요한 진실이 담겨 있다.

다양성과 포용성에 대한 엘리트의 집중적인 관심 역시 자기거래 낌새를 풍긴다. 편견은 다른 악덕과 달리 능력주의의 도덕적 토대를 공격하며 전반적으로 혜택이 능력보다는 개인의 특권에서 비롯된다는 우려를 낳는다. 능력주의는 편견을 극단적으로 경계할 것을 요구한다. 불평등이 확대되고 불안정성을 낳는 가운데 불평등을 강화하고 정당화하기 위해서다. 엘리트의 삶을 지배하는 번지르르하고 취약한 정체성 정치는 어김없이 엘리트의 능력주의적 기반에서 비롯된다.

한편으로 능력주의는 엘리트가 정체성 정치의 측면으로 설명되지 못하는 불평등을 맹목적으로 멸시하거나 무자비한 태도로 대하도록 유도한다. 정치적 올바름은 농촌 사회를 '후진적'으로, 남부 사람을 '촌뜨기'로, 애팔래치아 주민을 '백인 쓰레기'로, 미국 대부분을 '거쳐가는 지방flyover country'으로 부르는 것에는 반대하지 않는다. 실제로 엘리트의 신중한 의견을 살펴보더라도 그 같은 비방을 합리화하는 경우가 비난하는 경우만큼 잦다. 한 예로 『내셔널 리뷰National Review』에 게재되어 널리 읽힌 에세이는 백인 근로 계층 공동체를 가리켜 "경제에 도움이 되지 않는 자산"이며 "도덕적으로 옹호할 수 없는" 데다 "사악하고 이기적인 문화에 사로잡혀 주로 불평과 사용한 헤로인 주삿바늘을 생산"해내는 집단이라고 비난한 다음 "이들은 죽어도 싸다"라고 결론 내린다.[91] 「뉴욕 타임스」의 칼럼니스트는 이민자가 능력 경쟁에서 미국 토박이를 앞지른다면서 토박이들을 미국의 "앞날을 침몰시킬 위험이 있는 정체된 집단"으로 규정하더니 (농담조로) 토박이들의 대량 국외 추방만이 미국을 구제할 방안이라고 제안했다.[92]

정치인들조차 국민의 심기를 건드릴 때 받게 되는 모든 손해에도 불구하고 중산층과 근로 계층에 대한 경멸을 숨기지 않는다. 폴 라이언Paul Ryan은 이 세상이 '받는 사람taker'과 '생산하는 사람maker'으로 나뉜다고 말했다.[93] 밋 롬니Mitt Romney 역시 "정부에 의존하는" 미국인들이 "자기 책임을 다하고 신중하게 살려고" 하지 않는다고 비판했다.[94] 버락 오바마는 "적의를 품은" 근로 계층 보수파들이 경제(로 썼지만 능력으로 읽히는) 경쟁에서 밀려날 상황에 처하자 자존감을 지키고

자 총기, 종교, 편견에 "집착"한다고 주장했다.[95] 힐러리 클린턴은 도널드 트럼프의 지지자 중 절반을 편협하고 "한심한 패거리"로 낙인찍었다.[96]

실제로 능력주의는 이 같은 모욕을 엘리트 교육기관에 의해 엘리트 계층에 속하게 된 극소수 중산층에게까지 확대한다. 일류 대학의 중산층 학생들로 구성된 '1세대 전문가' 집단은 자기 자신들을 인종, 성별, 성적 지향성에 바탕을 둔 정체성 정치 모형상 '동질 집단affinity group'으로 규정한다. 그러나 중산층은 그 어느 집단보다 엘리트와 뚜렷이 다른 정체성 관계에 놓여 있다. 엘리트 교육기관은 다양성과 포용성을 진심으로 발휘해 흑인과 여성과 동성애자 학생들에게 그들을 그 자체로서 환영하며 그들의 진짜 자아를 지지하는 데 최선을 다한다고 말할 수 있게 되었다.

그러나 일류 대학은 중산층 학생들에게는 그런 말을 하지 않는다. 오히려 그와 반대되는 입장이다. 엘리트 대학은 능력주의적인 이상과 사업 모델 때문에 중산층 학생들의 고유한 정체성을 지워 없애고 그들을 엘리트로 만들어야 한다. 예일 대학 로스쿨이 흑인 학생들에게 "우리 학교에 와서 공부하면 우리는 너희를 백인으로 만들어주겠다"라고 하는 것은 믿어지지 않을 정도로 모욕적이다. 그러나 예일 대학은 (피할 수 없는 구조적 이유에서) 1세대 전문가 학생들에게 중산층으로서의 정체성을 지워 없애라고 제안한다.

오늘날 능력주의적 배제는 통계에 미치는 영향으로 볼 때 미국인들의 삶에 흠집을 내는 인종적 배제 수준에 가까워지고 있다. 그러나 능력에 따른 불평등이 정당화되면 엘리트들은 정체성 정치에 대해 끊임없이 우려하는 동시에 빈둥거리는 근로 계층과 중산층을 수많은 방식으로 모욕할 수 있는 권한을 얻게 된다.

중산층의 토착주의와 포퓰리즘

능력에 따른 불평등은 엘리트 계층을 제외한 나머지 계층의 정치적 가치관도 오염시킨다. 그로 말미암은 적개심은 엘리트 계층의 안일함에 맞먹을 정도로 위험하다. 그럼에도 엘리트들처럼 능력주의의 혜택을 향유하지 못하는 미국인들은 능력주의의 마력에 여전히 휘둘린다. 이들은 기량과 노력을 인정할 뿐만 아니라 근면성과 명예를 연관 짓는 능력주의에 매료되지만 이제는 자존심에 큰 타격을 받을 뿐이다. 능력주의적인 혁신 기술은 무엇이나 중산층이 포기하는 상황에 처하게 만들며 능력주의적인 다양성과 포용성의 수용은 무엇이나 중산층의 배제를 굳건히 한다.

상처 입은 자존감은 근로 계층과 중산층의 가치관을 타락시키는데, 그 양상은 엘리트의 도덕적 타락과 거의 일치한다. 엘리트가 정체성 정치에 치중하는 반면에 나머지 미국인은 토착주의nativism를 수용한다. 엘리트가 능력주의적 성공 요건인 자격과 엘리트 교육기관을 높이 평가하는 반면에 나머지 미국인은 기득권층을 비난하고 포퓰리즘을 수용한다.

능력주의는 불평등을 정당한 것으로 규정하는 순간 밑바닥에 있는 사람들에게서 정의에 대해 고결한 주장을 펼치는 이들에게 대항할 수단을 빼앗아버린다. 더욱이 정체성 정치에 대한 능력주의 시대 엘리트의 찬양은 어중간한 숙련도를 지닌 노동력에 대한 노골적인 경멸과 결합해 존중받지 못하는 백인들 사이에서 소수자 집단에 대한 적대감을 일으키고 있다. 악의적인 토착주의는 어김없이 그 같은 패턴을 따라가며 능력주의적인 불평등의 심화로 밑바닥에 갇힌 데다 능력주의의 이방인 선호로 말미암아 조국에 버림받았다고 느낀 사람들의 생각을 사로잡는다.[97] 토착주의는 다른 형태의 원한과 마찬가지로 '마취제'나 '진정제'다.[98] 이것은 사실상 정당화된 사회적·경제적 배제 때문에 내면화된 수치심을 무디게 하는 역할을 한다.

설상가상으로 능력주의는 (경제 불평등을 정당화하고 계층을 은폐함으로써) 평범한 미국인들이 고결한 언어를 사용할수록, 심해지는 배제의 폐해와 악영향을 설명하고 표현하지 못하도록 차단한다(더욱이 식민지 시대에 노예를 소유한 정착민 사회에 뿌리를 둔 백인의 인종적 불안을 파고든다[99]). 이들은 "피해자로서의 언어가 없는 피해자"가 된다.[100] 그에 따라 능력 경쟁에서 성공하지 못하는 사람은 자체적인 정체성 정치를 형성함으로써 능력주의가 허용하는 테두리 안에서만 불만을 드러낸다. 백인, 남성, 이성애자, 기독교인 등의 정체성에 대한 토착주의의 지지가 커지고 엘리트가 그런 정체성을 차별한다는 불평이 거세지는 현상은 반드시 능력주의가 낳은 불평등한 경제 구조와 이념적 한계에서 비롯된다.

능력주의는 그 버림받은 백인에게 달리 갈 곳을 허용해주지 않음으로써 이들을 토착주의자로 만든다. 최근 인디애나주의 어느 백인 중산층 유권자는 도널드 트럼프의 매력을 언급하다가 백인에게 특권이 있다는 "생각 자체"가 엘리트가 아닌 백인을 화나게 한다고 말했다. "그런 특권을 아는 것과는 별개로 경험해본 적이 없기 때문이다. 특권에 대해 듣고 돈과 기회에 대해 생각하지만 그것을 얻지는 못한다"는 것이다.[101] 성공하지 못하는 백인 남성은 어딘가 모자란 사람이라는 능력주의적 사고방식은 그 같은 분노를 한층 더 북돋운다. 능력주의의 마력이 뒤처진 사람들에게 스스로 모자란 사람이라는 생각을 심어주기 때문이다.

다양성과 포용성에 대한 능력주의적 집착 때문에 그 같은 분노는 토착주의적이고 성차별적인 정체성 정치로 쏠린다. 앞서 언급한 인디애나주의 유권자는 이렇게 덧붙였다. "남들한테서 멍청하고 한심하다는 말을 듣는 상황이다. 멍청하고 한심하다는 말을 듣고서 얼마나 오랫동안 화를 참을 수 있다고 생각하는가?"[102] 정의를 요구할 기회를 차단당하자 이들은 불평등을 요구하고 나선다.[103]

더욱이 능력주의는 토착주의뿐만 아니라 포퓰리즘을 필연적으로 만들어낸다. 전문 지식과 제도에 대한 뿌리 깊고 보편적인 불신을 일으킨다. 능력주의는 기량과 전문 지식을 엘리트와 동일시함으로써 지식과 교육의 가치를 받아들여 소외와 수모를 내면화하는 중산층 근로자들을 모욕한다. 이들이 능력에 따른 불평등에 저항하려면(심지어 능력주의로 인한 소외 상황에서도 자존감을 지키려면) 능력주의의 원동력인 제도와 전문 지식을 거부해야 한다.

이 같은 논리는 미국의 계층적 적대감이 기업 활동이나 상속으로 슈퍼리치가 된 계층이 아니라 전문가 계층을 겨냥한다는 사실로 구체화된다. 다시 말해 재벌보다는 널리 회자된 어느 에세이의 표현대로 중산층 미국인들이 느끼기에 "더 많은 교육을 받고 자기들을 얕잡아

보는 경향이 있는"[104] 의사, 금융인, 법조인, 과학자 들이 적대감의 대상이 된다.

이 같은 겨냥은 전문가들을 어리둥절하게 하지만, 사실 능력주의적 불평등의 경제 구조와 사회 구조를 정확하게 반영한다. 전문가 계층은 (학교와 기업 등) 전문가들을 양성하고 채용하는 기관과 더불어 근로 계층과 중산층을 소득과 지위로부터 차단하는 능력주의 체제를 운영한다. 전문가 계층은 근면성을 높이 평가하면서도 일과 생산을 재구성해 상위 근로자 이외의 모든 사람에게 게으름을 강요한다. 결과적으로 엘리트 교육은 중산층의 교육과 기량을 쓸모없게 만들어버림으로써 엘리트 교육을 받는 이들에게 혜택을 줄 뿐 아니라 나머지 사람들을 망가뜨린다. 멋진 직업의 혜택은 암울한 직업의 고충을 유발한다.

평범한 시민은 슈퍼리치와 매우 다른 관계에 놓인다. 물론 슈퍼리치 중에서도 (유산을 물려받듯이) 성과 없이 부자가 되거나 (취약 계층을 착취하는 등) 악질적인 방법으로 부자가 된 이들도 있다. 그러나 그들의 재산이 안기는 부담은 특유한 것으로 남아 있다. 재벌이 어쩌다 중산층을 착취할 수는 있지만 부유층의 조직적인 지배를 정당화하는 규범과 관행을 상징하지는 않는다. 게다가 평범한 시민은 패션 잡지와 리얼리티 프로그램 같은 환상의 세계에서만 슈퍼리치를 접한다. 누군가는 슈퍼리치가 근로 계층과 중산층의 적대감을 사지 않는 이유가 이들이 능력주의에 왜곡된 관점으로 접근하기 때문이라고 주장할지도 모른다.

슈퍼리치의 특권은 전반적인 불평등의 근거가 되는 능력주의 체계로 정당화되지 않는다. 따라서 평범한 사람은 좀 더 냉정하거나 고결한 표현으로 슈퍼리치의 특권에 반대하거나 이를 문제 삼지 않는다. 능력주의는 불평등을 정당화하기 때문에 분노와 저열한 저항을 유발하지만 그런 법칙이 재벌에게는 적용되지 않는다. 실제로 창업은 엘리트 기관과 무관하고 계층을 배반하지 않은 채로 경제적 성공을 달성할 기회다. 그런 만큼 중산층이 생각하는 성공은 전문가가 되기보다 기업을 소유하는 것이다.[105]

능력에 따른 불평등은 특정 직업이나 기관뿐만 아니라 법치주의 원칙과 민간과 공공의 삶이 카리스마 있는 지도자의 개인적인 권한보다는 제도와 관료에 의해 공정하게 규제되어야 한다는 관련 원칙에 대한 불신으로도 이어진다. 적법한 절차와 법치주의는 소득과 부에 대한 능력주의의 정당화에 근거해 재산의 규모를 고려하지 않고 일률적으로 적용하는 것으로 엘리트가 소득과 재산 보호에 마음껏 이용해왔다. 일반적으로 적용 가능한 세금과 규제를 통해 재분배하려는 민주주의적 조치를 좌절시키는 것이 그 같은 조치 가운데 하나다. 따라서 능력에 따른 불평등이 심화되면 능력주의 시대 엘리트는 정치권의 각별한 관심사가 되고 적법한 절차와 법치주의는 엘리트가 휘두르는 정치적 도구로 변화해 사실상 계층 전쟁의 수단이 된다. 나머지 사람들이 법치주의 제도를 민주주의적인 자치 이상으로 끌어올리기 위해서는 역시나 자신들의 영향력 상실이 정당하다는 생각을 받아들여야 한다. 포퓰리즘은 악의적인 분노가 즉흥적으로 분출된 결과물이 아니라 능력주의에 따른 극단적 불평등에 대한 자연스럽고 적절한 반응이다.

따라서 능력주의는 토착주의와 포퓰리즘이 최근 부상하는 현상에서 결코 결백하지 않다. 오히려 토착주의와 포퓰리즘은 능력주의의 심화가 가져온 불평등에 대한 반발을 대변한다. 토착주의와 포퓰리즘은 백인 근로 계층과 중산층 사이에서 유행병처럼 번지면서 기대수명을 낮추는 중독, 약물 과용, 자살의 배후에 있는 것과 동일한 이념적·심리적 영향력을 표출한다.[106] 현재의 정치적 리스크를 단적으로 보여주는 비유다. 그 같은 영향력은 내부로 향했을 때보다 결코 덜하지 않은 강도로 외부를 향해 분출될 것이다.

계층 전쟁의 격화

현재의 정치는 능력에 따른 불평등이 민주주의에 일으킨 질병을 생생하게 보여준다.

자만한 엘리트와 기운을 잃은 대중은 능력에 따른 불평등을 완화하고자 하는 헛된 시도를 해왔다. 수십 년 동안 금융 조달에 의존해 생산하고, 채무에 의존한 소비를 수용해왔다. 이런 현상은 2008~2009년 세계 금융위기와 뒤이은 대침체Great Recession 때 정점에 달했다. 이때 버락 오바마 대통령이 정치적 심판 없이 기술 국가로서의 우수성을 통해 위기에 대처하자고 연설한 데도 능력주의가 작용했다. 게다가 그는 형사 기소를 통해 책임을 묻지도, 금융부문을 통제하지도, 능력에 따른 불평등을 억제하지도 않았다.

실제로 오바마 행정부의 내부 구성은 능력주의 이념을 구현했다. 오바마는 변변찮은 집안에서 태어나 출세했지만 자수성가했다기보다는 컬럼비아 대학과 하버드 대학 로스쿨 등의 엘리트 기관에서 성공의 추진력을 얻은 인물이다.[107] 게다가 그의 휘황찬란한 첫 내각은 옥스퍼드 대학의 로즈Rhodes와 마셜Marshall 장학생뿐만 아니라 노벨상 수상자를 비롯한 아이비리그 출신이 장악했다.[108] 더욱이 그들의 업적은 실질적인 역량으로 이어지는 것처럼 보였다. 오바마 행정부는 능력이라는 강점을 한껏 활용해 경제를 안정시키고 경제성장률을 회복시켰다(그보다 더 오래 걸리긴 했지만 고용성장률도 제자리를 찾았다).

오바마 대통령은 재선에 성공했고 자만과 탐욕으로 위기 출현에 책임이 있다고 널리 비난받은 엘리트 계층은 다시 핵심 원칙에 전념함으로써 부활했다. 대침체가 끝나고 번영이 돌아오자 미국의 분위기는 오랜 낙관론이 다시 고개를 들 정도로 회복되었다. 오바마에 대한 반발조차 세라 페일린Sarah Palin의 공화당 부통령 후보 지명과 티파티Tea Party 운동의 확산을 통해 미국 정치계에 포퓰리즘 전선이 구축되리라는 위협을 안겼지만 다시 능력주의의 현상 유지에 전력을 다하는 모습을 보였다. 오바마에게 패배한 공화당의 롬니-라이언 후보가 미국에 제시한 대안은 늘 있는 양당 간의 이견을 제외하면 기존 지배층의 구미에 더할 나위 없이 딱 맞았다. 모든 면에서 버락 오바마의 2012년 재선 승리는 미국의 능력주의가 정점에 도달한 순간이었다.

그러나 위기는 지나가지 않았고 능력주의에 의한 구원은 허상으로 드러났다. 선거 운동 과정에서 기득권을 격렬히 비난했을 정도로 노골적인 포퓰리스트 후보였던 버니 샌더스와 도널드 트럼프는 2016년 대선의 전초전인 두 차례 예비선거에서 주도권을 쥐었다. 방어적인 정치계 내부자들이 포퓰리스트의 반란을 "여름철의 어리석음"으로[109] 대수롭지 않게 취급한 순간 당혹감을 드러낸 것이나 마찬가지였다. 기득권층에 대한 반대 입장을 밝힌 트럼프가 공화당 지명 후보가 된 이후에도 기득권층은 그의 부상을 계속해서 부정했다. 엘리트들은 트럼프가 대선에서 승리할 정도로 일반 유권자들의 지지를 끌어모을 수 없으리라 주장했다. 프린스턴 선거 컨소시엄Princeton Election Consortium의 운영자는 (다른 때가 아니고 대선 주간에) 트럼프가 240표 이상 얻지 못할 것이라고 단언하는가 하면, 그가 그 이상의 표를 얻는다면 "벌레를 먹겠다"고 맹세했다.[110] 그러나 정치 전문가들이 다가오는 격변을 예측하지 못했다는 사실이 드러났다. 그뿐만 아니라 관심이 내부로만 향하고 외부의 일에 시큰둥한 엘리트 계층은 트럼프를 대통령으로 당선시킨 포퓰리즘 물결을 멈출 수 없었다.

기존 엘리트에 대한 트럼프의 공격은 대선의 주된 서사가 되었다. 그는 선거운동 내내 집요하게 토착주의자와 포퓰리스트들의 심금을 울렸고, "무능하고 부패한 정치 기득권층"을[111] 겨냥했으며, 널리 방영된 텔레비전 광고로 선거운동을 마무리했다. 트럼프의 배척주의는 정치 프레임을 전환해 대선 논쟁에서 승리함으로써 새로운 정치를 형성하는 데 성공했다.

트럼프가 당선되기 직전 미국군은 여전히 타의 추종을 불허했으며 사실상 그 어떤 도전도 받지 않았다. 미국의 외교관과 기업은 세계의 법률과 경제 질서를 장악했다. 빈곤율은 사상 최저치에 근접했다. 노동시장은 완전고용에 가까웠고, 범죄율은 과거 수준을 계속해서 밑돌았다. 미국의 생활수준은 역사상 최고 수준에 다가갔다.[112] 그 당시 미국은 호황을 누리지는 않더라도 다른 나라들과 좀 더 유리한 조건으로 비교할 때뿐만 아니라 결정적으로 과거와 비교하더라도 적당히 탄탄한 상태를 유지했다. 그럼에도 트럼프는 자신이 이끌기로 마음먹은 사회를 무자비하게 공격했다. 그는 미군의 전력 감소를 개탄했고 방어되지 않는 무방비 상태의 국경 지역을 고발했다. 트럼프는 정부가 미국의 부를 낭비하고 미국의 보물을 세계 각국에서 탕진하고 있다며 비난했다. 그는 미국을 가난, 산업 쇠퇴, 형편없는 학교, 만연한 범죄 때문에 피폐해진 나라로 묘사했다.[113]

사실 막상막하인 선거전이 트럼프 쪽으로 기운 것이 부적절한 활동(컴퓨터 해킹이며 외국의 개입 등의 부차적 도구) 때문이었을지도 모른다. 그러나 애당초 그 같은 일이 가능했던 까닭은 트럼프가 동률을 기록할 수 있었기 때문이다. 트럼프와 관련해 가장 주목할 만한 일은 그가 승리했다는 점이 아니라 그가 승리할 수 있었으며, 세계에서 가장 강력하고 승승장구하는 나라의 정치적 상상력에 대체로 통념과 상식과 객관적 사실에 배치되는 사악한 전망을 강요할 수 있었다는 점이다.

결과적으로 트럼프는 전통적으로 민주당이 강세인 주요 주에서 공감을 얻었고 버락 오바마를 지지한 유권자 집단에서 결정적인 지지를 이끌어냈다.[114] 오바마의 2012년 재선 승리는 다른 시대의 이야기처럼 보였다. 게다가 엘리트들이 2015년 여름 내내 조롱했던 '어리석음'은 불만스럽고 봄의 기약이 없는 겨울로 전개되었다.

2012년과 2016년 사이 벌어진 이변에 엘리트들은 당황했다. 트럼프의 승리를 상상조차 할 수 없었던 전문가들은 자신들이 생각한 것과 전혀 다른 세상에 살고 있다는 기분을 느꼈다. 트럼프의 비판적인 취임사에는 공화당 출신 전직 대통령 조지 W. 부시를 교묘하게 비하하는 발언이 포함되었다. 그는 부시에 대해 "괴상하고 형편없는 녀석이

었어"라고 말한 것으로 전해졌다.[115] 엘리트들은 자기 위안 삼아 트럼프의 특이한 성격에 초점을 맞추고 그를 정치계의 이단아로 취급했다.

그러나 실제로 이변이 일어난 것은 아니었다. 트럼프는 정치의 법칙을 거부하기보다 대변하는 인물이다. 오바마와 트럼프 대통령의 대선 승리를 이끈 세력은 서로 관련이 없지 않았으며 서로 다른 세계에 존재하지 않았다. 그보다는 하나의 세계에서 서로 연관을 맺으며 엇비슷한 특성을 지닌 세력이었다. 두 대통령 모두 같은 원천에서 나왔다. 그 원천은 오바마의 정치계 입문 이전부터 존재했으며 트럼프의 퇴임 이후에도 오랫동안 지속될 미국식 능력주의다. 실제로 오바마와 트럼프는 (구체적으로 능력주의의) 원인이라기보다 결과에 가깝다. 오바마는 엘리트 교육의 최상급 산물로서 능력주의의 승리를 상징했다. 트럼프는 "나는 교육을 많이 받지 못한 사람들이 좋다"라고 공언하며[116] 능력주의 시대의 엘리트를 대놓고 비난하는 '블루칼라 억만장자'로서[117] 능력주의로 인한 지속적인 불만을 이용한다.

트럼프는 분노의 흐름을 일으켰다기보다 그 흐름에 편승해 당선되었다. 그의 배척주의적인 선거운동은 능력주의의 거짓 약속을 폭로했고 능력주의로 인한 심각한 불만들을 알렸다. 능력주의에 따른 불평등 때문에 가장 불리한 입장으로 내몰린 위기의 중산층 역시 "국가에 대한 실망의 깊이를 이해"하는 후보를 애타게 기다렸다.[118] 이런 유권자들은 『힐빌리의 노래』의 저자 J. D. 밴스J. D. Vance의 말대로 "현대 미국의 능력주의가 자신들을 위해 생겨난 것이 아니라고 생각"하며 능력주의 시대의 엘리트들의 의견(예를 들어 아이들의 건강한 식생활에 대한 미셸 오바마의 조언)에 반발한다. "미셸 오바마의 말이 틀렸다는 것이

아니라 옳다고 생각하기 때문"이다.[119]

이 같은 유권자들은 양당의 엘리트가 트럼프를 상스럽고 공직에 부적합한 인물이라고 비난하는 말을 들었을 때 엘리트가 자기들도 그렇게 생각한다는 것을 깨달았다.[120] 트럼프의 유권자 가운데 64%가 "지난 몇 년 동안 일반적인 미국인은 합당한 몫을 얻지 못했다"라는 의견에 동의했다. 그와 동시에 트럼프를 뽑은 사람 가운데 12%만이 "지난 몇 년 동안 흑인은 합당한 몫을 얻지 못했다"라는 의견에 동의했다. 참고로 클린턴을 뽑은 이들 가운데 57%가 두 가지 의견 모두에 동의했다.[121] 오하이오주의 무수한 트럼프 지지자를 인터뷰한 어느 기자의 보도에 따르면 그들은 모두 "제 기능을 하지 못하며 너무 발달한 나머지 자기들이 보기엔 완벽히 분리된 지역 같은 워싱턴에 깊은 경멸"을 표시했다.[122] 다시 말해 트럼프의 정치적 지지자들은 자기들이 두드러지게 부당한 대우를 받는다고 느낄 뿐만 아니라 자격 없는 사람들이 더 나은 대우를 받는다고 생각한다. 그들은 간절히 갈망하던 과거의 영광을 되찾을(트럼프의 말을 빌리자면 "미국을 다시 위대한 국가로 만들") 기회를 잡았다.

결과적으로 트럼프는 대학 졸업장이 없는 백인 유권자 사이에서 39%포인트 차로 앞섰다.[123] 그뿐만 아니라 그에게 표를 던진 사람 중에서 인종을 불문하고 대학을 다녔지만 졸업하지 않은 유권자와 연간 소득이 5만 달러에서 10만 달러 사이인 유권자,[124] 정확히 말해 능력주의에 따른 불평등으로 가장 큰 타격을 입은 위기의 중산층이 가장 높은 비율을 차지했다. 트럼프는 교육 수준이 가장 낮은 50개 카운티에서 31%에 가까운 표차로 승리했다. 이들 카운티에서 2012년 공화당 후보인 롬니의 득표율을 10% 앞섰다. 반면에 교육 수준이 가장 높은 50개 카운티에서는 26% 차로 패했다. 이는 롬니의 2012년 득표율에 비해 9% 가까이 하락한 것이다.[125] 교육 수준이 높은 전문가들은 자기들과 동류인 힐러리 클린턴을 받아들이고 트럼프를 어릿광대로 깎아내렸다. 반면에 중산층은 그녀의 휘황찬란한 자격 조건에 반감을 품었고 전문 기술을 거부하는 트럼프에게 깊이 공감했다. 트럼프를 지지하는 세인트클레어쇼어스의 어느 사업가는 그가 자기 계층 최초로 와튼에 입학했다는 통설이 틀렸다는 주장에 대해 간단하게 "물론 최초는 아니었다. 그는 매우 평범한 사람이니까"라는 반응을 보였다.[126]

직업은 교육 수준만큼 선거에 강력한 영향을 미쳤다. 틀에 박힌 노동이 필요한 직업 종사자는 압도적으로 트럼프를 선호한 반면에 창의력과 전문적인 분석이 필요한 직업 종사자는 역시 압도적으로 클린턴을 선호했다. 트럼프는 반복적인 일을 하는 주민의 비율이 50%를 웃도는 카운티에서 30% 차이로 승리했지만, 그 같은 주민의 비율이 40% 미만인 카운티에서는 비슷한 차이로 패했다.[127] 능력주의는 엘리트 직업을 격상시키고 중산층 직업을 격하시킴으로써 직업과 관련된 새로운 당파 정치를 만들어낸다. 직업을 자존심의 원천으로 삼는 엘리트와 직업 밖에서 그리고 심지어 직업에 맞서 자존심을 추구하는 중산층을 대결시키는 것이다.[128] 클린턴의 전문성이나 트럼프의 비전문성이나 각자 정치의 한 진영을 이루었다.

중산층의 외적인 분노가 트럼프를 당선시켰듯이, 내적인 분노는 사망률의 상승으로 이어졌다. 트럼프는 아편 유사제 유행으로 가장 큰 타격을 받은 카운티 여러 곳에서 밋 롬니의 2012년 득표율을 가장 크게 앞섰다.[129] 세인트클레어쇼어스는 1960년에 낙관적인 분위기에서 케네디에게 25%포인트 차이 압승을 안겼지만,[130] 2016년에는 분노가 만연한 가운데 트럼프에게 10%포인트 차이 승리를 안겼다.[131]

마지막으로, 트럼프주의(와 트럼프 자신의 등극)는 기존 능력주의 시대 엘리트가 일반 시민에게 품고 있던 경멸과 그들 자신의 환멸과 약점을 만천하에 드러냈다. 엘리트는 단호히 트럼프주의를 거부했지만 그 대안인 미국 정치에 대한 낙관론을 유지하는 데 필요한 활력소가 없었다. 노력, 불안감, 능력에 따른 성공이라는 자기기만에 사로잡힌 부유층은 고결한 척만 할 뿐 중산층의 고충과 분노를 알지 못한다. 힐러리 클린턴이 트럼프 지지자의 절반을 가리켜 '한심한 패거리'라고 한 것은 지지 정당과 관련 없이 엘리트 전반이 오랫동안 은밀하게 품고 있던 생각을 말로 표현한 데 불과했다.

실제로 트럼프의 등장은 엘리트들이 능력주의가 소외시킨 미국인들에게 느끼는 은근한 우월감을 재확인했을 뿐 아니라 강화했다. 『내셔널 리뷰National Review』에 실린 에세이는 백인 근로 계층 공동체를 "경제에 도움이 되지 않는 자산"으로 칭하면서 "도널드 트럼프의 연설은 옥시콘틴OxyContin*처럼 그들의 기분을 좋게 만든다"고 썼다.[132] 1980년 이후 트럼프처럼 대졸 유권자의 투표율이 가장 낮은데도 당선된 후보는 없었다.[133] 팰로앨토에서는 거의 70%포인트 차이로 힐러리 클린턴을 선택했다.[134]

● 마약성 진통제의 상품명.

이처럼 모든 면에서 능력에 따른 불평등은 20세기 중반에 정치와 경제, 즉 자본주의와 민주주의 사이에 존재했던 관계를 뒤집어놓았다.

20세기 중반에는 개별 부문의 평등이 다른 부문의 평등을 강화했다. 민주주의적인 시민이 정치적으로 대등한 주체로 나서 경제 평등과 공익을 증진할 정부 정책을 요구했다. 게다가 개인의 소유권이 널리 분산되고 비슷했기 때문에 개인의 힘이 억제되었고 그에 따라 민주주의적인 정치 평등이 유지되었다. 이는 버지니아 헌법의 1776년 초안에 드러나 있듯이 참정권 확대와 잠재적 유권자 모두에 대한 토지 무상 분배 보장을 두루 달성하려던 토머스 제퍼슨의 꿈이기도 했다.[135]

이와 대조적으로 오늘날에는 개별 부문의 불평등이 다른 부문의 불평등을 심화한다. 더욱이 경제 불평등을 조장하는 능력주의 메커니즘은 광범위하고 정치적으로 힘 있는 엘리트 계층을 만들어낸다. 대법관을 역임한 루이스 브랜다이스Louis Brandeis는 이전 시대의 경제 불평등을 언급하면서 "민주주의 사회를 갖느냐 소수의 손에 부를 집중하느냐 둘 중 하나다. 둘 다 가질 수는 없다"라고 주장한 것으로 알려졌다.[136] 정치적·경제적 평등을 두루 달성하겠다는 희망에서 탄생한 미국의 과거가 둘 다 달성하지 못하는 미래로 수렴되는 가운데 제퍼슨의 꿈은 브랜다이스의 악몽으로 대체되고 있다.

신 카스트 제도

능력주의의 덫은 한 가지 모습만을 지니지 않는다. 실재하는 이길 수 없는 경쟁은 근로 계층과 중산층 성인을 경제의 중심부에서 소외시키고 소득과 자존감과 그에 수반되는 넉넉한 생활을 허용하지 않는다. 그 때문에 근로 계층과 중산층 어린이들은 그들의 부모에게 허용되지 않았던 직업을 얻는 데 필요한 교육을 받지 못한다. 교육, 기량, 근면성, 소득의 멋진 소용돌이는 아동기 초기부터 은퇴에 이르기까지 엘리트를 능력주의적인 생산이라는 무자비한 규율에 얽매이게 한다. 그 결과 상위 근로자들은 노동에서 소외되어 스스로를 충족하기보다는 이용하며 결국에는 언젠가 달성할지도 모를 진정한 꿈을 잃는다. 더욱이 거미줄처럼 뒤엉킨 불만과 불신은 부유층을 외따로 고립시키고 부유층과 나머지 사람들을 냉혹하고 원한에 찬 정치에 말려들게 한다. 그 안에서 두 진영은 상대방을 지배하려 하고 선의는 악의에 굴복한다. 모든 면에서 능력에 따른 불평등은 광범위한 불만과 뿌리 깊은 불안감을 만들어낸다.

이런 관측들은 전반적으로 능력주의를 새롭고 통찰력 있는 관점으로 바라보게 한다. (공익을 증진하고 업적에 따라 혜택을 분배한다는) 능력주의의 속임수를 꿰뚫어 보고 타락한 본질을 폭로한다.

전반적으로 고립된 엘리트 계층은 지위와 소득뿐만 아니라 정치적 영향력까지 독점한다. 엘리트 계층은 자녀에게 특권을 상속해 세대를 거쳐 이어지는 왕조를 만든다. 더욱이 되먹임 고리는 엘리트 교육과 상위 노동력을 연계하는 메커니즘으로 이를 통해 능력주의 시대의 엘리트는 혜택을 유지하고 정당화한다. 고도의 교육을 받은 혁신가들은 상위 근로자들의 우월한 기량에 맞춰 일과 생산을 재구성한다. 이들은 막대한 소득을 활용해 자녀 교육에 비정상적인 투자를 한다. 이들의 자녀들은 차세대 혁신가와 상위 근로자가 된다. 순환은 끝없이 되풀이된다. 이 같은 되먹임 고리는 엘리트 기량을 창출하는 동시에 엘리트 기량이 생산성을 발휘하고 그 기량을 소유한 상위 근로자가 높은 보수를 받는 환경을 유지한다.

따라서 능력주의가 능력으로 인정하고 보상을 제공하는 자질은 자연스러운 덕목도, 필요한 덕목도 아니다. 농업 경제에서는 골드만삭스의 임원이나 바이어컴Viacom의 중역이나 왁텔 립턴Wachtell, Lipton의 변호사가 지닌 기량이 사실상 아무런 쓸모도 없었다. 또한 20세기 중반에도 그 가치는 오늘날보다 훨씬 덜했다. 그러나 현재는 금융화된 경제, 경영진의 직급 간소화, 활발하고 상당히 합법화된 기업 지배권 시장 등 경제 불평등의 결과로 나타난(또한 어떤 경우에는 상위 근로자들이 재직하는 기업이 직접 발명한) 상황 변화에 따라 엘리트 기량은 높은 가치를 인정받는다. 다시 말해 상위 노동력은 상당히 복합적이고 우발적인 사회·경제 환경의 그늘 안에서만 경제적 가치를 창출하고 가치를 인정받을 수 있으며, 그 근원에는 과거의 경제 불평등이 깔려 있다.

미국의 능력주의는 부·특권, 지위의 집중과 왕조적 세습을 유발하는 메커니즘을 타파할 취지로 고안되었으나 이제는 그 자체가 그런 메커니즘이 되었다. 이처럼 광범위하고 왕조적이며 의존적인 자질을 지닌 사회적·경제적 계층 제도가 있다. 바로 귀족 제도다. 능력주의는 귀족 제도를 해체하기보다 재편해 부가 토지나 공장이 아닌 인적 자본, 즉 숙련 근로자의 자유노동 형태로 존재하는 세상에서 카스트와 같은 계층 질서를 만들어낸다.

근면성은 태생을 대신해 특권의 근거가 되었고 능력주의 교육은 귀족적인 계승을 대체해 중앙 집중적이고 왕조적인 기술을 가르친다. 새로운 체제 안에서 엘리트 기량은 어렵게 얻어지며 상위 근로자의 근면성은 한때 귀족을 완전히 동떨어진 존재로 만들었던 태생과 예법만큼이나 실질적이다. 더욱이 귀족 제도와 마찬가지로 능력주의는 단순히 불평등하기보다 정당하게 불평등한 사회 질서를 구축하려 한다. 과거 귀족 제도의 이상과 마찬가지로 오늘날 능력주의의 덕목과 업적 강조는 엘리트 특권층뿐만 아니라 (모순되고 안타깝게도) 능력주의 때문에 소외된 다수에게 설득력을 지닌다.

그러나 능력의 매력은 환상이다. 능력주의 시대 엘리트의 기량은 이전의 경제 불평등, 가치나 능력에 근거한 불평등을 정당화하려는 시도, 순환 논리의 오류에서 자유롭지 못한 기량을 기반으로 할 때만 가치를 지닌다. 능력은 능력으로 대체된 귀족의 가치처럼 자연스럽거나 보편적인 덕목이 아니라 앞서 존재한 불평등의 결과물이다. 능력은 인적 자본의 착취를 정당화하고 부당한 분배를 눈가림하기 위해 만들어진 인공 구조물이다.

THE
MERITOCRACY
TRAP

2부

능력주의는
어떻게 작동하는가

4장

일하는 부유층

광란의 20년대Roaring Twenties의 귀족 세계를 다룬 P. G. 우드하우스P. G. Wodehouse의 소설에는 버티 우스터라는 상냥한 신사가 나온다. 우스터는 일을 하느냐는 질문에 "네? 일이라니, 진짜로 고생스러운 일 말씀이신가요?"라고 놀란 어투로 대답한다. 그러더니 "나무 베고 물 긷는 일요? 글쎄요, 일을 해본 사람을 몇 명 알긴 해요. 그중 몇 명은 일이 아주 좋다고 추천하더군요"라고 덧붙인다.[1] 우스터와 우드하우스의 (어떨 때는 뉴욕이지만 대부분 런던을 배경으로 하는) 세계에서는 완전무결한 정장을 갖춰 입는 것이 필수이고 성인 남성들이 도롱뇽을 키우거나 도자기 소 인형을 수집하는 일에 모든 정성을 쏟으며 아무도 일하지 않았다. 그 시대 엘리트들은 일을 취미로 변화시켜 휴양지에서의 별난 치유 행위와 여가 활동으로 삼았다. 진짜로 노동하는 것은 상상도 할 수 없었다.

한편 일반인들은 보상도 받지 못하고 고된 일을 했다. 엘리트가 아닌 사람들이 사는 세상은 혹독하고 비인간적이며 절대적인 박탈로 인한 가난이 지배했다. 1920년대에는 가난이 어찌나 만연한지 "닭 한 냄비씩" 먹는다는[2] 소박한 희망사항이 정치적인 선거 구호가 되었다. 대공황은 빵 배급 줄을 만들어냈으며, 합리적인 추정에 따르면 1930년대 초반에는 미국인 가운데 절반이 넘고 4분의 3에 가까운 이들이 절대빈곤에 시달렸다고 한다.[3] 제2차 세계대전과 종전 후의 경제 부흥 덕분에 대다수 미국인의 생활환경이 향상되고 세인트클레어쇼어스 같은 곳에서 부유한 대중이 탄생하긴 했지만 20세기 중반에도 가난은 여전히 널리 퍼져 있었다. 어느 추정에 따르면 1949년의 빈곤율은 40.5%에 달했다.[4]

우리가 사는 세상은 그때와 두 가지 측면에서 확연히 다르다. 오늘날의 부유층은 전에 없이 고되고 근면성실하게 일하며 그들은 (상당 부분 불평등 심화의 원인이 되는) 소득 대부분을 노동으로 얻는다. 가치관은 현실을 쫓아가는 법이다. 신흥 엘리트들은 의식적으로 노력하며 자기들이 근면하다는 것을 잘 안다. 오늘날에는 버티 우스터처럼 일하지 않고도 당당한 것을 상상할 수 없다. 더욱이 경제 불평등의 무게 중심이 소득 척도의 윗부분으로 이동했다. 20세기 중반에는 린든 존슨 대통령이 빈곤과의 전쟁을 선포할 정도로 가난이 위기로 다가왔다.[5] 오늘날에는 불평등이 증가하는 가운데도 가난이 오래 지속되긴 하지만 전에 비해 찾아보기 힘든 데다 덜 극심하다. 20세기 중반을 비롯한 과거에는 빈곤층의 비참한 생활과 사회적 소외를 중심으로 한 불평등이 존재했지만 오늘날의 불평등은 엘리트 계층의 사치와 특권을 중심으로 한다. 이제는 불평등이 부유층을 빈곤층뿐만 아니라 중산층 같은 나머지 사람들로부터 고립시킨다. 현재의 경제 불평등은 가난이 아니라 부와 관련 있는 것이 특징이다.

상속받은 재산과 권력을 이용해 아랫사람들의 노동력을 착취하며 나태한 불로소득자로 살았던 옛날 부자들은 경제 정의 신봉자들에게 만만한 표적이 되었다. 여기저기 퍼져 있고 혹독한 가난은 평등주의자의 동정심을 자극하는 주제였다. 능력주의는 평등주의자들에게 귀족적인 불평등에 대한 강력하고 효과적인 치료제를 제공했다.

그러나 착취에 반대하는 주장은 주당 100시간씩 일하는 변호사처럼 근면과 과로를 통해 일하지 않고도 혜택을 상속받았다는 비난에서 자유로울 뿐만 아니라 자신을 착취하는 사람들을 대상으로 할 때 설득력을 잃는다. 가난이 완화되고 경제 정의를 주장하는 목소리가 중산층을 대신해 나올 때 인도주의적인 근심은 힘을 잃는다. 진보주의자들이 능력주의를 세습된 특권의 해결책으로 받아들이는 순간 불평등의 심화를 야기하는 원동력에 불을 붙인 셈이다. 귀족적인 불평등을 무너뜨린 친숙한 주장이 노력과 기량에 보상하는 경제 체제에는 적용되지 않는다.

지난 반세기에 걸쳐 능력주의가 부상하면서 인간의 경험에는 전례 없이 새로운 영역이 열렸다. 그와 동시에 능력주의는 경제 불평등을 신봉하는 사람들의 뒤통수를 쳤다. 과거는 더 이상 현재를 이해하는 데 믿을 만한 안내서 역할을 하지 못한다. 통용되는 도덕 원칙과 새로운 경제 자본은 조화를 이루지 못한다. 경제 불평등에 대한 전통적인 진단은 매번 효과를 내지 못하고 불평등의 해결책으로 제시되었던 능력주의는 그 자체가 불평등의 원천이 되었다.

사실 능력주의에 따른 불평등은 과거에 유한계급을 무너뜨리고 빈곤과의 전쟁 선포로 이어진 주장과 정책을 무력화하기 위해 설계된 것만 같다. 솔직히 말해 능력주의의 변신은 평등 신봉자들이 부지런한 엘리트들의 혜택을 빼앗아 나태한 중산층에게 제공하는 재분배를 정당화할 수밖에 없는 결과를 초래한다. 이 같은 이유로 능력주의에 따른 불평등을 저지하기는 어렵다. 그러나 불가능한 것은 아니다. 능력주의를 냉철한 시각으로 판단하면 혜택을 성과와 연결 짓는 논리의 실체를 깨달을 수 있다. 이해의 첫걸음은 일하는 부유층을 연구하는 것이다. 그들이 누구며 어떻게 돈을 버는지 알아내야 한다는 것이다.

한량에서 노력가로

위대한 사회학자 소스타인 베블런Thorstein Veblen은 19세기 중반에 태어나 대공황 직전인 1929년 여름에 세상을 떠났다.[6] 결국 대공황은 베블런이 그토록 면밀하게 기록했던 체제를 파괴했다. 그는 세기말의 부를 통렬한 시각으로 관찰한 사회학 저서 『유한계급론The Theory of the Leisure Class』에서 구시대 엘리트를 주제로 삼았다.

베블런은 빈곤층이 태초부터 노동을 하고 중산층도 탄생 초기부터 일했지만 엘리트의 상황은 언제나 달랐다고 강조했다. 실제로 무위도

식은 원시시대부터 베블런의 시대에 이르기까지 변함없이 사회적 지위의 지표였다. 베블런은 "상류층은 관례적으로 생산적인 직업에서 면제되거나 배제되었다"라고 지적했는데,[7] 그가 말한 생산적인 직업은 공장노동뿐만 아니라 "틀에 박힌 노동에 지속적으로 몰두"해야 하는 일 전체를 가리킨다.[8]

더욱이 부유층은 무심결이나 수동적으로가 아니라 자신이 존엄하다는 자기기만에 빠져 적극적으로 일을 회피했다. 관습에 맞지 않게 일을 받아들인 예외적인 사람들도 요즘 근로자들이 보기에 놀랄 만큼 적게 일했다. 예를 들어 벤저민 프랭클린은 매일 아침에 일어나 "오늘은 어떤 유익한 일을 할까?"라는 질문을 스스로 던졌지만 그가 1766년에 발표한 일정을 보면 일에 전념한 시간은 8시간을 넘지 않았으며 꼬박 4시간을 "음악, 기분전환, 대화"에 쏟았다.[9]

부유층의 여가는 베블런의 말을 빌리자면 "게으름이나 휴면"에 해당하지 않았다.[10] 베블런은 일을 사회적으로 상반되는 두 가지 유형으로 분류했다. 그중 한 가지는 생산industry으로, "물질적 생활수단을 정성스레 만들어내는 것"에 전념하는 고되고 틀에 박힌 일이다.[11] 그와 반대는 "비생산적인 시간 소비"로,[12] 두드러진 사회적 지위를 얻기 위해 "어느 정도 명예가 따라붙는 일"에 치중하는 것이다.[13] 베블런은 이 같은 활동을 공훈exploit으로 불렀다.[14] 그의 설명에 따르면 과거의 전투, 의례, (식량을 구하기보다 사교를 위해 행해진) 사냥, 종교 예배, 공공 축제 등의 활동은 공훈public merrymaking으로 볼 수 있다.[15] 베블런은 여가leisure라는 단어가 엘리트들의 명예 활동과 동의어가 될 정도로 엘리트들이 여가를 공훈 세우는 일에 쏟아부었다고 본다.

베블런의 시대에는 (전투나 기사들의 마상 시합처럼) 야만적인 시대 특유의 공훈 세우기 활동이 새로운 사회·경제 형태의 도래와 더불어 축소되거나 중단되었다. 그러나 베블런은 유한계급 사이에서 생산에 대한 회피와 사회적 신분 지표이자 사실상 반드시 이행해야 하는 의무로서의 공훈에 이끌리는 경향이 여전했다고 주장한다. 사회 형태는 그대로 유지되었으며 내용물만 바뀌었다. 야만적인 의례 대신 신흥 유한계급은 쓸모없는 학식(이를테면 고전 언어), 취미(도롱뇽과 도자기 수집), 세련되고 정교한 예법뿐만 아니라 과시적인 의고체와 난해한 영어 철자를 개발했다.[16]

베블런은 이 모든 활동이 엄청난 시간과 집중력이 필요하지만 유용한 것을 전혀 생산하지 못하는 원시적인 공훈 세우기 활동과 공통점이 있다고 본다. 엘리트 계층은 그런 활동을 통해 자신들이 대중과 달리 여가를 누릴 여유가 있다는 사실을 명백하게 과시했다. 이처럼 과시적인 여가는 생산 회피와 결합되어 엘리트들의 사회적 지위를 구축했다(아무나 손쉽게 발휘할 수 있는 단순한 게으름은 그와 같은 차별화 기능을 하지 못한다).

베블런은 유한계급의 존재를 파악했을 때도 유한계급이 축소되고 있으며 몰락에 접어들었다고 생각했다. 그러나 부와 여가의 상관관계는 그보다 오래 살아남아 20세기 중반 이후까지 이어진다.

참전이 여전히 공훈으로 간주되고 유한계급에 속하는 사람 다수가 전사했음에도 유한계급은 제1차 세계대전에서 살아남았다. 베블런이 익살맞게 지적했듯이 1920년대 월가 엘리트의 과시적이고 경박하게 번쩍이는 제복(윤기 흐르는 톱해트, 에나멜가죽 구두, 도보용 지팡이)만 보더라도 그 차림새를 한 사람들이 자기 자신을 망쳐가며 일하지 않았다는 것을 알 수 있었다.[17] 1929년 대폭락Great Crash이 엘리트들에게 무슨 교훈을 남겼든 간에 그들의 여가 사랑에는 변화가 없었다. 베블런이 사망한 직후 대공황이 닥치면서 의회가 월가 폭락에 대한 조사에 나섰을 때 제이피모건은 기자들에게 "유한계급을 파괴하면 문명도 파괴된다"라고 으름장을 놓았다.[18]

제2차 세계대전도 유한계급을 없애지는 못했다. 실제로 금융인들은 20세기 중반까지도 짧은 근무시간을 지켰다. 이들의 하루는 일반적으로 "오전 10시에 시작해 오후 3시에 끝났으며 그사이 마티니 석잔을 곁들인 2시간 동안의 점심 식사가 포함되었다".[19] 1962년까지만 해도 마틴 메이어Martin Mayer가 자신의 명저 『월가: 인간과 돈Wall Street: Men and Money』에 "(요령만 알면 3시 반까지는 슬쩍 들어갈 수 있지만) 은행은 3시에 문을 닫고 거래소는 3시 30분에 폐장한다. (…) 거래소 객장의 중개인, 회원, 직원은 곧바로 귀가하고 (…) 중역들은 마지막으로 다우존스 시황을 한 번 훑은 다음 시외에 있는 자택으로 떠나기 시작한다"라고 쓸 수 있었을 정도다.[20]

메이어는 "5시가 되면 야간 전화선을 전화 교환대에 꽂는다"라면서 나머지 "월가 사람들도 집에 가기 위해 나그네쥐 떼처럼 지하철을 향해 행진한다"라고 덧붙였다. "6시 30분 정도에 청소부가 도착하고 고층빌딩의 조명이 들어온다. 8시가 되면 조명이 다시 꺼지고 9시에는 아무리 바쁜 중개소라도 계정 결산을 끝내고 밤 동안 사무실 문을 걸어 잠근다."[21] 20세기 중반에는 월가에서 청소부가 가장 열심히 일하는 사람이었다.

물론 모두가 여유자적한 생활을 했던 것은 아니다. 1950년대에도 원기왕성한 기업 사냥꾼들은, 어느 기업 사냥꾼이 말했듯이 "3대째 예일 대학 출신이며 클럽에서 마티니를 마시면서 오후를 보내는"[22] 나태한 부유층이 운영하는 기업들을 공략했다. 그러나 유한계급을 위협한 기업 사냥꾼들은 "무식한 불한당들"로 취급되었고,[23] 정부 조사관들의 비난을 받았으며 의회의 제재 압력도 받았다.[24] 유한계급의 규범은 위반되는 상황에서도 확고해졌고 유한계급의 삶을 지배했다.

더욱이 20세기 중반에 월가만 유별나게 한가한 생활을 선호한 것은 아니다. 그 시대 기업 사냥꾼들이 주로 공략한 기업의 경영진은 속 편하고 게으른 사람들로, 동시대 어느 논객이 지적했듯이 따로 수입이 있는 신사계층처럼 행동했다.[25] 20세기 중반의 기업 수장들은 "공장보다 클럽에 적합한 정장 차림"으로 출근해 "응접실 분위기에 디지털 컴퓨터처럼 저속한 물건이라고는 찾아볼 수 없는 사무실을 차지하고 앉았다".[26] 심지어 그들은 "집에 둔 것과 똑같은 칵테일 수납장에서 목을 축였다".[27]

엘리트 전문직 종사자들도 20세기 중반까지는 오래 일하지 않았다. 변호사들의 연간 수임료 청구 시간이 1,300시간에 불과했다는 미국변호사협회의 1962년 추정치는 오래 이어져온 통념을 반영했다.[28] 『미국변호사협회저널American Bar Association Journal』에 실린 「변호사의 자금 계획과 관리」라는 글을 보면 1977년만 해도 가상의 법무법인에 근무하는 일반 변호사의 연간 수임료 청구 시간이 1,400시간에 불과했다.[29] 이는 물론 일화에 지나지 않으며 20세기 중반에는 변호사 업무에 대한 체계적인 데이터가 존재하지 않았다. 그러나 다른 보고를 보더라도 수임료 청구 시간은 대동소이했다.[30] 변호사가 실제로 청구하는 것보다 3분의 1 더 많은 시간 일한다는 경험 법칙을 적용하더라도 근무시간은 주당 30시간 남짓에 불과했던 것으로 짐작할 수 있다. 은행가의 시간까지는 아니더라도 그리 부담스러운 수준은 아니었다.

오늘날에는 엘리트가 한직을 맡고 있다는 서사가 통하지 않는다. 엘리트가 열심히 일하는 현상이 유행병처럼 퍼졌다는 사실은 다수의 생생한 서사와 다양한 데이터로 입증된다.

오늘날 젊은 투자은행 간부들은 대체로 오전 6시에 출근해 자정까지도 퇴근하지 않으면서 주당 80~120시간씩 일한다.[31] 이 업계의 사람이라면 누구나 잘 아는 이야기가 있는데, 투자은행의 어느 애널리스트는 1주일에 155시간 동안 근무한다고 밝힌 바 있다.[32] 즉 수면을 포함한 나머지 생활에 쓸 수 있는 시간이 고작 13시간밖에 남지 않는다는 이야기다. 젊은 투자은행 간부 사이에서 흔히 도는 "업계 농담"에 따르면 운이 좋아야 결혼식날 이외에도 휴가를 얻을 수 있다고 한다.[33] 연공서열에 따라 근무시간이 반드시 줄어드는 것도 아니다. 모건 스탠리의 '일급 인수합병 전문가' 한 명은 자신이 "하루에 항상 12시간씩 일하고 거래가 있을 때는 사무실 소파에서 쪽잠을 자면서 20시간 연속으로 일할 만큼 체력이 된다"라고 뽐내기도 했다.[34] 요즘에는 은행가의 시간이 "은행가의 9시 출근과 5시 퇴근"이라는[35] 반어적 표현으로 대체되었는데, 이는 아침 9시부터 그다음 날 새벽 5시까지 일하는 것을 뜻한다.

실물경제의 중심부를 차지하는 엘리트 경영인들의 근무시간도 비슷하게 늘어났다. 아마존의 '의도적인 다윈주의'와 '터무니없이 높은'[36] 기대에는 설립자 제프 베이조스가 주주들에게 말한 적 있듯이, 사람은 "오래 일하거나 열심히 일하거나 유능하게 일할 수 있지만 아마존닷컴의 관리자는 이 셋 중에서 두 가지만을 겸비해서는 안 된다"라는 뜻을 담고 있다.[37] 이 같은 이상을 실현하기 위해 아마존은 "지속적인 성과 개선 알고리즘"을 임직원들에게 적용한다.[38] 이는 일종의 전방위 감시 체계로, 생산성이 덜한 직원들을 도태시키는 것을 목표로 한다.[39] 그뿐만 아니라 아마존은 사실상 하루 내내 관리자들에게 존재감을 과시한다.[40] 예를 들어 자정 이후 이메일을 보내고 무슨 이유로 이메일에 답하지 않는지 문자메시지로 확인하는 식이다. 아마존 이외에도 비슷한 접근법을 취하는 곳은 또 있다. 애플Apple은 임원들에게 휴가기간이나 일요일에도 밤 2시까지 이메일을 체크하라고 요구해 왔다.[41]

좀 더 일반적으로 20세기 중반에 대기업을 운영했던 속 편하고 사교적인 '3대째 예일 졸업생'들은 효율이라는 시대적 과제와 미국 기업의 효율을 착취하기 위해 이루어진 기업 인수합병으로 말미암아 밀려난 지 오래다.[42] 20세기 후반부 들어 기업 경영인의 근무시간은 꾸준히 증가했다.[43] 경영인의 업무 부담은 1990년에 이르기까지 법으로 정해진 주당 40시간을 넘어설 정도로 크게 증가해 기업 경영은 한직에서 고투로 바뀌었다. 『포춘』 500대 기업과 서비스 업계 500대 기업의 고위 중역은 1주일 평균 55시간 넘게 일했고,[44] 최고경영자 가운데 60%는 주당 60시간 넘게 일했다.[45] 더욱이 최고경영자의 62%는 1980년대 내내 바로 아래 직급 임원의 근무시간도 증가했다고 보고했다.[46]

실제로 대부분의 고위 중역은 오래 일할 수 있는 능력이 선발 기준의 하나라고 주장한다. 『포춘』 500대 기업의 고위 임원 한 사람은 최근 "이 회사의 경영위원회 위원들은 회사에서 가장 똑똑한 사람들이 아니라 가장 열심히 일하는 사람들이다. 우리는 개처럼 일한다. 남들보다 더 많이 일한다. 남들보다 더 열심히 연마한다. 남들보다 더 많이 훈련한다"라고 말했다.[47] 그는 비슷한 업무 요건을 경영진 아래 직급에도 요구했다. "일주일에 50~60시간 미만으로는 직원의 헌신을 이끌어낼 수 없다고 본다. 다른 기업들이 그 이상 일한다. 경쟁력이 있으려면 우리도 그렇게 해야 한다. 나는 우리가 다른 회사와 매우 달라서는 안 된다는 것을 직감으로 안다."[48] 『하버드 비즈니스 리뷰』의 극한 직업 조사는 그 중역의 직감이 사실임을 입증한다. 해당 조사에 따르면 "고소득자 가운데 62%가 주당 50시간 넘게 일하며 35%는 60시간 넘게, 10%는 80시간 넘게 일한다".[49] 조사에 참여한 최고 소득자 중 25% 가까이는 『하버드 비즈니스 리뷰』의 최고 극한 직업 기준에 들어맞았으며 남들보다 "한층 더 뼈 빠지게" 일했다. "그들 중 대다수(56%)는 주당 70시간 이상 일하며 9%는 100시간 이상 일한다."[50]

엘리트 전문직 종사자들의 근무시간도 많이 늘어났다. 요즘 전공의들은 완전히 성공하지는 못했지만 미국 의대 졸업생 교육인가위원회가 이들의 주당 근무시간을 4주 평균 주당 80시간으로 제한하려 했을 정도로 오랜 시간 일한다.[51] 예를 들어 1984년부터 1990년까지 주당 55시간 넘게 일하는 변호사의 비율은 3배 넘게 늘어났으며 한 달에 200시간 넘게 일하는 변호사의 비율은 그 절반 가까이 늘어났다.[52] 1990년대 중반에 이르면 미국 북동부 대도시의 법무법인에서 일하는 일반 변호사 가운데 70%가 주말 평균 한나절 이상 일했으며 99% 이상이 바쁜 시기에는 매주 주말에도 일했다.[53] 오늘날에는 "다양한 법무법인 환경에서 주당 60시간 넘게 일하는 것이 일반적이며 주당 40시간은 파트타임 변호사의 일정으로 간주된다".[54]

그러나 변호사 상당수는 그보다 더 오랜 시간 근무해야 한다. 익명을 요구한 어느 변호사는 최근 아침 7시부터 다음 날 새벽 3시 45분까지 이어지는 "바쁜 하루"를 묘사하면서 매시간 사람들을 만나는 회의로 꽉 차 있고 고객들과의 통화가 빽빽하게 잡혀 있으며 50개에서 100개 사이의 이메일을 처리해야 한다고 말했다.[55] "바쁘지 않은" 하루는 아침 9시 30분에 시작해 저녁 8시 45분에 끝나는데 점심 식사를 (하는 것이 아니라) 주문할 때 이외에는 쉴 시간도 없다. 게다가 엘리트 법무법인은 변호사들이 업무에 일편단심으로 전념하는 것을 대놓고 선호하며 심지어 요구하기까지 한다. 어느 대형 법무법인의 일반 변호사는 상사로부터 "아침에 일어나면 양치부터 하지 말고 전화기부터 확인하게"라는 이메일을 받았다고 말한다.[56] 법무법인의 경우에도 연공서열이 올라간다고 해서 긴 근무시간이 줄어들지는 않는다. 다른 대형 법무법인의 대표 역시 파트너 변호사의 긴 근무시간이 대수롭지 않다는 듯이 "파트너 변호사의 유일한 양적 요건은 (…) 고객에게 청구하거나 사업을 개발하거나 그 외에 법무법인의 영업을 개선하는 등의 업무에 연간 2,500~3,000시간 들이는 것"이라고 말했다.[57]

노력 유행병effort epidemic은 가장 독특해 보이며 과거에는 공훈을 세우려는 사람들의 공식 전유물이었던 엘리트 영역으로까지 침투했다. 19세기에서 20세기로 접어들 무렵 세계 최고 운동선수는 신사계층 출신의 아마추어 C. B. 프라이C. B. Fry였다. 그러나 그는 1900년 파리 올림픽이 개최된다는 사실을 알지 못해 올림픽에 출전하지 못했다.[58] 그리 멀지 않은 1980년대 말에 존 매켄로John McEnroe라는 당대 최고 테니스 선수가 연습에 반대한 것도 유명하다.[59] 오늘날에는 매켄로의 접근법이 터무니없는 것으로 간주된다. 프로 선수들은 전보다 더 고되게 더 오랜 시간 동안 훈련한다.

올림픽 출전 선수들은 몇 년에 걸쳐 일편단심으로 올림픽을 준비한다. 프로 테니스 선수 라파엘 나달Rafael Nadal은 매일 7시간 가까이 연습한다.[60] 요리 분야도 마찬가지다. 오늘날 일급 셰프들은 경쟁적인 레스토랑 평가의 요구사항에 부응하기 위해 주당 80~100시간씩 일한다.[61] 유명인사들 역시 현재는 긴 시간 치열하게 일한다. 최근 어떤 논객이 지적했듯이 슈퍼모델들은 "모두 올림픽 선수들처럼 훈련"받는다.[62] 인지도로만 유명세를 얻은 순수 셀럽celebrity●들조차 명성을 유지하기 위해 부단히 노력한다.[63]

대량의 체계적 증거를 통해 이런 보고들이 입증되며 과거 50년 동안 엘리트의 직업 관행에 혁신적인 변화가 일어났다는 사실을 알 수 있다.

근로시간 양극화time divide로 알려진 현상이 있다.[64] 이는 주당 평균 근로시간이 40시간이던 근로자들이 이제는 근로시간의 양극단으로 이동한 현상을 뜻한다. 그에 따라 주당 근로시간이 30시간을 밑돌거나 50시간을 초과하는 인구 비중이 갈수록 늘어나는 추세다. 어떤 통

● 주로 텔레비전 예능 프로그램이나 소셜미디어에서 명성을 얻은 일반인을 가리킨다.

계수치에 따르면 주당 근로시간이 48시간을 초과하는 남성 근로자들의 비율은 1970년에서 1990년 사이 절반 정도 상승했다.[65] 1980년에서 2005년 사이 주당 평균 근로시간이 48시간을 초과하는 이들의 비율이 추가로 절반 정도 상승했다는 보고도 있다.[66] 이런 추세는 특히 극한 직업에서 두드러진다. 1970년부터 2000년 사이는 자녀의 유무와 상관없이 주당 근로시간 합계가 100시간 웃도는 부부의 비율이 절반 정도 늘어났다.[67] 같은 기간 여가 양극화가 나타난 것도 당연한 일이다.[68] 여가 분포의 90분위와 10분위에 해당하는 사람들의 여가 격차는 1965년부터 2003년 사이 주당 14시간씩이나 벌어졌다.[69]

소득 불평등 심화는 노동 불평등은 물론 여가 불평등 심화와도 맞물린다. 더욱이 소득 불평등과 근로시간 양극화 사이에 밀접한 상관관계가 형성된 것으로 판명되었다.[70] 실제로 이 두 가지는 소득 상승을 달성한 이들이 더 많은 노동력을 제공하는(게다가 여가를 덜 향유하는) 이들과 거의 일치할 정도로 불가분의 관계를 맺고 있다. 근로시간 증가는 교육 수준이 높은 고소득 근로자들 사이에서 집중적으로 나타나는 반면에 여가 증가는 교육 수준이 낮은 저소득 근로자들 사이에서 집중적으로 나타난다.[71] 높은 주당 소득과 긴 주당 근로시간의 상관관계는 1983~1985년보다 2000~2002년 사이 더 밀접해졌다.[72] 한마디로 부유층의 근로시간은 지나치게 길고 나머지 사람들의 근무시간은 지나치게 짧다는 이야기다.

노력의 양극화에 초점을 맞춘 연구 결과는 한층 더 놀라운 이야기를 들려준다. 예를 들어 1979년부터 2006년 사이 소득분포상 상위 5분위에 속하며 주당 평균 근로시간이 50시간을 초과하는 근로자의 비중은 6명 중 1명에서 3명 중 1명 정도로 2배 가까이 증가했다. 반면에 소득분포상 하위 5분위에 속하는 근로자 가운데 긴 시간 일하는 이들의 비중은 5명 중 1명 남짓에서 7명 중 1명 정도로 대략 3분의 1 감소했다.[73] 1979년에 시급으로 따져 소득분포상 상위 5분위에 속한 중년 근로 남성이 주당 평균 50시간 넘게 일할 가능성은 하위 5분위에 속한 중년 근로 남성보다 3분의 2 정도 높았다. 2006년에는 최상위 소득자가 장시간 일할 가능성이 최하위 소득자에 비해 2배 넘게 높았다.[74] 다시 말해 20세기 중반 이후 대략 30년에 걸쳐 고소득과 긴 근로시간의 관계가 뒤집어졌다. 게다가 여가 추세는 노동의 추세와 일치한다. 1965년에서 2003년 사이 고졸 미만 학력 남성은 주당 여가가 10시간 정도 늘어났다. 반면에 대졸 이상 학력 남성은 여가가 증가하지 않거나 소폭 감소했다.[75] 놀랍게도 엘리트들은 신형 가전제품과 그 외 전자기기 덕분에 여가 가용 시간이 상당히 늘어났음에도 여가의 감소를 경험하고 있다.

여성의 경우에는 고소득과 교육, 긴 근로시간과 여가의 감소 사이에 주목할 만하긴 하지만 덜 뚜렷한 관계가 나타난다.[76] 그러나 맞벌이 가정의 일하는 여성은 대개 주 부양자가 아니다. 맞벌이와 소득 사이에는 두드러진 상관관계가 형성된다. 2000년대 초반에는 소득분포상 상위 5분위 가구 중에서 가사 이외의 일을 하는 소득자의 숫자가 2명 이상인 가구의 비율이 75%에 달했다. 이에 비해 하위 5분위 가구 중에서는 5%에 불과했다.[77] 가사 이외의 일을 하는 여성의 비율은 대학 졸업장이 있는 여성 중에서 80%를 넘어섰지만 고등학교를 중퇴한 여성 중에서는 50% 정도에 불과했다.[78]

이런 성 역학gender dynamics으로 말미암아 오늘날의 부유층은 베블런 시대의 유한계급과 뚜렷이 차별화된다. 베블런은 엘리트 남성 근로자가 유한계급이라는 신분을 포기하고 "경제사정 때문에 생산의 성격이 강한 직업을 통해 생계를 유지하는 신세로 전락"한 지 한참 지나서도 엘리트 남성의 아내를 비롯해 경제적으로 유복한 엘리트 여성들은 계속해서 가사 이외 일에 손대지 않았으며 적어도 자신은 남편이 상실한 여가를 그대로 즐긴다는 사실을 알릴 수 있는 방식으로 가정 영역을 정돈했다.[79] 20세기 중반만 해도 일하지 않는 아내는 부유층 남성입장에서 엘리트 신분의 마지막 표현 수단이자 유한계급의 마지막 보루였다. 오늘날에는 이런 구실이 통하지 않는다.

소득과 근면성의 관계는 소득 척도에서 상위로 올라갈수록 뚜렷해진다(486쪽 〈그림 1〉 참조). 소득분포상 하위 60%에 속하는 근로자의 근로시간은 1940년대에 비해 크게(대략 20%) 줄어들었다. 같은 기간 그다음 30%(60번째 백분위수와 90번째 백분위수 사이)의 근로시간은 (21세기로 접어들 무렵 감소하긴 했지만) 거의 변함이 없었다. 또한 소득분포에서 상위 10% 안에 드는 엘리트 코호트cohort*는 그 아래 코호트에 비해 갈수록 훨씬 더 긴 시간 일하는 추세다. 무엇보다 1980년대와 1990년대 전반에 걸쳐 상위 1%의 근로시간은 그 어느 하위 소득 코호트보다 더 큰 폭으로 증가했다. 2000년대에도 근로시간이 계속해서 증가한 코호트는 상위 1%가 유일하다. 이 같은 추세의 누적 효과는 상당한 정도를 넘어 엄청나다. 1940년에는 하위 60%에 속하는 평

● 통계 측면에서 공통적인 특성을 지닌 집단.

균 근로자의 주당 근로시간이 상위 1%보다 4시간(10%) 가까이 많았다. 2010년에는 저소득 근로자의 근로시간이 고소득 근로자보다 대략 12시간(30%) 더 적어지는 상황에 이르렀다. 전반적으로 이런 추세에 따라 상쇄된 엘리트 근로자 대비 일반 근로자의 근로시간은 주당 16시간(법정 근무일로 따져서 2일)에 이른다. 정확한 숫자와 비율은 가감해서 생각할 필요가 있다. 그러나 근로시간 관련 데이터 수집 방식에 차이가 있다는 점을 감안하더라도 이런 데이터의 근본적인 내용은 확실하다.[80]

좀 더 미시적인 데이터도 비슷한 내용을 전한다. 소득분포의 상위 1%(연간 47만 5,000달러를 초과하는 가구 소득에 해당)는 150만 가구 정도에 지나지 않는다.[81] S&P 1500 기업의 부사장급 이상 간부 수(대략 25만 명),[82] 헤지펀드, 벤처캐피털, 사모펀드, 투자은행, 뮤추얼펀드 등의 금융부문 전문가 수(대략 25만 명),[83] 5대 경영 컨설팅 회사의 전문가 수(대략 6만 명),[84] 파트너당 수익이 40만 달러를 초과하는 법무법인 파트너 수(대략 2만 5,000명),[85] 전문의 수(대략 50만 명)[86]를 합산하면 100만 명 정도가 나온다.

물론 이들 모두가 상위 1%에 드는 것은 아니다. 그러나 이들이 상위 1%에 속할 가능성은 크며, 실제로 해당 집단은 1% 가구 전체의 절반(이라는 상당한 비중)을 차지하는 것으로 보인다.[87] 적어도 그처럼 잘 알려진 직업 종사자들은 소득분포 상위 1% 중에서 주변부에 있거나 특이한 위치를 차지하기보다는 중요한 부분을 구성한다. 게다가 극한 직업을 다룬 언론 보도에서 알 수 있듯이 이들은 주기적으로 휴가 계획을 취소하며 대부분 시간을 여기저기 이동하면서 보내고 장식이 없는 초호화 아파트에 거주하며 대개 일에 전념하는 데다 개인 시간은 어쩌다 한 번씩, 그것도 타지에서나 낼 수 있을 정도다.

자본 대 노동의 투쟁에서 탈피

적어도 마르크스가 착취 이론을 고안한 이후 경제 불평등을 비판하는 이들은 부유층을 지대 수입으로 먹고사는 불로소득자로 묘사했다. 이 같은 관점에서 보면 게으른 엘리트들은 불로 자본과 타인의 노동력 착취를 통해 얻은 잉여 가치를 향유한다. 현대에 들어서는 불평등 비판론자들이 그보다 덜 체계적인 방식을 채택해 한층 더 온화한 어조로 비판하고 있지만, 오늘날까지도 마르크스의 자본소득자라는 기본 틀에서 약간 변형된 주장이 통설로 여겨진다.

다시 말해, 비판론자들은 흔히 경제 불평등의 원인을 자본과 노동의 정치적·경제적 투쟁으로 보며 부유층을 자본과 연관 짓고 불평등의 심화를 자본의 새로운 지배 탓으로 돌린다.[88] 가공할 위력을 떨친 토마 피케티의 저서 『21세기 자본』은 그 같은 견해를 이 시대의 규범적 명제로 만들었다. 노조 쇠퇴,[89] 대기업의 시장 영향력 상승,[90] 아웃소싱, 세계화 등을 주제로 흔히 나오는 한탄도 그와 같이 일반적인 인식에서 비롯된다.[91]

그런 한탄은 현실의 문제점을 반영한다. 20세기 중반 이후 최근 수십 년 사이 노조는 조직적으로 해체되었다. 또한 20세기 중반 이후 국민소득에서 노동이 차지하는 비중은 소폭이긴 하지만 체감할 정도로 감소했다.[92] 게다가 자본소득을 반영하는 주가는 일반 근로자의 소득을 훌쩍 앞지르고 있다. 그러나 갈수록 분명해지겠지만 그런저런 영향은 매우 미미해 상위 소득과 상위 소득 비중의 엄청난 증가 원인이 될 수 없다. 더욱이 권리와 업적이라는 능력주의 이념을 정확히 반영하는 노동과 자본의 차이에 대한 해석을 바탕으로 엘리트 소득을 면밀히 연구해보면 더 확실해진다. 부유층 대부분이 자신의 노동을 판매하는 대가로 근무시간이 길고 치열하며 이례적인 보수를 제공하는 직업에 종사함으로써 어마어마한 소득을 올리는 현상이 갈수록 뚜렷해진다는 사실을 알 수 있다.

부유층을 동정할 필요는 없다. 그러나 현재 부유층이 얼마만큼 억압된 상태에서 일하는지를 간과하면 현실을 제대로 인식할 수 없다. 오늘날 엘리트 노동의 강도는 상위 소득의 생활 경험과 사회적 의미를 결정짓는다. 부유층은 놀고먹는다기보다 노력을 기울이고 자신의 엄청난 기량과 근면성을 착취해 나머지 사람들을 지배한다. 능력주의에 따른 불평등은 흔히 생각하듯이 자본과 노동의 갈등에서 비롯된다기보다 주로 노동 내부의 상위 근로자와 중산층 근로자의 새로운 갈등에서 비롯된다. 경제 불평등의 정치학이 엄청난 노력을 대가로 한 막대하고 복합적인 부를 반영하는 것은 불가피한 현실이다. 게다가 경제 불평등의 근원이 능력주의에 있다는 사실을 간과하는 통설은 많은 것을 드러내는 만큼이나 많은 것을 은폐한다.

오늘날 노동소득은 소득분포의 최고 정점에서도 뚜렷한 존재감을 드러낸다. 미국에서 가장 부유한 사람 10명 가운데 8명은 상속이나 상속받은 자본의 수익이 아니라 창업이나 경영 등의 노동을 통해 벌어들인 보수로 재산을 일구었으며 보수의 형태는 설립자나 동업자의 주식 지분이다.[93] 좀 더 광범위하게는 『포브스』가 선정하는 미국 400대 부자를 보면 부의 중심축이 상속받은 자본에서 초기에 자신의 노동을 통해 일군 재산으로 이동하는 추세다. 1980년대 초에는 『포브스』 400대 부자 중에서 '자수성가형'이 40%에 불과했지만 오늘날에는 70%에 이른다.[94] 게다가 1984년에는 해당 순위에서 순수 상속형 부자가 순수 자수성가형 부자보다 10배나 많았지만 2014년에는 순수 자수성가형 부자의 숫자가 순수 상속형 부자보다 많아졌다.[95] 구체적으로 400대 상위 소득자 중에서 급여가 소득원인 이들의 비율은 1961년에서 2007년 사이 절반 정도 상승했으며,[96] 대학 졸업장이 없는 사람의 비율은 1982년에서 2011년 사이 3분의 2 넘게 하락했다.[97]

최상위층에서 나타나는 노동소득으로의 전환 추세는 슈퍼리치가 부를 축적하는 산업의 축을 바꿔놓을 정도로 뚜렷하다. 1982년의 첫 번째 명단에서는 400대 부자 가운데 15.5%가 자본 집약적 제조업으로 재산을 형성했으며 노동 집약적인 금융으로 재산을 일군 이들의 비율은 9%에 불과했다. 2012년에 이르면 해당 명단에서 3.8%만이 제조업으로 재산을 축적한 반면에 무려 24%가 금융으로 재산을 축적했다.[98]

슈퍼리치 아래 단계에 있는 엘리트들의 소득도 노동소득이 주를 이룬다. 2017년에 10억 달러 이상 소득을 올린 헤지펀드 매니저는 세 명에 지나지 않았지만 25명 넘는 사람이 1억 달러 이상을 챙겼다. 연소득 1,000만 달러는 기삿거리도 되지 않을 정도로 흔하다.[99] 비교적 지위가 낮은 엘리트 금융 종사자들조차 현재는 거액의 보수를 받는다. 어느 조사에 따르면 중간 규모 헤지펀드의 포트폴리오 매니저가 평균

240만 달러를 벌어들이며 1985년 1만 4,000달러 정도였던 월가 직원의 평균 상여금이 2017년에는 18만 달러를 넘어섰다.[100] 2017년에는 뉴욕시 증권 산업 종사자 17만 5,000명의 평균 총급여가 42만 달러를 돌파했다.[101]

이 같은 수치는 대부분의 투자은행이 이자를 포함한 매출의 절반 정도를 전문적인 임직원에게 나눠주는 현실을 반영한다. 그 덕분에 지난 30년에 걸쳐 금융회사 주식 소유주보다 엘리트 금융인이 한층 더 많은 소득을 올리는 결과가 나타났다.[102] 실물경제의 엘리트 관리자들도 소득을 올린다. 최고경영자가 노동의 대가로 얻는 소득은 보통 몇 천만 달러에 이른다. 실제로 2017년 S&P 500 기업의 최고경영자들은 평균적으로 1,400만 달러 가까운 소득을 올렸다.[103] 최근 몇 년 사이 S&P 1500 기업에서 보수가 가장 높은 직원들(총 7,500명 정도)에게 지급된 보수 총액은 S&P 1500 기업이 올린 이익 총액의 10%에 달하는 것으로 보인다.[104] 이들은 포트폴리오나 기업과 같이 운용할 자산을 소유하고 있지는 않으며, 이들의 소득은 투하 자본invested capital 수익이 아니라 경영 노동으로 벌어들인 보수다. 이들의 막대한 보수는 최근 저명한 기업 애널리스트들이 재능과 자본의 전쟁으로 부르는 현상을 반영한다. 재능과 자본의 전쟁에서 재능이 승리하는 추세다.[105]

앞서 엘리트의 근로시간에서 다룬 직업 종사자, 즉 금융부문 전문가, S&P 1500 기업 부사장, 엘리트 경영 컨설턴트, 고수익을 내는 법무법인의 파트너 변호사, 전문의 100만 명 사이에서는 노동의 지배 현상이 한층 더 광범위하게 확산되어 있다. 이처럼 구체적으로 파악된 근로자 집단이 상위 1%에서 상당한 비중(적어도 절반)을 차지한다. 이들의 근로 계약 조건, 즉 소득을 뒷받침하는 재무적 합의는 잘 알려져 있다. 이들 모두가 회사에 기여한 자본이 사실상 없으므로 이들의 소득 역시 궁극적으로 근면한 작업, 다시 말해 노동에서 비롯된다고 할 수 있다.

소득 신고를 토대로 한 종합 데이터는 신흥 경제 엘리트의 소득 대부분이 자본이 아니라 근본적으로 자신의 노동을 판매하는 행위에서 비롯된다는 것을 입증한다. 데이터 자체는 기술적이며 난해하지만 그럼에도 전달하는 메시지는 명확하다. 이 같은 데이터를 통해 능력으로 부자가 된 사람들이 귀족 선배들과 달리 일을 해서 돈을 번다는 점을 확인할 수 있다.

근로소득 일부를 자본소득으로 간주하는 조세 분류에 따라 보수적인 추정을 해보더라도 상위 소득에서 노동이 차지하는 비중이 현저하게 늘어났음을 알 수 있다. 이런 방식의 추정에 따르면 20세기 중반 상위 1%의 소득에서 자본소득이 차지하는 비율은 무려 75%에 달했으며 최상위 0.1%는 최대 90%의 소득을 자본에서 얻었다.[106] 그러다가 1960년대 초반부터 40년에 걸쳐 이 같은 비율은 꾸준히 하락했고 2000년에 최저치를 기록했다.[107] 같은 해 상위 1%와 최상위 0.1%의 소득 가운데 자본소득의 비율은 각각 49%와 53%로 절반 정도에 불과했다.[108] 그러더니 2000년대에 걸쳐 상위 소득 가운데 자본소득의 비율이 다시 10% 정도 상승하다가 2010년대 초반 들어 다시 하락하기 시작했다(그 이후의 데이터는 아직 집계되지 않았다).[109]

근로소득에 대한 철저히 능력주의적인 회계처리 관행은 그보다 한층 더 광범위하게 노동소득을 인정한다. 실제로 소득의 근원을 낱낱이 파헤쳐보면 명목상 자본소득으로 처리된 일부 소득이 실제로는 노동에서 비롯된 것이므로 노력, 기량, 근면성의 산물로 간주되어야 한다는 사실이 드러난다. 자기 회사의 지분을 매각하는 설립자, 보수로 받은 주식의 가격 상승을 경험하는 임원, 자신이 투자한(그러나 보유하지는 않은) 펀드의 수익 중 일부를 '성과 보수carried interest'로 받는 헤지펀드 매니저는 모두 자본이익으로 얻은 소득을 세금신고서에 기재한다.[110] 그러나 이 모든 소득에는 설립자, 임원, 헤지펀드 매니저의 노동이 반영되므로 능력주의 시대의 엘리트는 그 같은 소득을 근로소득이라 주장한다. 비슷한 분석은 연금과 소유자가 거주하는 주택에도 적용된다.[111] 이 모든 소득은 일하지 않고 상속받은 유산의 수익으로 먹고사는 세습 지대 소득자의 진짜 자본소득과 다른 방식으로 얻어진다. 따라서 세금계정이 무엇이든 상관없이 철저히 능력주의적인 회계처리 관행을 적용하면 이 모든 소득의 근원을 자본이 아니라 노동으로 볼 수 있다.

이는 희귀하거나 특이한 소득 분류가 아니다(다만 조세 분류를 도의적인 것으로 전환하려고 하다 보면 회계에 개인의 판단과 부정확성이 개입되는 것을 피할 수 없다). 설립자의 지분, 성과 보수, 임원의 주식 보수 등은 최상위 부자들의 명목적인 자본소득 중 상당 부분에 근로소득의 성격을 부여한다. 애당초 『포브스』에 따르면 미국의 25대 재산가 가운데 절반 정도가 자신이 설립한 기업의 주식을 보유해서 재산을 축적했다.[112] 더욱이 미국 재무부에 보고된 전체 자본 수익 소득 가운데 헤지펀드 매니저의 노동에서 비롯된 성과 보수의 비율만도 지난 20년에 걸쳐 10배 정도 상승했으며, 현재 성과 보수는 상위 1% 고소득자가 보고한 총

자본 이익에서 중요한 비중을 차지한다.[113] 지난 20년 동안 S&P 1500 기업 최고경영자들의 보수 총액 중에서 절반 정도가 주식이나 주식 매수 선택권stock option 형태를 취하고 있다.[114] 연금과 주택도 그 비율이 1960년대보다 2배가량 상승했을 정도로 오늘날 상위 소득의 상당 부분을 차지한다.[115] 데이터가 반드시 정확한 수치를 나타내는 것은 아니지만 이런 유형의 근로소득이 전체적으로 상위 소득의 3분의 1가량을 차지하며 지극히 보수적인 회계 기준으로도 절반 정도를 차지한다.

이와 같이 전반적인 데이터는 엘리트 직업에 대한 조사를 통해 표면화된 근로소득의 비중을 입증한다.[116] 오늘날 상위 1%와 최상위 0.1%는 소득의 3분의 2에서 4분의 3 사이를 토지, 기계, 금융이 아니라 자신의 노력과 기량을 통해 얻는다. 현재 미국에서 100분의 1, 그리고 1000분의 1에 해당하는 최고 부자는 말 그대로 일을 해서 돈을 번다.[117]

엘리트 근로소득의 폭발적인 증가는 부유한 가정의 가계부뿐만 아니라 경제 전반의 대차대조표까지 크게 바꿔놓았다. 그 과정에서 부유층과 나머지 사람들의 경제 이익 균형이 재구성되었다.

이 같은 전환은 예상을 벗어나는 것이며 그 결과 간과되는 일이 많다. 귀족적 불평등은 자본과 노동 간의 투쟁, 즉 자본을 소유한 사람과 일하는 사람 간의 투쟁 측면에서 경제 정의를 규정했으며 자본소득과 근로소득을 각각 불평등과 평등에 연관시켰다. 이 같은 규정에 따르면 경제 불평등이 심화하는 근원을 노동에서 찾는 것이 도덕적으로나 지적으로나 합당하지 않다. 특히 진보주의자 입장에서는 불평등이 심해진 원인을 조직화된 노동을 비롯한 노동의 세력 약화와 자본의 부활로 보는 편이 한층 더 자연스럽다.

이는 여전히 매력적이지만 데이터로 보면 유효하지 않은 관점이다. 지난 반세기 동안 국민소득의 중심축이 노동에서 자본으로 이동한 것은 사실이지만 이런 전환은 상위 소득 비율의 상승을 설명하기에 턱없이 부족하다. 노동에서 자본으로의 이동에 따라 국민소득에서 상위 1%의 소득이 차지하는 비율은 2.5% 정도 상승한 데 그쳤다.[118] 그러나 상위 1%의 실제 소득은 20세기 중반만 해도 국민소득의 10%에 불과했지만 그 후 10%나 상승해 오늘날에는 20%에 육박한다.[119] 그렇다면 이 같은 상승 폭 가운데 부유한 가구가 노동에서 자본으로의 소득 이전 과정에서 자본가로서 담당하는 역할이 대략 25%에 불과하다고 볼 수 있다. 또한 상위 1%의 소득 지분 상승 폭 중에서 나머지 부분(무려 75%)은 근로소득에서 비롯된다고 볼 수밖에 없다.

이런 계산법은 복잡한 데이터에 대한 대략적인 접근법에 불과하다. 따라서 오류를 잔뜩 유발하기도 하는데, 정확한 소득 비율을 정량화하기보다 직관적인 방식으로 지배적인 효과 총합을 파악하는 목적을 띤다. 좀 더 세밀하고 덜 두루뭉술한 방법을 취하면 엘리트의 근로소득이 상위 소득 비율 상승의 가장 큰 원인이라는 교훈이 확실하게 드러난다.[120] 예를 들어 1960년에서 2000년 사이 소득 비율이 상위 10분위는 90%, 상위 1%는 75%, 최상위 0.01%는 70% 정도 상승한 까닭은 구체적으로 일류 변호사, 금융인, 경영인 등에 지급된 막대한 보수 같은 엘리트 소득 때문이었다.[121] 물론 근로소득을 최상위 엘리트로 한정해서 보면, 소득보다 훨씬 많은 것이 포함된다. 법무법인 파트너 변호사는 회사의 이윤을, 헤지펀드 매니저는 성과 보수를, 최고경영자는 주식 매수 선택권을 받는 식이다. 이런 계산은 불완전하고 보수적인 회계 방식이라는 한계는 있지만, 한결 정확하다. 좀 더 두루뭉술하며(그런 만큼 좀 더 논란의 여지가 있으며) 급여에 사업소득과 자본수익을 더한 것을 근로소득으로 보는 회계 방식으로는 엘리트 근로소득이 최상위 0.01%의 소득 비율 상승 가운데 75% 이상을 차지한다.[122]

이 모든 복잡한 방법이 가리키는 결론은 동일하다. 부유층과 나머지 사람들의 갈등을 자본과 노동의 투쟁으로 보는 식의 전통적인 사고방식은 더 이상 현실에서 일어나는 상황을 포착하지 못한다. 실제로는 상위 직업이 개별 상위 소득의 주된 원천이다. 최근 들어 상위 1%의 총소득 비율이 상승한 까닭은 노동에서 자본으로의 소득 이전 때문이 아니라 근로소득 내부의 전환, 즉 중산층에서 엘리트 근로자로의 소득 이전 때문으로 보는 편이 타당하다.

일하는 부유층은 계급투쟁을 근본적으로 변화시킨 다음에 엘리트와 중산층 노동 간의 새로운 전쟁에서 승리함으로써 우뚝 솟아올랐다. 능력에 따른 불평등이 일해서 번 소득을 반영한다는 주장이 도덕적으로는 잘못된 것일지도 모른다. 그러나 그런 주장은 경제적 사실을 바탕으로 한다.

노력 문화

페이스북 창업으로 얻은 (설립자의 지분이라는) 근로소득 덕분에 세계에서 다섯 번째 부자가 된 마크 저커버그는 첫째 아이가 태어난 직후 아기에게 공개편지를 보냈다.[123] 능력주의 시대 엘리트의 희망을 고스란히 담은 그 편지에서 저커버그는 인간의 창의력과 혁신을 찬양하고 불평등을 한탄하면서 페이스북으로 얻은 재산의 99%를 "인간의 잠재력을 끌어올리고 다음 세대 모든 어린이의 평등을 촉진"하는 일에 기부하겠다고 약속했다.[124] 기부와 동시에 저커버그는 미국의 자선사업가 상위 순위에 올랐다. 그러나 이 행동에서 가장 주목해야 할 것은 규모가 아니라 배경과 동기다. 저커버그의 편지는 교육, 혁신, 기회의 평등을 지원한다는 페이스북 재단의 사회적 사명, 그리고 딸의 이름으로 사업과 재능을 희사한 저커버그 자신의 딸에 대한 정성 사이에 직접적인 연결고리를 만들었다.

이런 연결고리는 구시대 엘리트 입장에서는 상상조차 할 수 없던 것이다. 구시대 엘리트들은 상속받은 재산과 그 재산으로 얻은 여가를 통해 사회적 지위를 과시했다.[125] 구시대 귀족 제도는 토지와 작위를 하나의 사회적 단위로 통합함으로써 왕조적 세습을 결정짓는 정교하고도 명확한 공식을 수립했다.[126] 한가한 생활이 엘리트의 의무였던 과거 귀족 시대에는 상속권 박탈로 후계자를 추방할 수 있었다. 예를 들어 말버러 공작이 외동딸에게서 블레넘 궁전을[127] (그리고 불로소득을 지탱하는 데 필요한 다른 재산을) 상속받을 권리를 박탈했다고 가정해보자. 그런 조치는 딸뿐만 아니라 어쩌면 귀족 체제 전체를 철저히 거부하는 의도를 담고 있었을 것이며 남들에게도 그렇게 받아들여졌을 법하다.[128] 이런 식의 상속권 박탈은 가상의 소설에나 등장할 만한 일이며 줄거리 전개를 흥미진진하게 이끌고 가거나 어떤 이상을 상징하기 위한 장치에 불과하다. 현실의 인물이 자녀에게서 상속권을 박탈했다면 터무니없고 파괴적이며 기괴한 행위로 여겨졌을 것이다.

그러나 능력에 따른 불평등은 저커버그의 선택에 완전히 다른 틀을 제공한다. 그는 물론 사실상 딸에게서 막대한 상속 재산 전부를 박탈했다. 거기에는 원래 경우라면 딸에게 상속될 어마어마한 자본소득도 포함되어 있었다. 그러나 저커버그의 나머지 재산과 사회적 지위만으로도 딸을 차세대 엘리트 근로자의 대열에 합류시키는 데 필요한 교육과 훈련을 제공하고 남는다. 더욱이 엘리트 노동의 경제학 덕분에 저커버그의 딸은 자신의 교육을 밑천으로 직접 고소득을 올릴 수 있을 것이다. 명성이라는 사회적·경제적 가치 덕분에 그녀는 자기 힘으로 자신의 교육, 직업, 근로소득을 사회적 지위로 전환할 수 있다.

따라서 저커버그가 재산을 기부했어도 그의 딸은 특권의 필수 요소를 하나도 빼앗기지 않았다. 오히려 반대로 그의 조치는 딸을 막대한 상속 재산에 따라붙게 마련인 나태하고 퇴폐적인 삶을 살려는 유혹에서 보호함으로써 그녀의 특권을 한층 더 강화할 가능성이 크다. 실제로 그런 유혹은 젊은 상속녀 다수를 비웃음거리로 만들고 사회적 몰락으로 내몰았다. 특히 사회 제도와 경제 제도에 따라 구시대 엘리트들이 누렸던 명예로운 공훈의 수단이 폐지되었을 때 그런 경향이 두드러졌다. 저커버그는 딸에게서 상속 재산을 박탈함으로써 딸의 야망과 품위를 북돋우고 그녀를 방종한 생활에 빠지지 않도록 보호한 셈이다.

그러므로 저커버그가 기부에서 특이하거나 유일한 존재가 아니라는 사실은 전혀 놀랍지 않다. 현재까지 미국 10대 부자 가운데 5명과 전 세계 억만장자 170명 정도(전 세계 억만장자의 10% 가까이 차지하는 수)

가 재산 대부분을 살아 있는 동안이나 사망 후 자선활동에 쾌척하겠다는 워런 버핏과 빌 게이츠의 기부 서약에 동참했다.[129] 세습 유한계급이 선도하던 사회가 일하는 부유층이 선도하는 사회로 경제적·사회적 전환을 겪으면서 한때는 기괴했던 행위가 이제는 합리적일 뿐만 아니라 존경받는 행위로 바뀌었다. 저커버그의 기부는 현존하는 사회적·경제적 질서를 거부하기보다 수용하는 행위에 가깝다.

저커버그의 선택을 뒷받침하는 능력주의 이념은 한때 능력주의가 규탄했던 귀족 제도의 이념만큼이나 빽빽하고 촘촘하게 얽혀 있다. 신흥 부유층은 고소득을 얻기 위해 고되게 일하지도, 단순히 자유로운 시간보다 값비싼 물건을 선호하기 때문에 근면성실하게 일하지도 않는다. 그보다는 치열하고 두둑한 보상이 따르는 일 자체를 추구하며 엘리트 사회는 그런 인식을 체계화하고 통합해 특유의 세계관을 형성한다(페이스북 재단과 저커버그의 딸에 대한 희망 모두 그런 세계관을 원동력으로 한다).

베블런의 유한계급은 경제적 측면뿐만 아니라 사회규범상으로도 설 자리를 잃었다. 구시대 엘리트의 여가 문화는 신흥 엘리트의 근면성 문화로 대체되었다. 한때 귀족 제도가 그러했듯이 오늘날에는 능력주의가 경제적 관행과 도덕적 원칙을 뒷받침하며 그 두 가지는 능력주의를 지원하는 균형 양상이 나타난다. 새로운 규범 덕분에 부유층은 저커버그처럼 부모의 도리와 시민의 의무를 조화롭게 이행해 자신의 지위를 대대손손 떳떳하고 정직하게 물려줄 수 있다.

여가가 귀족의 의무였듯이 근면성은 능력주의 시대 엘리트의 의무다. 오늘날의 엘리트는 게으르거나 인기 없어서 자신의 노동력이 수요에 비해 남아돈다는 인상을 피하기 위해 사회적 필요성에 따른 자신의 업무를 과시할 뿐만 아니라 불평하기까지 한다. 「월스트리트 저널」의 광고 문구는 "시간이 없는 사람들도 「월스트리트 저널」을 읽을 시간은 낸다"라는 것이다.[130]

이런 공식과 그 배후에 있는 인식은 엘리트들의 이념에 침투했다. 최근 로스쿨 학생들을 대상으로 한 설문조사에서 주당 근무시간으로 몇 시간까지 수용할 수 있느냐는 질문에 평균적인 답변은 70시간이었으며 일부 학생은 "몇 시간이든 필요한 만큼" 일할 수 있다고 답했다.[131] 좀 더 구체적으로는 주당 120시간까지 일할 수 있다는 응답이 나왔다. (나는 예일 대학 로스쿨 학생 중에서 공부가 여가를 지나치게 침해해서는 안 된다는 핑계를 대면서 자신의 부진한 학업 성과를 정당화하거나 변명하는 학생을 한 명도, 말 그대로 단 한 명도 본 적이 없다. 예일 대학 신입생 대상 무기명 설문조사에서는 80%가 학업이 과외 활동보다 중요하다고 응답했다. 사회생활이 학업보다 훨씬 더 중요하다고 답한 학생은 한 명도 없었다.)[132] 더욱이 학생들은 직업전선에 뛰어든 이후에도 그 같은 생각에서 벗어나지 못한다. 그와 정반대다. 주당 60시간 넘게 일한다고 응답한 사람 가운데 절반 이상이 자신이 일 중독자라고 스스럼없이 인정했다.[133] 그뿐만 아니라 나는 대형 법무법인의 파트너 변호사가 회사 기강이 해이해졌다고 불평하는 소리를 정말이지 단 한 번도 들은 적이 없다. 실제로 버티 우스터의 방식대로 자신의 게으름을 과시하는 것은 상상도 할 수 없는 일이다.

이제 과중한 업무는 우월함과 역동성의 상징이자, 어느 투자은행 간부가 말했듯이 "일을 완수하기 위해서는 무슨 일"이든 하고야 말겠다는 책임감의 상징이다.[134] 그러므로 『하버드 비즈니스 리뷰』의 묘사에 따르면 "극한 직업인들은 책임감을 명예의 훈장처럼" 달고 다니며 자신이 극도로 근면하다는 사실을 "당당하게" 광고한다.[135] 어떤 사람들은 옷으로도 자신의 근면성을 강조한다. 과거에는 금융인들이 자신들이 일하지 않는다는 사실을 나타내기 위해 품위 있고 섬세한 옷을 입었던 반면에, 요즘 투자은행 간부들은 "월가 전문가들은 그저 열심히 일만 해야 하는 사람들이라 절대 멜빵을 착용해서는 안 된다. 그러면 외양에 너무 많은 시간을 들인다는 인상을 주기 때문이다. 멜빵을 착용하느라 아침 시간을 허비해서는 안 된다"라고 인류학자에게 알리기라도 하듯이 옷을 입는다.[136]

공훈은 근면성으로 재구성되었으며 그에 따라 버티 우스터처럼 일을 여가로 취급하는 경향은 완전히 뒤바뀌었다.[137] 오늘날, 경영이나 스포츠 등의 다양한 직종을 포함해 가장 치열하고 보수가 많은 직업 대다수가 과거에는 신사들의 직업이거나 취미였으며 일에 대한 신사들의 노력과 집중을 엄격하게 제한하는 사회적 규범에 얽매여 있었다. 요즘에는 (공훈의 가장 순수한 형태이며 그저 유명하다는 이유로 얻는) 명성도 근면성의 형태 중 한 가지로 표현된다. 잘 알려져 있다시피 유명인사들은 모두가 볼 수 있도록 SNS에 자신의 활동을 공공연히 올려놓는다.[138] 게다가 (전에 없이) 시간제로 수임료를 청구할 수 있고 보수를 받는 엘리트들의 경우에는 시간 자체에 경제적 가치가 더해진다. 특히 유명 법무법인과 컨설팅 회사의 변호사와 컨설턴트는 수임료 청구 시간을 가장 많이 써넣기 위해 경쟁하며 엄청나게 긴 시간 일한다는 (믿기 힘든) 전설 같은 이야기를 훈계 수단으로 써먹는다.[139]

능력주의 시대 엘리트는 근면성에 집착하고, 막대한 보수를 지급하는 고용주는 직원의 노력을 거의 무한정 뽑아낼 권한이 있다는 주장을 냉정하게 받아들이며 자신들의 엄청난 노력에 막대한 보수가 합당하다는 생각을 남들에게 강요한다. 이들은 자신들의 근면성과 소득이 다른 경우라면 참을 수 없을 고된 일과 불평등을 참을 만한 것으로 만들어주기를 기도한다.

그들은 고용주들이 "(뛰어난 직원에게) 열심히 일하라고 요구할 권리"를 지닌다고 말한다.[140] 그러므로 엘리트 직원들이 "주 5일 아침 9시부터 오후 5시까지 근무하는 일정"을 "고집"하는 것은 "적절치 않다". 긴 근무시간은 어느 유명한 논객의 말마따나 "과도한 급여를 생각하면 공정한 거래"다.[141] 다른 금융계 종사자의 말을 빌리자면 고객들이 "그토록 엄청난 돈을 치르는 까닭은 연중무휴 24시간 동안 우리를 마음대로 부리기 위해서다".[142]

반대로 인내심의 한계에 가까울 정도로 지극히 긴 근무시간은 자신이 경제적 지급 능력의 한계에 가까운 급여를 받을 자격이 있다는 엘리트들의 주장에 정당성을 부여한다. 『하버드 비즈니스 리뷰』에 따르면 극한 직업 종사자들은 "과도한 노력을 인격의 반영으로" 여기며 "따라서 그들에게는 주당 70시간 근무가 자신의 가치를 입증하는 지표"다.[143] 저명한 보수 경제학자이며 하버드 대학 경제학과 학과장을 역임한 그레고리 맨큐Gregory Mankiw는 상위 근로자들이 막대한 소득을 받아 마땅하며, 그 까닭은 그처럼 엄청난 소득이 근면성에 대한 "응분의 대가"이기 때문이라고 주장한다.[144]

이 같은 주장에는 어두운 면도 숨어 있다. 능력주의 시대 엘리트는 근면성을 존경하고 찬탄할 뿐만 아니라 나태함과 여가를 경멸하며 무시하기까지 한다. 투자은행 간부들은 "사람들이 오후 5~6시에 퇴근하고 한 시간씩 점심을 먹으며" 자기들과 달리 "의욕이 없는" 바깥(엘리트와 거리가 먼) 세상"을 비난한다.[145] 구체적으로 골드만삭스 최고경영자로 재직할 당시 수천만 달러의 연봉을 챙긴 로이드 블랭크파인Lloyd Blankfein은 최근 조기 은퇴라는 불필요한 나태함이 확산하는 추세로 볼 때 사회보장제도의 은퇴 연령을 올려야 마땅하다고 주장했다.[146]

생산적인 일과 긴 근무시간은 일하는 부자들의 엘리트다움을 규정하는 요소다. 분주함은 그 자체로 '명예 훈장'이 되었다.[147] 베블런이 간파한 사회 질서는 1,000년에 걸쳐 꾸준히 이어졌지만 한 세기 만에 뒤집어졌다.[148] 귀족들은 실력자들에게 자리를 양보했고 엘리트 계층은 유한계급에서 상위 근로자들로 대체되었다. 저커버그가 딸에게 품은 희망은 그녀가 태어난 시대의 사회 질서를 반영한다.

한때 한가한 생활은 높은 지위를 상징했다. 노동은 "결국 종속된 계층의 본질"이었다.[149] 근로계층은 물론 노동운동에 참여한 좌파들조차 그런 생각에 동의했고 노동을 정치적 이상으로 재탄생시켰다. 소련의 광부로서 석탄 채굴 기록을 세운 알렉세이 그리고리예비치 스타하노프Alexey Grigoryevich Stakhanov는 사회주의 근로자의 생산성을 상징하는 노력 영웅이 되었다.

이제는 능력주의의 관행과 규범이 부유층뿐만 아니라 나머지 사람들까지 바꿔놓고 있다. 생산 활동의 주도권은 잉여 신세인 중산층에서 분리되어 상당 부분 소득 사다리 위로 이동했다. 중산층이 자신들에게 강요된 게으름을 모욕과 수모로 받아들이고, 일하는 부유층이 부의 추구만으로는 합당한 설명이 불가능할 정도로 근면성 유행에 동참하는 이유도 근면성과 명예가 결합된 현상 탓이다.

오늘날 스타하노프 추종자들은 상위 1%다.

빈곤과 부

모든 경제에는 두 가지 종류의 불평등이 존재한다. 하나는 부유층과 중산층의 격차와 관련된 상위 불평등이고, 또 하나는 중산층과 빈곤층의 격차와 관련된 하위 불평등이다. 따라서 상위 불평등의 심화와 하위 불평등의 완화가 동시에 일어나면 경제 불평등이 증가하는 동시에 줄어들 수 있다. 이런 일이 일어날 때는 불평등한 분배maldistribution의 형태가 바뀐다. 20세기 중반을 포함한 인류 역사 대부분 기간에 걸쳐 불평등과 부정한 행위는 빈곤에 집중되었다. 그러나 오늘날에는 부에 집중된다.

제2차 세계대전이 끝났을 때 '대기업, 대규모 노조, 큰 정부 간 협력'이 미국 사회를 재건했고,[150] 그야말로 현대 중산층을 탄생시켰다. 예를 들어 (2018년 달러 가치 기준으로) 미국 남성의 중위 실질 소득은 1947년에 2만 5,700달러였다가 1967년에는 4만 1,836달러로 상승했다.[151] 자기 집을 소유한 미국 가구 수는 1940년에서 1960년 사이 40% 넘게 증가했다.[152] 존 갤브레이스John Galbraith가 『풍요한 사회The Affluent Society』를 출판한 1950년대 후반에는 중산층의 풍요로움이 여기저기서 느껴졌고 세인트클레어쇼어스를 비롯한 미국 전역에서 그 시대의 자아상에 스며들었다.

그러나 모든 미국인이 대기업, 대규모 노조, 큰 정부의 뒷받침을 받은 것은 아니다. 소수 인종과 여성의 정의에 대한 요구가 진지하게 청취되기까지 수십 년이 걸렸으며 성 소수자들은 반세기를 기다려야 했다. 더욱이 저소득층은 20세기 중반을 지배한 삼두정치triumvirate● 에서 그 어떤 지분과 발언권도 없었다. 갤브레이스의 말대로 저소득층은 "소리 없는 소수"이자 "침묵하는 존재로서 (…) 중산층의 낙원에서 소외"되었다.[153] 중산층의 호황 덕분에 상위 불평등은 급격하게 완화되었지만 하위 불평등과 가난은 지속되었다.

상위 1%의 소득 지분이 사상 최저치에 가까웠던 1962년에 마이클 해링턴Michael Harrington의 저서 『또 다른 미국The Other America』이 등장했다. 해링턴은 예일 대학 로스쿨 졸업생이며 민주주의자이자 한결같은 반공주의자였지만 사회주의자였다.[154] 역사학자 아서 슐레진저 Arthur Schlesinger는 그를 가리켜 "미국에서 유일하게 책임감 있는 급진주의자"라고 말한 바 있다.[155] 해링턴은 중산층의 전후 호황기 대부분에 걸쳐 미국 내 저소득층의 형편을 연구하는 일에 몰입했다.[156] 『또 다른 미국』은 그 같은 몰입의 산물이었다. 이 책은 어느 평론가의 말대로 "미국의 침체된 지역에서 좌절하고 굶주리며 살아가는 집단을 놀랍도록" 생생하고 상세하게 묘사한다.[157] 가난은 해링턴이 "현재의 과학 지식에 의해 미국인의 삶에서 필수 요소로 규정된 최소한도의 건

● 대기업, 대규모 노조, 큰 정부를 뜻한다.

강, 주거, 식량, 교육"을 앗아갔다.[158] 다른 평론가는 "'풍요한 미국 사회'라는 번지르르한 외관 이면에 저소득층이 사는 외로움과 좌절의 빈민가가 존재"한다는 것이 이 책의 "성난 주제"라고 분석했다.[159]

해링턴은 빈민가가 인구 4,000만 명에서 5,000만 명 사이일 정도로 거대하다고 주장했다.[160] 그곳의 물질적 결핍은 풍요한 사회에서 쫓겨났으며 사실상 중산층의 호황으로 내적인 망명자internal exile들을 만들어냈다. 그들은 타격을 입은 것이다. 미국 정부가 해링턴의 책이 유명해진 1963~1964년까지 빈곤 통계를 집계하지 않았으니, 그의 주장이 정확하지 않을 수도 있다. 그러나 해링턴은 가혹한 물질적 결핍으로 인한 가난이 미국인 상당수를 내리누르고 있다는 점을 확신했다. 그리고 역시나 공식 빈곤 통계가 처음으로 나왔을 때 미국인 25% 정도가 여전히 가난하게 산다는 사실이 드러났다.[161]

어쨌든 해링턴 입장에서 빈곤 통계는 결과가 아니라 수단이었다. 그는 "나는 독자에게 숫자 놀음을 잊으라고 간청한다. 정확한 산출치가 무엇이든 간에 그런 통계는 분명 이 나라에서 인간이 엄청나고 터무니없이 큰 고난을 느낀다는 사실을 반영한다"라고 썼다.[162] 해링턴은 "미국의 디킨스"가 되기를 바랐으며, 그런 점에서 풍요의 한가운데에 만연한 가난의 "냄새, 질감, 특성을 기록"하고자 했다.[163]

20세기 중반, 다른 저술가들도 그 같은 정서를 나누었으며 『또 다른 미국』이 그려낸 상황을 뒷받침했다. 역시 1962년에 출판되어 해링턴의 저서와 더불어 많이 읽힌 가브리엘 콜코Gabriel Kolko의 『미국의 부와 권력 - 사회계층과 소득분포의 분석 Wealth and Power in America: An Analysis of Social Class and Income Distribution』은 냉담할 정도로 침착하면서도 생생한 목소리로 세부사항을 제공했다. 콜코는 일반적으로 가난한 가정을 다음과 같이 묘사했다. "그들의 집에는 전화가 없지만 (…) 1주일에 세 번 유료 통화를 이용한다. 그들은 1년에 책 한 권을 사며 1주일에 편지 한 통을 쓴다. 가장은 2년마다 두툼한 모직 정장 한 벌을, 3년마다 가벼운 모직 정장 한 벌을 산다. 아내는 10년마다 정장 한 벌이나 5년마다 치마 한 벌을 산다. (…) 1950년에 가난한 가정은 모든 종류의 집기, 가전제품, 세탁기에 총 80~90달러(2015년 가치로 850달러 정도)를 지출했다. (…) 가족 전체가 1주일 동안 5센트짜리 아이스크림콘 두 개, 5센트짜리 초코바 한 개, 음료수 한 병, 맥주 한 병을 섭취한다."[164]

주변부 집단이라기보다 큰 집단을 이룰 정도로 다수였던 가난한 미국인들에게 중산층의 풍요는 실현 불가능한 이야기였으며 세인트클레어쇼어스는 다른 나라나 마찬가지였다.

빈곤과의 전쟁

『또 다른 미국』은 출판 즉시 높은 평가를 받았지만 많은 독자가 찾지는 않았으며, 처음에는 광범위한 영향력을 발휘하지 못할 것으로 보였다.[165] 평론가들은 판매가 저조할 것으로 예측했다. 해링턴도 2,500부만 팔려도 좋겠다고 말했으며, 출판 직후 유럽으로 향했다.[166]

그러나 1963년 1월에 드와이트 맥도널드Dwight Macdonald가 『뉴요커New Yorker』에 '미국의 보이지 않는 빈곤층'이라는 제목으로 50쪽짜리 서평을 실었다.[167] 『뉴요커』 역사상 가장 길이가 긴 이 서평은[168]

"거기서 다룬 책들보다 더 널리 읽힌" 데다,[169] 대중의 상상력을 사로잡았다. 그뿐만 아니라 정치 엘리트들의 주의를 끌었다. 그 가운데 케네디 대통령의 경제 고문 월터 헬러Walter Heller도 있었다. 헬러는 해링턴의 저서 요약본에 맥도널드의 서평을 곁들여 케네디 대통령에게 전달했다.[170]

케네디는 그 책의 교훈을 가슴 깊이 새겼다. 훗날 슐레진저는 "내 생각에 케네디는 『또 다른 미국』의 영향으로 1963년에 빈곤 완화 계획을 수반한 세금 감면에 대한 결심을 굳혔다"라고 썼다.[171] 케네디가 실제로 그 책을 읽었는지는 확실치 않지만 "워싱턴에서는 읽었다는 것이 통설이었다".[172] 케네디는 1963년 국정 연설에서 그 책의 일부를 발췌해 3,200만 미국인이 "빈곤의 가장자리"에서 살고 있다고 말했다.[173] 1963년 4월에는 "풍요가 한창일 때의 빈곤은 이 나라에서 간과해서는 안 될 역설"로[174] 시작되는 성명서를 통해 '국가 봉사단National Service Corps'의 설립을 제안했다. 그는 그런 역설이 미국 정부의 도덕적 권위를 위태롭게 한다는 뜻도 담고자 했을 것이다. 빈곤층을 물질적 궁핍과 사회적 소외로 내모는 사회가 어떻게 빈곤층이 계속해서 제도에 충성하고 법을 준수하리라 합당하게 기대할 수 있겠는가?[175]

1963년 11월 19일에 헬러는 케네디에게서 1964년 케네디 행정부의 입법 계획에 빈곤 퇴치 조치를 넣겠다는 약속을 받았다.[176] 케네디는 사흘 뒤 암살되었지만 빈곤 퇴치 계획은 새로 취임한 존슨 대통령에게 헬러가 처음으로 제안한 경제 정책이었다.[177] 빈곤 퇴치 계획은 헬러의 말을 빌리자면 뉴딜New Deal 신봉자인 존슨의 정서에 호소력을 발휘했다.[178] 존슨은 1963년 11월 27일 의회에서 한 첫 연설에서

"다른 나라와 우리 나라의 빈곤과 고통, 질병과 무지와의 싸움을 이어가자"고 제안했다.[179] 대중 언론은 그의 촉구를 대대적으로 보도했다.[180] 존슨은 1964년 1월 8일 첫 국정 연설에서 현재까지 회자되는 "미국 내 빈곤과의 무조건적 전쟁"을 선포했다.[181]

무엇보다 중요한 점은 빈곤과의 전쟁이 빈곤을 완화했다는 사실이다. 물론 완전하지도, 무조건적이지도, 충분하지도 않은 승리였다. 빈곤은 여전히 현실이고 수치스러운 일이다. 빈곤과의 전쟁은 1970년대 후반 교착 상태에 접어들었고, 빈곤은 경기침체 이후 항상 그렇듯이 최근 몇 년 사이 악화되었다.[182] 그러나 빈곤과의 전쟁이 거둔 주요 성과는 어느 정도 지속되었고 경제 불평등이 심화하는 순간에도 완전히 사라지지 않았다.

대침체 여파 속에서조차 빈곤은 어느 척도로 보더라도 과거보다 더 제한적이고 정도가 덜하다. 극도의 빈곤은 미미하게나마 덜 광범위하고 덜 심각한 상태를 유지한다. 경기침체는 저소득층에게 큰 타격을 입혔지만, 이번에는 빵 배급 줄이 늘어서지 않았다. 실제로 오늘날의 빈곤은 제2차 세계대전 종전 후의 호황기나 진보주의자들이 미국식 경제 정의의 절정기라고 이상화하는 20세기 중반 대압축 시대보다 훨씬 덜 극심한 상태를 유지한다. 오늘날 경제 불평등을 심화하는 원동력은 빈곤이 아니라 부의 집중이다(487쪽 〈그림 2〉 참조).

1959년에 22.4%이던 공식 빈곤율은 1960년대 급격하게 떨어져 1973년에 11.1%로 최저치를 기록했다.[183] 그 후 11%에서 15% 사이를 오르락내리락하고 있다[184](가장 최근의 데이터인 2017년 빈곤율은 12.3%다). 가난의 실질적인 감소 폭 역시 한층 더 크다. 1992년에 개발되고 2011년에 공식적으로 승인된 보완적 빈곤 척도Supplemental Poverty Measure를[185] 적용하면 빈곤율은 공식 척도보다 한참 낮은 수준이다.[186] 게다가 다른 비공식 척도들로는 빈곤율이 한층 더 급격하게 하락한다.[187] 최근 어느 유명 급진주의자는 제대로 산출할 경우 소득 빈곤income poverty● 비율이 5% 아래로 떨어졌다고 주장했다.[188]

그 외에도 저소득층의 생활 경험에 주목하라는 해링턴의 경고에 따라 빈곤을 소비 측면에서 측정한 척도로 보면 빈곤이 한층 더 큰 폭으로 완화되었음을 알 수 있다. 소비 빈곤율은 소득 빈곤율만큼 오랫동안 집계되지도 않은 데다 신뢰도도 떨어진다. 그러나 입수 가능한 최적의 데이터에 따르면 1960년에 31%이던 소비 빈곤율은 2010년에 4.5%라는 낮은 비율로 떨어졌다.[189] 빈곤선의 절반 수준이거나 그에 못 미치는 수준으로 살아가는 사람들의 비율을 나타내는 극빈곤율deep poverty 역시 소득 대신 소비를 척도로 하면 현저하게 낮아진다. 2009년에 소득 기반 공식적인 극빈곤율은 6%대에 머물러 있었던 반면에,[190] 소비 기반 극빈곤율은 1% 미만으로 떨어졌다.[191]

해링턴의 경고대로 추상적인 통계수치 대신 구체적인 세부사항에 집중하면 그런 변화가 저소득층의 생활 경험을 얼마만큼 크게 개선했는지 알 수 있다. 일반적으로 오늘날의 저소득층은 20세기 중반에 비해 25% 더 많은 물건을 구매할 수 있으며 식료품을 비롯한 일부 생필품에 대한 구매력은 그보다 한층 더 큰 폭으로 증가했다[192](가난한 평균 가정의 소득 대비 식료품비 비중은 20세기 중반에 비해 절반 정도 감소했다[193]).

● 빈곤선에 못 미치는 소득.

내구 소비재 역시 저소득층의 생활을 크게 개선하고 있다. 1960년대
에는 저소득층이 에어컨, 식기세척기, 의류건조기를 사실상 이용할 수
없었으며 저소득층의 절반은 자동차를 구매할 수 없었다.[194] 2009년
에는 미국의 가장 가난한 5분위 가구 가운데 80% 이상이 에어컨을 보
유했으며 68%는 의류건조기를, 40%는 식기세척기를, 75%는 자동차
를 소유했다.[195]

　더욱이 저소득층의 소비가 증가하는 가운데도 이들이 제공하는 노동
은 감소하고 있다. 2010년 고졸 미만 미국 남성의 주당 '여가'는 1965
년 수준보다 15시간 넘게 증가했으며, 같은 기간에 고졸 미만 미국 여
성의 주당 '여가'도 10시간 넘게 증가했다.[196] 이런 현상은 대개 비자발
적인 실업과 그에 수반되는 폐해를 반영하는 만큼 축복인 동시에 저주
다.[197] 그러나 비자발적인 실업이 큰 부담으로 작용하기는 하지만 소비
증가와 노동 감소는 절대적인 물질 빈곤이 감소했음을 나타낸다.

　이처럼 언뜻 사소해 보이는 소비 증가가 생활을 뒤바꾼다. 손빨래
를 해본 사람은 매주 '세탁일'마다 온종일 고된 노동을 해야 했다는
사실을 안다. 1960년에서 2004년 사이 가정용 에어컨의 보급으로 더
위와 관련된 조기 사망이 75%나 감소했다.[198] 그보다 더 광범위한 신
체 건강 지표들을 보더라도 그 같은 추세를 확인할 수 있다. 미국의
5세 미만 어린이 사망률은 1960년에 출생 1,000건당 30.1명이었으나
2015년에는 출생 1,000건당 6.8명으로 하락했다.[199] 유엔이 집계한 미
국의 인간개발지수Human Development Index는 10% 정도 상승했다.[200]
부유한 미국인들의 기대수명 증가 폭에는 한참 미치지 못하지만 저소
득층의 기대수명도 올라갔다.[201]

그렇다고 해서 빈곤이 퇴치되거나 남아 있는 저소득층의 삶이 편해진 것은 아니다. 빈곤과의 전쟁은 아직 승리하지 못했으며 최후의 승리는 여전히 요원한 상황이라 우려를 자아낸다. 그러나 존슨 행정부가 얻은 초기 성과는 여전히 남아 있다. 레이건 혁명Reagan Revolution* 당시부터 오늘날까지 위대한 사회Great Society** 에 역행하는 정책이 이어지고 대침체 시대에 경제 붕괴가 일어난 이후에도 빈곤은 측정 방법에 따라 20세기 중반 수준의 50%에서 60% 사이에 머무르고 있다.[202]

미국의 정치·경제 체제는 갖은 폐해를 일으키고 새로이 대대적인 경제 불평등을 유발했지만, 오늘날 사실상 유례없이 높은 비율의 시민에게 기본 생필품을 제공하고 있다. 20세기 중반에 혹독한 절대 결핍이 만연하면서 경제 정의를 추구하는 경향이 일어났지만, 오늘날 미국에서는 더 이상 절대 결핍이 지배적이지 않다.[203] 빈곤에 분노하는 것은 정당하지만 분노 때문에 그 같은 발전을 잊어서도, 간과해서도 안 된다. 미국은 더 이상 마이클 해링턴 시대에 머물러 있지 않다. 그 점은 긍정적이다.

새로운 분열

빈곤 감소와 시기를 같이하는 두 번째 상황 전개는 좀 더 널리 알려

● 조세 감면, 재정 지출 축소 등으로 대표되는 레이건 행정부의 정책.
●● 린든 존슨 대통령이 뉴딜의 전통을 따라 시행한 대규모 재정 지원 정책.

져 있다. 역시 빈곤이 후퇴하는 동안에도 부는 진격했다.[204] 현재 국민 소득 가운데 상위 1%의 비중은 20세기 중반 수준의 2배를 웃돈다. 하위 불평등이 감소하는 동안에도 상위 불평등은 증가했다. 이 같은 전개가 맞물림에 따라 경제 불평등은 유례없이 새로운 양상으로 나타나고 있다.

소득비income ratio를 보면 그 영향이 드러난다(488쪽 〈그림 3〉 참조). 1964년 일반적인 중산층 가구의 소득(중위 소득)은 일반적인 저소득층 가구(하위 5분위의 평균 소득)보다 4배 정도 높았다. 그런데 반세기가 지난 현재는 3배 정도 높을 뿐이다. 1964년에 일반적인 부유층 가구의 소득(상위 1%의 평균 소득)은 일반적인 중산층 가구 소득의 13배 정도였다. 반세기 후에는 그 격차가 23배 정도로 증가했다.[205] 다시 말해 20세기 중반 이후 저소득층과 중산층의 소득 격차는 4분의 1 정도 좁혀진 반면에 중산층과 부유층의 소득 격차는 2배 가까이 벌어졌다.

달리 표현하자면 부유층이 중산층을 날이 갈수록 크게 앞서고 있음에도 저소득층과 중산층은 수렴하고 있다. 이런 현상은 중산층을 양방향에서 압박해 세인트클레어쇼어스와 미국 전역에서 중산층의 풍요를 무효화할 뿐만 아니라 돌이켜보면 분명해지는 중산층의 거품을 서서히 꺼뜨리고 있다. 실제로 2015년은 갤브레이스의 저서 이후 중산층이 미국인 대다수를 차지하지 않았던 첫해다.[206] 더욱이 남아 있는 미국 중산층도 더 이상 세계에서 가장 풍요롭지 못하다.[207]

전반적인 불평등을 측정하는 지니 계수는 미국 내에서 '혁명'을 일으키고 있다. 지니 계수는 0에서 1 사이 숫자 하나로 불평등 정도를 나타낸다. 지니 계수 0은 완전 평등으로, 모든 가구의 소득이 동일한 상태다. 지니 계수 1은 완전 불평등으로, 한 가구가 국가의 소득을 모두 차지하고 나머지 가구는 소득이 전혀 없는 상태다.

지난 50년에 걸쳐 미국 경제의 지니 계수는 20세기 중반의 0.38에서 오늘날에는 무려 0.49로 가파르게 상승했다.[208] 이런 상승을 통해 20세기 중반에는 노르웨이 수준이었던 미국의 전반적인 불평등이 현재는 인도 수준으로 급격히 증가했음을 알 수 있다.

나머지 두 가지 추세는 덜 알려져 있지만 경제 불평등의 무게 중심이 변화하고 있음을 단적으로 보여준다. 첫째, 소득을 재분배하지 않고 상위 30% 가구의 소득을 없애는 방식으로 계산할 때 미국의 소득 분포에서 하위 70%의 지니 계수는 20세기 중반 이후 대략 10% 하락했다. 실제로 해당 기간에 하위 90%의 지니 계수는 변동이 없었으므로 미국 소득분포상 하위 10분의 9 사이에서는 불평등이 현저하게 증가하지 않은 것으로 볼 수 있다.[209] 둘째, 하위 95%의 소득을 모두 없애는 방식으로 계산할 때 소득 상위 5%의 지니 계수는 20세기 중반에 불과 0.33이었으나 오늘날에는 무려 0.5로 치솟았다(489쪽 〈그림 4〉 참조).[210]

미국 소득분포상 하위 10분의 7 사이에서는 경제 불평등이 소폭 감소한 반면에 상위 20% 사이의 불평등은 급격하게 증가했다.[211] 실제로 최근 몇 년 사이 그처럼 한정된 엘리트 사이에서의 불평등은 경제 전반의 불평등을 능가하기에 이르렀다. 다시 말해 소득분포에서 저소득층과 중산층의 소득을 제거하면 불평등이 증가할 정도로 일반적인 부자와 슈퍼리치의 소득 격차는 크게 벌어졌다. (그 대신 소득 하위 집단 내 불평등은 상대적으로 변화가 없어 최상위 집단 내 불평등 폭발을 완화하는 역할을 한다.)

20세기 중반에는 이런 결과를 상상조차 할 수 없었을 것이다. 그 당시의 경제 불평등은 절망적인 저소득층과 풍요로운 중산층에 집중되어 있으며 하위 불평등이 불공정 분배의 주류였다. 오늘날에는 경제 불평등이 주로 슈퍼리치와 나머지 사람들을 갈라놓으며 상위 불평등이 지배적이다. 상위 불평등의 심화는 빈곤 감소뿐만 아니라 하위 불평등의 지속이나 심지어 감소와 동반되고 있다.

마지막으로, 상위 불평등은 하위 불평등의 감소보다 더 빠른 속도로 증가하며 소득분포 전반의 지니 계수가 상승한 것도 그 때문이다.

불평등의 양상이 달라지다

이 같은 전개는 국가 회계와 소득분포도에 국한되어 경제학자와 통계학자에게만 흥미 있는 기술적인 기현상이 아니다. 그보다 일하는 부유층의 출현은 경제 불평등의 생활 경험과 사회적 의미를 뒤바꾼다는 점에서 중요하다. 능력주의는 근본적으로 경제 정의의 주제를 바꾼다.

과거 빈곤이 만연한 가운데 유한계급의 부는 불평등을 비판하는 이들에게 만만한 표적이 되었다. 방탕한 귀족은 쉽게 비난할 수 있는 대상이었고 비참한 빈곤층은 깊은 연민을 불러일으켰다. 그러나 이제 일하는 부유층의 출현과 빈곤 감소 덕분에 능력에 따른 불평등에는 유한계급을 무너뜨렸던 주장이 좀처럼 먹히지 않는다. 상위 근로자들은 사실상 존경받고 있으며 중산층은 어려운 처지에서도 자비를 구하거나 연민을 일으키지 않는다. 능력주의로의 전환은 평등 신봉자들을 좌절에 빠뜨리며 능력주의의 덫에 도덕적인 차원을 더한다.

상위 근로자는 노력과 기량을 활용해 착실하게 소득과 지위를 얻는다. 그 결과 맨큐가 내세운 '응분의 대가' 원칙대로 엘리트에게 혜택이 돌아가는 게 마땅하다는 인식이 강화된다. 게다가 이제 과거의 귀족지대 소득자처럼 토지나 공장을 물려받아 마땅한 사람은 없지만, 능력주의 시대 엘리트는 기량과 직업윤리를 바탕으로 그만한 소득을 요구할 수 있다. 진보주의자라면 구시대 엘리트에 속하는 지주나 공장 소유주를 보고 엘리자베스 워런이나 버락 오바마의 정신을 본받아 "그건 당신이 일군 재산이 아니다"라고 말할 법하다.[212] 그러나 신흥 엘리트에 속하는 상위 근로자에게는 똑같은 말을 하기가 어렵다. 인생초반에 어떤 혜택을 입었든 간에 상위 근로자는 근면 성실하게 연마한 기량을 활용해 막대한 소득을 올리기 때문이다. 능력주의 시대 엘리트가 그만한 소득을 얻어서도 안 되고 그럴 자격도 없다고 주장하려면 다른 사람에게도 같은 주장을 적용해야 할 것이다.

하위 불평등에서 상위 불평등으로의 전환 덕분에 능력에 따른 불평등은 진보주의자들이 자주 하는 주장에도 끄떡없이 한층 더 강화되었다. 물론 빈곤은 남아 있고 빈곤 완화는 도덕적인 우선과제로 남아 있다.[213] 그러나 빈곤과의 전쟁은 (아직 끝나지는 않았더라도) 정치 판도를 바꿔놓았다. 이제 평등의 정치학은 하위 계층의 절대적인 결핍보다는 상류층과 중산층의 상대적인 격차 확대에 초점을 맞춘다. 즉 저소득층의 비참함보다는 중산층의 좌절이 부각되는 것이다. (이런 전환은 저소득층이 고난을 겪고 중산층이 번영을 누린 20세기 중반기 경제에 대한 진보주의자들의 그리움에서도 드러난다.)

능력에 따른 불평등은 새로운 초점을 자연스러운 것으로 만든다. 중산층의 삶은 고되다. 게다가 중산층의 침체가 엘리트 계층의 과도한 성장이며 유별난 부유함과 대비되면서 삶은 한층 더 어려워진다. 그러나 중산층은 해링턴 시대의 저소득층과 달리 깊고 본능적인 연민을 이끌어내지 못한다. 그 시대의 하위 불평등은 인도주의 측면에서 대참사였다. 오늘날의 상위 불평등은 정치적인 불공평함의 산물이다. 능력주의로의 전환으로 말미암아 평등 신봉자들의 입장은 한층 더 약화되고 있다.

전통적인 도덕 원칙은 새로운 경제 현실에 전혀 적절하지 않다. 귀족적인 불평등을 무너뜨렸던 주장은 오늘날 정치 선선 쪽으로 치우친 상황이며 능력에 따른 불평등에는 기껏해야 흘낏 스치는 시선만 보낼 뿐이다. 소득이 태생이 아니라 근면성에 따라 정해져야 한다는 능력주의 이념은 귀족적인 불평등에 맞서 싸우던 20세기 중반의 진보주의자들에게 막강한 도구였으나, 이제는 그 자체가 새로운 질병의 근원일 뿐 아니라 부의 재분배로 침해하지 말아야 할 도덕적 인질이 되었다.

대담해진 적수

고대 그리스의 민주주의 탄생에서 미국 건국 당시 대중 민주주의 형성에 이르기까지, 정치 사상가들은 하나같이 대중이 민주주의 정치

덕분에 연대해 수적으로 열세인 엘리트의 부를 빼앗을 수 있으리라 생각했다.[214]

경제 불평등의 최근 이력을 보면 그 같은 추정이 힘을 잃는다. 불평등의 심화로 인해 점점 더 많은 소득이 그 숫자가 점점 더 줄어드는 엘리트 계층에 집중되는 동안에도 정부는 경제 재분배에서 한참 벗어나고 있다. 최근 수십 년 동안 상위 1%, 상위 0.1%, 상위 0.01%의 소득 비중은 각각 2배, 3배, 4배 정도 증가했다. 같은 기간에 상위 한계세율marginal tax rate●은 절반 넘게 하락했다.[215] 1950년대와 1960년대 90%를 웃돌던 상위 한계세율이 로널드 레이건이 대통령에 취임한 1981년에 70%로 하락했으며, 오늘날에는 40% 아래로 떨어진 것이다. 한마디로 엘리트들이 점점 더 부유해지는 동안에도 정부가 그들의 소득과 재산으로 거둬들이는 세금은 점점 더 줄어들고 있다.

더욱이 이 같은 상황 전개로 가장 큰 손해를 본 사람들은 민주주의 국가에서도 정치적인 공동 행동을 취하려면 난관을 만나게 마련인 저소득층이 아니다. 그보다는 소득의 몫은 감소한 데다 세금 부담은 늘어난 중산층 전반이 가장 큰 피해자다. 중산층에는 언론인, 교사, 교수, 중간관리자, 공무원, 공학자뿐만 아니라 전문의가 아닌 의사들이 포함된다. 이들은 교육 수준이 낮지도, 영향력이 없지도 않다. 그와 반대로 미국의 의학 및 과학 기관, 언론, 대학은 물론 가장 중요한 관료들까지도 좌지우지하고 조종할 수 있는 집단이다.

중산층은 정치적 기량과 접근권을 지녀 민주주의적인 행동을 통해

● 소득 증가액에 대한 세금 증가율.

자기 이익을 보호하기에 적절한 위치에 있다. 그렇다면 미국의 중산층이 오래전에 자신들에게 유독 큰 부담을 지운 경제적·정치적 변화에 제동을 걸지 않은 까닭은 무엇일까? 숫자가 점점 더 줄어드는 엘리트 계층이 민주주의 제도 내에서 사실상 대규모 중산층과 비교적 숫자가 많은 엘리트 바로 아래 계층을 약탈할 수 있었던 까닭은 무엇일까?

최근 좌절감에 빠진 어느 논객은 "지난 수백 년 동안 불평등의 다른 방면에서는 상당한 진전이" 일어나 "노예제도, 인종 배제, 성별 우위, 시민권 거부"를 규탄하기가 용이해졌음에도 "막대한 개인의 부는 (…) 억제할 근거가 없는 것이라고 이념적으로 규정된 채 남아 있다"라고 지적했다.[216] 그렇다면 다른 소외 집단 모두가 소수자임에도 수십 년 동안 평등을 향해 나아갔는데 인구의 99%를 차지할 정도로 가장 숫자가 많은 약자 집단이 점점 더 많은 것을 빼앗기는 상황을 수수방관해온 까닭은 무엇일까? 이는 전례 없는 발전으로 수천 년 동안 내려온 통념이 무너지고 대중 민주주의 국가의 정치 경제에 대한 기존 해석이 무색해졌기 때문이다.[217] 이 같은 현상은 중산층의 분노가 마침내 폭발했을 때 그것이 토착주의적이고 포퓰리즘적인 형태를 띠게 된 까닭이 무엇인지 어떤 면에서는 그보다 훨씬 더 심오한 수수께끼를 제시한다.

능력주의의 마력은 중산층이 점점 더 커지는 손해를 받아들이고 심지어 긍정하도록 함으로써 그 수수께끼를 해소한다. 불평등이 귀족적이었던 시대에는 연민과 정의에 대한 이상이 사회 복지 제도와 빈곤과의 전쟁을 뒷받침했다. 그러나 오늘날에는 능력주의가 경제 불평등의 심화를 정당화한다. 자신이 생산적인 업무에 종사한다고 생각하는 사람은 그렇지 못하다고 생각하는 사람보다 보상받을 권리를 더 많이 요구하며,[218] 부가 정당한 것으로 여겨지는 곳에서는 경제 재분배에 대한 지지가 힘을 잃는다.[219] 그런 현상은 맨큐의 말에 압축되어 있다. "재능 있는 개인이 정정당당한 방법으로 막대한 재산을 일구는 것을 본 사람들은 그 일에 분노하지 않는 경향이 있다."[220] 부자들은 상위 세율 인하를 요구하고 나머지는 그 결과를 받아들인다. 두 집단 모두 능력에 따른 불평등이 응분의 대가이며 재분배가 근면한 근로자들을 부당하게 착취한다는 데 동의하기 때문이다.[221]

능력주의로의 전환으로 말미암아 평등의 적수들은 재분배를 공격한다. 재분배가 고작 능력과 근면성에 따른 보상에 대해 품는 게으른 사람들의 막연한 분노에 편승한 것이라고 비난할 정도로 한층 더 대담해졌다.[222] 냉전 시대에는 소련의 공산주의자가 한 가지 소원을 말하라는 요구에 "내 이웃은 암소가 있는데 나는 없다. 나는 이웃의 암소가 죽었으면 좋겠다"라고 대답했다는 농담이 있었다.[223] 오늘날에는 미국기업연구소American Enterprise Institute의 아서 C. 브룩스Arthur C. Brooks 소장이 사회보장제도, 메디케어Medicare,* 학자금 대출 보조를 비롯해 진보주의자들이 지지하는 정책 대다수가 엘리트가 얻은 혜택의 상당 부분을 저소득층이 아니라 중산층에게 분배한다고 강조할 정도다. 좀 더 신랄하게 표현하자면 브룩스는 그런 정책을 숫자가 많은 만큼 영향력이 큰 (그러나 불쾌한) 이익집단의 자원 약탈로 여기는 것이다. 그는 재분배 성격의 사회 정책이 중산층의 시기심이 고갈될 때까

● 65세 이상을 대상으로 하는 미국의 공공 건강 보험.

지 한없이 증가하지 않겠냐는 질문을 던지며 수사학적인 비난을 시도한다.[224] 평등주의자들조차 자신들의 정서가 드러날 경우 자신들이 관대하기는커녕 탐욕스러워 보일까 봐 우려한다.[225] 이와 같은 주장은 불평등이 능력에 기반을 둔 곳에서는 경제 정의를 요구하면 중산층의 욕구가 낱낱이 드러날 뿐이라는 생각을 반영한다.[226]

때로는 이 모든 정서가 결합되어 일하는 부유층이 능력의 대가를 요구하는가 하면 중산층에 대한 경멸을 자신만만하고 공공연하게 드러낸다. 오바마 대통령이 백만장자에 대한 세금을 제안하고 월가 점령 시위가 정점에 달했을 때 금융회사 직원들 사이에서 돌던 이메일이 단적인 사례다. 그 이메일은 "우리가 월가"라면서 "우리는 아침 5시에 일어나 저녁 10시나 그 이후까지 일한다. 우리는 거래가 있을 때는 오줌 누러 가지 않는 일에 익숙하다. 점심시간을 한 시간 이상 써본 적도 없다. 우리는 노조도 요구하지 않는다. 우리는 쉰 살에 연금을 받으면서 정년퇴직하지도 못한다. 우리는 우리가 사냥한 것만 먹고 산다"라는 내용이었다.[227]

능력주의는 일하는 부유층에게 도덕적인 겉치레를 벗어던질 수 있는 힘을 준다. 평등을 신봉하는 사람들은 일하는 부유층이 사라지기를 바라거나 그 존재를 모른 체해서는 안 된다. 그보다는 능력주의에 정면으로 도전해야 한다.

5장

엘리트 교육과
신분 세습

엘리트 예비학교인 그로턴Groton의 1950년대 졸업생들에게는 "대학 입학에 그 어떤 불안감이나 조바심도 없었다. 학생이 자기 가족과 상의해서 가고 싶은 곳을 정하면 그걸로 끝이었다. 뇌손상이 있었던 것으로 보이는 한 명을 제외하면 학급 학생 모두가 1지망 대학에 진학했다".[1] 그런 면에서는 그로턴 졸업생뿐만 아니라 다른 예비학교 학생도 마찬가지였다. 예를 들어 예일 대학은 제2차 세계대전이 일어나기 전 몇 년 동안 지원자의 90%를 받아들였으며 1950년대 중반에도 60%를 받아들였다.[2] 엘리트 대학들은 1940~1950년대에도 최소한의 학업 능력을 갖추었다는 전제하에 동문의 아들을 입학시키는 것을 사실상 공식 방침으로 유지했다. 특권의 대물림과 그에 따른 합격률은 대학 입학과 관련된 용어에도 영향을 주었다. 이를테면 최고 명문가의 아들들은 원하는 대학에 "지원"한다기보다 "명단에 이름을 올려 put themselves down for"놓는다고 표현했다. 더욱이 동문들은 "자기 아들들의 입학을 당연한 권리로" 생각했다.[3]

대학도 특권 세습에 대해 비슷한 태도를 보였으며 다른 입학 기준을 옳지 않은 것으로 간주했다. 예일 대학의 교수진은 제대군인원호법 GI Bill* 시행에 따라 입학한 "막돼먹은" 제대군인들의 "무질서함"과 "단정치 못한 차림새"에 대한 대응책으로, 대학 역사상 최초로 정장 상의와 넥타이 착용을 의무화하는 교칙을 도입했다.[4] 1950년대만 해도 예일 대학의 A. 휘트니 그리스월드A. Whitney Griswold 총장은 "맹렬하게 대중 교육을 비판했으며 베이비붐 세대의 도래에 좀 더 적절히 부응하기 위해 대학 규모를 늘리는 방안에 퇴짜를 놓았다. 예일 대학 출신이 '찡그린 표정에 고도로 전문화된 지식인'이 되는 것을 허용할 수 없다는 이유에서였다".[5] 그때까지도 하버드 대학의 입학처는 학교가 전체 학생 중에서 "운 좋은 하위 25%"를 운동선수, 평범한 예비학교 졸업생, 동문의 아들들로 채우겠다고, 예비학교 진학 상담 교사와 상류층 지원자들에게 공공연하게 광고했다.[6] 최고 명문가와 일류 예비학교 출신 대학생들은 민망할 정도로 여전히 우등생 명단에 이름을 올리지 못하고 있었다.[7] 예일의 경우, 이런 학생들이 파이베타카파Phi Beta Kappa**에서 차지하는 비율은 3분의 1도 되지 않았다.[8]

● 1944년에 미국의 퇴역군인들에게 교육, 주택, 보험, 의료 및 직업훈련 기회를 제공하기 위해 제정된 법.
●● 성적이 우수한 학생과 졸업생들만 가입할 수 있는 대학 동아리.

20세기 중반 개혁가들은 경제적이고도 민주주의적인 동기에서 비생산적이고 안일한 엘리트 계층을 해체할 심산으로 능력주의와 학력 시험, 입시 경쟁 등의 도구를 채택했다. 하버드 대학의 제임스 브라이언트 코넌트 총장은 장학금 지원자들을 심사하기 위해 미국 대학 중 최초로 학업 적성 시험Scholastic Aptitude Test, SAT을 입학 과정에 도입했다. 새로운 학생 집단에 미국 최고 명문대의 교육을 소개하려는 시도의 일환이었다.[9] 노벨상을 수상한 진보주의 경제학자 제임스 토빈James Tobin은 일리노이주 샘페인의 평범한 가정 출신으로 1939년 하버드 대학에 입학했는데, SAT의 첫 성공작 중 하나였다.[10] 제2차 세계 대전 종전 후 하버드는 시험 전략을 확대했으며 이는 곧바로 깊은 영향을 끼쳤다. 1940년대 후반 하버드의 한 학년에는 예비학교 졸업생만큼이나 공립학교 졸업생이 많았으며 1952년 일반적인 하버드 대학 신입생은 SAT 점수로 볼 때 1960년 신입생 중 하위 10%에 속할 만한 수준이었다.[11] 하버드 대학 입학처장을 오랫동안 지낸 윌버 J. 벤더Wilbur J. Bender는 그런 상황을 가리켜 "역사가 기록된 이래 (…) 하버드 대학 입학 과정의 가장 큰 변화"였다고 말했다.[12] 프린스턴도 하버드의 선례를 따랐고, 그 결과 1955년에는 전체 학생 중 일반 고등학교 졸업생과 예비학교 졸업생의 비율이 동등해졌다.[13]

마침내 혁명은 예일 대학에도 닥쳤다. 1951년부터 1956년까지 예일 대학은 그 당시 미국에서 학업 성적이 가장 우수했던 브롱크스 과학고등학교 학생 중 7명만 받아들였다. 그러면서도 실력과 무관한 예비학교 필립스 아카데미 앤도버의 졸업생 275명을 입학시켰다.[14] 그러나 일단 변화가 찾아오자 그 여파는 격심했다. 변화에는 인적 자본을 기반으로 하며 상위 노동력의 창출을 목표로 하는 능력주의 이념의 영향이 역력했다.

그리스월드가 1963년에 세상을 떠난 뒤 예일 대학은 그와 판이한 킹먼 브루스터Kingman Brewster를 총장으로 앉혔다. 브루스터는 귀족적인 엘리트를 적응력이 떨어지는 존재로 간주하고 "롱아일랜드 해협의 일개 예비학교 교장 노릇을 할 생각은 없다"라고 선언하면서,[15] 예일 대학의 개혁에 착수했다. 능력주의는 자칭 "지적인 투자은행 간부"인 브루스터에게[16] 개혁의 청사진을 제시했다. 실력과 성적을 토대로 학생을 선발함으로써 예일 대학은 교육 자원을 효율적으로 투자하고 이익을 극대화할 수 있었다.

1965년 브루스터는 R. 인즐리 '잉키' 클라크 주니어R. Inslee "Inky" Clark Jr.를 입학처장으로 임명하면서 능력주의 모형에 따라 예일 대학 진학생 집단을 재설계하라는 지시를 내렸다.[17] 클라크는 귀족적인 이름에 걸맞지 않게 공립학교 교육을 받았으며 평등주의적인 사고방식을 지닌 인물로, 입학처 직원 대부분을 해고하고 태생보다는 학업 성과를 토대로 학생을 선발하는 전담 팀을 새로 구성했다.[18] 한편 예일 대학 이사회는 1966년에 실력만 따지는 입학 과정을 도입함으로써 기부금을 낼 능력과 입학할 권리를 분리한 최초의 대학이 되었다.[19]

클라크가 이끄는 입학처는 새로운 능력주의 시대 엘리트를 찾는 과정에서 세습 엘리트를 거부했다. 클라크는 입학의 초점을 '인재 탐색'에 맞추었으며 인적 자본 투자 반응성receptivity이 뛰어난 학생을 인재로 간주했다. 즉 "누가 예일에서의 학업으로 가장 큰 혜택을 볼 것인지" 따졌다.[20] 그는 전통적인 세습 모형을 고수하는 예비학교를 '발전이 없다'고 여기고 그런 학교 졸업생을 거부했다.[21] 이를테면 1968년에도 하버드 대학과 프린스턴 대학은 여전히 사립 기숙학교인 초트Choate 출신 지원자 중 각각 46%와 57%를 받아들인 반면에 예일 대학은 18%만 입학시켰다.[22]

극적인 결과가 즉시 뒤따랐다. 클라크가 이끄는 입학처는 첫해에 동문 자녀의 비율을 낮추었고 예일 대학 최대 기부자의 아들을 퇴짜 놓았다.[23] 게다가 안일한 내부자를 재능 있는 외부자로 대체하기 위한 신규 입학 방침이 적극적으로 시행되었다. 예일의 1970년 졸업 학번 학생 가운데 공립학교 졸업생 숫자는 1969년 학번 학생에 비해 50% 더 많았다.

능력으로 선발된 학생들은 그들이 대체한 세습 엘리트들보다 훨씬 더 좋은 성과를 냈다. 1970년 학번은 예일 대학 역사상 학업 능력이 단연코 가장 뛰어났다. 1970년 학번 중위 학생의 SAT 점수는 1961년 학번과 1966년 학번에서라면 각각 90번째와 75번째 백분위수에 들 법 했으며,[24] 1970년 학번의 평균 학점은 예일 대학 역사상 최고치였다.[25]

클라크는 "누가 미국의 지도자가 될지, 지도자가 어디 출신일지 알리는 성명서" 성격의 입학 기준을 새로 만들었다.[26] 구시대 엘리트는 그 점을 간파하고 반격을 시도했다. 예일 대학 입학사정관들은 한때 그들을 환영했던 예비학교에서 냉대를 받았다. 동문들은 불만을 쏟아냈다. 예를 들어 윌리엄 F. 버클리William F. Buckley는 새로운 입학 기준이 "세인트폴 학교를 나온 조녀선 에드워즈 16세보다 엘파소 고등학교를 나온 멕시코계 미국인에게" 유리하다고 불평했다.[27] 예일 대학 이사회 내 잔당도 거부했다. 클라크가 이사회 앞에서 태생이 아니라 능력으로 미국의 새로운 엘리트 계층을 구축하겠다는 계획을 발표했을 때 이사 한 명이 끼어들면서 "당신은 유대인과 공립학교 졸업생을 지도자라고 하는데, 여기 앉은 사람들을 둘러보시오. 이 사람들이 미국의 지도자요. 이곳에는 유대인이 없소. 공립학교 졸업생도 없소"라고 말했다.[28]

그러나 그들에게는 승산 없는 싸움이었다. 태생에 따른 입학이 권리라는 구시대 엘리트의 의식은 실력으로 따낸 입학이 명예라는 능력주의 시대 엘리트의 자랑스러운 확신으로 대체되었다. 문화의 중추는 능력주의 시대 엘리트로 이동했다. 브루스터가 지적했듯이 1970년에 이르면 기부금을 낼 능력이 있는 사람도 학력만 따지는 입학 절차를 장점으로 받아들였다. "특권 계층도 자기들이 '출신'이라는 모호한 기준이 아니라 능력 덕택에 합격했다는 생각에 자부심을 느꼈다."[29]

지원자 숫자가 늘어나고 입학률이 크게 떨어짐에 따라 1970년 이후 수십 년 동안 능력주의 교육의 중요성은 점점 더 커졌다. 1990년만 해도 미국의 상위 10개 대학은 지원자 가운데 30%를 받아들였지만, 오늘날에는 평균적으로 10% 미만만 입학시키며 일부 대학의 경우 합격자가 지원자의 5%도 되지 않는다.[30] 당연히 엘리트 학생들의 학업 성취도 역시 개선되었다.[31] 현재 하버드, 프린스턴, 스탠퍼드, 예일 대학 학생들의 중위 SAT 점수는 모두 95번째 백분위수를 웃돌며 학생 가운데 대략 25%의 SAT 점수는 99번째 백분위수보다 높다.[32]

능력주의 교육 혁명은 곧바로 경제적 목표를 달성했다. 집중적이고 경쟁적인 교육은 뛰어난, 그야말로 이례적인 성과를 낸다. 선진국 성인들의 기량에 대한 체계적인 조사를 통해, 미국이 기량이 가장 뛰어난 국민과 가장 떨어지는 국민의 전반적인 격차가 가장 큰 나라로 밝혀졌다.[33] 더욱이 미국의 기량 격차는 역시나 이례적으로 정규 교육에서 비롯된다. 경제협력개발기구OECD에 따르면 미국은 "3차 교육tertiary education*을 받은 성인과 후기 중등교육upper secondary education(고등학교 교육)을 받지 못한 성인의 문해력 및 수리능력의 격차가 유달리 크다는 점에서 독보적"이다.[34]

현재 미국의 엘리트는 구시대 엘리트는 물론 지구상 그 어느 나라의 엘리트보다 비상한 기량을 지니고 있으며 그런 기량은 특별한 교육에서 비롯된다. 능력주의 시대 엘리트는 어렵게 쌓은 기량과 근면성을 활용해 상위 직종에서 어마어마한 보수를 받고 상위 1%의 부자가 된다. 좁은 의미로 능력주의의 성과는 투입을 정당화한다.[35] 브루스터가 말한 지적인 투자은행은 보상을 제공한다.

그러나 결과적으로 능력주의의 한정된 경제적 성과는 좀 더 광범위한 민주주의적 포부를 훼손했다. 브루스터와 다른 사람들이 예상했듯이 구시대 엘리트는 재빨리 능력주의의 맹공격에 굴복했다. 그러나 능력주의의 용광로에서 만들어진 신흥 엘리트 계층은 그 무엇보다 경쟁을 자녀에게 유리한 방향으로 활용하는 방법에 통달한 사람들이었다. 한때 귀족적인 계층 질서와 왕조를 무너뜨렸던 바로 그 메커니즘이 이제 그 자리에 능력주의적인 계층 질서와 왕조를 세우고 있다.

마태복음이 전하는 예수의 가르침도 그 같은 메커니즘을 바탕으로 한다. "가진 사람은 더 받아 넉넉하게 되겠지만 못 가진 사람은 그 가

● 대학 이상의 고등교육.

진 것마저 빼앗길 것이다."[36] 이 구절에서 유래한 '마태 효과Matthew Effect'는[37] 능력주의가 발달한 시대의 세속적인 기량에도 적용된다. 능력주의 시대 엘리트를 구성하는 인적 자본은 교육에 자체적인 재생산 수단을 제공하며 능력주의는 그런 수단을 받아들임으로써 '가족이 지닌 부의 세습에 혁명'을 일으켰다.[38] 능력주의는 귀족적인 왕조를 지탱했던 세습 특권을 폐지하는 동안에도 교육에 새로운 왕조적 기법을 접목한다. 신흥 엘리트는 특권을 대물림하는 수단으로 구시대 엘리트의 타고난 권리만큼이나 효과적인 능력의 세습을 받아들여 중산층에게서 기회를 빼앗는다.

그러나 모든 왕조가 동등한 조건으로 탄생하는 것은 아니다. 어떤 왕조에는 지위에 대한 대가가 따른다. 타고난 귀족들은 자신들의 지위를 자동으로, 그 어떤 비용도 들이지 않고 자식에게 대물림할 수 있었다. 그러나 만들어진 능력주의 시대 엘리트는 부와 지위를 지키려면 엄청난 비용을 감수해야 한다. 배타적이고 엄격한 교육은 그 교육을 흡수하는 이들의 삶을 장악하는 방식으로 인적 자본을 쌓는다. 능력주의는 기업과 직장과 제품을 본떠 각각 가족, 가정, 어린이를 재구성함으로써 왕조를 유지한다.

능력주의적인 상속에는 대가가 따르며 오늘날 능력주의 시대 엘리트는 그 굴레에 얽매여 좀처럼 벗어나지 못하고 있다. 마태복음에 실린 교훈은 너무도 무자비하다. 결핍은 괴로운 일이다. 실제로 능력주의는 중산층을 무관심과 투자 부족이라는 상황에 내던져버린다. 그러나 풍요가 항상 축복인 것은 아니다. 능력주의 시대 엘리트를 형성하는 과도하고 무자비한 훈련은 인간의 영혼을 고양하기보다 파괴한다.

엘리트끼리의 결혼

엘리트 자녀에 대한 능력 상속은 아이가 태어나기도 전에 시작된다. 젊고 부유한 성인들은 두 가지 서로 연관된 결정을 내린다. 누구와 결혼할지, 그리고 결혼을 유지할지에 관한 것이다. 부모들의 결정은 그 자녀들에게 엘리트 계층에서 태어나지 못한 아이들은 누릴 수 없는 혜택을 부여하며, 이런 경향은 갈수록 강화된다. 더욱이 부자들은 비슷비슷한 선택을 하는 공동체의 영향을 받아 단독으로서가 아니라 다 함께 선택을 한다. 부유한 부모의 자녀는 중산층 자녀보다 훨씬 더 상서로운 상황에서 태어난다.

엘리트가 끼리끼리 결혼하는 현상은 갈수록 두드러지고 있다. 경제학자들은 이 같은 현상에 선택혼assortative mating이라는 고약한 이름을 붙였다.[39] 선택혼은 19세기 후반 도금 시대 귀족들 사이에서 흔하게 이루어지다가 20세기 전반부에 줄어들었다. 1960년에는 대졸자끼리의 결혼이 미국의 혼인 건수 가운데 3%에 불과했다.

능력에 따른 불평등으로 말미암아 엘리트들은 다시 엘리트 배우자를 선호하게 되었다. 2010년에는 대졸자 부부가 미국 전체 부부의 25%에 달했다[40](미국의 성인 중 대졸자가 30% 남짓에 불과하다는 사실을 감안할 때 극소수의 대졸자만이 대학 학위가 없는 사람과 결혼한다는 것을 알 수 있다). 게다가 부부가 대학원이나 전문대학원의 석·박사 학위를 지닌 비율은 1960년에 1% 미만이었지만 2005년에는 5배 증가해 5%를 넘어섰다.[41]

그 이유는 자연스럽고 대체로 단순하다. 대학과 대학원은 1960년만 해도 남성 위주였지만 오늘날에는 남녀 학생의 비율이 비슷하다.[42] 대학들은 개별적으로나 전체적으로나 자연스럽게 배우자를 만날 수 있는 환경을 제공하며 오늘날 대학의 동문 잡지는 동문끼리의 결혼이나 동문 사이에서 태어난 아기들의 소식으로 가득하다. 그러나 이런 결혼은 순수하게 맺어지더라도 총체적으로는 세대별 코호트로뿐만 아니라 대를 이어 엘리트들을 통합한다.

선택혼은 결혼 코호트 내에서 경제 불평등을 가중하고 상위 근로소득 상승으로 이미 확대된 불평등을 배가하는 기능을 한다. 1960년에는 교육 수준이 비슷한 사람끼리의 결혼이 어쩌다 이루어졌다 하더라도 그것이 가계 소득 불평등에 눈에 띄는 영향을 미치지 않았다. 그러나 고소득 상위 근로자끼리 짝을 맺을 때 결혼은 중립성을 잃는다. 오늘날의 선택혼 추세가 조건을 따지지 않는 결혼이나 선택혼이 드물었던 1960년의 추세로 바뀐다면 전반적인 불평등이 20% 이상 감소할 것이다.[43]

그뿐만 아니라 선택혼은 다음 세대 내내 교육 불평등을 확대한다. 엘리트들은 갈수록 끼리끼리 결혼할 뿐만 아니라 갈수록 결혼을 유지하면서 자녀들을 성숙하고 안정된 가정에서 양육한다. 이런 점에서 엘리트들은 저소득층뿐만 아니라 중산층과도 다르다. 이 같은 차이는 부유한 가정에서 태어난 아이에게 크나큰 우위를 제공한다.

무엇보다 교육 수준이 높은 엘리트 여성은 교육 수준이 떨어지는 비엘리트 여성과 비교할 때, 결혼 후에 자녀를 갖는 경향이 있다.[44] 1970년에는 교육 수준과 상관없이 전체 여성에게서 태어나는 신생아의 10% 정도만이 혼외 출생자였다.[45] 현재는 이와 대조적으로 결혼과 임신의 관계가 대개 교육 수준으로 결정된다. 대학 교육을 받은 여성과 대학원 교육을 받은 여성이 낳는 혼외 출생자는 각각 20명과 30명에 1명꼴이다.[46] 반면에 인구 가운데 교육 수준이 가장 낮은 3분의 2는 고등학교 이하 교육을 받은 여성들로 이루어지는데, 이들이 낳는 아이 중 60% 가까이가 혼외 출생자다.[47] 일반적으로 고졸이거나 대학 중퇴 여성은 결혼 후 2년이 되기 전에 자녀를 갖는다.[48] 반면에 대학을 졸업한 여성은 평균적으로 결혼 후 2년이 지나서 자녀를 갖는다.

오늘날 엘리트끼리의 결혼은 엘리트가 아닌 사람들의 결혼보다 더 오래 지속되는 경향이 있다. 1960년에서 1980년 사이 미국의 이혼율은 대략 3배 높아졌지만 1980년 이후 결혼은 사회경제적 계층에 따라 극과 극으로 나뉘고 있다. 이혼율은 비슷한 수준을 유지하고 있지만 소득분포상 하위 75% 사이에서는 소폭 상승하기까지 했다. 반면에 하위 25% 사이에서는 1960년 수준으로 하락했다.[49] 오늘날 대학 학위가 없는 여성 중 결혼한 지 10년 내 이혼하는 여성의 비율은 35%로, 15%인 대졸 여성에 비해 2배 이상이다.[50] 좀 더 광범위하게는 1960년부터 2010년까지 미국인 중에서 결혼 상태인 성인의 비율 하락 폭은 대학 학위가 없는 성인이 대학 학위가 있는 성인보다 2배 컸다. (또한 대학 중퇴자 사이의 하락 폭은 고졸자 사이의 하락 폭과 거의 같았다.)[51]

모든 면에서 결혼은 부자의 전유물이 되었고,[52] 부유하고 교육 수준이 높은 부모의 자녀는 저소득층뿐만 아니라 중산층 어린이를 포함한 나머지 어린이보다 양쪽 부모 모두 있는 가정에서 자라날 가능성이 훨씬 더 크다. 1970년부터 2010년까지 한 부모 가정에서 자라는 어린이의 비율은 소득 중위 3분의 1 가정 사이에서 상위 3분의 1 가정에서

보다 3배 더 빠른 속도로 상승했다.[53] 오늘날 이런 차이의 폭은 놀랄만큼 크다.[54] 예를 들어 소득이 대략 2만 5,000달러인 가정의 어린이 가운데 55% 정도가 한 부모와 산다. 이와 비교해 소득이 대략 6만 달러인 가정의 어린이 중에서는 25%만이 한 부모와 살며 소득이 10만 달러를 웃도는 가정에서는 그 비율이 10% 정도에 불과하다. 더욱이 미국에서 가장 부유하고 교육 수준이 가장 높은 5% 지역에 사는 어린이 가운데 90%가 친부모 모두와 산다.[55]

이 같은 패턴은 능력주의에 내재된 경제적 논리는 물론 왕조적 논리에 부합한다. 가정이 다음 세대의 인적 자본을 구축하는 경제 생산의 현장이 될 때는 생산을 최적화할 수 있도록 배우자를 선택하고 결혼을 체계화해야 한다는 압력이 생겨난다. 엘리트들은 자신들의 지위를 지키기 위해 부와 지위를 이용해 질서정연하고 보수적인 생활방식을 유지한다. 엘리트끼리 결혼하면 이들의 자녀가 태어나는 순간부터 상속되기 시작하는 능력이 낭비되기보다 유달리 큰 수확으로 이어질 가능성이 커진다.

요람에서 유치원까지

부유한 부모에게서 태어나는 아이는 착상되는 순간부터 능력 상속의 혜택을 받기 시작한다. 엘리트 어머니들이 누리는 특별한 안정성은 자궁 안에 있는 자녀에게도 이롭다. 능력에 따른 불평등은 개인적·경제적 안정성을 엘리트다움의 특징으로 만든다. 가장 주목할 점은 능력에 따른 불평등이 연소득뿐만 아니라 경제적 안정성에도 영향을 준다는 사실일 것이다. (이혼과 경제적 어려움은 관련이 크다. 돈 문제는 결혼 생활에 타격을 주고,[56] 이혼은 특히 여성에게 손실이 크다.[57]) 엘리트의 부는 증가하면 할수록 더 견고해진다. 반면에 중산층 가정의 평균 소득은 안정되기보다 자주 변동한다.[58] 1970년에서 2000년 사이 중산층 가정이 한 해 동안 경제적 좌절을 겪을 가능성은 2배 증가했다(소득이 50% 이상 감소한 셈이다).[59]

경제적 좌절을 겪는 가정에서는 부모뿐만 아니라 아이들도 스트레스를 받으며, 스트레스는 아이의 발달을 저해한다.[60] 실제로 어머니의 스트레스는 아직 태어나지 않은 자녀에게도 자궁의 생물학적 경로를 통해 해를 끼칠 수 있다. 따라서 어머니의 산전 스트레스는 향후 자녀의 학업 성적과 지능지수에 좋지 않은 영향을 준다. 더욱이 그 영향은 크다. 출생 전에 높은 수치의 모체 스트레스 호르몬에 노출된 7세 어린이는 그렇지 않은 형제자매보다 학교 교육을 1.1년 덜 받게 된다(이는 표준편차의 절반을 웃도는 수준이다). 게다가 언어 지능지수 점수도 5점 더 낮다(표준편차의 절반에 가까운 수준이다).[61] 또한 교육 수준이 높은 어머니는 그렇지 못한 어머니보다 자녀 출산 후에 산전 스트레스 영향에서 회복되는 능력이 훨씬 더 탁월하다는 연구 결과도 있다. 그러므로 산전 스트레스의 피해는 엘리트가 아닌 어머니의 자녀에게서 단연코 가장 크게 나타난다.[62] 한마디로 부유층 아기는 중산층 아기보다 더 유리한 상황에서 태어난다.

엘리트 부모의 혜택 상속은 아기가 태어나도 중단되지 않는다. 그와 반대로 부유한 부모는 출산 직후부터 자녀에게 유별나게 직접 투자함으로써 많은 돈을 들여서 쌓은 토대를 활용한다. 이런 투자는 아동기 초반에 걸쳐 가정에서 계속되고 심화하다가 나중에는 외부 세계로 확장된다.

부유층이 나머지 사람들보다 영유아 자녀의 인적 자본 개발에 더 많은 자기 시간을 투자하는 경향은 갈수록 강화된다(게다가 계층별로 부모가 자녀에게 들이는 시간은 영유아기에 가장 크게 차이 난다[63]). 1960년대와 1970년대에는 교육 수준이 높은 부모와 낮은 부모 모두 자녀의 발달을 촉진하는 활동에 거의 같은 시간을 들였다.[64] 그로부터 대략 40년에 걸쳐 모든 부모가 자녀 교육에 더 많은 시간을 투자하기 시작했지만, 둘 다 대학 교육을 받은 부모가 투자하는 시간은 빠른 속도로 증가했는데,[65] 어느 연구에 따르면 2배 더 빠른 속도로 증가했다.[66] 오늘날 대학 교육을 받은 부모는 자녀 교육에 고등학교만 나온 부모보다 날마다 한 시간 더 많은 시간을 투자한다.[67]

슈퍼 엘리트 부모, 특히 슈퍼 엘리트 어머니 사이에서는 그 같은 추세가 한층 더 두드러진다. 예를 들어 하버드와 시카고 대학 경영대학원을 졸업하고 자녀가 둘 이상인 여성 가운데 절반 정도가 자녀 양육을 위해 직장을 그만두거나 시간제 근무를 한다.[68] 게다가 일류 법무법인들이 '도피 리스크flight risk'라고 할 정도로 엄마가 된 엘리트 변호사들은 높은 비율로 직장을 떠난다.[69] 업무 할당, 보수, 승진에서의 성차별부터 노골적인 성희롱에 이르기까지 수많은 요소가 아버지보다 훨씬 더 많은 어머니가 직장을 그만두는 현실을 조장한다. 그러나 엘리트 양육이라는 엄청난 부담이 차세대의 인적 자본을 구축해야 한다는 능력주의적 선결과제와 맞물려 부모 한쪽이 엘리트 직장을 그만두고 자녀를 양육하는 편이 사회적으로나 경제적으로나 합리적인 일이 되었다.

능력주의 규범은 그런 논리에 부합한다. 애당초 엘리트 교육을 받지 못한 어머니는 엘리트 가문의 수치일 테지만, 능력주의 시대 엘리트 사이에서는 고도의 교육 수준을 갖춘 아내와 어머니가 자녀를 키우기 위해 직장을 그만두는 것이 사회적으로 용인된다. 실제로 자녀에 대한 능력 상속에 돈을 들이고 왕조적 세습에 투자하는 여성은 능력주의적인 생산의 내적 논리를 저버리기보다 따르는 것이다.

더욱이 부유한 부모는 자녀에 대한 투자의 양뿐만 아니라 질에서도 남들과 차이가 난다. 능력주의 시대 엘리트는 '집중 양육concerted cultivation'이라는 의도적인 계획을 활용한다. 이는 자녀가 성인이 되어 더 높은 성과를 올리도록 특별하게 설계된 양육방식이다. 엘리트 부모는 자신들의 엄청난 수입과 삶의 경험을 자녀의 인적 자본 개발에 쏟는다. 이때 엘리트 부모는 자신들이 받은 교육을 모방한다. 집중 양육은 엘리트가 아닌 부모들이 따라 하는 것은 고사하고 파악하기조차 불가능한 방법과 기량을 필요로 한다.[70]

예를 들어 학사 학위가 있는 부모 중 자녀에게 책을 읽어주는 이들은 고졸 미만인 부모의 2배 이상이다[71](대학 중퇴인 부모보다는 1.5배 정도 많다). 자녀를 미술관, 박물관, 역사 유적지에 데려가고 예술 강좌에 등록시키는 부모도[72] 그보다 교육 수준이 낮은 부모에 비해 2배 정도 많다.[73]

실제로 부유층은 나머지 사람들에 비해 대체로 자녀들과 많은 대화를 할 뿐 아니라,[74] 자녀들의 말을 잘 들어주는 경향이 있다. 전문직 부모의 세 살배기 아이는 비전문직인 부모의 세 살배기 아이보다 2,000만 개 더 많은 단어를 접한다. 기초생활수급자의 세 살배기 아이보다는 3,000만 개 더 많다. 그뿐만 아니라 부유층 부모는 훨씬 더 효과적인 언어를 구사한다.[75] 전문직 부모가 선택하는 단어나 그들이 단어에 불어넣는 관습과 상징은 물론 사용하는 어조까지 모두 근로 계층 부모보다 훨씬 더 교육적이다. 일부 단어는 자녀의 뇌리에 박힌다. 전문직 부모의 세 살배기 아이가 아는 단어는 비전문직 부모의 같은 또래 아이보다 49%, 기초생활수급자의 같은 또래 아이보다 43% 더 많다.[76] (자연 실험natural experiment●에서는 그 영향이 한층 더 처참하고 생생하게 드러난다. 청각장애를 안고 태어난 아이들이 달팽이관 이식으로 청력을 회복하는 경우, 부유한 부모를 둔 아이들은 가난한 아이들보다 훨씬 더 빨리 말을 배운다.)[77]

양육의 도덕 심리학도 부모의 교육 수준에 따라 달라진다. 석·박사 학위가 있는 부모 가운데 자녀를 체벌하는 사람은 학사 학위만 있는 부모의 절반이며 고졸 이하인 부모의 3분의 1 정도다.[78] 광범위한 연구에 따르면 부유하고 교육 수준이 높은 부모는 중산층이나 저소득층 부모에 비해 자녀들에게 한층 더 너그러운 애정, 폭넓은 참여적 교류, 일관성 있는 훈육을 제공한다.[79]

이처럼 차별화되는 투자에 힘입어 엘리트 가정 아이들의 정서적 역량(개방성, 자신감, 절제력, 투지)은 저소득층은 물론 중산층 아이 역시 따라갈 수 없는 수준으로 강화되고 있다. 최근 비인지적 역량과 인생의

● 실험과 유사한 실제 상황에서 우연히 일어나는 일들을 관찰하는 것.

성공에 대한 체계적 연구를 통해 엘리트 가정 자녀와 일반 가정 자녀의 아동기 초기에 나타나는 정서적 역량 차이가 장기적인 학업 성취도를 포함한 인지적 역량보다 성공 여부에 더 큰 영향을 미친다는 결과가 나오기도 했다.[80]

비슷한 차이 때문에 엘리트 가정 아이와 일반 가정 아이의 (어린이집과 유치원 등에서의) 초년기 외부 활동도 차이가 난다. 연소득 10만 달러를 웃도는 가정의 세 살짜리 아이 가운데 유치원에 다니는 아이의 비율은 연소득 6만 달러 미만 가정의 세 살짜리 아이보다 2배 더 높다.[81] 상위 엘리트 가정의 유치원 등록률에 관한 체계적인 데이터는 존재하지 않지만, 소득 상위 1%인 사람이라면 누구나 사실상 부유한 가정의 세 살짜리 아이 모두가 유치원에 다닌다는 사실을 직접적인 경험을 통해 알 것이다. (유치원에 다니지 않는 극소수 어린이의 경우에는 그 부모들이 심사숙고를 거쳐 자기 자녀에게 다른 방식으로 세심하게 구성된 육아 체계가 더 유리하다고 생각하기 때문이다.)

더욱이 일반 유치원과 엘리트 유치원은 서로 판이하다. 중산층 유치원에는 독서와 공예 수업이 있으며 좋은 곳의 경우에는 과중한 업무에 시달리지만 다정하고 배려심 있는 교사들이 있다. 뉴욕의 에티컬 컬처 필드스턴 스쿨Ethical Culture Fieldston School 같은 엘리트 유치원은 충분한 직원과 다양한 책을 갖춘 도서관을 운영할 뿐만 아니라 미술, 음악, 외국어, 과학, 사회 과목을 따로따로 가르친다. 각 과목은 엘리트 대학을 나온 교사와 보조 교사가 담당하며 일부 교사는 석사 학위를 가진 사람이다. 엘리트 유치원에서는 교사 한 명이 학생 7명을 맡는다.

엘리트 학교가 학생들에게 제공하는 혜택 중에서 학업 프로그램은 빙산의 일각일 뿐이다. 엘리트 유치원은 인지적 역량을 가르치는 것과 별개로 학생들의 정서 발달과 성격에 집중적인 초점을 맞춘다. 이런 유치원은 자제력 있고 의욕적이며 자발적인 학습자, 즉 자기 유치원이 제공하는 도전과제에 직접 부딪히고 그 도전과제를 극복할 수 있는 학습자를 양성한다는 목표에 따라 학생 개개인에게 적합한 관심을 쏟는다.

물론 이 모든 관심에는 비용이 든다. 필드스턴의 유치원 이하 과정은 연간 학비가 5만 달러를 웃도는데,[82] 전체 부모 가운데 80% 정도가 전액을 치른다.[83] 재정 지원 프로그램의 대부분도 연소득 10만 달러에서 14만 9,000달러 사이의 부유한 가정에 제공된다.[84] 실제로 엘리트 부모는 이를 악물고 학비를 감당한다. 입학 경쟁이 가장 치열한 유치원은 지원자의 5%만 받아들인다(하버드나 예일에 입학하기보다 더어려운 셈이다).[85] 이 같은 입학률 때문에 부유층 네 살배기의 입학을 돕기 위한 '교육 컨설턴트' 시장이 형성되었다. 교육 컨설턴트들이 청구하는 수수료 자체도 (6,000달러에 이를 정도로[86]) 상당한 편이다. 그들의 조언을 따르는 데는 부모의 돈뿐만 아니라 시간도 들어간다. 일반적인 실행 계획에는 10개 유치원에 지원하고, 필수 제출 자료인 지원에세이뿐만 아니라 상위 3개 유치원에 보낼 '구애의 편지'를 쓰고, 면접에서 좋은 인상을 주기 위해 각 유치원의 특성을 공부하는 일이 포함된다.[87]

엘리트들이 이처럼 터무니없어 보이는 경쟁에 동참하는 데는 그럴 만한 이유가 있다. 초기 교육은 엄청난 배당금을 돌려준다. 투입 비용 대비 산출 가치를 감안할 때 유치원 시기는 어떤 사람의 인적 자본에 가장 결정적인 영향을 미치는 투자다. 심리학계의 주요 학파들은 아동기 초기의 발달이 인성에 가장 큰 영향을 미친다고 입을 모은다. 예를 들어 인지 능력 가운데 지능지수로 측정되는 일반 지능이 대부분 열 살까지 결정된다는 것이 연구로 입증되었다(물론 좀 더 특수한 지식과 기량은 그렇지 않다).[88] 학업 성취도의 소득별 차이는 어린이가 유치원에 들어갈 때 치르는 취학 준비도 시험에서 이미 눈에 띄게 나타난다.[89] 엘리트 유치원과 어린이집은 그 같은 연관성을 파악해 엘리트 중학교나 고등학교와의 공식적·비공식적 연계를 통해 활용한다(에티컬 컬처 필드스턴의 경우에는 고등학교에 해당하는 필드스턴 어퍼 스쿨과 공식적인 연결 고리가 있다). 유치원 이하 과정의 웹사이트에는 나중에 동문들이 다니게 될 엘리트 대학의 광고가 게재되어 있다.[90]

교육에서는 양과 질이 모두 중요하다. 연습한다고 완벽의 경지에 이르는 것은 아니다. 완벽한 연습을 해야 완벽의 경지에 이를 수 있다.[91] 엘리트 부모라면 누구나 알듯이 능력주의 모형에 기반을 둔 아동기 초기의 교육은 엄청나게 집중적이며 몰입적이고 개인적이다. 어린이의 인적 자본에 대한 부유층과 나머지 계층의 지극히 불평등한 투자가 어떤 결과를 내는지는 분명하다. 엘리트 어린이는 이미 정서와 학업 측면에서 크게 앞선 상태로 학교에 입학한다. 사회경제적 지위에 따른 미국 상위 10% 가정의 어린이는 이미 다섯 살에 국제학생평가 프로그램PISA의 수학, 읽기, 과학 영역에서 하위 10% 가정의 어린이를 각각 37개월, 25개월, 39개월의 교육 기간 차이로 앞지른다. 또한 상위 10% 가정의 어린이는 중위 가정 어린이를 대략 21개월, 19개월,

23개월의 교육 기간 차이로 앞지른다.[92]

어마어마한 격차다. 더욱이 엘리트와 중산층의 격차는 중산층과 저소득층의 격차를 웃돈다. 이 같은 경향은 성년기에도 한참 동안 지속될 뿐 아니라 한층 더 강화된다.

학령기의 특별한 교육

엘리트 유치원생은 저소득층뿐만 아니라 중산층 동년배에 비해 크나큰 우위를 확고하게 갖춘 상태로 정규 교육과정에 진입한다.[93] 인적자본에 대한 엄청난 투자가 정규 학교 입학 때 끝난다 하더라도 부유층 어린이는 그 이전에 이미 나머지 계층 어린이보다 훨씬 더 많은 교육을 받는다. 그러나 사실 부유층의 구조적 우위와 유달리 효율적인 자녀 교육 관행은 엘리트 어린이의 다섯 살 생일에 이르러서도 해소되거나 중단되지 않는다. 그와 반대로 부유한 부모는 유별나고 체계적이며 절도 있는 자녀 교육 활동을 멈추지 않고 오히려 강화한다. 취학 기간은 부유한 어린이의 능력 상속에 보탬이 된다.

엘리트의 일부 관행은 워낙 기본적이라 눈에 잘 띄지 않는다. 예를 들어 엘리트 부모는 취학 자녀와의 대화에 저소득층 부모보다 1주일에 3시간 더 많이 할애한다.[94] 게다가 적극적인 여가 활동에는 그보다 훨씬 더 많은 시간을 쏟는다. 부유한 부모들의 선택은 자녀의 아동기 내내 축적되어 교육에 대한 막대한 직접 투자를 형성한다. 부유층 아이가 18세가 되기까지 부모와 대화하고 책을 읽히며 문화 행사에 참여하고 박물관을 구경하며 스포츠 훈련을 받는 시간은 저소득층 아이보다 5,000시간 이상 더 많다.[95] 이는 아이의 생애에서 하루 한 시간 가까이에 해당한다. 이는 정규 직장에 다니는 성인이 2년 6개월에 걸쳐 쏟는 시간에 해당한다. 저소득층 아이가 자유 시간을 그만큼 유익하게 활용하지 못한다는 것은 두말할 나위도 없다. 중산층 아이는 18세가 될 때까지 부유층 아이보다 5,000시간 가까이, 저소득층 아이는 같은 기간에 8,000시간 가까이 더 많이 텔레비전 시청이나 비디오 게임에 쏟는다.[96]

더욱이 자녀가 자랄수록 엘리트 부모는 자녀에 대한 집중적이고 직접적이며 개인적인 투자를 타인을 통한 투자로 보완해나간다. 그런 투자는 부모의 직접 투자만큼이나 집중적이며 심화학습 수업과 학교를 통해 이루어진다. 이 같은 활동은 때로 웃음거리가 되기도 한다. 예를 들어 부유한 맨해튼 주민이 요리를 좋아하는 열세 살짜리 아들을 가르치려고 전문 셰프를 고용했다는 이야기가 나돌 정도다.[97] 그러나 본질적으로 그런 활동 대부분은(실제로는 절대다수가) 가볍지도 얄팍하지도 않다. 그보다는 의도적이고 단호하며 효과적인 인지 및 비인지 교육 프로그램으로 이루어진다. 우스워 보이는 활동조차 곧바로 진지한 훈련으로 이어지고 자녀에게 실질적인 이익을 가져다준다. 10대 셰프가 TV 요리 경연 프로그램에서 우승하고 독자적인 케이터링 catering● 사업을 시작했다고 치자.[98] 이 두 가지 성과는 기량을 쌓고 결과적으로 대학과 고용주의 마음에 들 만한 이력서를 쓰는 데 도움이 된다.

● 행사나 연회의 음식을 만들어 제공하는 것.

학교는 미국 엘리트의 유별난 자녀 교육 투자가 이루어지는 현장 중에서 가장 중요한 곳일 것이다. 일반적인 부유층과 중산층의 연간 자녀 교육비 격차는 최근 수십 년 사이 급증해 상위 소득과 중위 소득의 격차 확대와 사실상 같은 비율로 벌어지는 추세다.

경제적으로 엘리트 사립학교는 부유한 가정의 교육 환경에서 점점 더 큰 비중을 차지하며 엘리트 자녀의 정규 교육에 대한 유별난 투자가 가장 극명하고 숨김없이 드러나는 곳이기도 하다. 1965년에 34만 1,300명이던[99] 무종파 사립학교의 입학자 숫자는 그 후 4배 가까이 증가해 오늘날에는 140만 명에 이른다.[100] (부유층이 오랫동안 기피해온 홈스쿨링조차 엘리트에게 맞는 방향으로 발전하고 있다. 부유한 부모에게 맞춤형 홈스쿨링 프로그램을 짜주는 회사가 있을 정도다. 그중 한 곳의 운영자에 따르면 맞춤형 홈스쿨링 비용은 어린이 한 명당 연간 5만 달러다).[101]

부모의 연소득이 20만 달러를 웃도는 어린이 가운데 무려 25%가 사립학교에 다닌다. 부모의 연소득이 5만 달러 미만인 어린이의 경우에는 그 비율이 5% 정도에 불과하다.[102] 더욱이 사립학교에 다니는 학생은 대부분 부유하다. 전체 학생 중 76%가 소득분포상 상위 25% 가정 출신이며 7%만이 하위 50% 가정 출신이다.[103] 게다가 일류 사립학교에는 그보다 훨씬 더 부유한 학생들이 다닌다. 전미 사립학교협회National Association of Independent Schools에 따르면 일류 사립학교 학생 가운데 70%가 소득분포 상위 4% 가정 출신이다.[104]

엘리트 사립학교는 학생들을 가르치는 데 천문학적인 돈을 들인다. 학생 대 교사 비율이 16대 1인 공립학교와[105] 비교해 7대 1에 불과할 정도로 낮아서[106] 집중적이고 고도로 맞춤화된 교육에 유리하다. 공립학교에서는 결코 체험할 수 없는 교육 방식이다. 어느 엘리트 사립학교의 학생 안내 담당자는 최근에 방문한 학생에게 육상 경기 대회 때문에 수학 수업에 빠져야 할 때는 자유시간에 교사가 그 학생에게 단독으로 다시 가르쳐줄 것이라고 설명했다.[107] 더욱이 엘리트 사립학교의 교사는 숫자가 많고 학생을 세심하게 챙길 뿐만 아니라 그들도 엘리트이자 광범위한 교육을 받은 사람들이다. 『포브스』가 선정한 미국의 상위 20대 예비학교 교사 가운데 무려 75%가 고급 학위, 즉 석·박사 학위를 가지고 있다.

게다가 숫자가 많고 교육 수준이 높은 교사진은 자신들의 물적 자원을 교습에 활용한다. 전문가급 실험실, 극장, 미술 실습실, 체육관, 운동장, 도서관은 일류 사립학교에서 흔히 볼 수 있는 것이다. 루이스 칸Louis Kahn이 설계한 필립스 엑서터 아카데미Phillips Exeter Academy의 도서관은 세계에서 가장 큰 고등학교 도서관으로, 9개 층에 있는 9만여 개 서고에 16만 권의 장서를 소장하고 있다.[108]

루이스 칸이 설계하는 도서관은 건축에 큰 비용이 들며 이 같은 모형에 따라 제공되는 교육에는 많은 돈이 들어간다. 필드스턴의 어마어마한 학비는 특이하다기보다 상당히 일반적인 것이다. 일류 기숙학교와 사립 통학학교의 연간 학비는 평균 5만 달러와 4만 달러를 웃돈다.[109] 더욱이 엘리트 학교는 매년 학생 한 명당 이보다 훨씬 더 많은 돈을 들인다. 사립학교는 기부금으로 추가 소득을 얻으며 이를 인프라 시설에 집중적으로 투자한다. 기부금은 대부분 막대한 액수다. 『포브스』가 선정한 일류 기숙학교의 기부금 액수는 평균 5억 달러를 웃도는데, 학생 개개인이 70만 달러를 기부하는 셈이다.[110] 이처럼 엄청난 기부금에서 비롯되는 소득에 해마다 모이는 기금이 결합해 학생 한 명당 1만 5,000달러에서 2만 5,000달러 사이 보조금이 창출된다.[111] 전반적으로 엘리트 사립 고등학교의 학생은 재학하는 동안 매년 7만 5,000달러나 되는 돈을 투자받는 셈이다.[112]

그러나 일류 사립학교는 동시대 미국 엘리트가 자녀 교육에 쏟는 유별난 투자의 한 단면만을 나타낸다. 공립학교의 학생 한 명당 전국 평균 지출은 연간 1만 2,000달러 남짓이지만,[113] 이런 평균만 보면 주와 지역에 따라 상황이 천양지차라는 사실을 알 수 없다. 미국 공립학교 기금 총액의 90%는 주정부와 지방정부가 부담한다.[114] 따라서 경제력에 따른 거주지 분리 현상economic segregation의 심화와 더불어 이름만 공립학교인 곳에 자녀를 보내는 엘리트들은 자신들의 사적인 자원을 자녀 교육에 온전히 집중할 수 있었다.

공립학교 학생에 대한 불공평한 투자는 주정부 차원에서 시작된다. 부유한 코네티컷주는 학생 한 명당 연간 1만 8,000달러 가까운 돈을 지출하는 반면에 가난한 미시시피주는 고작 8,000달러를 지출한다.[115] 공립학교 지출의 불평등은 같은 주 내에서도 존재한다. 부유한 도시와 읍이 다른 곳보다 학생 한 명당 훨씬 더 많은 돈을 지출하기 때문이다.[116] 이런 효과의 누적 영향은 특히 계층의 양극단에서 어마어마하게 나타난다. 최근에 뉴욕주의 스카스데일 공립학교 지구(중위 가구 소득이 23만 8,000달러)는 학생 한 명당 2만 7,000달러 가까이 지출했다. 반면에 켄터키주의 바버빌 사립학교 지구(중위 소득 1만 6,607달러)는 불과 8,000달러 정도를 지출했다.[117]

더욱이 엘리트 지역에 있는 명목상 공립학교들은 민간 자금원에서도 상당한 추가 기금을 받는다. 저소득층과 중산층 지역의 학부모교사 연합회parent-teacher association, PTA는 사회 연결망과 시민단체 형태를 띠며 학생 한 명당 몇 달러에 불과한 예산을 보유한다.[118] 그러나 부유한 지역과 학교에서는 PTA, 현지 학교 재단, 학교 후원 클럽 등이 자금조달 수단으로서 학교의 전반적인 자금조달 활동에 주도적으로 참여할 정도로 큰 영향력을 지닌다.[119] 예를 들어 캘리포니아의 힐즈버러에서는 현지 학교 재단이 모든 부모에게 자녀 한 명당 2,300달러 이상 기부하라고 대놓고 요구하며,[120] 시카고의 어느 초등학교는 최근 하룻밤 사이 40만 달러를 모금했다.[121] 게다가 부유한 지역의 공립학교에서는 이런 금액이 예외적이라기보다 일반적이다.[122] 뉴욕시에서는 이 같은 현상이 너무나 일반적이라 연간 100만 달러 넘게 모금하는 공립학교가 '공공 사립학교public privates'로 불릴 정도다.[123]

여러모로 적절한 명칭이다. 현재 미국의 가장 부유한 공립학교는 사립학교처럼 자원 집약적인 방식으로 학생들을 교육하며 다른 곳보다 더 풍부하고 수준 높은 교사와 호화로운 시설을 갖추고 있다. 예를 들어 샌프란시스코 그래턴 초등학교의 PTA는 최근 한 해에 교직원 6명의 급여를 전액 또는 일부 부담했으며,[124] 매사추세츠주 뉴턴의 공립학교에는 최첨단 기상대가, 캘리포니아주 코로나도의 공립학교에는 3D 프린터가 있다.[125]

마지막으로, 공립학교 투자에서 나타나는 불평등은 한층 더 광범위한 경제 추세를 압축적으로 보여주며 중산층과 저소득층 간의 격차가 아니라 부유층과 중산층의 격차를 점점 더 뚜렷이 반영하고 있다. 부유층과 중산층(스카스데일과 중위 소득 지구)의 지출 격차는 학생 한 명당 매년 1만 5,000달러 정도로, 중산층과 저소득층(중위 소득 지구와 바버빌)의 지출 격차인 4,000달러의 4배에 달한다.

이는 우연이 아니다. 바버빌은 다른 지역의 자금원에서 예산의 81%를 받는다.[126] 바버빌의 지출이 중산층 학교의 예산에 근접하는 것도 그 때문이다. 반면에 소득 상위 지역에서는 현지 자금이 예산의 대부분을 차지하며 이것이 지출 격차의 가장 큰 원인이다. 스카스데일의 학교는 예산의 89%를 지방세에서 조달하는데, 지방세는 중위 가격이 100만 달러 정도이며 (주택담보대출 이자와 부동산세 등으로) 매년 10만 달러의 보유 비용이 드는 주택에 부과된다.[127] 다른 지역에서 끌어오는 자금으로는 위와 같이 세금을 기반으로 유지되는 학교 지출을 따라갈 수 없다. 중산층 입장에서는 스카스데일이 동떨어지고 도달할 수 없으며 시야에 보이지 않는 딴 세상이다. 스카스데일의 학교는 미국 내 다른 부유한 지역의 학교와 마찬가지로 명목상으로만 공립이다.

통틀어 가난한 주에 있는 가난한 동네의 가난한 어린이가 받는 학교 교육의 가치는 연간 8,000달러 정도. 중소득 주에 있는 중소득 동네의 중산층 어린이가 받는 학교 교육의 가치는 1만 2,000달러로 추정된다. 부유한 주의 중산층 어린이는 1만 8,000달러 가치의 교육을 받는다. 부유한 주의 부유한 어린이는 2만 7,000달러 가치의 교육을 받는다. 엘리트 사립학교의 매우 부유한 어린이는 매년 7만 5,000달러 가치에 해당하는 교육을 받는다.

이런 차이는 특히 소득 상위 계층의 막대한 능력 상속과 더불어 정상적인 것이 아니다. 이들은 미국의 과거 관행뿐만 아니라 국제 기준에도 크게 어긋난다. OECD가 34개 선진국을 대상으로 시행한 최근 조사에서 미국은 부유층 학생 위주의 공립학교가 저소득층 학생 위주의 공립학교보다 학생 한 명당 더 많은 돈을 지출하고 학생 대 교사 비율이 더 낮은 3개국 중 하나로 나타났다.[128] 미국 학교 지출의 부유층, 특히 소득 최상위층 편중은 그저 놀랍기만 하다.

더욱이 취학 연령 자녀에 대한 미국 엘리트의 비정상적인 투자는 정규 교육에 국한되지 않는다. 오늘날 부유층은 다른 계층보다 훨씬 더 많은 돈을 취학 연령 자녀의 방과 후 심화학습 활동에 투자한다. 그 격차도 최근 수십 년 동안 급격히 벌어지고 있다.

심화학습 지출의 대부분은 학교에서 가르치는 주요 과목에 집중된다. 과학과 수학 캠프, 코딩coding과 로봇 공학 클럽 등이 그에 해당한다. 부유한 부모는 당연히 학습 과외와 시험 대비 프로그램에도 돈을 쓴다. SAT와 ACT 등을 비롯해 대학 입학에 영향을 주는 시험에 대비해 학생들을 훈련하는 시험 대비 산업은 1970년에는 사실상 존재하지 않았지만 현재는 수십억 달러 규모로 성장했다.[129]

과외교사를 고용하는 가정 역시 절대다수가 부유층이다.[130] 저소득층은 물론 중산층도 광범위한 과외에 비용을 치를 여력이 없다. 반면에 엘리트 전문직 종사자의 자녀 중 상당한 시간 과외교사의 관리를 받지 않는 아이를 찾기란 어렵다. 더욱이 이들은 대개 전문적인 과외교사 여럿의 도움을 받는다. 소득분포도의 오른쪽 꼬리, 즉 상위 1% 가구는 과외교사에게 거액을 지출하는 경향이 있다.

프린스턴 대학 졸업생이 뉴욕 맨해튼에서 전국적인 고객을 대상으로 운영하는 베리타스 과외교사 대행업체Veritas Tutors Agency는 기본적인 학과목의 과외 비용으로 시간당 600달러를 청구한다. 일반적으로 과외를 받는 학생의 가정이 베리타스의 과외 서비스에 지출하는 금액은 5,000달러에서 1만 5,000달러 사이이며 일부 가정은 무려 10만 달러를 지출한다.[131] 놀랍게도 베리타스는 시장에서 가장 비싼 대행업체도 아니다.

뉴욕시의 학생들을 대상으로 하는 어느 시험 대비 과외업체는 스카이프 영상통화로 진행하는 90분짜리 과외 교습에 1,500달러를 청구하는데, 이곳에 등록하려면 최소한 14번의 교습을 신청해야 한다. 시간당 1,250달러를 청구하는 업체도 있다.[132] 어떤 업체는 아이비리그 대학의 교수들을 채용해 개인 과외를 맡기며 채용 시 이 업체가 교수들에게 제안하는 금액은 시간당 1,000달러 정도다. 당연히 학생들에게는 그보다 훨씬 더 많은 돈을 청구한다.[133] (일부 교수가 그 같은 제안을 받아들이는 것도 놀랍지 않다.)[134] 일부 부유한 가정은 상근 과외교사를 고용한다. 이런 과외교사들은 몇십만 달러의 급여뿐만 아니라 후한 수당까지 받는 경우가 많으며, 여기에 교통비, 식비, 주거비뿐만 아니라 이들의 개인비서 비용까지 포함되기도 한다.[135]

부유한 부모들은 자녀들을 과외 대행업체에 등록하려고 혈안이 되어 있다. 베리타스는 현재 50명 넘는 과외교사를 두고 있으며 고액임에도 불구하고 부모들이 몇 년 전부터 자녀의 과외 예약을 해놓을 정도로 인기가 많다.[136] 베리타스 설립자는 "부모가 자녀의 사립학교 교육에 50만 달러를 투자"하고 "자녀를 이름 없는 대학에 보내든 예일에 보내든 (…) 대학 4년 학비로 25만 달러를 지출"해야 하는 상황에서 "얼마가 되든 돈을 더 들여 뛰어난 동질 집단 안에서 좋은 성과를 거둘 수 있는 명문대학에 자녀를 보내지 않는 부모는 바보나 다름없다"라고 말한다.[137] 이런 논리는 과외와 시험 대비 산업이 어째서 폭발적으로 성장했는지 잘 설명해준다. 게다가 과외와 시험 대비 산업은 아직도 더 성장할 여지가 있다. 예를 들어 한국에서는 개인 과외가 가계 지출 총액의 12%를 차지하며 백만장자인 과외학원 강사들이 전국적인 유명인사가 될 정도다.[138] 어떤 연구에 따르면 급속도로 성장 중인 전 세계 개인 과외교사 시장의 규모가 곧 1,000억 달러를 넘어설 전망이라고 한다.[139] 참고로 하버드 대학의 1년 예산이 50억 달러 정도다.[140]

(미술과 체육 등의) 다른 심화학습은 학교 교육과정을 직접적으로 모방하기보다는 보완하는 형태다. 애당초 부유한 가정, 특히 교육 수준이 높은 어머니의 자녀는[141] 저소득층 동년배보다 훨씬 더 높은 비율로 이런 활동에 참여한다.[142] 더욱이 엘리트 가정 어린이와 일반 가정 어린이의 과외 투자 격차는 지난 수십 년에 걸쳐 꾸준히 확대되어 현재 엄청난 수준이다.[143] 소득 상위 5분위에 드는 부모가 소득 하위 5분위에 드는 부모보다 추가로 지출하는 금액은 1972년에서 2005년 사이 연간 7,500달러로 3배 가까이 증가했다.[144]

소득분포상 최상위 가정은 그보다 훨씬 더 많은 돈을 지출한다. 일류 학교의 발레 교습 비용만 해도 어린이 한 명당 매년 6,000달러까지 든다. 자녀 한 명을 발레리나로 키우려면 고등학교 졸업 때까지 10만 달러가 들 가능성이 있다.[145] 자녀가 "본격적"으로 악기 연주를 하는 경우에는 악기 교습에만 매년 1만 5,000달러가 쉽게 나간다.[146] 게다가 악기 가격이 교습비와 비교할 수 없을 정도로 엄청나다. 어떤 부모는 아들이 여섯 살 되는 해부터 열 살까지 피아노 실력을 키우는 데 50만 달러를 썼다고 한다.[147] 무엇보다 자녀가 정기적으로 제대로 연습하는 데 필요한 지원, 안정감, 조용한 물리적 공간 제공 등에 들어가는 암묵적 비용·implicit cost이 가장 클 것이다.

이 모든 면에서 부유한 부모는 그 어느 때보다 큰 금액을 자녀 교육에 투자한다.[148] 소비 불평등 중에서 교육 지출 불평등처럼 빠른 속도로 증가하는 부분은 없을 정도다(490쪽 〈그림 5〉 참조).[149] 부유층의 교육 투자는 피상적이거나 미미하게 이루어지지 않는다. 그보다는 부유층 어린이의 인적 자본 축적이라는 본질로 직결된다. 시설이 우수하고 더 좋은 학교를 나왔으며 경험이 풍부하고 잘 가르치는 교사들을 다수 확보한 데다 광범위하고 제대로 설계된 심화학습 프로그램을 갖춘 학교는 성적이 뛰어난 학생들을 길러낸다.[150] 마찬가지로 심화학습 지출은 성적 향상으로 이어진다. 베리타스는 꼼수나 요령이 아니라 실질적인 교육을 제공한다. 베리타스 설립자는 "시험을 게임처럼 하도록" 가르치기보다는 "시험이 측정하는 요소, 즉 읽고 생각하며 숫자를 처리하고 효율적으로 두뇌를 활용하는 능력"을 학생들에게 길러주는 데 초점을 둔다.[151] 부유한 어린이들은 여름방학을 과외교사와 보내거나 학업 요소가 가미된 캠프에서 지내면서 여름에도 학습을 이어간다. 반면에 심화학습을 받지 못하는 저소득층 어린이는 읽기와 수학 실력이 정체되거나 심지어 퇴보한다.[152] (특히 어린이가 다른 선진국에 비해 학교에서 보내는 시간이 적은 미국에서 그런 경향이 두드러진다. 이를테면 일본의 수업일수는 매년 240일에 달하는 반면에 미국의 수업일수는 180일 정도에 불과하다.[153]) 스포츠, 음악, 미술처럼 좀 더 전통적인 '과외' 활동은 교습을 마치고 한참 후에도 삶의 기회를 개선하는 만큼 소비뿐만 아니라 투자도 포함된다. 지속적으로 과외를 받는 아이가 대학에 진학할 확률은 가끔 과외를 받는 아이보다 70%, 이 과외를 전혀 받지 않는 아이보다 400% 더 높다.[154]

인적 자본에 대한 냉철하고 체계적이며 숙련된 투자는 그만한 값을 한다. 교육과 훈련이 효과적이라는 이야기다. 성취도가 높은 학생 집단이 아낌없는 투자를 받는 학교에 집중될 때 학생 개개인은 자신의 인적 자본을 가장 큰 폭으로 확충할 수 있다.[155] 엘리트 학교 교육과 일반 학교 교육의 차이가 누적되면 맥락과 시기를 막론하고 가족의 소득에 따라 학생의 학업 성취도가 극과 극으로 나뉘며 상류층에서 가장 불공평한 결과가 나타난다.

따라서 교육 불평등은 소득 불평등의 심화와 더불어 현저하게 증가해왔다. 고소득 학생과 저소득 학생의 시험 점수 격차는 지난 25년에 걸쳐 40~50% 벌어졌다. 부유한 가정의 8학년 학생이 저소득층 학생보다 네 학년 앞설 정도다.[156] 오늘날 미국 부유층 학생과 저소득층 학생 간 성취도 격차는 백인과 흑인 간 현재 성취도 격차인 세 학년보다 크며,[157] 20세기 중반의 흑백 분리학교에서 나타난 백인과 흑인의 성취도 격차마저 능가한다. 국제적인 비교 결과도 충격적이다.[158] 현재 미국 내 부유층과 저소득층의 성취도 격차는 미국과 1인당 국민소득이 미국의 12분의 1인 튀니지의 평균 학업 성취도 격차와 거의 비슷하다.

또 다른 상황 전개는 중요성이 덜하지 않으며, 어쩌면 한층 더 중요할지도 모른다. 제2차 세계대전 종전부터 대략 1970년까지의 경제 불평등은 중산층과 저소득층의 교육 격차를 만들어냈다.[159] 20세기 중반의 부유층 학생은 중산층 학생과 학업 성취도가 크게 다르지 않았다. 그러다가 1970년대 중반에 그런 경향이 변화하기 시작했으며, 그 후 변화가 가속화하는 추세다. 오늘날 부유층의 학업 성취도는 중산층과 저소득층의 격차보다 훨씬 더 큰 폭으로 중산층을 앞지르고 있다. 더 할 나위 없이 면밀하고 체계적인 연구에 따르면 부유층과 중산층 중학생의 학업 성취도 격차는 1970년대 초반에 벌어지기 시작해 1990년대 중반에는 중산층과 저소득층의 격차와 비슷해졌으며, 현재는 중산층과 저소득층의 격차보다 25% 정도 더 큰 폭으로 벌어졌다(491쪽 〈그림 6〉 참조).

이런 학업 성취도 격차는 결정적으로 부유층과 중산층 어린이의 격차를 포함해 SAT에서 한층 더 극명하게 드러난다. SAT는 대학 입학에서 가장 중요한 역할을 담당하는 만큼 미국 학생에게 가장 중대한 시험이다. 소득 대비 SAT 점수 격차는 어마어마하다.[160] 연소득 20만 달러 웃도는 가정의 학생(대략 상위 5%)은 SAT에서 연소득 2만 달러 미만인 가정의 학생(대략 하위 20%)보다 388점 더 높은 점수를 얻는다. 부모가 대졸자인 학생(대략 상위 10%)은 부모가 고등학교를 중퇴한 학생(대략 하위 15%)보다 395점 높다. 이와 같은 원점수raw score의 격차로 말미암아 엘리트 학생은 모든 응시자 중에서 평균적으로 상위 25%에, 저소득층 학생은 평균적으로 하위 25%에 들게 된다.[161]

이 경우에도 가장 두드러진 격차는 계층 양극단 사이에서보다는 중산층과 계층 양극단 사이에서 나타난다. 1990년대 후반만 해도 중산층과 저소득층 응시자의 SAT 점수 격차는 여전히 부유층과 중산층의 격차를 능가했다.[162] 그러나 엘리트의 능력 상속과 더불어 이 같은 추세는 뒤집혔다.

오늘날 중위 소득 가정 학생이 얻는 점수는 저소득층 학생보다 고작 135점 정도 더 높다. 반면에 부유층 학생의 점수보다는 250점이나 더 낮다.[163] 미국의 교육 분포도에서 중간쯤 위치한 부모(고등학교를 졸업하고 준학사 학위를 땄지만 학사 학위는 따지 못한 경우)를 둔 학생은 고등학교 중퇴자를 부모로 둔 학생을 불과 150점 앞선다. 반면에 대학원을 마친 부모를 둔 학생보다는 250점이나 뒤처진다.[164] 계층 격차나 교내 학업 성취도의 경우와 마찬가지로 대학 입학시험에서 엘리트 계층은 중산층과 저소득층의 점수가 서서히 수렴하는 와중에도 중산층을 큰 폭으로 따돌리고 있다.

능력 상속 때문에 이 같은 경향은 불가피하다. 상위 소득이 천정부지로 치솟을수록 부유한 부모는 중산층보다 자녀 교육에 갈수록 더 적극적으로 매진하게 된다. 그런 교육은 큰 효과를 거둔다. 앞서 언급한 평균 점수를 떠나 가정 형편에 따른 기대치를 뛰어넘는 학생은 놀랄 정도로 드물다. 예를 들어 2010년에는 SAT의 주요 과목인 독해와 수학 과목에서 700점 넘는 점수를 얻은 학생(상위 5~7%) 가운데 87%가 대학을 졸업한 아버지나 어머니를 두었으며 56%는 석사 학위가 있는 아버지나 어머니를 둔 것으로 드러났다.[165]

이와 같이 기본적인 인지 능력과 비인지 능력, 장기적인 심화학습 활동, 성적과 시험점수에 대한 유별난 투자가 결합하면 엘리트 고교 졸업생과 저소득층이나 중산층 가정의 고교 졸업생 사이에 본질적인 격차가 생겨난다. 항상 그렇듯이 격차는 누적되고 소득분포상 최상위층에 집중된다. 그런 사실은 이름만 들으면 알 만한 초일류 학교의 성과를 보면 분명해진다. 스카스데일 고등학교 같은 엘리트 공립학교는 졸업생의 97%를 대학에 보낸다.[166] 엘리트 사립학교는 그보다 훨씬 더 우수한 성과를 낸다. 『포브스』가 선정한 미국의 상위 20개 사립 고등학교는 평균적으로 졸업생의 30%를 아이비리그, 스탠퍼드, MIT에 보낸다.[167] 이런 학교는 졸업생의 3분의 2 정도를 「유에스 뉴스 앤드 월드 리포트U.S. News & World Report」가 선정하는 분야별 상위 25개 대학에 보낸다.[168]

따라서 부유층 가정의 자녀가 태어날 때부터 받는 유별난 투자는 고등학교 졸업과 동시에 끝나지 않는다. 끝나기는커녕 능력 상속은 부유한 고등학교 졸업생들을 대학과 그 이후 과정에서 한층 더 특별한 교육과 훈련을 받기에 적합한 상태로 준비시킨다. 이런 면에서 아동기의 영향은 성인이 되어서도 한참 후까지 쭉 이어진다.

명문대

전반적으로 오늘날에는 1960년에 비해 대학에 들어가기가 어렵지 않다.[169] 실제로 지난 반세기에 걸쳐 (학생 선택도selectivity●에 따른) 하위 90% 대학에서는 입시 경쟁이 별로 변화가 없거나 완화되었다. 그러나 엘리트 대학의 입시 경쟁은 한층 더 치열해졌다. 더욱이 입시 경

● 대학이 학생의 성적을 토대로 입학을 불허하는 정도로, 선택도가 높을수록 합격률이 낮다.

쟁의 심화 정도는 1960년대 초 대학의 선택도에 정비례해 점점 더 커지고 있으며 특히 아이비리그, 스탠퍼드, MIT 등 최상위 대학에 대한 경쟁이 극심하다. 최상위 대학의 입학 경쟁은 두 세대 전보다 몇 배 더 치열하다.[170] 엘리트 부모와 자녀의 삶을 지배하는 경쟁은 이와 같은 극소수 초일류 대학을 중심으로 일어난다.

최상위 고등학교를 중심으로 한 경쟁 역시 치열하다. 『포브스』가 선정한 상위 20개 사립 고등학교는 졸업생의 30%를 아이비리그, 스탠퍼드, MIT 같은 엘리트 대학에 보내는데, 이는 이런 대학의 전체 입학 건수 가운데 10% 정도를 차지한다.[171] 게다가 상위 20개 사립 고등학교는 상당히 비슷한 학생들에게 비슷한 수준의 집중적이고 엘리트다운 교육을 제공하며 동등한 성과를 내는 몇몇 고등학교와 사실상 차이가 없다. (예를 들어 필드스턴은 『포브스』의 상위 20개 고등학교 명단에 적어도 선정 연도에는 이름을 올리지 못했으며 스카스데일 고등학교는 명목상 공립학교이므로 해당 명단에 올라갈 수 없다.)

100~200개의 유명 엘리트 고등학교를 졸업한 학생들은 미국 일류 대학 재학생의 3분의 1을 차지한다.[172] 이런 고등학교를 졸업하는 학생 중 절대다수는 역시나 매우 부유한 가정 출신이다(졸업생 중 3분의 2 정도가 소득분포 상위 5% 가정 출신이다). 따라서 간단한 고찰만으로도 최상위 고등학교를 나온 최상위 가정의 학생이 엘리트 대학 재학생의 대부분을 차지한다는 사실을 알 수 있다. 대학은 능력 상속을 확대해 부유층 자녀와 중산층 자녀의 교육 불평등을 확장하고 심화한다.

이 같은 통찰은 체계적인 연구로 입증된다. 29세 이전에 어떤 종류든 학사 학위를 취득하는 미국인의 비율은 제2차 세계대전 종전 후인 1947년에서 1977년까지 6%에서 24%로 늘어났으며 2011년에는 32%에 이르렀다.[173] 그러나 대부분의 증가는 소득 상위 50%에서 일어났으며 미국 부유층과 저소득층 중에서 학사 학위를 취득하는 비율의 격차는 1980년에서 2010년 사이 50% 확대되었다.[174] 오늘날에는 부모의 소득이 증가할수록(소득분포의 위쪽으로 이동할수록) 자녀가 대학에 진학할 가능성이 현저하게 커진다.[175] 게다가 부모의 소득이 대학 졸업에 미치는 영향은 대학 진학에 미치는 영향보다 훨씬 더 크다.[176] 대학에 진학한 부유층은 나머지 계층보다 훨씬 더 높은 비율(2.5~4배)로 학사 과정을 마치며 그 비율은 갈수록 높아지고 있다.

전반적으로 소득의 영향은 24세 이전에 학사 학위를 취득하는 미국인의 비율에서 극명하게 드러난다. 2016년을 기준으로 상위 25%, 50%, 75%, 하위 25% 가정에서 자라난 미국인 가운데 29세 이전에 학사 학위를 취득하는 이들의 비율은 각각 58%, 41%, 20%, 11%로 나타났다.[177] 이런 차이는 그 절대적인 규모뿐만 아니라 상대적인 규모 면에서 중요하다. 고등학교까지의 교육 투자 분포와 마찬가지로 대학 졸업 비율에서도 부유층과 중산층 학생의 격차는 중산층과 저소득층 학생의 격차를 능가한다. 부유층과 중산층의 격차는 1970년 수준의 2배에 이른다.[178]

부유층은 선택도가 높은 대학의 진학과 졸업에서 상대적으로 훨씬 더 큰 우위를 누리며 특히 경쟁이 가장 치열한 엘리트 대학의 진학과 졸업에서 가장 큰 유리한 위치를 차지한다(물론 모든 소득 계층을 통틀어서 보면, 그런 대학에 다니는 부유층 학생의 절대 비중은 낮다). 저소득층 학생은 대학에 진학하더라도 평균적인 수준 측면에서 모든 대학 가운데

35번째 백분위수에 해당하는 대학에 다니며 중산층 학생은 50번째 백분위수 바로 밑의 대학에 다닌다. 소득 상위 1% 가정의 학생들이 다니는 대학은 80번째 백분위수에 근접한다.[179] 다른 경우와 마찬가지로 부유층과 중산층이 다니는 대학의 평균적인 수준 격차는 중산층 학생과 저소득층 학생이 다니는 대학의 평균적인 수준 격차를 웃돈다.

선택도가 극히 높은 대학에서는 이런 경향이 훨씬 더 극단적으로 나타난다. 부유한 가정 출신 고등학교 졸업생을 진정한 엘리트 대학에 확실하게 보낼 방법은 없다. 그러기에는 부유한 가정이 너무 많고 엘리트 대학이 너무 적다. 그러나 선택도는 사실상 저소득층과 중산층 가정의 고등학교 졸업생을 진정한 엘리트 대학에 입학하지 못하도록 배제하는 수단이다. 예를 들어 2004년 고등학교 졸업생의 경우 고소득 가정의 학생 가운데 15% 정도가 선택도가 높은 대학에 입학했다. 반면에 중산층과 저소득층 학생 가운데 그런 대학에 입학한 비율은 각각 5%와 2%에 불과했다.[180] 부유층과 중산층의 격차는 중산층과 저소득층의 격차를 3배 넘게 웃돈다.

개별 소득군의 부모 중에서 자녀를 대학에 보내는 비율로 전체 대학생 중 그런 소득군에 해당하는 대학생의 비율이 결정되는 것은 당연하다. 그렇다면 대학생 인구가 압도적으로 부유층에 편중되어 있는 것도 그리 놀랄 일이 아니다. 오늘날 전체 대학생 가운데 37% 정도가 소득 상위 25% 가정 출신이다. 반면에 중위 50%와 하위 25% 가정 출신은 각각 25%와 13%에 지나지 않는다.[181] 대학생의 부유층 편중 현상 역시 능력주의 초기의 민주주의적인 시기 이후 시간이 흐름에 따라 심화하고 있다.[182] 그뿐만 아니라 대학 졸업률이 가구 소득과 비례해 증가하는 경향 때문에 대졸자의 부유층 편중 현상은 대학생의 부유층 편중 현상보다 한층 더 두드러진다. 한 예로 2014년에 소득 하위 25% 가정의 학생 중 학사 학위를 취득한 사람은 1970년의 12%보다 낮은 10%에 불과했다.[183]

더욱이 이런 불평등은 엘리트 대학에서 가장 현저하게 나타나며 초일류 대학 재학생의 부유층 편중은 그저 놀랍기만 하다. 어느 연구에 따르면 경쟁이 가장 치열하며 선택도가 높은 150여 개 대학(그러므로 엘리트 성격이 가장 강한 대학)에서 소득 상위 25% 가정의 학생은 소득 하위 25% 가정의 학생보다 14배 많다.[184] 다른 연구에서는 경쟁이 가장 치열한 91개 대학에 소득 상위 25% 가정의 학생이 소득 하위 25% 가정의 학생보다 24배 많다는 결과가 나왔다. 결과적으로 엘리트 대학의 학생 가운데 72%가 소득 상위 25% 가정 출신이며 불과 3%가 소득 하위 25% 가정 출신이다.

소득 하위 가정 출신이 그토록 적은 비중을 차지한다는 사실은 안타깝긴 하지만 놀라운 일이 아니다. 분명 어느 사회에서든 저소득층이 최우수 기관에서 큰 비중을 차지한 적은 없다.[185] 그러나 충격적인 점은 소득분포 상위 내에서도 부 편중 현상이 나타난다는 사실이다. 선택도가 높은 대학 전반에서 소득 상위 25% 출신은 소득 중위 50% 출신보다 4~8배 더 많다.[186] 엘리트 대학에는 부유층 학생이 저소득층뿐만 아니라 광범위한 중산층 학생보다 압도적으로 많다.[187] 이 같은 불균형 역시 능력주의의 발전 과정을 따라 시간이 흐르면서 점점 더 심각해지고 있다. 아동기 초기와 고등학교의 교육 불평등 심화를 감안하면 놀라운 일이 아니다. 어느 연구에 따르면 엘리트 대학의 과도한 부유층 비중은 1980년대 후반에서 2000년대 초반 사이 50% 가까이 증가했다.[188] 이 같은 절대 수치는 구체적인 사회계층을 반영한다. 예를 들어 선택도가 가장 높은 사립대학에 대한 2004년 연구에서 의사 아버지를 둔 신입생은 아버지가 시급 노동자, 교사, 성직자, 농민, 군인인 신입생을 합한 것보다 더 많다는 결과가 나왔다.[189]

부 편중 현상은 교육 서열 체제의 최상위 학교에서 가장 극명하고 심각해진다. 최고 엘리트 대학 행정 당국은 재학생들의 계층 배경에 관한 체계적이고 종합적인 데이터를 발표하지 않지만, 일부 엘리트 대학 재학생들이 자신들에 대한 데이터를 취합해 보고하기 시작했다. 하버드 대학과 예일 대학 학생들이 보고한 바에 따르면 소득분포 상위 5분위에 해당하는 가정 출신 비율은 하위 2개 5분위 가정 출신을 합한 것보다 3.5배 높았다.[190] 한층 더 충격적인 사실은 아이비리그, 시카고, 스탠퍼드, MIT, 듀크 대학 등을 통틀어 소득 상위 1% 가정의 학생이 하위 50% 가정의 학생에 비해 늘어나고 있다는 점이다.[191] 이 같은 규모의 부 편중 현상은 한마디로 비정상적이다. 오랫동안 사회계층과 엘리트 교육의 교차점을 상징해온 영국의 옥스퍼드와 케임브리지 대학조차 오늘날에는 하버드와 예일 대학보다 한층 더 경제적으로 다양한 학생을 받아들인다.[192]

이런 사실들을 종합해보면 냉엄한 현실이 드러난다. 부유한 부모에게서 태어나는 것은 대학 졸업의 충분조건이며 엘리트 대학 졸업의 (충분조건은 아니더라도) 필요조건인 것이다.[193] 대학은 부유층 학생이 고등학교 졸업 이후에 영위하는 삶을 지배한다. 부유한 부모의 자녀는 엘리트 대학 재학생 중에서 절대다수를 차지한다. 오늘날 능력주의는 대학의 기원과 목적에 상관없이 대학을 부자의 전유물로 만들어나간다.

대학 자체도 갈수록 엘리트 양성에 집중적으로 투자하고 있다. 대학은 부유층 위주의 교육을 성년기까지 연장하며 중산층과 부유층에 대한 인적 자본 투자의 격차를 한층 더 벌려놓는 것이다. 미국 저소득층과 중산층 가정의 젊은이들에 대한 조직 차원의 인적 자본 투자는 대개 고등학교 졸업과 동시에 끝나는 반면에, 대학은 대체로 부유한 젊은이들에 대해 새로운 투자 과정을 개시한다. 경쟁이 가장 치열한 대학의 교육에 수반되는 특별한 투자는 전적으로 부유한 젊은이에게 돌아간다. 더욱이 그 같은 대학의 투자 규모는 어마어마하다.

대학이 부유층 학생의 교육에 투자하는 금액은 원래부터도 남달랐지만 지난 수십 년에 걸쳐 꾸준히 증가하고 있다. 오늘날 대학 등의 고등교육기관이 미국의 공교육 지출에서 담당하는 비율은 33%에 달하며, 공교육 지출에 사교육 지출까지 더한 금액 중에서는 45%를 담당한다.[194] 절대적으로도 어마어마하지만, 경제 전반 대비 상대적으로도 막대한 금액이다. 2014년 고등학교 이후 교육기관이 지출한 금액은 5,320억 달러로, 국내총생산GDP 대비 3.1%였다(이와 비교해 1970년에는 1,420억 달러로 GDP 대비 2.2%였다).[195] 미국의 교육 투자 총액은 비주거용 물적 자본nonresidential physical capital에 대한 투자 총액에 맞먹는다.[196] 예일 대학이 투자한 금액만도 1840년 미국의 교육 투자 총액보다 몇 배나 많다.[197] (놀랍게도 미국은 GDP에서 초·중등 교육 투자가 평균적으로 차지하는 비율이 다른 OECD 국가보다 낮지만, 대학 이상 교육에 대한 투자가 평균적으로 차지하는 비율은 2배 가까이 높다.)[198] 더욱이

1970년 이후 지출은 입학 건수보다 훨씬 더 빠른 속도로 증가하고 있다.[199] 그 결과 학생 한 명당 실질 지출은 60% 가까이 불어났다.[200]

특히 초일류 대학의 경우 지출은 가장 빠른 증가세를 보이는 반면에 입학 건수는 가장 느린 증가세를 보인다. 예를 들어 아이비리그의 학생 한 명당 중위 실질 지출은 2001년에서 2015년까지 비교적 짧은 기간에 80%나 증가했다.[201] 경쟁률이 높은 대학일수록 경쟁률이 낮은 대학보다 상대적으로 부유한 학생의 교육에 훨씬 더 많은 돈을 지출하는 경향이 있다. 선택도가 가장 높은 대학이 학생 대상 프로그램을 통해 매년 학생 한 명당 지출하는 금액은 9만 2,000달러인 반면에 선택도가 가장 낮은 대학은 1만 2,000달러 정도만 지출한다.[202] 1960년대보다 지출 격차가 5배 증가한 것이다.[203]

이처럼 늘어나는 지출의 일부는 엘리트 대학 학부모의 증가한 소득으로 충당된다.[204] 그러나 사실 가장 큰 부분은 부유한 대학의 엄청난 기부금과 자선기관으로서 대학이 받는 조세 지원 등을 비롯한 공적 자금과 같은 그 외 보조금에서 비롯된다. 일반적으로 가장 부유한 10% 대학의 부유한 학생들은 자신들의 교육에 지출되는 달러당 20센트만을 내며 가장 가난한 10% 대학의 저소득층과 중산층 학생들은 지출되는 달러당 78센트를 낸다.[205] 결과적으로 지난 50년 동안 보조금뿐만 아니라 일반 학생과 엘리트 학생에 대한 투자의 격차까지 급속도로 증가했다. 1967년에 선택도가 가장 낮은 대학들의 학생 한 명당 연간 보조금은 약 2,500달러이고 선택도가 가장 높은 대학은 약 7,500달러였다. 선택도가 낮은 대학은 2007년에 평균 보조금이 5,000달러대로 증가한 데 그친 반면에, 선택도 측면에서 99번째 백분위수에 해당하는 대학의 보조금은 7만 5,000달러대로 급증했다.[206] 엘리트 학생이 부유층에 편중되면서 가장 부유한 학생이 가장 많은 보조금을 받는 상황이 나타나고 있다.

간단히 말해 대학은 부유한 가정 출신 학생의 교육에 점점 더 집중할 뿐만 아니라 부유층이 받는 교육에도 갈수록 더 많은 보조금을 대주고 있다. 능력 상속의 이 두 가지 요소는 그 규모가 엄청나다.

대학원과 전문대학원

통념상 대학 졸업은 청년기의 끝과 (시작을 의미하는 commencement가 동시에 졸업을 뜻하는 데서 알 수 있듯이[207]) 본격적인 성년기의 시작을 알린다. 그런 통념대로라면 대학 졸업생은 학교 교육을 영원히 뒤로한다. 무엇을 배우든, 무엇이 되든지 간에 대학을 졸업한 사람은 한층 더 냉엄한 '현실' 세계에서 살아가야 한다.

그러나 오늘날의 삶은 그 같은 통념에 위배되며 특히 부유한 엘리트 사이에서는 그런 경향이 두드러진다. 상상과 현실의 간극이 꾸준히 벌어지고 있다. 적어도 갈수록 교육 수준이 높아지며 집중적인 훈련을 받은 상위 근로자들에게는 대학 졸업이 '현실' 생활이 아니라 좀 더 심층적인 학습으로 (곧바로는 아니더라도 어느 정도 후에) 이어지는 통로다. 실제로 미국 초일류 대학의 전형적인 학생들은 대학을 대학원으로 가는 징검다리로 생각한다. 과거 학생들이 고등학교를 대학으로 가는 징검다리로만 여겼던 식이다. 대학원에서의 추가 교육은 갈수록 기량이 향상되고 갈수록 폭이 좁아지는 엘리트 계층에 인적 자본 투자를 한층 더 집중함으로써 부유한 부모에게서 태어난 사람과 그 외 사람 사이의 인적 자본 투자 격차를 확대하고 있다. 대학원과 전문대학원은 성년기가 한참 진행될 때까지 능력 상속을 연장한다.

대학원과 전문대학원 교육은 비교적 최근에 나타난 현상이며 엘리트 직업인들 사이에서 그 중요성이 부각된 것도 최근의 일이다. 실제로 대학원 교육은 얼마 전까지만 해도 전문 직종을 비롯한 엘리트 직업의 필수 요건이 아니었다.[208] 로스쿨과 의학전문대학원 같은 전문대학원은 20세기 초반까지 대학원으로 승격되지 못했다.[209] 다시 말해 입학 요건으로 학사 학위를 요구하지 않았다. 무엇보다 중요한 사실은 숫자도 많고 보수도 높은 엘리트 금융인, 컨설턴트, 기업 중역 등은 정식 경영학 석사 학위 없이도 오랫동안 자기 직업에 종사해왔다. 하버드 경영대학원의 니틴 노리아Nitin Nohria 학장의 말대로 20세기 중반 미국의 엘리트 경영인들은 학위가 아니라 가족 인맥과 종교적인 유대관계에 의해 뭉쳤다. 1900년에는 대학을 졸업한 기업 지도자가 5명 중 1명꼴이었다.[210]

미국의 엘리트 전문가가 대학원 교육 없이도 승승장구했던 까닭은 고용주로부터 광범위한 실무 교육을 받았기 때문이다. 의사들은 환자들을 치료하면서 전문적인 기량을 익혔다. 변호사들은 원로 변호사의 사무실과 판사 집무실에서 수습 기간을 거쳤다. 무엇보다 엘리트 중역을 비롯한 경영인은 20세기 중반 미국 기업의 복잡한 경영 위계질서를 따라 승진하는 동안 체계적이고 실질적인 직장 내 훈련을 받았다.[211]

예를 들어 IBM의 신규 중역 교육은 뉴욕 아몽크에 있는 사내 교육 센터에서 시작되었으며, 어떤 의미에서는 중단되지 않았다. 임원이 된 직원은 첫 2년 동안 아몽크 본사의 여러 직위를 돌아가며 거쳤다. 그러고도 재직 기간 내내 해마다 아몽크에서 현장 실습이 가미된 교육을 3주 더 받았다. IBM에서 40년간 재직한 뒤 은퇴한 임원은 재직 기간의 10%에 해당하는 4년여 동안 회사의 교육을 받았다고 한다.[212] 20세기 중반 미국의 또 다른 선두 기업인 코닥Kodak은 신입 직원에게 장기간 사내 교육을 시켜야 했던 만큼 사실상 25세 넘는 직원은 채용하지 않았다.[213] IBM이나 코닥이 특이한 기업이 아니었다. 기업 임원에 대한 20세기 중반의 주요 연구에 따르면 신입 직원은 사내 교육을 원했으며 교육을 염두에 두고 회사를 선택했다고 한다. 20세기 중반의 기업도 그런 요구에 부응했다. 해당 연구에서 다룬 기업의 기본적인 중역 교육 프로그램은 장장 18개월 동안 이어졌다.[214]

오늘날의 기업은 그와 조금 비슷한 교육도 제공하지 않는다. IBM이 1990년대 초에 교육으로 뒷받침되는 종신 고용 정책을 폐지했을 때는 기업 간부들이 현지 총기 판매상들에게 당분간 영업을 중단해달라고 요청할 정도로 본사 직원들이 큰 충격에 빠졌다.[215] 또한 현재 코닥은 사내 교육을 받은 임직원이 핵심 경영 인력의 3분의 1을 넘지 않도록 하는 방침을 대놓고 시행하고 있다.[216] 이런 변화는 현대 경영계에서 흔한 일이다. 최근 중년의 보험사 중역들은 한 세대 전만 해도 자신들이 꼬박 1년 동안 사내 교육을 받았던 반면에 오늘날에는 그 어떤 보험사도 교육 프로그램을 전혀 운영하지 않는다고 말한 바 있다.[217] 그들의 이야기는 데이터로 측정되는 현실을 반영한다. 오늘날 미국 기

업이 직원의 급여 예산 가운데 직원 교육에 투자하는 비율은 평균적으로 2%에도 미치지 못한다.[218]

사내 교육은 20세기 중반의 전형적인 경력 곡선에 연료 역할을 했다. 그 당시에는 "우편물 분류실에서 중역 사무실까지"라는 격언과 같이[219] 같은 회사 내의 이동에 중점을 둔 경력 곡선이 전형적이었다(『포춘』이 1952년에 진행한 설문조사에 따르면 고위 중역의 3분의 2가 기존 직장에 20년 넘게 재직했다고 한다[220]).

오늘날에는 그런 연료가 고갈되었다. 엘리트 직업의 성격은 기업 특정적인 지식의 가치가 떨어지고 전반적인 기량의 가치는 높아지는 식으로 변화했다. 같은 기간 엘리트 노동시장의 구조도 기업과 직원의 상호 헌신을 약화하는 방식으로 변화했다. 직장의 위계질서는 기업과 산업이 아니라 직종에 맞게 조직된다.[221] 게다가 고용주들은 능숙한 업무 수행이 종신고용과 꾸준한 진급을 보장한다는 약속을 더 이상 하지 않았다. 그 같은 약속은 한때 기업 경영인들이 으레 하는 약속이었다. 그 대신 오늘날의 고용주들이 제안하는 것은 애플 컴퓨터가 직원들에게 발표한 성명서에 드러나 있다. 애플은 직원들에게 "이곳에 있는 동안 정말로 멋진 여행"을 제공하겠다면서 "사측과 직원 모두에게 유한한 기회가 적합하다"라고 말했다.[222]

결정적으로 이런 변화로 말미암아 실무 훈련보다 대학 학위가 취업과 승진에 중요한 역할을 하게 되었다. 사실상 젊은 의사라면 누구나 전통적으로 1년짜리 수련의 과정뿐만 아니라 좀 더 길고 집중적인 전공의 과정을 거치려고 한다. 예를 들어 신경외과 같은 곳의 일부 전공의 과정은 장장 7년 동안 이어지기도 한다. 실제로 오늘날의 전문

과목은 전공의 과정 이후에도 공식적인 정규 훈련을 추가로 요구한다.[223] 젊은 변호사 역시 변호사 업무를 하기 전에 학사 학위를 취득한 후 3년 동안의 로스쿨 과정을 거쳐야 한다. 지난 20년 동안 미국의 로스쿨은 연평균 4만 명 정도의 법무 박사JD를 배출해왔다.[224] 금융, 컨설팅, 경영계에 입문하는 엘리트 직원 대다수도 학사 학위 취득 후 2년 동안의 경영대학원 과정을 거치는데, 경영대학원은 매년 10만 명 넘는 경영학 석사를 배출한다.[225] 1932년에 진행된 선구자적인 연구를 통해 기업의 최고경영자 가운데 55%가 대학조차 다니지 않았다는 결과가 나왔지만,[226] 오늘날에는 대학을 마친 최고경영자가 10명 중 9명꼴이며,[227] 엘리트 경영인 절대다수가 경영학 석사나 법무 석사 학위를 가지고 있다.[228] 현재는 이런 경향이 상위 근로자들의 진로에서 당연한 일이자 엘리트의 삶에서 반드시 필요한 배경의 일부로 여겨질 정도로 깊이 뿌리를 내렸다. 그러나 사실 이는 한두 세대도 안 될 정도로 철두철미하게 새로운 현상이다.

이런 변화는 미국 사회 전반의 교육 분포(인적 자본 투자 분포)에 상당한 영향을 끼친다. 학사 후 교육은 오랫동안 근로자, 특히 엘리트 근로자의 인적 자본에 대한 상당한 추가 투자를 상징해왔다. 20세기 중반의 미국 고용주들은 엘리트 근로자의 재직 기간에 걸쳐 공식적인 교육에 상당한 금액을 들였다. 오늘날 대학에 부속된 대학원과 전문대학원은 학생들에게 그보다 훨씬 더 큰 금액을 투자한다. 하버드 경영대학원의 학생 한 명당 지출은 35만 달러를 웃돈다.[229]

엘리트 교육의 주체가 직장에서 대학으로 변화함에 따라 교육과 인적 자본의 투자를 받는 사람들의 사회경제적 구성에도 변화가 나타나고 있다. 고용주가 제공하는 교육도 어느 정도는 부에 편중되어 있었다. 진입 장벽이 높으며 가장 많은 교육을 제공하는 직업일수록 엘리트 대학을 나온 지원자들을 선호했기 때문이다. 그러므로 부유한 가정 출신이 그런 직업을 얻을 가능성이 더 컸다.[230] 그러나 엘리트 대학원과 전문대학원의 과도한 부유층 학생 비율이 엘리트 대학 학생들 사이의 사회경제적 불균형에 맞먹거나 이를 능가함에 따라 대학 기반 전문 교육은 두드러지게 부에 편중되는 추세다. (오늘날까지 지속되어 성행하는 직장 내 교육 가운데 한 가지 유형[무급 인턴제도] 역시 부유한 가정 출신이어서 무급으로 일할 여력이 되는 젊은 근로자를 선호한다.)

이런 현상을 놀라운 일로 받아들여선 안 된다. 가장 직접적인 원인은 대학원과 전문대학원들의 학문적인 경쟁이 치열하며 특히 초일류 대학원과 전문대학원은 엄청나게 경쟁적이다. 실제로 초일류 대학보다 더 경쟁적이다. 예를 들어 예일 대학 로스쿨의 중위 학생은 학부에서 거의 모든 과목에서 A학점(학점으로는 3.9)을 받았으며 LSAT에서 99번째 백분위수를 웃도는 점수를 얻었다. 하버드 경영대학원의 중위 학생은 학부 학점이 3.7이며 GMAT에서 96번째 백분위수에 해당하는 점수를 얻었다. 스탠퍼드 의대의 중위 학생은 학부 학점이 3.85이며 MCAT 점수가 97번째 백분위수에 든다.[231] 더욱이 이런 학생들 대부분이 엘리트 대학에서 학점을 받았다. 특히 초일류 대학원과 전문대학원 학생 중 절대다수가 초일류 학부에서 학위를 받았다. 예일 대학 로스쿨 학생의 40%가 아이비리그 대학을 나왔으며 하버드, 프린스턴, 예일 대학을 나온 학생만도 25%다.[232] 물론 이 같은 대학의 학생은 상당히 부에 편중되어 있다. 그러니 거의 엘리트 대학의 학생만 받아들이는 대학원과 전문대학원에서 부유층 편중 현상이 재현되지 않을 리가 없다.

　게다가 대학원과 전문대학원은 역시나 비싸다. 엘리트 전문대학원의 필수적이고 불가피한 직접 비용(등록금과 각종 요금)은 엘리트 대학의 수준에 상응하거나 대부분의 경우 그보다 훨씬 더 높다. 예일 대학 로스쿨의 연간 등록금은 6만 달러 정도이며 하버드 경영대학원의 연간 등록금은 7만 달러를 웃돈다.[233] 더욱이 이 금액에는 등록금만 포함되며 방값과 식비는 포함되지 않는다. 그런 비용까지 포함할 때 학생 한 명이 수업이 있는 9개월 동안 부담해야 하는 금액은 8만 달러가 넘는다는 것이 예일 대학의 추산이다. 하버드 경영대학원은 9개월 동안의 학비를 10만 5,000달러 남짓으로 추산한다.[234] (학생들에 따르면 여기에 2만 달러 정도의 사회생활 참여 비용이 추가된다는데, 각종 정보와 인맥 등의 혜택에서 배제될 각오를 하지 않는 한 포기하기 어려운 비용이다.)[235] 전문 학위의 간접적인 기회비용은 전문대학원에 다니느라 포기해야 하는 소득으로 측정되는데, 직접 비용과 맞먹거나 그 이상이다.[236]

　이런 비용은 의심할 여지없이 잘 드러나지 않는 제반 비용과 결합해 엘리트 대학원과 전문대학원 재학생 사이에서 상상을 초월하는 사회경제적 불균형을 만들어낸다. 체계적이고 총체적인 데이터는 여전히 부족하다. 부의 편중이 극심해 공공 데이터에는 드러나지 않는 것이다. 일반적으로 광범위한 엘리트들을 하나의 소득 범주로 묶는 공공 데이터로는 소득분포의 상위 1~2퍼센트를 세분화하기가 불가능하다. 대학 자체도 당연히 부의 편중을 부끄러운 현상으로 간주하기 때문에 그 사실을 외부로 알리지 않는다.[237] 그러나 비공식적인 자료를 보면 엘리트 전문대학원생의 가족이 지닌 부를 분명하게 가늠할 수 있다. 하버드 경영대학원 학생들이 사회생활 참여 비용을 언급하면서 "고작 2만 달러"라고 말한[238] 것만 보더라도 그들의 배경에 있는 부가 어느 정도인지 짐작할 수 있다.

최근 예일 대학 로스쿨 학생들은 재학생의 가정환경에 대한 체계적인 연구를 진행했다. 그 결과 부의 극심한 편중을 확인할 수 있었다. 예일 대학 로스쿨에는 소득분포의 상위 1%에 속하는 가정에서 자라난 학생의 비율이 하위 50% 가정에서 자라난 학생의 비율보다 대략 12% 대 9%로 높았다. 예일 대학 로스쿨의 중위 학생은 연소득이 대략 15만 달러(소득분포 상위 20%)인 가정에서 자라난 것으로 밝혀졌다. 빈곤층이나 근접 빈곤층 가정에서 자라난 학생은 3%도 되지 않았다.[239]

하버드 경영대학원이나 예일 대학 로스쿨 재학생만큼 사회경제적 엘리트 학생 집단을 찾아보기란 거의 불가능하다. 다른 엘리트 대학원이나 전문대학원에 관한 정확한 통계기초자료는 공개되어 있지 않지만, 하버드 경영대학원과 예일 대학 로스쿨만을 특이한 곳으로 생각할 이유는 없다.[240] 그와 반대로 로스쿨에 대한 광범위한 조사에서 1등급 로스쿨 재학생 가운데 적어도 부모 한쪽이 (학사 이후 학위를 가진) 전문직종인 학생의 비율이 3분의 2 가까이 되며 양쪽 부모 모두 전문직종인 학생의 비율도 3분의 1을 웃돈다는 사실이 드러났다.[241]

과거에 직장 내 교육은 초기의 능력주의자들이 교육에 불러일으킨 민주주의적 추진력을 성년기까지 이어감으로써 근로자들이 배경과 무관하게 기업의 위계질서를 따라 승진할 수 있도록 했다. 그러나 그

후 능력주의는 민주주의적인 추진력을 저버렸고, 오늘날에는 직장 내 교육을 대학 기반의 교육으로 대체하고 있다. 엘리트 대학원과 전문대학원은 현재 부유한 학생의 인적 자본에 대한 막대하고 과도한 투자를 성년기 초반을 지나서까지 연장하며 상상을 초월할 만큼 사회경제적으로 배타적인 엘리트들에게 그런 투자를 집중한다. 능력 상속을 확대하는 동시에 한정하는 셈이다. 오늘날 미국 엘리트 대학원과 전문대학원은 극소수에게 교육과 훈련을 집중하고 있다.

자녀 한 명당 천만 달러

능력주의자들은 태어난다기보다 만들어지지만 그렇다고 그들이 자수성가하는 것은 아니다.

엘리트 교육과 일반 교육은 인력, 환경, 방식, 목적, 진행되는 학습 프로그램 등 거의 모든 면에서 다르다. 이 같은 차이는 누적되어 부유한 부모의 정성스러운 교육을 받은 어린이를 독특한 생활방식으로 이끈다. 상위 근로 계층의 성인들이 택하는 생활방식과 매우 유사하다. 단순한 규정으로는 이 같은 생활방식의 특징적인 부분들을 온전히 잡아낼 수 없으며 한 가지 척도로는 엘리트 교육과 일반 교육의 차이를 가늠할 수 없다. 부유한 어린이를 에워싸는 엘리트 교육은 그런 측면에서 부유한 성인의 삶을 지배하는 상위 직업과 다를 바 없다.

그러나 엘리트 교육과 상위 직업의 연관성을 통해 부유층과 나머지 계층이 받는 교육의 격차를 대략적으로 측정할 때 교육 불평등의 본질을 포착할 수 있다. 상위 1%가 차지하는 소득 비중에서 성인 사이의 경제 불평등이 명확하게 드러나는 것과 마찬가지다. 더욱이 엘리트 교육과 상위 근로소득의 연관성을 알면 통계 구축에 도움이 된다. 근로소득은 근로자의 인적 자본이 거두는 수익을 나타낸다. 다른 모든 요소와 더불어 교육은 학생의 인적 자본을 구축하고 확충한다.

따라서 부유한 부모의 자녀가 받는 특별한 교육에 대한 척도를 구축하면 엘리트 교육을 둘러싼 온갖 문화적 맥락과 제도적 세부사항을 걷어내고 엘리트 부모가 자녀 양육과 교육에 들이는 직접적이고 사적인 비금전적 투자를 배제할 수 있다. 그 대신 교육을 인적 자본에 대한 투자이자 금액으로만 측정할 수 있는 것으로 간주한다고 치자. 그런 다음 일반적인 중산층 어린이의 교육에 비해 일반적인 부유층 어린이의 교육에, 이를테면 세인트클레어쇼어스의 중산층 가정 자녀보다 팰로앨토 상위 1% 가정의 자녀 교육에 얼마나 더 많은 금액이 투자되는지 알아보는 것이다. 바로 앞에 소개한 상세한 이야기는 중대한 금액에 대한 대략적인 (그러나 보수적인) 추정을 뒷받침한다. 즉 유치원 과정에서는 해마다 1만~1만 5,000달러가, 초등학교에서는 해마다 2만~2만 5,000달러가, 중·고등학교에서는 해마다 5만~6만 달러가, 대학과 전문대학원에서는 해마다 9만 달러 정도가 더 들어가는 것으로 볼 수 있다.

마지막으로 엘리트 아동기 내내 해마다 이루어지는 투자를 명확한 금액으로 환산하려면 오늘날 엘리트의 인적 자본 투자를 역사적인 관점에서 생각해볼 필요가 있다. 구시대 유한계급의 소득과 지위는 주로 축적된 물적 자본과 금융 자본에서 비롯되었다. 구시대의 사회적·경제적 질서 안에 자리 잡은 엘리트 부모는 자연스레 자녀 교육에 (절대적으로도, 중산층 부모에 비해서도) 훨씬 더 적은 자원을 할애했다. 그 대신 구시대 엘리트는 물적 자본과 금융 자본(토지와 공장, 주식과 채권)의 증여를 통해 자녀의 소득과 지위를 증진했고 부와 특권의 왕조적 세습을 이어갔다. 일반적으로 이런 증여는 부모의 유언에 따라 부모 사망 시 상속인인 자녀에게 유산으로 제공되는 식이었다. 구시대적인 부의 왕조적 세습은 상속되는 재산의 지배적인 유형에 맞게 이루어졌다.

그와 대조적으로 능력주의 시대 엘리트는 한가한 생활과 자본소득이 아니라 상위 직업으로 규정된다. 오늘날 새로운 질서 안에 자리 잡은 엘리트 부모는 자녀들에게 상위 근로 계층의 일원으로서 필요한 사회적·경제적 기반을 자연스럽게 제공한다. 인적 자본 투자는 부모가 살아 있는 동안 진행되며 엘리트 지위를 다음 세대에 전달하는 주요 수단으로서 물적 자본과 금융 자본을 대체했다. 따라서 인적 자본 투자가 몰아낸 전통적인 유산의 규모를 측정하면 인적 자본 투자의 규모 역시 가늠할 수 있다.

그렇게 하기 위해 전형적인 상위 1% 가정 자녀의 교육에 들어가는 자원과 전형적인 중산층 가정 자녀의 교육에 들어가는 자원의 차이가 매년 신탁기금에 투자되며 그 돈이 부모의 사망 후 부유층 자녀에게 유산으로 상속된다고 가정해보자. 그런 다음 유산의 규모를 계산해보자. 얼마나 정확한 결과를 얻느냐는 추정치가 얼마나 정확한가에 좌우된다. 따라서 계산 결과를 섣부르게 단정해서는 안 된다. 그렇지만 배경 추정background assumption의 변화에도 끄떡없는 합리적인 추정이 가능하며, 그 결과는 실로 놀랍다. 오늘날 전형적인 부유층 가정의 인적 자본 투자 초과분(저소득층뿐만 아니라 중산층 가정의 교육 투자를 초과하는 부분)은 자녀 한 명당 1,000만 달러를 전통적인 유산 형태로 상속하는 것과 맞먹는다(500쪽〈표 1〉과 501쪽〈표 2〉참조).

'자녀 한 명당 1,000만 달러!'

이 금액은 엘리트 자녀에 대한 능력 상속의 가치를 나타낸다. 능력 상속도 상속이다. 능력은 부모에게서 자녀로 계승되며 엘리트 가정의 왕조적 야심을 촉진하기 때문이다. 이런 상속은 두 가지 측면에서 능력주의적이다. 첫째, 능력 상속을 위해 부모가 구매하는 교육은 성과를 촉진하며 성과에 보상을 제공한다. 엘리트 부모, 과외교사, 교사 모두 기량과 지식을 쌓는다는 뚜렷한 목표로 자녀를 끌어들인다. 엘리트 학교는 입학을 위한 비정한 경쟁을 부추기며 학생이 입학하고 나면 성적 경쟁의 장이 된다. 둘째, 자녀는 능력 상속을 통해 무자비한 경쟁이 펼쳐지는 데다 성과 우선인 능력주의 직업의 세계에 뛰어들 자격을 갖춘다.

엘리트가 자녀 교육에 쏟아붓는 투자는 (절대적으로나 중산층의 교육 지출과 비교해서나 어마어마해) 왕조적 세습의 새롭고 확연히 능력주의적인 수단이 된다. 자녀 교육에 대한 이들의 투자는 '가족 재산 세습의 혁명'을 일으켰다고 할 만하다.[242] 부유한 부모와 자녀 모두 소득과 지위의 세습 수단으로 자연스레 인적 자본을 선호하는 경향이 있다. 오늘날 소득 상승과 더불어 그 어떤 주요 소비 항목보다 교육 지출 총액이 한층 더 빠른 속도로 증가하는 까닭과 교육 지출 불평등이 최근 수십 년 사이 소득 불평등보다 훨씬 더 가파르게 상승한 까닭도 그 때문이다.[243] 실제로 오늘날에는 물적 자본과 금융 자본이 충분해 전통적인 유산 상속을 통한 왕조적 세습을 할 수 있는 슈퍼리치조차 자녀에게 마크 저커버그의 사례처럼 1차적 상속이나 유일한 상속 형태로서 능력 상속을 하는 것이 일반적일 정도로 능력주의가 엘리트의 사고방식에 끼치는 영향력이 강력하다.

타고난 유한계급이 주도하던 사회에서 일하는 부유층이 주도하는 사회로의 경제적·사회적 변화에 따라 이 같은 관행은 정당화된다. 능력 상속, 즉 중산층 어린이가 받는 투자 대비 부유층 부모가 자녀에게 막대하게 쏟아붓는 초과 투자는 능력주의 세계의 왕조적 세습 여부를 좌지우지한다. 엘리트 교육은 왕조적 세습의 매개체다. 엘리트의 근로소득은 교육으로 상속된 능력에 대한 보상이다.

기회의 종말

한때 능력주의는 엘리트 세계를 이방인들에게 개방했지만 오늘날의 능력 상속은 능력주의와 기회 사이에 쐐기를 끼워넣는다.

가정이 소비가 아닌 생산의 장이 되고 자녀가 인적 자본의 축적물이 됨에 따라 엘리트와 중산층의 양육 차이는 단순히 문화적·미학적 성격을 벗어나 경제적 성격을 띠게 되었다. 더욱이 그 차이는 아이가 성년이 된 이후에도 한참 동안 뚜렷이 남는다. 이런 합의는 능력주의를 왕조적 특권의 원동력으로 만들고 부유층과 중산층 아이에게서 미래의 소득과 지위 기반을 빼앗는다. 능력주의는 초기의 의도나 기대와 달리 더 이상 사회·경제적 기회의 평등을 촉진하지 않는다. 오히려 현재 미국을 압박하고 있는 사회·경제적 불평등은 분명히 능력주의에 그 근원을 두고 있다.

능력주의는 초기에 희망을 실현해 브루스터를 비롯한 20세기 중반 개혁가들의 지지를 받았다. 능력주의가 몰아내고자 했던 귀족적인 엘리트는 경쟁이 치열한 세상에서 성공하도록 자녀를 교육할 동기는 물론 역량도 부족했다. 그러나 원숙해진 능력주의가 그런 희망을 꺾는 것은 애당초 불가피한 일이었다(능력주의의 지속적인 마력만이 그 일을 놀라운 일로 받아들이게 한다). 신흥 엘리트 계층을 구성하는 능력주의자들은 각자 치열한 학교와 직장에서 경쟁에 승리함으로써 지위를 얻었으며 자녀 교육에 대해 전례 없는 안목과 자질을 지닌 사람들이다.

훈련과 교육이 효과적이기 때문에 부유한 어린이들은 저소득층뿐만 아니라 중산층 어린이들을 교육 단계마다 체계적으로 앞서나간다. 아동기 전반에 걸쳐 부유한 어린이의 인적 자본에 대한 막대한 투자는 이들의 걸출한 성과로 이어진다. 그러다가 그런 투자는 아동기 이후 청년기와 성년기까지 능력주의적인 선별 기준과 맞물려 과도한 투자와 뛰어난 성과를 한층 더 강화하고 연장한다. 이런 메커니즘은 그 끝에 다다르면 차세대 상위 근로자 절대다수가 현 세대 상위 근로자의 자녀로 채워지는 결과를 낳는다. 모든 단계에서 엘리트 부모는 능력주의의 표준 관행과 수단을 회피하기보다 활용함으로써 자녀가 받을 혜택을 지킨다. 오늘날의 왕조는 능력 상속을 토대로 구축된다.

분명한 점은 부유한 가정의 학생과 달리 학문적 자질을 갖춘 저소득층과 중산층 가정의 학생은(특히 엘리트 학위를 따려는 학생은) 대학 졸업까지 경제적 장벽에 부딪힌다. 그 결과 중산층과 저소득층 출신의 고등학교 졸업자 가운데 과거의 학업 성취도가 충분한데도 대학 교육을 추구하지 않거나 마치지 않는 경우가 가끔 나타난다.[244] 그러나 이 같은 언더매칭undermatching●은 극히 희귀한 일이라서 대학, 특히 차세대 상위 근로자의 인적 자본에 가장 많이 투자하는 엘리트 대학에서의 부 편중 현상을 유발한다고 보기 어렵다.

SAT까지 쭉 이어지는 교육 불평등 때문에 소득 상위에 들지 못하는 고등학교 졸업생 중에 선택도가 가장 높은 대학에서 두각을 드러낼 만큼 성취도가 높은 이는 많지 않다.[245] 게다가 선택도가 가장 높은 대학의 재학생 중에는 엘리트 가정 출신이 너무 많기 때문에 부 편중이 나타날 수밖에 없다.[246] 심지어 가장 출중하고 야심만만한 근로 계층 학생과 예외적으로 헌신적인 극소수 교사의 아낌없지만 일관되지 않은 주목을 통해 얻어낸 교육을 ("퀴즈쇼 〈제퍼디Jeopardy〉를 시청하면서 세상"에 대해 독학했다는 어느 로스앤젤레스 남부 출신 학생처럼[247]) 자신의 에너지와 재능으로 보완하는 중산층 학생들조차 부유층 자녀에게 할애되는 수천 시간과 수백만 달러의 투자에는 대적이 되지 않는다. 실제로 최근 수십 년 동안 저소득층 고등학교 졸업자의 학업 성취도가 올라감에 따라 언더매칭은 감소했다. 오늘날 학생들이 자기 실력에 딱 맞는 학교에 가는 경향이 우세하다 하더라도 엘리트 대학의 저소득층 학생 비율이 두드러지게 높아지지는 않을 것이다.[248]

엘리트의 비중 증가에 따라 그런 결론이 확실해지며 능력에 따른 불평등이 부와 성과를 결합한다는 점이 입증된다. 따라서 오늘날에는

● 경제적으로 어려운 미국 학생들이 자기 실력보다 못한 대학에 진학하는 것.

가장 부유하고 성과가 가장 우수한 학생이 대부분 일치한다. 뿐만만아니라 학업 성취도 역시 엘리트 학생들에게 편중되어 있다. 실제로 최고 대학들은 대부분 가장 우수한 학생들만 받아들인다. 해마다 대략 8만 명의 학생이 SAT의 비판적 독해Critical Reading 항목에서 700점을 웃도는 점수를 받는다.[249] 그 가운데 25%를 입학시키는 대학은 「유에스 뉴스 앤드 월드 리포트」의 순위에 오른 대학 가운데 상위 20개뿐이다.[250] 상위 5개 로스쿨은 LSAT 점수가 99번째 백분위수에 드는 지원자 가운데 3분의 2 정도를 받아들인다.[251]

구시대 귀족은 저성과자로 길러졌기 때문에 능력 경쟁에 취약했다. 그러나 신흥 능력주의자들은 고성과자로 양육되어 능력 경쟁을 장악한다.[252] 대학생, 특히 경쟁이 가장 치열한 대학의 학생 간에 부 편중은 경제적·문화적 원인보다는 주로 학업 성적에 비례한다. 부 편중은 능력주의의 붕괴보다는 승리를 반영한다.[253] 교육 불평등 심화는 능력에 따른 불평등의 은밀한 작용에 내재된 논리를 폭로한다.

마지막으로, 왕조적 세습에 대한 능력주의적인 접근법은 엘리트들에게 혜택을 한 가지 더 제공하는데, 그런 면에서 엘리트들의 능력 상속은 과거 귀족들의 재산 상속과 차별화된다. 상속되는 물적 자본과 금융 자본이 방종에 빠지려는 유혹을 일으키고 그에 따라 귀족 제도의 해체를 불러온다는 사실은 유명하다. 그런 맥락에서 20세기 초반에는 부자가 3대를 못 간다는 속담이 유행했다.[254] 반면에 인적 자본을 물려받은 사람은 좀처럼 그 자본을 헛되게 쓰지 않는다.

어릴 때 인적 자본을 구축하기 위해 근면성과 자제력을 쌓으면 성인이 되어 그 자본을 낭비하지 않으려는 성향이 생긴다. 더욱이 법률도 그 같은 성향을 뒷받침한다. 인적 자본을 소유한 사람은 동시에 노동을 병행하지 않고서는 인적 자본에서 지대를 뽑아낼 수 없다. 임금노동은 허용하지만 노예노동은 금지하는 직업 관련 법률 제도 역시 소유자가 노동을 하지 않거나 노동을 하기에 앞서 인적 자본을 판매하는 행위를 금지한다. 사실 어린이는 부모의 부채를 물려받지 않기 때문에 인적 자본은 과거의 세대가 겪은 방종의 유혹에도 끄떡없다. 마지막으로 교육이 대부분 유상으로 제공되는 반면에 학생들은 어린 나이이기 때문에 인적 자본의 상속은 사실상 증여세와 상속세에서 면제된다.

따라서 인적 자본은 물적 자본이나 금융 자본과 반대로 소유자가 탕진하지 못하도록 심리적, 경제적, 법적으로 구조화된다. 마지막으로, 상위 근로 계층을 중심으로 형성된 구조, 즉 앞서 설명한 엘리트 교육의 관행과 기관은 부모에게서 인적 자본을 물려받은 자녀가 그것을 유용하게 활용하도록 지원할 뿐 아니라 왕조적 세습과 같이 자손 대대로 물려주는 것을 돕는다.

이 모든 측면에서 왕조 구축에 대한 능력주의적인 접근법은 수백 년에 걸쳐 엘리트의 삶을 지배해온 태생 위주의 세습 귀족 제도와 흡사하다. 다만 능력주의에서는 귀족 제도에서 태생이 담당하던 역할을 교육이 대체했으며 상위 근로자의 노동이 세습 토지가 담당하던 역할을 대체했을 뿐이다.[255] (그런 면에서 공식적으로 평등한 개개인이 태생보다는 물적 자본과 금융 자본의 우발적인 상속 여부에 따라 각기 다른 취급을 받았던 20세기 중반의 사회체제는 진보로 향하는 디딤돌이라기보다는 왕조의 공백 기간으로 볼 수 있다.)[256]

소득과 지위 획득 수단에 대한 엘리트 가정의 독점이 확대되고 저소득층뿐만 아니라 중산층 어린이에 대한 엘리트 교육과 엘리트 직업을 가질 기회가 차단되는 현상이 점점 심해지는 양상은 능력주의적인 가치의 퇴보가 아니라 구현이다. 특권의 왕조적인 성격은 능력주의 체제의 타락이라기보다는 완성을 나타낸다. (부유한 부모 없이도 비상한 재능이 있거나 운이 좋아 교육 수준이 높은 엘리트 계층에 진입하는 사람의 경우와 같이 엘리트의 독점에도 극히 드문 예외가 존재하긴 하지만, 그런 사례 역시 능력주의 체제를 대놓고 혈통을 따지는 체제와 차별화하고 능력주의에 외부의 활력을 불어넣음으로써 대개는 능력주의를 정당화하는 역할을 한다.)[257] 실제로 능력주의는 물적 자본과 금융 자본의 세습을 수반하며 능력주의가 무너뜨리고 대체한 20세기 중반의 메커니즘, 즉 형태와 지속성 측면에서 과거의 세습 귀족 제도와 흡사한 왕조적 구조를 답습하기보다는 언제든 새로운 특권 세습 제도를 만들어낼 준비가 되어 있는 것으로 보인다.

따라서 20세기 중반 부유한 유한계급에게서 변절자라고 비난받은 킹먼 브루스터가 오늘날에는 예일 대학의 가장 위대한 총장으로 칭송받는 것도 놀라운 일이 아니다.[258] 브루스터의 개혁으로 탄생하고 유지되며 웬만해서는 무너지지 않을 것으로 보이는 신흥 능력주의 시대 엘리트 계층에게 브루스터는 영웅이다.[259]

브루스터의 도움으로 출현한 체제가 역설적이게도 오늘날 엘리트에게 막강한 우위를 제공하는 동시에 압박을 가한다는 사실도 놀랍지는 않다.

특권층의 시련

맨해튼의 헌터 칼리지 부속 고등학교는 미국에서 가장 우수하고 경쟁이 치열한 공립학교 가운데 하나다. 헌터 칼리지 고등학교에 다니면 학업 성적 덕분에 대입에 성공하고 인생에서 경제적으로 성공할 가능성이 현저하게 올라간다. 이 학교 졸업생 가운데 25%가 아이비리그 대학에 합격한다.[260] 그에 따라 헌터 칼리지 고등학교는 경쟁률이 10대 1을 넘어설 정도로 정원에 비해 지나치게 많은 지원자가 몰려든다.[261] 더욱이 이 학교는 수십 년 동안 엄정한 입학시험 성적으로만 지원자를 선발해온 만큼 순수한 능력주의 현장이라 할 수 있다.

능력주의가 항상 그렇듯이 이 학교의 시험 제도는 준비된 지원자를 선호하며 합격생 대다수가 입학시험 점수를 높이기 위해 시험 대비 사교육을 받는다.[262] 이런 사교육을 받으려면 비용이 많이 들기 때문에 당연히 부유층이 유리하다. 실제로 지난 수십 년에 걸쳐 헌터 칼리지 고등학교 재학생 중 부유한 가정의 비율은 지속적으로 높아졌다. 현재 재학생의 10%만이 (가구 연소득이 4만 5,000달러 미만으로) 급식비를 보조받는 저소득층 가정의 학생이다. 이와 비교해 뉴욕시의 모든 공립학교 학생 중에는 75%가 급식비를 보조받는다.[263] 그 외에 이 학교의 인종 구성도 바뀌었다. 1995년에서 2010년 사이 7학년에 입학한 흑인과 히스패닉●의 비율은 각각 4분의 1과 6분의 1 감소했다.[264]

뉴욕 시민들이 능력주의 때문에 기회의 평등이 좌절되었다는 사실

● 스페인어를 쓰는 중남미계 이민자를 가리킨다.

을 인식하기 시작함에 따라 헌터 칼리지 고등학교는 정치적인 소용돌이의 중심에 섰다. 이 학교 학생과 교사 중 상당수뿐만 아니라 현직 교장은 학교의 건전성이 입시에 성적 이외의 요소를 감안하는 식으로 입학 경쟁을 완화하는 데 달려 있다고 결론 내렸다. 그러나 부속 고등학교의 운영을 총괄하는 헌터 칼리지의 학장은 반대했다. 그 결과 헌터 칼리지 고등학교의 동문인 엘리나 케이건Elena Kagan이 연방 대법원 대법관 인준을 통과하기 불과 몇 주 전, 교장이 논란 속에서 그만두면서 5년 동안 세 번째로 사임한 교장이 되었고 이 학교는 네 번째 교장을 찾아야 했다.[265]

헌터 칼리지 고등학교의 갈등은 좀 더 골치 아플 수는 있지만 중대성이 덜한 또 다른 문제를 내포하고 있었다. 학교의 과제 분량, 압력, 차등화가 도를 넘자 이 학교의 관행에서 이득을 보아왔던 엘리트 학생들조차 불만을 터뜨리기 시작했다. 헌터 칼리지 학교는 학생의 스트레스를 줄여줄 목적으로 그다음 해에 '과제 휴일'을 도입할 예정이었다.[266] 그러나 이 어린 엘리트들의 불만은 입시를 둘러싼 능력 집착적인 태도와 신념을 약간 바꿔놓았다. 게다가 학교가 학생들의 뜻에 따라 조정안을 시행하자 능력주의자들의 입지가 약화되었다. 학교가 원칙에 부합하지 않는다는 이유로 외부자를 배제하는 일이 어떻게 정당화될 수 있었겠는가? 더욱이 그 원칙은 학생들에게 악영향을 끼쳐 학교가 완화하려던 것이었다.

헌터 칼리지 고등학교를 둘러싼 갈등은 능력주의 교육 전반에 적용되는 어두운 메커니즘이 드러났다. 어느 유명한 경제학자가 "교육이 내게 주는 가치는 내가 얼마나 많은 것을 가지고 있느냐뿐만 아니라 직업 라인에서 나보다 앞선 사람이 얼마나 가지고 있느냐에 좌우된다"라고 말한 적이 있다.[267] 게다가 이 말은 나를 앞지르는 사람과 내가 (절대적으로) 얼마나 많은 교육을 받았는가와 상관없이 적용된다. 헌터 칼리지 고등학교를 비롯한 미국 전반의 능력주의 교육은 이처럼 특이한 논리를 작동시켜 파괴적인 결과를 낳는다.

한편으로 엄청나게 비싼 교육을 구매하는 엘리트는 나머지 사람들이 받는 교육에 직격탄을 가하며 공익을 저해한다. 부유층이 값비싼 초콜릿을 구매한다고 해서 중산층이 사먹는 값싼 초콜릿의 맛이 나빠지는 것은 아니다. 그러나 부유층이 학교 교육에 과도한 투자를 할 때는 평범한 중산층이 받는 교육과 학위의 가치를 떨어뜨린다. 자녀에게 고액 과외를 시키는 부모는 나머지 사람들의 헌터 칼리지 고등학교 합격 가능성을 떨어뜨린다. 헌터 칼리지 고등학교가 학생들에게 제공하는 빡빡한 교육은 나머지 사람들의 하버드 입학 가능성을 떨어뜨린다. 능력주의의 성공은 매번 실패라는 이면을 낳을 수밖에 없다.

반면에 소득이 상승할 때 엘리트 계층 내의 교육 경쟁은 중요한 소비 억제 장치를 해제하고 공익 수요를 억제한다. 부유층은 초콜릿에는 질리지만, 학교 교육에 대해서는 질리는 법이 없다.[268] 그보다는 자녀가 남들을 앞지르도록 자녀 교육에 점점 더 많은 돈을 투자한다. 최대치는 자녀의 교육 흡수 역량과 관련된 물리적·심리적 제약만으로 결정된다. 학교와 학교에 돈을 치르는 부모가 학생들을 상대할 교사를 한 번에 한 명만 고용할 수 있다는 사실과 자녀들이 공부할 수 있는 시간이 한정되어 있다는 사실이 교육의 대략적인 한도를 결정짓는 것이다. 능력주의 교육은 어김없이 공허하고 파괴적인 교육 경쟁을 낳으며 궁극적으로 그런 경쟁은 그 누구에게도, 심지어 승자에게도 도움이 되지 않는다.

미국의 능력주의 교육은 두 가지 측면에서 한계에 도달하고 있다. 엘리트 학교와 엘리트 대학 대다수는 최대한도의 교육비용을 치를 정도로 부유한 가정의 학생들만 받아들인다. 그와 동시에 학생들을 갈수록 비인간적으로 대한다.

헌터 칼리지 고등학교의 학생은 필립스 엑서터 아카데미나 하버드와 예일의 학생과 마찬가지로 자신들이 벌이는 경쟁과 추구하는 보상에 강박적으로 집착한 채 학교 교육에 접근한다. 무기력한 놀이와 퇴폐적인 오락뿐만 아니라 배움에 대한 심오한 반성과 본능적인 사랑도 과거의 진기한 유물, 즉 능력주의의 덫에 걸려들지 않았던 삶의 추억이 되어가고 있다. 오늘날 젊은 부유층은 시험과 입시 경쟁에 지속적으로 초점을 맞춘 채 열심히 공부하고 악착같이 기량을 연마한다. 성년기에 상위 근로자가 되어 경쟁하는 데 필요할 인적 자본을 쌓고 보여주기에 급급하다. 이들의 부모도 성인이 된 이후 계층을 유지하기 위한 경쟁 위주의 삶을 영위한다. 그들은 자녀의 포부를 이루기 위해 자녀와 더불어 읽고 공부하며 연마하고 근심할 뿐만 아니라 결혼하며 결혼 생활을 유지한다. 헬리콥터 양육helicopter parenting은 능력주의 체제의 지위 재생산 프로젝트에 상위 노동력이 투입되는 사례일 뿐이다.

이 모든 경쟁 활동의 스트레스는 장기간에 걸쳐 쌓이다가 결국 눈에 보이는 폐해를 끼친다. 세계 그 어느 곳보다 학생들이 열심히 공부하는 서울의 부촌에서는 지난 10년 동안 척추측만증 비율이 2배 넘게 상승했으며, 이곳 의사들은 '어린이의 목이 걱정스러울 정도로 앞으로 굽는' 신종 질환에 '거북목 증후군'이라는 이름을 붙였다.[269] 예일 대학 로스쿨에서는 설문 응답자(직업적으로나 경제적으로나 전에 없이 전도유망한 학생들) 중에서 70%가 예일에 다니는 동안 "정신 건강 문제를 경험"했다고 응답했다.[270] 그들의 주된 문제라 할 수 있는 불안, 우울증, 공황 발작, 주기적인 불면증은 모두 신경쇠약과 관련 있는 증상이다.[271] 아이비리그 교육은 한때 속 편한 세습 엘리트에게 품격을 안겨주는 후광이었다. 그러나 현재는 엘리트 지위를 확보하거나 유지하려면 반드시 이겨야만 하며 패배할 수도 있는 공개 쟁탈전이 되었다.

능력주의 교육은 가늠하긴 쉽지 않지만 상당히 중요한 폐해도 낳는다. 경쟁에 억눌린 삶은 학생들을 얄팍한 야심의 포로로 만들고 실패에 대한 뿌리 깊은 두려움에 휩싸이게 한다. 이 같은 폐해는 그에 대한 연구를 전담하는 분야가 생겨났을 정도로 심각해졌다. 비판론자들은 엘리트 학생들을 다양한 표현으로 묘사한다. "매우 똑똑하지만 다음에 뭘 해야 할지 몰라서 갈팡질팡"한다거나[272] "좀비"라고 하는 식이다.[273] 그중에서도 가장 인상적인 표현은 "똑똑한 양excellent sheep"일 것이다.[274] 최근에 엘리트 전문대학원 학생들은 직업적인 혜택을 얻기 위해 본질적으로 무익한 업무에 주당 15시간을 기꺼이 할애하겠냐는 질문에 모두 그렇다고 대답했다. 그뿐만 아니라 그 같은 질문에 놀라움을 표시했다.[275]

엘리트 교육을 비판하는 사람들은 흔히 엘리트 교육의 폐해가 엘리트의 약점뿐만 아니라 결함을 반영한다고 말한다. 어떤 비판론자들은 자신들의 불만을 도덕적인 용어로 포장하며 이기적이고 잘나고 과보호하는 부모들이 무기력하고 보상만 바라는 자녀를 길러낸다고 비난한다.[276] 그 외에도 일부 비판론자들은 부유층의 지적인 결함을 지적하면서 데이비드 포스터 월리스David Foster Wallace가 비판했던 대로 부유층은 "자아가 저절로 생기는 것"으로 교육받았고,[277] 안일하게 그렇다고 믿기 때문에 균형 감각, 자기 인식, 자신의 인간성 개발에 대해 별로 관심이 없다고 비난한다. 이들의 비판은 앞서 다룬 바와 같이 상위 소득의 원인을 지대 추구나 사기로 보는 시각과 비슷하다. 두 가지 비판 모두 능력주의의 궤도에서 관찰되는 결함이 능력주의 체제의 부패나 만연을 반영하는 것이 분명하다고 속단한다는 점에서 능력주의의 마력에 굴복한 사고방식이다.

그러나 실제로는 엘리트 교육 내에서도 한층 더 뿌리 깊고 암울한 논리가 전개되고 있다. 엘리트 교육의 결함이 발생하는 까닭은 부유한 부모와 자녀가 유별나게 부패하거나 멍청하거나 미숙해서가 아니다. 그보다 엘리트 교육의 결함은 능력주의에 따른 불평등의 내적 역학에서 비롯된다. 학교 교육이 지나치게 경쟁적이고 학교 성적이 그토록 많은 것을 결정하는 상황에서는 비범한 사람들만이 교육의 도구적인 기능을 무시하고 그 본질적인 가치에 초점을 맞출 수 있다. 돈과 지위에 무관심한 성인과 경쟁하지 않고도 능력주의 경주에서 승리하는 천재라면 능력주의 교육의 본질을 추구할지도 모른다. 그러나 평범한 가치관과 역량만 갖춘 학생들은 능력주의의 보상에서 끊임없이 눈을 떼지 못할 수밖에 없다.

성년기는 아동기의 목표를 굳건히 하며 직업은 자기 형상대로 가정을 재구성한다. 직장이 학교를 모방하기 시작하자 한때 급진적인 비판론자들은 자본주의 미국의 교육 목표가 근로 계층 어린이를 길들여 미래의 직장에서 자본의 지배를 받아들이도록 하는 것이라고 비난했다. 직장의 학교 모방은 여전히 건재하다.[278] 다만 오늘날에는 그런 경향이 엘리트 계층 내에서 가장 두드러지게 나타나고 있다. 엘리트 학교 교육은 주의 집중 저해 요소의 영향을 받지 않을 뿐 아니라 자기만의 진짜 관심사를 추구하고픈 욕구를 이겨내고, 대신 능력주의 체제에 의해 부과된 목표만을 추구하도록 악착같이 자기 자신을 채찍질하는 학생을 길러내는 방향으로 세심하게 조율된다.

능력주의 교육은 자아가 저절로 생겨난다고 단정하기는커녕 엘리트 아동기를 능력에 따라 성공이 보장되는 자아를 구축하기 위해 의식적인 활동을 펼치는 시기로 규정한다. 엘리트 학교 교육은 자아를 구축하고 인적 자본으로 측정하는 방향으로 절묘하게 조율되며 학생들에게 자기 도구화와 자기 착취라는 능력주의 기법을 가르쳐 엘리트 근로자를 양성한다.

어찌 되었든 자기 자신을 착취해 막대한 보상을 챙긴 부유층은 역시 도덕적 불만을 토로할 처지가 아니다. 그럼에도 능력주의 교육은 왕조적 특권 세습의 메커니즘으로 큰 손실을 요구한다[279](게다가 능력주의 교육의 효과는 손실을 만회해주지 않는다). 부모의 해롭지 않은 무관심과 어린이의 자유로운 활동은 지속적인 감시와 치열한 노력으로 대체되었다. 과거의 부모들은 어른들의 사회를 중심으로 한 가정생활을 영위했지만, 오늘날의 부모들은 가정생활의 초점을 자녀 교육에 맞춘다. 과거의 어린이들은 아무런 근심 없이 현재에 충실했지만, 오늘날의 어린이들은 미래를 보장받기 위해 초조하게 준비한다. 오랫동안 소비에 치중했던 부유층 가정은 이제 차세대의 인적 자본을 구축하기 위한 투자와 생산의 현장이 되었다.

1,000만 달러어치의 능력 상속은 새로운 체제의 금융비용이다. 엘리트 학생들이 겪는 피로와 불안과 가짜 정체성은 새로운 체제의 인적 비용이다. 두 가지 측면에서 부모의 부당한 행위는 대대손손 자손들을 괴롭힌다.

6장

암울한 직업과
번지르르한 직업

「하버드 크림슨Harvard Crimson」●에 실린 기사 〈실직한 72학번Jobless Class of '72〉에 따르면 "선택 때문이든 뜻밖에든 1972년 졸업 학번 중에서 절반 넘는 사람이 졸업 후에 직업을 찾지 못했다".¹ 전혀 놀라운 일이 아니었다. 1959년에는 하버드, 예일, 프린스턴 졸업생 가운데 10명 중 1명꼴로 졸업 직후 취직하려고 했으며, 엘리트 대학 졸업생 가운데 과반수가 졸업 직후 구직 활동을 한 것은 1984년에 이르러서다.²

20세기 중반의 엘리트 대학 졸업생 대부분은 나중에 사실상 종신

● 하버드 대학 학보.

고용을 보장하며 급여가 "개개인의 활약보다는 기업 근속 연수에 좌우되는" 기업에 입사했다.[3] 심지어 "20세기 중반 기업의 최고경영자는 남들보다 똑똑하거나 명석할 필요가 없었다. 무자비하거나 강박적으로 성공에 매달릴 필요도 없었다".[4] 그보다는 20세기 중반 엘리트 직장 문화는 윌리엄 화이트William Whyte가 동시대 베스트셀러『조직인간Organization Man』에서 묘사한 대로 집단주의, 리스크 회피, 적들로부터 안전하게 차단된 분위기를 벗어나지 못했다.[5] 그 이유는 분명했다. 귀족적인 유한계급이 이끌던 사회와 경제는 경쟁이 그리 치열하지 않았다. "경쟁자들이 침범하는 일이 없었다."[6]

능력주의는 그와 같이 귀족적인 직장 문화를 무너뜨렸다. 근면성이 특권을 형성하며 노동이 상위 소득을 좌우하는 이 시대에는 성취와 무자비한 경쟁이 직장의 규범으로 자리 잡았다. 오늘날의 엘리트 직장은 극도로 뛰어난 기량과 노력을 맹목적으로 숭배한다. 고도의 기량(그리고 그런 기량을 제공하고 돋보이게 하는 교육과 학위)은 고소득과 높은 지위를 얻기 위해서뿐만 아니라 저소득과 낮은 지위를 피하기 위해 더욱더 필요한 수단이 되고 있다. 현재 광적인 경쟁이 일류 직장을 장악한 상태다. 좀 더 광범위하게는 한때 대량의 중간 숙련도와 중산층 일자리를 구심점으로 다양한 직업 유형을 아울렀던 노동시장이 이제 그 구심점을 잃었다. 중산층 일자리는 맨 밑의 저숙련도 일자리와 꼭대기의 고숙련도 일자리로 대체되었다. 그와 동시에 상위 직업과 다른 직업 간 생산성과 보수 격차가 크게 벌어졌다. 그 결과 상층부로 올라서고 그 위치를 유지하려는 경쟁이 치열해졌다.

새로운 직업 질서는 기업 관행과 사내 관습의 일시적인 변화나 정치적인 계산 착오와 엘리트의 탐욕에서 비롯된 폐해보다는 뿌리 깊은 경제적·사회적 논리를 반영한다. 상위 직업의 보수가 그처럼 높은 까닭은 다양한 신기술 때문에 비범한 기량이 20세기 중반보다 훨씬 더 큰 생산성을 발휘하고 평범한 기량은 상대적으로 생산성이 떨어지는 식으로 직업 세계가 근본적으로 바뀌었기 때문이다. 이런 혁신은 상위 근로자에게 크게 유리하고 중간 숙련도 근로자에게 크게 불리하다. 변화 과정은 부문과 산업별로 다르다. 그러나 기술 여정의 종착지에서는 그런 직업과 보수의 패턴이 재차 반복되고 있다.

경제학자들은 관례적으로 이 같은 상황을 '노동시장 양극화labor market polarization'와[7] '숙련도 편향적인 기술 진보skill–biased technological change'로 부른다.[8] 좀 더 서정적인 사람들은 노동시장이 갈수록 '형편없는' 직업과 '멋진' 직업으로 양분되고 있다고 말해왔다. 이들이 말하는 '형편없는' 직업은 별다른 훈련이 필요하지 않고 단순 작업을 하며 임금이 낮은 직업이다. '멋진' 직업은 정교한 교육과정을 이수해야 하며 높은 보수로 흥미롭고 복잡한 업무를 제공한다.[9]

그러나 이 같은 서정주의는 노동시장의 변화가 불러온 가장 중요한 폐해를 놓치고 있다. 형편없는 직업이 지루하고 보수가 낮을 뿐 아니라 구체적으로는 직업 양극화의 결과로 낮은 지위를 수반하며 현실적으로 출세할 가능성이 없다는 사실을 은폐한다. 게다가 능력주의 때문에 생겨난 엘리트들의, 멋지다는 직업이 요구하는 기나긴 근무시간과 자기 도구화가 만연해 떠안는 부담으로 인한 불만을 가린다.

따라서 노동시장이 암담한 직업과 유망한 직업으로 양분되었다고 말하는 것이 좀 더 적절하다. 즉각적인 보상도, 승진에 대한 희망도 제공하지 않기 때문에 암담하며, 드러난 광채가 숨겨진 고통을 가린다는 점에서 번지르르한 것이다.

기술의 그림자는 오늘날 중간 숙련도 직업과 암담한 직업을 뒤덮은 어둠의 원인이다. 기술의 번쩍이는 빛은 번지르르한 직업에 얄팍한 광채를 부여한다. 마지막으로 기술이 진보할수록 기술 진보에 따른 임금 둔화의 영향을 받는 직업이 증가하는 한편, 기술 진보에 따른 임금 팽창의 영향을 받는 직업은 점점 더 줄어들고 있다. 지난 수십 년 동안 양질의 직업이 암담한 직업과 번지르르한 직업으로 바뀌는 과정에서 대부분 직업이 암담해졌다.

직장의 기술 혁명

카페, 간이식당, 그 외 가벼운 식당은 오랫동안 음식물 생산과 사회생활에서 중요한 역할을 해왔다. 역사를 통틀어 이런 시설들은 독자적으로 운영되었고 소유자 겸 관리자가 즉석요리 전문 요리사, 그 외 중간 숙련도를 갖춘 중산층 근로자들을 고용해왔다. 20세기 중반에 나타난 패스트푸드 체인은 생산을 표준화했지만 근본적으로 중산층 중심 모델을 저버리지는 않았다.

1990년대에 맥도날드를 운영한 에드 렌시 Ed Rensi는 1960년대에는 "모든 것을 손으로" 만들었기[10] 때문에 대부분 지점이 판매하는 음식을 조리할 직원을 70~80명이나 고용했다고 회고한다. 더욱이 오늘날에는 거의 알려지지 않았지만, 맥도날드는 20세기 중반에 자사 직원에게 체계적일 뿐만 아니라 세심한 교육을 제공했다. 직원들이 회사의 직급 체계를 따라 승진할 수 있도록 지원하기 위해 자체 학교를 열었을 정도다. 맥도날드가 '햄버거 대학'이라 부르는 이 학교는 1961년 일리노이 엘크 그로브 빌리지의 지점 지하에 문을 열었으며, 1960년대와 1970년대에 걸쳐 확장을 거듭해 점점 더 많은 직원을 받아들였고, 이들이 자신의 식당을 창업할 수 있도록 교육했다.[11] 렌시도 맥도날드가 20세기 중반에 시행한 모델의 산물로, 1966년에 맥도날드의 굽기 담당자로 입사해 1991년에 최고경영자가 되기까지 승진을 거듭했다.[12] 렌시만큼 단기간에 높은 위치로 승진한 사람은 드물지만 그와 비슷한 사람이 전혀 없는 것은 아니었다.[13] 20세기 중반 미국인에게는 맥도날드의 말단 직급이 좋은 일자리인 동시에 잇따른 승진과 더 좋은 직장으로의 디딤돌이었다.

오늘날에는 패스트푸드가 완전히 다른 방식으로 만들어지고 판매된다. 맥도날드나 그와 비슷한 패스트푸드 체인은 반조리된 식품을 완전히 포장된 상태로 받기 때문에 판매하기 전에 데우기만 하면 된다. 프랜차이즈 업체가 채용하는 직원 숫자도 크게 줄어들었다. 맥도날드의 경우 직원 숫자가 절반 넘게 감소했다.[14] 더욱이 조립 공정이 세분화함에 따라 남아 있는 직원들의 조리 기술이 크게 필요하지 않다. 오늘날 패스트푸드 식당 직원들은 포장을 끄르고 버튼을 누르는 것 외에는 할 일이 많지 않다.

그 외에도 패스트푸드점은 대개 최저임금을 지급한다. 렌시는 최저시급을 15달러로 올리자는 운동 때문에 맥도날드가 근로자들을 모조리 해고하고 로봇으로 대체하는 결과가 나타나리라고 경고한다.[15] 더욱이 맥도날드는 사실상 그 어떤 훈련도 제공하지 않는다. 햄버거 대학이 남아 있긴 하지만 이곳은 새로운 매장 운영자를 길러내기보다 현직 운영자와 중역들을 교육하는 데 치중한다.[16] 실제로 햄버거 대학은 해외 직원의 교육에 초점을 맞추기 시작해 1982년 런던과 뮌헨에 이어 시드니(1989), 상파울루(1996), 상하이(2010)에 캠퍼스를 개설했다.[17] 일리노이주 오크브룩의 맥도날드 본사로 이전한 미국 캠퍼스조차 현재는 28개 언어로 가르치며 미국 근로자보다는 해외 매장 운영자 위주로 돌아가고 있다.[18]

총체적으로 이 같은 변화는 패스트푸드 산업의 업무에 엄청난 변화를 가져왔다. 최첨단 식품가공 기법과 날로 정교해지는 조리 기계로 생산은 평범한 근로자의 손에서 벗어나고 있으며 인간의 노동은 갈수록 생산과 유통을 설계하고 관리하는 신흥 근로자 계층에 편중되는 추세다. 렌시는 "점점 더 많은 노동이 사슬 윗부분으로 몰린다"라고 말한다.[19]

이 같은 전개는 맥도날드 인력의 전반적인 모습을 뒤바꿔왔다. 렌시가 위로 올라가기 전에 머물렀던 중간 숙련도급 일자리로 구성된 집단은 사실상 아무런 공통점이 없는 하위 근로자와 상위 근로자라는 극과 극의 인력으로 대체되었다.

한쪽 극단에 있는 패스트푸드의 평범한 업무는 기술이 거의 필요하지 않은 잡무로 전락했다. 맥도날드 근로자 대다수가 법정 최저 시급인 7.25달러를 받는다. 5~8년 경력 맥도날드 직원의 중위 임금은 시간당 9.15달러에 불과한데, 놀랍게도 이마저 버거킹이나 웬디스의 임금보다 약간 높다.[20] 패스트푸드 식당의 일자리는 막다른 직업의 전형이 되었다.

반면에 패스트푸드 체인의 엘리트 업무는 까다로워져, 상층부의 초숙련 근로자들은 평범한 중간 숙련 근로자들을 대체하는 생산 공정을 설계하고 실행에 옮긴다.[21] 한 예로 맥도날드의 현직 최고경영자는 대학 졸업 후 회계사로 훈련받은 인물로, 패스트푸드 업계에서 경영자 이외의 업무를 본격적으로 맡은 경험이 없다.[22] 그뿐만 아니라 업계 엘리트의 급여는 폭발적으로 증가했다. 1960년대 후반에는 맥도날드 최고경영자가 대략 17만 5,000달러(2018년 가치로 120만 달러[23])의 연봉을 받았는데 이는 정규 근로자 최저 시급의 70배에도 미치지 못하는 금액이었다.[24] 1990년대 중반에는 최고경영자가 대체로 정규 근로자의 최저 시급보다 250배 이상 많은 250만 달러[25](2018년 가치로 약 400만 달러[26])의 연봉을 받았다. 최근 10년간 최고경영자가 받은 연봉은 800만 달러 정도로,[27] 최저 시급의 500배를 웃도는 금액이다.[28]

이 같은 변화는 패스트푸드를 조리하고 판매하는 데 사용되는 기술 때문이다. 기술은 (임금 상승이 기계화를 한층 더 부추길 것이라던 렌시의 경고대로) 하위 근로자의 임금에 직접적인 타격을 준다. 명확하게 드러나지는 않겠지만 상위 근로자의 보수 상승도 불러온다. 무엇보다 최고경영자의 어마어마한 보수는 최신 경영 기법의 결과물이다.[29]

맥도날드 업무의 최근 변화를 보면 한층 더 광범위한 현상을 확인할 수 있다. 과거 50년에 걸쳐 신기술은 제품과 서비스의 생산 방식을 전반적으로 바꾸었고, 그 과정에서 업무의 성격과 노동시장에도 근본적인 변화를 몰고 왔다.[30] 혁신은 크든 작든 직업의 존망을 판가름한다. 생산에 필요한 작업들을 정의 내리고, 작업들을 묶어서 한 사람이 감당하는 직업을 규정한다. 기술 발전은 직종별 결원 숫자와 업무별 임금에도 영향을 끼친다.

이런 사례를 통해 드러나는 경향이 있다. 증가하는 기술 혁신의 조류는 모든 배를 동일한 높이로 끌어올리지 않을 뿐 아니라 그 어떤 배도 끌어올리지 않는다. 그보다는 기술 혁신 때문에 경제 생산의 구심점이 숙련도 분포의 중앙에서 양극단으로 옮겨가는 일이 부문마다 발생하는 추세다.

한편에서는 신기술이 중간 숙련도를 갖춘 인간 근로자를 대체하고 20세기 중반의 경제를 이끌었던 중산층 일자리를 없앤다. 다른 한편에서는 신기술이 미숙련 근로자와 특히 초숙련 근로자 모두를 보완하고, 숙련도가 가장 낮은 근로자와 특히 가장 높은 근로자의 수요를 증대함으로써, 오늘날의 생산을 지배하는 다수의 암담한 일자리와 극소수의 번지르르한 일자리를 창출한다. 그와 동시에 혁신이 엘리트 근로자와 나머지 근로자를 갈라놓는 기술 경계선을 숙련도 분포의 윗부분으로 끌어올리는 경향이 심화된다(평범한 학사 학위만 있으면 엘리트 직업이 보장된다는 믿음은 시대에 뒤떨어진, 이전 시대의 유물이 되었다). 이 같은 경향으로 치열한 교육에서 탄생한 초숙련 직업의 경제 수익은 증가하는 반면에 중간 숙련도, 중산층 직업의 경제 수익은 감소하고 있다. 상위 근로 계층의 지위 상승과 중산층의 지위 하락은 양방향으로 갈린 기술의 영향력에서 비롯된다.[31]

맥도날드의 조리 기계와 같이 가장 친숙한 신기술은 자연과학과 공학을 바탕으로 하며 이는 장비, 하드웨어, 소프트웨어의 결합물이다. 그 외에 덜 친숙하지만 그만큼 중요한 혁신 기술들은 과학이나 공학보다는 새로운 제도적 장치뿐만 아니라 문화 발전의 결과물이다. 새로운 경영 기법 덕분에 엘리트 관리자들은 생산직 근로자 집단을 직접 조직하고 통제할 수 있지만, 그러려면 문서 정리 담당자에서 중간관리자에 이르는 전통적인 중산층 화이트칼라 일자리를 쓸모없는 것으로 만들어야만 한다. 새로운 법적 기법 덕분에 엘리트 금융회사들은 훨씬 더 많은 돈을 정밀하게 투자하고 운용할 수 있지만, 그러려면 중간 숙련도급 금융 근로자들을 없애야만 한다. 능력주의를 비롯한 문화적·사회적 혁신도 엄청난 영향력을 끼친다. 능력주의가 주입한 초고도 기량과 철저한 직업윤리 덕분에 오늘날의 엘리트는 생산의 중심에서 중산층 근로자를 몰아내고 경제의 노동부문을 주도할 수 있게 되었다. 과거의 귀족 엘리트들은 상상조차 할 수 없었던 일이다.

총체적으로 혁신 기술은 중간 숙련도급 중산층 근로자의 중요성을 떨어뜨리고 이들을 불리한 처지로 내모는 반면에, 상위 근로자의 중요성을 높이고 이들에게 유리하게 작용한다. 이 같은 변화 없이는 능력에 따른 불평등이 경제적으로 구현되지도, 사회적으로 지속가능하지도 못할 것이다. 맥도날드의 경영진이 새로운 방식으로 회사를 운영하려면 이 모든 요소가 필요하다.

이 같은 변화는 사실상 노동시장 전 부문에서 광범위하게 일어나고 있다. 개별 기업이 아닌 업계 전반을 연구한 심층 사례 연구는 맥도날드가 특이한 사례가 아니라는 사실을 알려주며 맥도날드의 사례를 통해 나타나는 경향을 조명한다. 더욱이 사례 연구의 대상이 된 금융, 경영, 소매유통, 제조업은 대체로 경제 불평등이 심화되는 진원지다. 금융 엘리트와 경영 엘리트는 상위 근로 계층을, 소매 근로자는 신흥 하위 근로 계층을 대표한다. 또한 제조 근로자는 사라져가는 중산층을 대표한다. 이와 같이 해당 사례 연구는 경제 전반에 걸친 암울한 직업과 번지르르한 직업의 상당 부분을 다룬다.

다양한 맥락에서 반복적으로 나타나는 교훈은 대체로 보편적인 진실을 담고 있다. 노동시장의 양극화는 경제 전반에 적용된다. 중간 숙련도급 중산층 근로자는 엘리트에게 유리한 기술 변화의 희생자로 전락했다. 혁신은 그 같은 근로자를 새로 창출된 암담한 직업으로 내몰고, 초숙련 근로자들을 새로 탄생한 번지르르한 직업으로 끌어올린다. 이 같은 방식으로 직업도 학교와 흡사한 형태로 재구성되며 새로운 직업 질서와 더불어 다시 한번 능력주의의 내적 논리가 전개된다.

복잡해진 금융과 수혜자

1963년에 시사주간지 『이코노미스트The Economist』는 '은행에 미래가 있는가?'라는 질문을 던지고 은행이 "세계에서 가장 점잖은 사양산업"이라는[32] 고찰을 통해 답을 찾아가는 기사를 실었다(영국을 주로 다루었지만 미국에도 적용 가능한 내용이었다). 20세기 중반의 엘리트는 오늘날에는 믿기 어려울 정도로 금융을 멀리했다. 1941년에는 하버드 경영대학원 졸업생 중 1.3%만이 월가에 진출했다.[33] 엘리트가 회피하는 직업은 중산층이 채웠다. 그 결과 제2차 세계대전 종전부터 1970년대까지 금융 근로자는 그 외 민간부문 근로자에 비해 두드러질 정도로 교육 수준이 높지도, 생산성이 뛰어나지도, 보수가 많지도 않았다.[34] 20세기 중반에 금융은 지루하고 진부하며 평범해서 장래성이 없는 직업이었다.

『이코노미스트』의 예상은 완전히 빗나갔다. 그처럼 비관적인 전망이 나온 직후 은행과 투자회사는 반세기에 걸쳐 거의 중단되지 않고 호황을 누렸다. 신종 금융상품을 탄생시킨 혁신 기술, 새로운 정보와 연산 기술, 새로운 법 체제와 규제, 새로운 제도가 경제에서의 금융 지분을 급격하게 확대했다. 오늘날에는 금융만큼 번지르르한 직업과 밀접하게 연관된 부문이 없으며, 금융 근로자는 엘리트 학위, 과중한 업무, 엄청난 소득으로 능력에 따른 불평등을 실증하는 사례다.[35]

미국 최고 부자 가운데 금융부문 종사자의 비율은 1970년대 이후 10배 가까이 상승했다.[36] 현재 금융부문 종사자는 미국 50대 부자 가운데 약 25%를 차지한다.[37] 억만장자 가운데 20%가 금융계 종사자다.[38] 또한 3,000만 달러 넘는 투자 자산을 보유한 미국인 4만 명 중 40%가 금융계 종사자다.[39]

천문학적일 정도는 아니지만 거액의 소득을 올리는 금융 종사자의 숫자는 이보다 더 많다. 최근 몇 년 동안 투자은행 이사director의 연평균 보너스는 95만 달러에 이른 것으로 보인다. 부장vice president과 3년 차 차장associate의 연평균 보너스는 각각 71만 5,000달러와 42만 5,000달러에 달한다.[40] 2005년에 골드만삭스는 총 100억 달러의 보너스를 조성했다. 이는 전문적인 직원 한 사람당 50만 달러에 해당한다.[41] 골드만삭스의 애널리스트는 대부분 대학을 갓 졸업한 22세 청년들로, 호황인 해에는 15만 달러 정도를 번다.[42] 이 같은 금액을 감안할 때 금융계 종사자가 다른 부문 근로자보다 평균적으로 70% 정도 높은 소득을 올리며[43] 전반적으로 엘리트 금융계 종사자의 소득 상승이 경제 전반의 소득 불평등 심화에서 상당한 비중(무려 15~25%)을 차지한다는 사실도 그리 놀랍지는 않다.[44] (한편 보수가 가장 낮으며 잡무를 처리하는 금융계 종사자의 소득은 최근 들어 실제로 하락했다.)[45]

금융 서비스를 제공하려면 다양한 기술뿐만 아니라 다양한 숙련도에 따라 그런 기술을 실행할 근로자가 필요하다. 지난 반세기에 걸쳐 주로 사용되는 금융 기술과 금융부문 종사자의 숙련도 현황이 급격하게 변화했다. 한때 금융 산업은 중간 숙련도급 중산층 근로자들에게 유리한 분야였지만 이제는 초고도 숙련도를 갖춘 상위 근로자에게 유리한 상황으로 바뀌었다. 수많은 중간 숙련도급 직종이 사라지고 소수의 직종으로 대체되면서 번지르르한 업무에 종사하는 초숙련 엘리트 전문가가 금융 산업을 지배하고, 암울한 업무에 종사하는 비전문적인 미숙련 지원 인력은 부수적인 역할만 담당하고 있다. 한마디로 금융부문의 노동시장은 양극화되었다.

그 같은 변화를 단적으로 보여주는 분야가 주택담보대출이다. 주택담보대출은 사람들에게 돈을 빌려주어 주택을 소유하고 나중에 벌어들일 소득으로 대출금을 갚아나갈 수 있도록 함으로써 자본을 주택시장에 유입시킨다. 주택담보대출 업체들은 빌려줄 돈의 액수를 결정해야 한다. 이때 업체들이 사용하는 방법이 무엇이냐에 따라 이들이 채용하는 직원의 숫자와 유형이 좌우된다.

20세기 중반의 주택담보대출은 은행을 중심으로 이루어졌다. 은행은 주택담보대출을 실행했을 뿐 아니라 보유하고 그 이자를 치렀다.

주택담보대출은 전통적인 대출 담당자의 업무였다. 이들은 중간 숙련도를 갖춘 중산층 근로자였고, 특정 대출자의 생활수단과 신용도는 물론 특정 주택의 가치 등에 대해 독자적인 판단을 내림으로써 개별 대출이 신중하게 이루어지도록 만전을 기했다. 전통적인 대출 담당자는 대출자의 과세 대상 소득이나 주택담보 인정비율loan-to-value ratio● 같은 분명한 사실뿐만 아니라 대출자의 성격이나 공동체 안에서의 위치 등 폭넓은 상황을 감안해서 판단을 내린다.[46]

전통적인 대출 담당자들은 진정한 결정권을 행사했으며 상당한 책임을 떠맡았다. 한 예로 노스캐롤라이나 주택금융청North Carolina Housing Finance Agency의 「대출 발행자를 위한 지침」 1977년 판은 해당 책자가 "신용 인수에 대한 지침서"로서 "대출 신청자의 신용도를 확인하기 위해 감안해야 할 사항을 제시할" 목적으로 발간되었다고 밝히고 있으며 그와 동시에 "해당 지침서는 모든 사례에 적용되는 요건이나 규칙은 아니다"라는 설명을 덧붙였다.[47] 총부채상환비율debt-payment-to-income ratio●●조차 '보통'과 '적정' 등의 용어로 설명되며 심사숙고한 뒤 결정하라고 되어 있다.[48] 대출 담당자는 대출자를 파악해야만 그 같은 지침을 적용할 수 있었다. 예를 들어 펜실베이니아주 이리의 마켓 저축은행Marquette Savings Bank에서는 대출 담당자가 대출 상환 가능성을 평가하기 위해 은행 임원 한 명과 함께 토요일마다 대출 신청자의 집을 일일이 방문했다. 마켓 저축은행은 21세기 들어서

● 주택을 담보로 할 때 주택 가격 대비 대출 가능한 한도로, LTV라는 약자로도 사용한다.
●● 주택담보대출의 연간 원리금 상환액과 기타 부채의 연간 이자 상환액의 합을 연소득으로 나눈 비율.

도 전통적인 접근법을 유지했으며 요즘에야 그런 접근법에서 발을 빼고 있다.

은행은 대출 결정이 얼마만큼 정확했는지 하나하나 추적해 신중한 판단과 노련한 결정을 내린 대출 담당자에게 보상을 제공했다. 대출 담당자의 경력은 그들이 승인한 대출이 실제로 상환되었는지에 좌우되었다. 마지막으로, 전통적인 대출 담당자는 중산층으로서의 견고한 위치에 알맞은 교육적·사회적 배경을 지녔다.[49]

오늘날에는 주택담보대출 금융이 완전히 다른 방식으로 이루어진다. 그 차이는 해당 부문을 두 가지 측면에서 바꿔놓았다. 한편으로 은행은 정해진 대출 건수를 처리하는 데 필요한 주택담보대출 담당자를 대폭 감축했고,[50] 남아 있는 대출 담당자는 두드러지게, 실제로는 이전과 딴판으로 숙련도가 낮아졌다. 오늘날의 대출 담당자는 대출 신청자가 정보를 수집하고 신청 양식에 맞게 작성하도록 돕는 일 이상을 하지 않는다. 이들은 기계에 의한 신용 평가 데이터를 취합하는 은행 직원보다 전문성이 떨어진다. 이들의 업무에는 전문 지식이나 판단력이 사실상 전혀 필요하지 않다. 독자적인 판단력보다는 기계적이고 단순한 반복이 필요하다.[51]

오늘날의 은행은 대출 결정이 얼마만큼 정확했는지가 아니라 "대출 건수를 기준으로 대출 담당자의 실적을 평가"함으로써[52] 평범한 근로자가 전문적인 기량과 판단력을 발휘하거나 조립 공정과 다른 방식으로 업무를 수행한다는 가식도 떨지 않는다.[53] 실제로 '초고속' 대출 프로그램은 신청서 처리 시간을 4분의 3 줄이는 것을 목표로 시행되었는데, 이때 은행들이 취한 접근법은 조립 공정처럼 단순한 것이외에는 모두 실현 불가능한 것뿐이었다.[54] 어느 은행의 고위 임원은 『포브스』와의 인터뷰에서 "은행이나 신용조합의 대출 담당자는 친절하기만 하면 된다. 대출 담당자의 업무는 대출자가 채워 넣은 신청서를 수령한 다음 인수 부서에 전달하는 것이다"라고 말했다.[55] 은행은 그런 업무에 걸맞게 평범한 지원자 중에서 대출 담당자를 채용한다. 예를 들어 최근 세계 금융위기로 인해 발생한 분쟁과 관련해 법원에 제출된 서류에는 뱅크오브아메리카가 "대출자의 질문에 응대할 자격도 없다고 여겨졌던"[56] 대출 담당자를 채용했다는 사실이 드러나 있다.

오늘날의 주택담보대출 금융에는 초숙련 근로자라는 신흥 엘리트 집단도 관여한다. 주택담보대출을 발행하는 은행 대부분은 더 이상 대출을 보유하지 않고 그 대신 개별 대출을 증권으로 만드는 유동화securitization 전문 금융회사에 넘긴다. 이 같은 과정에서 창출되는 주택저당증권mortgage-backed securities은 무수한 대출자에게서 상환금을 수령할 권리를 모아놓은 묶음이다. 이 같은 집합체는 상환의 우선순위가 각기 다르며 다양한 리스크와 수익률을 제공하는 트랜치tranche●로 분할된다. 이렇게 하면 신용평가기관으로부터 해당 증권의 신용 등급을 받은 뒤 투자자에게 판매할 수 있다.

유동화 과정은 매우 복잡하며 주택저당증권을 설계하고 가격을 매기며 거래하는 근로자는 중간 숙련도가 아니라 초고도 숙련도를 갖춘 사람이다. 평범한 주택담보대출 담당자는 자신이 마무리한 대출에서

● 분할 발행된 개별 증권이나 채권.

어떤 금융상품이 설계되는지 전혀 알지 못한다.

이 같은 변화의 근원은 은행이 주택 소유주들의 주택담보대출을 돕기 위해 사용하는 금융 기술의 근본적인 변화에 있다. 계약과 규제 관련 체제가 발전한 덕분에 주택저당증권의 설계와 거래가 합법화되었다.[57] 게다가 자산 가격 결정 모형asset pricing model에 적용된 경제학적 발전 덕분에 주택저당증권의 가치를 매기는 것이 가능해졌다.[58] 새로운 정보 기술 덕분에 복잡하고 다양한 금융상품을 대량으로 거래하는 일이 실현되었다.[59] 그뿐만 아니라 엘리트 노동이라는 새로운 사회적 기술 덕분에 금융회사가 유동화를 전담하는 자회사에 직원을 배치하는 것이 현실적으로 가능해졌다.[60] 이 모든 혁신이 없었다면 유동화를 통한 리스크 관리는 불가능했을 것이 분명하다.

이런 기술 혁신 덕분에 주택담보대출 금융부문 일자리에는 큰 변화가 닥쳤다. 유동화에는 새로운 증권을 설계하고 거래할 초고도 숙련자가 필요하기 때문에 필요한 기량을 지닌 상위 근로자의 취업 기회가 크게 증가한다. 동시에 이런 혁신 기술이 사용되면 전통적인 중간 숙련도급 대출 담당자의 취업 기회가 줄어든다. 발행 과정의 실책은 사실상 유동화를 통해 수정되기 때문에 개별 대출이 신중하게 발행되었는지 여부가 별로 중요하지 않다. 이와 같이 투자은행 상위 직원들에게 전보다 높은 기량을 요구하는 기술 혁신과 더불어 평범한 주택담보대출 담당자들에게 요구되는 기량은 낮아졌다.

중간 숙련도를 갖춘 전문 대출 담당자 집단은 과거에는 직접담보대출을 발행했지만 이제는 자취를 감추었고 양극화된 인력으로 대체되었다. 평범하고 장래성 없는 행원들이 대출 신청서 표준 서식에 채워

넣을 데이터를 수집한다. 또한 극소수 번지르르한 월가 엘리트가 대출을 복잡한 파생금융상품으로 재포장해 초기 대출 결정의 부정확성을 '보정'한다. 그런 파생금융상품을 통해 신중하지 못한 대출 발행에 따른 리스크가 계량화, 헤지hedge, 재분배된다. 이 두 가지 유형의 근로자는 공식적으로 같은 부문에 속하지만, 이들의 업무는 공통점이 전혀 없다. 그런 면에서 주택담보대출 금융은 기술 주도적인 노동시장 양극화의 전형이다.

그에 상응하는 혁신 주도적 변화가 금융계 전반에서 다시 나타나고 있다. 예를 들어 보험 청구 사정인 같은 직업의 경우에는 세부적인 부분에 이르기까지 비슷한 경향이 전개되고 있다.[61] 『직급 사전Dictionary of Occupational Titles』을 활용해 업무 강도를 분석해보면 20세기 중반의 생산부문은 복잡한 업무와 단순한 업무에 거의 동등한 가중치를 두었다는 것이 드러난다. 다른 비농업 민간부문보다 복잡한 업무에 약간 더 높은 가중치를 두었을 뿐이다. 반면에 오늘날의 금융계는 단순한 업무를 배제하는 정도로까지 복잡한 업무에 크나큰 중점을 둔다.[62] 특히 금융계에서는 다른 부문에서보다 훨씬 더 복잡한 의사소통, 분석, 의사결정 기량이 필요하다.[63]

중간 숙련도를 갖춘 중산층 근로자는 20세기 중반에 금융계를 지배했지만 점점 더 복잡해지는 금융계 업무를 감당하지 못하게 되었다. 금융 신기술은 초고도 숙련도를 갖춘 근로자를 금융 생산으로 이끌었다. 금융계 전반에서 사무와 총무직 근로자의 총근로시간 비율은 1970년에서 2005년 사이 60%에서 30%로 하락했다. 반면에 경영진과 전문적인 직원의 근로시간 비율은 1970년에서 2005년 사이 대략

25%에서 45%로 상승했다.[64] 1980년 이후 금융계 종사자와 다른 근로자의 교육 격차는 7배 벌어졌다.[65]

금융계 내에서도 이 같은 과정을 거쳐 채용 비율이 가장 빠른 속도로 상승한 금융 인력은 소수의 최고 엘리트다. 컴퓨터와 수학 전문가의 노동소득 분배율labor share●은 1970년에서 2005년 사이 6배 상승했으며 증권 거래인과 자산 거래인의 노동소득 분배율은 30배 가까이 상승했다.[66] 교육과 기량의 금융계 최상위층 편중 현상은 상상을 초월할 정도다. 연봉이 가장 높은 초일류 금융회사는 직원 대다수를 경쟁률이 가장 높고 가장 배타적인 대학 출신으로 채용한다.[67]

실제로 요즘 은행은 채용 설명 자료를 통해 자기 은행이 초일류라고 광고한다. 이를테면 "우리는 슈퍼스타만을 채용한다"라거나 "우리는 5개 대학 출신만 채용한다"라고 주장하고 신입 직원에게 그들이 "최정예"라고 말하는 식이다.[68] 엘리트 대학 졸업생도 은행의 애정에 보답한다. 하버드, 프린스턴, 예일 대학 졸업반 학생 중 절반 정도가 월가 금융회사나 그 자회사의 면접을 치르며, 3분의 1 정도가 실제로 금융계에 취직한다.[69] 하버드 경영대학원의 경우 1941년에는 1.3%만이 금융계 일자리를 구했지만, 현재는 대략 30%가 금융계에 취직한다(그 어느 부문보다 금융계에 뛰어드는 졸업생이 많다).[70]

그런 변화는 금융부문의 성장을 촉진하며 최종적으로 금융계 종사자의 소득으로 흘러들어간다. 20세기 중반에는 금융부문이 경제 전반과 흡사했다. 기량과 생산성이 보통인 직원이 보통 수준의 소득을 얻

● 생산된 소득 중에서 노동에 대해 분배되는 부분.

었다. 또한 금융부문은 새로운 직원을 익숙한 업무에 투입함으로써 느리게 성장했다. 그러다가 1970년대 들어 금융이 국민소득에서 차지하는 비중이 급격하게 증가하기 시작했다. 그러나 금융계 종사자의 기량 향상과 더불어 신기술의 등장으로 생산성이 두드러지게 개선됨에 따라 전체 노동인력 대비 금융계 종사자의 비율이 정체되거나 하락했다.[71] 직원이 줄어들고 생산성이 개선되면 보수가 높아진다. 오늘날 금융계 종사자들은 다른 민간부문 근로자보다 교육 수준과 보수가 훨씬 높다(493쪽 〈그림 7〉 참조). 하버드 경영대학원 졸업생 중에서 금융계에 취직한 이들의 초봉은 다른 부문 취업자보다 3분의 1 정도 높다.[72] 게다가 소득성장 가능성도 어마어마하게 크다. 이를테면 일류 헤지펀드 매니저의 연소득은 실제로 수십억 달러에 달한다.[73]

금융계 전반은 주택담보대출 금융이 걸어온 경로를 답습한다. 금융생산은 『이코노미스트』가 지적한 바와 같이 대체로 민주주의적이고 중간 숙련도를 요구하는 분야에서 그 누구보다 상위 근로 계층의 존재감이 두드러지는 분야로 바뀌었다.

사라진 중간관리자

경영도 금융계의 선례를 따르고 있다. 20세기 중반의 경영은 놀랄 만큼 민주주의적이었지만 오늘날에는 능력주의 경향을 띤다. 경영 업무와 그에 따른 보상 모두 한때는 폭넓게 분배되었지만 이제는 극소수 엘리트에게 편중되어 있다. 신기술은 미국 기업의 경영 방식을 뒤바꾸었고, 20세기 중반에 활약한 중산층에 속했던 조직 인간 집단은 두 부류로 나뉘었다. 장래성 없는 일을 담당하는 다수의 생산직 하위 근로자와 최첨단 일을 하는 소수의 상위 중역이다.

경영자들은 깜짝 놀랄 정도로 뒤늦게 미국 근로 인력에 편입되었다. 미국 건국 초기에는 노사 관계가 극도로 일시적이라 경영진이 근로자를 붙잡아두지 못했다. 20세기 초기만 해도 미국 공업 근로자의 연간 이직률은 대략 100%에 이르렀다.[74]

예를 들어 19세기 제철소 근로자들은 도급업자나 하청업자로 일했고 생산하는 강철의 분량에 따라 임금을 받았다. 석탄 광부와 광산 소유주는 광산의 개별 암벽을 채굴할 때마다 새로 계약을 맺었다.[75] 제조업체조차 이렇다 할 경영진 없이 굴러갔다. 19세기 후반에 자동차 생산을 주도했고 뷰익과 쉐보레에 이어 훗날 제너럴모터스의 조상 격이었던 마차 업계 선두주자인 듀런트-도트 마차회사Durant-Dort Carriage Company는 자체적으로 생산하는 것이 아무것도 없었으며 직원 숫자도 적었다. 이 회사는 설립 초기 생산을 다른 업체에 의뢰하고 제품 판매에만 주력했다.[76]

19세기 대부분 기간에 미국 경제는 경영인 없이 굴러갔다고 해도 과언이 아니다.[77] 기계 기술과 생산 규모는 고도로 발달했지만 업무의 제도적 모형은 과거의 기능공 수준을 벗어나지 못했다. 독자적으로 일하는 근로자는 고용인으로서 자신의 노동력을 판매하기보다는 정해진 산출량에 대해 계약을 맺음으로써 대규모 공업회사와 대등한 입장에서 일했다.[78] 한편 19세기 중역은 진정한 경영인이라기보다는 기업의 소유주, 오늘날로 치면 벤처 자본가에 가까워 운영, 노동자 감독,

품질관리보다 자금조달에 치중했다.[79] 조율하고 지휘하는 고용인 없이는 경영도, 경영인도 존재할 수 없었다.

기술 상황을 감안하면 19세기 기업에 진정한 경영인이 존재할 수 없었던 까닭을 짐작할 수 있다. 경제를 장악한 제품과 서비스가 상대적으로 단순했기 때문에 계약서에 서술하기도 수월했을 뿐 아니라 가격을 책정하기도 쉬웠기 때문이다. 더욱이 경영 조정의 핵심 기술인 전화기, 수직 형태의 서류 서랍장, 고층으로 된 현대식 사무실 건물, 컴퓨터 등의 사무용 장비는 그때까지 발명되지 않았다.[80]

이런 상황은 1850년부터 1950년 사이 급격하게 변화했다. 기술 혁신이 맞물림에 따라 경제에 혁명이 일어나고 미국 기업에 경영이 도입되었다. 혁명이 마무리될 때까지 사실상 모든 근로자가 기능적인 측면에서 어느 정도는 관리자가 되었을 정도로 기업은 관리자로 넘쳐났다. 20세기 중반의 경제발전은 상당 부분 이 같은 민주주의적인 특성에서 비롯되었다. 실제로 20세기 중반의 중산층은 경영 기능이 통념상 '관리'보다는 '노동'에 속한다고 여겨지던 직종을 비롯해 근로 인력 전반에 걸쳐 널리 분산된 결과물에 가깝다.

한편으로는 제조된 제품이 점차 복잡해지고 산업 생산 규모가 증대하면서 도급에 의한 경영 조정 비용이 상승하고 경영의 대안이 필요해졌다. 예를 들어 재봉틀이 한층 더 복잡해짐에 따라 재봉틀 제조업체 싱어Singer는 시장에서 구매한 부품의 품질, 신뢰성, 균일성이 만족할 만한 수준인지 확신할 수 없었다.[81] 그래서 부품을 직접 만들기 시작했다. 내부적인 부품 제조는 자연스레 싱어가 내부 생산을 감독하고 조율하며 품질, 신뢰성, 균일성을 보장하는 데 필요한 경영

체제를 확립하는 계기가 되었고, 경영 체제는 갈수록 복잡해졌다.[82] 이 같은 경향은 프레더릭 윈슬로 테일러Frederick Winslow Taylor●가 복잡한 제품의 대량생산이 공업 기업의 경영에 "새롭고도 막중한 부담을 안길 것"이라고 전망했듯이, 산업혁명 내내 기업 여기저기에서 되풀이되었다.[83]

다른 한편으로는 경영 기술의 혁신으로 경영 조정의 공급이 증가해 경영진이 더 많은 근로자를 그 어느 때보다 세밀하게 감시하고 지휘할 수 있게 되었다. 기업 조직의 혁신에는 이 같은 기술이 활용되었다. 층층으로 쌓인 중간관리자 집단이 장기근속 근로자의 생산을 조율했다. 장기근속 근로자는 사내 교육을 통해 해당 기업의 생산 공정에 적합한 기술을 익혔을 뿐만 아니라 종신고용과 다양한 내부 승진 기회를 제공받음으로써 회사에 충성하고 오직 한 회사에만 통하는 범용성이 떨어지는 직무 훈련에도 기꺼이 참여했다.

종신고용 고용인을 조직화하고 심층적인 구조에 의해 보호했던(전성기이던 20세기 중반에 미국 민간부문 근로 인력의 무려 3분의 1을 차지했던[84]) 노동조합도 일종의 경영 조정(또는 1960년 미국 대법원이 고찰한 바와 같이 '산업 자치'[85]) 기구였다. 노동조합 지도자는 다양한 직무를 맡은 중간관리자였다. 게다가 노동조합에 가입한 생산직 근로자는 종신고용과 사내 교육을 통해 최하급 관리자로 바뀌었다. 구조적인 의미에서, 예를 들어 세인트클레어쇼어스의 볼링장 핀 보이 겸 금형 제작자와 같은 종신 생산직 근로자는 기업의 장기적인 가치를 극대화하기 위해 자신

● 과학적 관리법을 고안한 미국의 기계공학자.

의 인적 자본을 개발하고 관리할 의무가 있었다.

위와 같은 발전은 고용인 중심이며 위계질서가 갖춰지고 복잡한 방식으로 경영되는 미국 기업의 탄생으로 이어졌다. 그런 형태의 기업은 20세기 중반의 중산층 호황기에 정점에 달했다. 사실상 모든 고용인이 생산직에서 최고경영자에 이르기까지 쭉 이어진 연속체를 이루었으며 고용인 각각의 직무는 옆 사람과 매우 비슷했다. 중간관리자 군단은 독자적으로 생산을 조율할 수 있었으며, 부담과 책무뿐만 아니라 회사 경영에서 얻은 소득까지 공유했다. (강력한 노조는 기업에서 가장 위계가 낮은 근로자를 또 하나의 통제 센터로 조직함으로써 그 같은 효과를 생산직 근로자에게까지 확대했다.)[86] 그뿐만 아니라 상위 관리자는 소득의 일정 부분을 포기하고 대신에 한때 자신들이 속했던 유한계급의 안락하고 교양 있는 생활방식을 얻었다.

듀런트-도트 마차회사는 제너럴모터스가 되었다. 어마어마한 규모와 대부분 중산층으로 이루어진 인력 덕분에, 경영의 사다리를 차근차근 올라간 최고경영자 찰스 어윈 윌슨Charles Erwin Wilson은 1953년에 "미국에 좋은 일은 제너럴모터스에도 좋으며 제너럴모터스에 좋은 일은 미국에도 좋다"라고 장담할 수 있었다.[87] 미국 컨테이너 주식회사 Container Corporation of America는 주요 현대 미술가들에게 20년 연작으로 '서구인의 위대한 아이디어Great Ideas of Western Man'라는[88] 광고 인쇄물을 의뢰함으로써 그 같은 자신감을 예술로 표현하기까지 했다. 톰 울프Tom Wolfe는 에세이에서 해당 인쇄물들에 대해 다음과 같이 고찰했다. "이 연작 광고는 '우리가 실제로 하는 일은 양철 깡통을 만드는 따위의 제품 제조가 아니다. 우리가 생산하는 것은 존엄성이다'라는 뜻을 전달한다."[89] 경영은 놀랄 만큼 민주적으로 실행되어 기업 내 소득과 지위의 분포를 압축했다. 폭넓은 중산층을 구축한 요소는 그 어느 부문보다 이런 모형을 토대로 한 경영일 것이다.

20세기 중반이 끝나갈 때쯤 기술의 수레바퀴가 한 번 더 돌았다. 1970년대 후반과 특히 1980년대에는 제3세대 미국 경영이 시작되었다. 기업은 19세기 모형으로 회귀했지만 21세기 기술에 맞게 그런 모형을 최신식으로 수정했다. 오늘날에는 측정, 감시, 통신, 데이터 분석 기술의 발달로 최고 경영진이 전례 없이 막강한 감시와 지휘 권한을 갖추게 되었다.

아무리 규모가 큰 기업이라 해도 본사에서 일하는 엘리트 중역이 거의 모든 부서와 개별 근로자의 업무를 세부사항에 이르기까지 신속하고 자세하게 파악할 수 있다. 예를 들어 시가총액은 500억 달러가 넘지만 직원 숫자가 1만 6,000명 정도에 불과한 우버에서는[90] 한 줌에 불과한 최고 경영진이 알고리즘에 힘입어 중간관리자를 사실상 한 번도 만나본 적 없는 기사 수십만 명의 업무를 직접 조율할 수 있다.[91] 월마트 중역은 본사에서 한참 떨어진 앨버커키 지점에 테니스공 재고가 몇 통인지, 테니스공이 지난주에 얼마만큼 판매되었는지 파악할 수 있다. 아마존의 경영진도 펜실베이니아 브라이닉스빌에 있는 주문 처리 센터가 지난 6개월 동안 장난감 뮤직박스를 일주일에 몇 개 출하했는지 확인할 수 있다. 제너럴일렉트릭GE의 경영진은 모든 조립 라인의 생산성을 알아볼 수 있다.[92]

더욱이 엘리트 중역은 생산직 근로자를 감시할 뿐만 아니라 대개 업무의 아주 세밀한 부분까지 놓치지 않고 지시를 내릴 수 있다. 아마존의 창고 관리는 생산직 근로자의 활동을 개별 단계에 이르기까지 통제할 수 있는 하향식 방침으로 운영되는데, 이는 일반적인 관행을 좀 더 생생하게 보여주는 사례일 뿐이다.

이 같은 혁신은 중간 숙련 근로자에게서 관리 기능을 앗아간다. 이들이 한때 관리의 책임을 떠맡음으로써 얻었던 지위와 소득을 박탈하고 있다. 기업의 변화로 중간관리자는 더 이상 생산직 근로자에게 상위 지도부가 수립한 경영전략을 전달하고 실행을 지시할 필요가 없어졌다. 과거의 생산 공정에서는 모든 근로자가 관리 결정권을 행사해야 했지만 현재의 생산 공정은 권한을 상실한 근로자가 기계적으로 수행하고 상부에서 조율하는 구성 요소로 분할되었다.

중간관리 업무가 불필요해짐에 따라 기업의 위계질서에서 중간이 사라지고 있다. 1980년대 들어 전례 없는 기업 구조조정 열풍이 불어닥쳐 미국 기업의 몸집이 작아졌다. 1980년대 중반 이전에는 기업 규모가 그 정도로 축소된 사례가 없었으며,[93] 일부 대기업은 대외적으로 '무감원no layoff' 방침을 채택하기까지 했다.[94] 그러나 이제 조직 개편은 한때 기업 사냥꾼 칼 카이건Carl Icahn이 "무능력"하고 "동종 번식"으로 탄생한 중간관리자, "관료들에게 보고하는 관료 계층"이라고 불렀던 것을 명백히 없애려고 했다.

도태는 극적으로 이루어졌다. 한 예로 AT&T는 관리자 대 비관리자의 비율을 1대 5에서 1대 30으로 줄인다는 목표를 정해놓고 부서한 곳을 구조조정했다.[96] 1980년대와 1990년대의 구조조정을 통틀어 중간관리자가 비관리직 근로자의 2배 가까운 비율로 감원되었다.[97] 45세에서 64세 사이 관리자 가운데 근속 기간이 15년을 초과하는 사람의 비율이 급감했다(1987년부터 2006년까지 불과 20년 만에 25% 넘게 하락한 것이다).[98] 더욱이 이런 과정은 오늘날에도 진행 중이다. 이제 알고리즘을 기반으로 하는 경영 컨설팅 기업은 대놓고 "(생산직 근로자의) 업무를 본질적으로 자동화하기보다 (중간)관리자의 업무를 자동화하는" 방향을 추구한다.[99]

이와 같은 기업의 규모 축소는 개별 기업의 수익성 문제보다는 구조적인 고려 사항을 토대로 이루어진다. 인원 감축은 수익성이 낮은 기업은 물론 좋은 기업에도 닥치며,[100] 경기불황뿐 아니라 호황 때도 계속된다.[101] 특히 1990년대의 유례없는 경기 호황 때 최고조에 이르렀다.[102] 이처럼 대대적이고 의도적으로 계획된 중간관리자 숙청이 일어난 까닭은 새로운 경영 기술로 인해 중간관리자가 필요 이상으로 남아돌았기 때문이다. 한마디로 불필요해진 것이다.

같은 기간 미국 기업은 명목상 생산직 근로자에게 남아 있던 관리 업무마저 박탈했다. 노조에 소속된 민간부문 근로자의 비율이 1960년부터 오늘날까지 대략 3분의 1에서 16분의 1 미만으로 급감할 정도로 노조가 붕괴함에 따라,[103] 종신고용된 정규직 근로자조차 단기 시간제 근로자로 대체되었다. 미국의 물류 회사인 유나이티드 파슬 서비스 UPS는 오랫동안 시간제 근로자를 쓰지 않고 복잡한 위계질서를 따라 올라가는 내부 승진을 권장한 기업으로 유명한데, 1993년에 시간제 근로자를 중점적으로 고용하는 형태로 구조조정되었다. 1997년 이 회사에서는 팀스터스Teamsters라는 국제운수조합이 "시간제 미국은 제대로 돌아갈 수 없다"는 구호를 내걸고 대규모 인원이 참여한 강력한 파업을 일으켰다. 그럼에도 UPS는 1993년 이래 50만 명 넘는 시간제 근로자를 고용했고, 그 가운데 1만 3,000명만 사내 승진을 경험했다.[104] 20세기 중반에는 노조에 가입한 생산직 노동자가 회사 내에서 자기계발을 주도했다. 오늘날 한층 더 빡빡한 계약을 통해 채용되는[105] 단기 시간제 근로자는 아무것도 주도하지 못한다. 그보다는 특정한 기술이나 정해진 산출량을 내놓는다.[106]

대개 감원된 관리자들은 계약을 통해 경영을 조율하는 하청업자 형태로 회사에 돌아와 경영진을 대체한다. 이를테면 IBM의 1990년대 대량 감원 이후 컨설턴트로 회사에 복귀한 해고 근로자는 무려 5명에 1명꼴이었다.[107]

어떤 회사는 하청업체 모형을 토대로 맨손으로 시작했다. 우버 기사는 근무 활동이나 시간이 아니라 승객 탑승 건수로 보수를 받는다.[108] 의류 소매업체인 베네통United Colors of Benetton은 직원 숫자가 1,500명뿐이지만 2만 5,000명을 고용한 하청업체를 활용한다.[109] 포도주 양조장 중에서는 각기 다른 업체와 포도를 거래하고 포도주를 생산하며 병에 담고 유통하는 계약을 맺는 곳도 있다. 따라서 직원이 전혀 필요하지 않다.[110] 최근 폴크스바겐Volkswagen은 자기 직원 하나 없이 하청업체 직원으로만 이루어진 자동차 공장을 지었다.[111]

극단적으로는 신기술 때문에 직원과 하청업자의 구분이 완전히 없어져 명목상으로는 노동력을 제공하도록 고용된 사람들이 결과적으로는 자신이 생산한 것을 판매하는 사례도 존재한다. 현재 아마존의 주문 처리 기술은 그런 상황에 가까워지고 있다. 인간의 눈에는 마구잡이처럼 보이기 때문에 '무질서한 비축chaotic storage'으로 불리며 알고리즘에 따라 최적화된 방식이 창고 제품의 정리에 사용된다. 추적 장비와 센서를 통해 일련의 발 움직임을 정확하게 제시함으로써 근로자들이 선반에서 제품을 꺼내고 상자에 담는 방법을 알려준다.[112] 이런 식으로 아마존은 전통적으로 창고 관리를 담당해온 중산층 근로자를 극도로 중앙 집권적인 체제로 대체하고 있다. 이런 체제에서는 회사가 생산 공정을 부분 단위로 나눈 다음 각 부분을 사실상 따로따로 구매한다.[113] 아마존은 창고 관리 직원을 완전히 없애는 것을 목표로 기술을 사용하며, 그런 목표에 따라 이제까지 10억 달러를 들여 키바 시스템스Kiva Systems라는 로봇 개발 회사를 사들였다.[114] 한편 구글과 전략적 제휴 관계에 돌입한 중국 기업 JD닷컴JD.com은 이미 상하이 외곽에 로봇 수백 대가 고작 직원 4명의 도움으로 하루에 대략 20만 상자를 포장하고 출하하는 창고를 건설했다.[115]

물론 경영 직무가 완전히 사라진 것은 아니다. 그보다는 생산직 근로자와 중간관리자가 박탈당한 경영 통제권이 극소수 엘리트 간부에게 집중되었다고 보는 편이 옳다. 이들은 지위가 아니라 종류 자체의 차이로 생산직 근로자와 구별된다.[116] 그 같은 경영 권한의 집중을 뒷받침한 기술은 조직을 감시하고 데이터를 수집하며 처리하는 정보 시스템뿐만 아니라 데이터의 이해에 필요한 개념과 분석 틀에 이르기까지 몹시 복잡하다. 집중적으로 교육받은 관리자만이 20세기 중반 기업을 관리했던 여러 단계의 중간관리자들 없이도 생산을 조율하고 경영 기술을 실행할 수 있다.

따라서 새로운 경영 엘리트는 고도의 교육을 받아야만 한다. 20세기 중반의 중역은 에드 렌시처럼 대학을 다니기보다 기업의 위계질서를 따라 승진했을지도 모른다. 그러나 오늘날의 경영진은 맥도날드의 현직 최고경영자와 같이[117] 엘리트 집안 출신이고 대개 경영학 석사 학위가 있거나 대학 졸업 후 그에 상응하는 교육을 받은 사람들로 이루어진다.[118] 현재 중역은 경영 지원이 필요하면 중간관리자보다 경영 컨설턴트에게서 도움을 얻는다. 과거에는 사내에서 수행되었던 경영 직무를 외부 조언자에게 맡기는 것이다.[119] 컨설턴트도 고도의 교육 수준을 갖춘 초엘리트 집단이다. 업계 선두주자인 매킨지 McKinsey & Company는 "대학 수준의 연구 역량"을 자부한다. 그런 자부심은 회사의 전매특허인 조사를 통해 "버튼 한 번만 누르면 앞으로 10년 동안 기저귀의 판매량이 많은 전 세계 50대 도시를 파악"할 수 있다는[120] 회사의 공식 발언에서도 드러난다.

마지막으로, 기술 발전으로 소수의 고급 엘리트에게 경영 업무가 집중되는 현상은 엘리트의 경제적 가치를 부풀린다. 고위 중역이 경영 업무를 독점하고 기업이 그들에게 내부 조율을 맡김에 따라 고위 중역은 경영의 경제 수익을 거의 독차지한다. 20세기 중반에 같은 회사 내 중산층 중간관리자와 폭넓게 공유되던 수익 흐름은 엘리트 중역에게 집중되고 있다. 맥도날드를 비롯한 기업의 최고경영자와 다른 엘리트 관리자가 능력 불평등의 신전에서 금융 자본가와 어깨를 나란히 할 수 있는 이유는 지위와 소득 덕분이다.

최근 몇 년 동안 미국의 최고경영자 가운데 연봉이 가장 높은 사람이 가져간 돈은 연평균 1억 달러 정도였다.[121] 연봉 최상위권인 최고경영자 200명의 평균 소득은 대략 2,000만 달러에 이르렀다. 오늘날 대기업 최고경영자가 얻는 소득은 중위 근로소득의 300배로, 1965년의 최고경영자와 근로자 간 소득비보다 15배 정도 높다.[122] 최고 경영진 바로 아래 직급의 엘리트 간부도 엄청난 소득을 얻는다. 직원이 총 7,500명인 S&P 1500대 기업 가운데 연봉이 가장 높은 간부 5명의 소득은 S&P 1500 기업이 올리는 총이익의 10%에 맞먹는다.[123]

따라서 중산층 근로자를 대량으로 몰아낸 최근의 기업 구조조정은 경영진에게 회사의 체질 개선을 주문하고 군살을 빼고 건강해지기lean and fit 위해 경영을 재편하는 방식이 아니었다. 오히려 미국의 경영진을 만들어냈던 위계질서를 새로운 형태로 짜 넣음으로써 기업을 '비대하고 비열하게fat and mean' 개조했다.[124]

제3세대 미국식 경영은 몇 가지 중요한 측면에서 제1세대가 받아들였던 기능공 모형으로 회귀하고 있다. 생산직 근로자와 관리자 모두 정해진 고용주보다는 일련의 업무와 기량에 대해 유대감을 느낀다.[125] 엘리트 교육과 훈련을 주도하는 학교와 대학에서 구축되어 개조된 길드 제도guild system는 기량을 제공하고, 그런 기량은 근로자의 업무, 지위, 보수를 결정짓는다.[126]

20세기 중반 중산층의 구축에 중추적 역할을 했던 경영이 오늘날에는 중산층의 생존을 위협한다. 근로자 상당수가 대개 정해진 직장도 없이 밑바닥에서 희망 없는 생산 작업을 한다. 맨 위에서는 상위 중역 몇 명이 축소된 위계질서 내에서 신기술의 수혜를 입어 한층 더 그럴듯해지고 유망해진 업무를 도맡으며 막강한 지휘권을 행사한다.[127]

중산층 공동화

금융과 경영만이 직장 내 새로운 분열을 겪고 있는 산업은 아니다. 경제의 다른 부문도 중간 숙련도가 필요한 직종을 줄이고 근로 인력을 양극화했다.

예를 들어 20세기 중반의 소매 산업은 규모가 작은 독립 상점들이 주도했다. 1967년에는 매장이 하나뿐인 업체가 전체 매출의 60.2%를 차지했다[128] (또한 대형 체인은 18.6%만을 차지했다). 이런 상점은 중간 숙련도를 갖춘 근로자를 고용했다. 「뉴욕 타임스」는 1962년 기사에서 "주인이 구매 담당자뿐만 아니라 점원까지 겸하는 영세 독립 상점은 대개 높은 매출 생산성 비율을 보이는 경향이 있다"라고 분석했다.[129] 다른 모형으로는 경쟁이 어렵다고도 지적했다. 더 나아가 "좀 더 규모가 큰 업체에서는 직원들 수준이 전반적으로 낮기 때문에 고충을 겪는 일이 많다"라고 덧붙였다.[130]

현재는 소비자라면 누구나 알 만한 거대 체인이 소매 산업을 장악한 상태다.[131] 달러 제너럴Dollar General, 패밀리 달러Family Dollar, 월그린Walgreens, CVS, 세븐일레븐7-Eleven, 크로거Kroger 등이 있으며 물론 월마트와 아마존도 여기에 해당한다. 대형 체인은 판매에 신기술을 도입해 중간 숙련도를 갖춘 근로자를 없애고 이들을 희망 없는 다수와 극소수 엘리트로 대체한다. 평범한 하위 소매 근로자는 진열대 담당, 계산원, 잡역부는 물론 (월마트의 경우) 고객을 맞이하는 점원과 (아마존의 경우) 기계적인 창고 근로자로서 한정되고 단조로운 업무만 수행한다. 이들은 업무에 걸맞게 매우 낮은 보수를 받는다. 어떤 추산에 따르면 (미국 최대 기업인) 월마트가 근로자에게 지급하는 중위 임금은 1만 7,500달러에 불과하다.[132] 다른 추산으로도 1만 9,177달러에 지나지 않는다. 그러니 이 회사에 빈곤선에도 미달해 공적 지원을 받는 정규 직원이 있다는 사실은 놀랍지 않다. 역설적이게도 이들은 월마트 매장이 주관하는 휴일 음식 나누기food drive 등의 도움을 받는다.[133] 예를 들어 오클라호마 매장은 "어려운 동료에게 기부해 성공합시다"라는 라벨이[134] 붙은 통을 비치해서 식료품 통조림을 모았다. 한편 2017년 월마트 최고경영자의 보수는 중위 임금을 받는 직원보다 무려 1,118배나 많았다.[135]

소매업체의 상위 근로자는 신기술을 도입해 매출 신장에 필요한 업무를 중앙으로 집중한다. 실리콘밸리의 퍼콜라타Percolata 같은 기술 기업이 제공하는 빅데이터 중심의 소비자 행태 분석을 하는 곳도 있고,[136] 가격 최적화 프로그램을 활용해 소비자들의 눈에 띄는 상품 가격은 할인하는 반면에, 눈에 띄지 않는 상품 가격은 올리는 업체도 있다.[137] 어떤 업체는 소비자가 매장 직원의 도움 없이도 제품을 식별할 수 있는 브랜드화 기법을 도입한다.[138] 이 같은 혁신 기술을 개발하고 실행에 옮기는 엘리트 근로자는 당연히 고도의 교육 수준과 기량을 갖추고 있다. 아마존의 설립자이자 최고경영자이며 현대 역사상 가장 부자로 꼽히는 제프 베이조스는[139] 프린스턴 대학의 최우등 졸업생이자 파이베타카파 회원이다. 그는 아마존 설립 초기 영국 옥스퍼드 대학에서 공부한 미국인 로즈 장학생Rhodes Scholar● 중에서 직원을 채용했다.[140]

엘리트들이 컴퓨터를 이용해 직접 사무 업무를 보고 일부 업무는 이제 하위 근로자가 된 데이터 입력 담당자에게 맡김에 따라 전화교환원, 타이피스트, 워드프로세서 전담 직원, 여행사 직원, 경리 등의 중간 숙련도가 필요한 사무 직종 역시 사라지는 추세다.[141] 지난 15년 동안 법무법인은 대학 교육을 2년 미만으로 받은 근로자가 주로 하는 지원 직무 10만여 개를 없앴다. 그러면서도 법무 박사와 학사 학위가 있는 근로자가 주로 맡는 직무는 늘리고 있다.[142] 컴퓨터 지원 설계 프로그램이 중간 숙련도급 제도사를 대체하고 초고도로 숙련된 건축가나 공학자에게는 한층 더 복잡하고 창의적인 설계 도안을 만들어낼 수 있는 역량을 제공한다.[143]

영향을 받지 않는 부문은 없다. 예술계와 연예계에서도 신기술 덕분에 소수의 '슈퍼스타' 연예인이 전 세계 사람의 눈과 귀를 사로잡고 기량이 그보다 약간 덜할 뿐인 연예인을 몰아내고 있다. 과거에는 그들도 이동 범위 내에서 가장 훌륭한 오락을 제공함으로써 현지 관객에게서 인기를 끌었다.[144] 2017년 가수 비욘세, 농구 선수 르브론 제임스, 작가 조앤 K. 롤링은 각각 1억 달러 가까운 돈을 벌었다.[145] 이는 20세기 중반의 가수, 농구 선수, 작가 들이 번 돈의 100배 넘는 금액일 것이다.[146] 또한 백보컬,[147] NBA 2부 리그 선수,[148] 텔레비전 대본작가[149]같이 숙련되었으며 자기 직종의 최상위군은 아니지만 그에 가까운 사람들이 버는 돈보다 1,000배 정도 많은 돈이다.[150]

마지막으로, 기술은 당연히 제조업도 뒤바꾸었다. 기술이 세인트

● 영국의 기업가 세실 로즈의 유언에 따라 미국과 영연방 국가 등의 우수한 학생에게 옥스퍼드 대학의 학자금을 제공하는 장학금.

클레어쇼어스뿐만 아니라 전국적으로 중간 숙련도급 제조업 일자리를 싸그리 없앴다는 것이 통설이다. 20세기 중반에 미국 최대 기업이었던 자동차 제조업체 제너럴모터스는 노조원에게 연봉 6만 달러에 상당한 수당까지 지급했다.[151] 오늘날 이 회사는 직원 1만 명당 로봇 1,200대를 배치하며 로봇 생산 추세를 가속화하고 있다[152](심지어 유럽과 아시아에서는 로봇이 훨씬 더 두드러진 역할을 담당한다[153]). 전반적으로 미국이 1970년대 후반 이후 상실한 제조업 일자리는 800만 개에 달한다.[154] 전체 근로 인력 가운데 제조업 종사자의 비율을 1960년대 중반 수준으로 끌어올리려면 현재보다 2,500만 개 많은 제조업 일자리가 필요하다.[155]

잘 알려져 있진 않지만, 그와 동시에 신기술은 초고도로 숙련된 산업 근로자로 채워진 직종도 만들어냈다. 설계, 프로그래밍, 자동화 생산 공정의 관리 등이 그에 해당한다. 전반적인 제조업 고용률이 1992년에서 2012년 사이 30% 정도 하락했음에도 제조업계의 대졸 근로자 숫자는 2.4% 증가했으며 석사 이상의 학위가 있는 근로자는 44%나 증가했다.[156]

이처럼 초고도 숙련도를 갖춘 근로자는 중간 숙련도급 근로자보다 생산성이 훨씬 더 뛰어나다. 그들의 생산성에 힘입어 제조업 일자리의 비율은 하락하는데도 제조업이 실질 GDP에서 차지하는 비율은 꾸준히 유지된다. 이들은 보수도 더 많다.[157] 2007년에서 2012년 사이 제조업 근로자의 평균 소득은 15% 넘게 상승했다.[158] 극단적인 경우에는 중간 숙련도급 일자리에서 초고도 숙련도급 일자리로의 전환이 금융계에서 나타난 것과 비슷한 결과를 내기도 한다. 코닥은 전성기에

카메라와 필름을 만드는 중간 숙련도급 생산직 근로자를 14만 명이나 고용했다. 설립자인 조지 이스트먼George Eastman이 20세기 중반의 중산층 직업 모형을 채택해 종신고용과 광범위한 사내 교육 및 승진 기회를 제공한 것은 유명하다. 현재 이 회사는 인스타그램Instagram 같은 디지털 기업에 밀려났다고 볼 수 있다. 인스타그램은 10억 달러에 페이스북Facebook에 매각될 당시 초고도 기량을 갖춘 직원 13명만 고용한 상태였다.[159] 물론 그 13명은 대단히 부유해졌다.[160]

이 모든 사례와 여기에서 언급되지 않은 수많은 사례가 제시하는 내용은 기본적으로 동일하며 단일 주제의 여러 가지 변형일 뿐이다. 20세기 중반 미국의 직장을 지배했던 민주주의 체제가 이제는 능력주의가 유발한 불평등에 자리를 내준 것이다. 기술 혁신의 물결은 한때 생산을 주도했던 중간 숙련도급 중산층 일자리를 없애고 다양한 조합의 장래성 없는 일자리와 번지르르한 일자리로 대체했다.

20세기 중반의 중산층 일자리와 가장 밀접하게 연관되었던 경제부문인 제조업은 고용률이 절대적으로나 상대적으로나 급격하게 하락했으며 소매 산업과 금융 등 오늘날 하위 및 상위 일자리와 가장 밀접하게 연관된 부문은 대규모 확장을 경험했다. 그뿐만 아니라 부문마다 일자리의 양극화도 나타났다. 중간 숙련도급 대출 담당자는 하위직인 출납계원과 상위직인 분석가에게 밀려나고 있다. 중간관리자는 하위직인 계약직 근로자와 상위직인 중역에게 자리를 내주는 추세다. 중간 숙련도급 소매업자는 하위직인 계산원과 상위직인 전자상거래 소프트웨어 개발자를 고용한 대형 체인으로 대체되는 중이다. 중간 숙련도급 공구 제작자와 금형 제작자는 로봇과 상위 공학자에게 밀려 사라지고 있다.

전체적인 데이터를 보면 노동시장의 중산층 공동화 현상을 확인하고 계량화할 수 있다(494쪽 〈그림 8〉 참조). 1980년대 초반부터 35년 동안 중간 숙련도급 업무 위주의 일자리가 차지하는 비율은 급격하게 하락했는데, 1980년대에는 5%, 1990년대에는 7%, 2000년 이후에는 15% 가까이 하락하는 데서 알 수 있듯이, 그 추세가 점점 더 가속화되고 있다. 같은 기간 초고도 숙련도가 필요한 일자리의 비율은 10년마다 10%씩 급격하게 상승했으며, 마찬가지로 미숙련 업무 위주의 일자리 비율도 2000년대 이후 높아졌다.[161]

전반적으로 1980년 이후 경제의 중간 숙련도급 일자리 가운데 자그마치 25%가 사라졌으며 고숙련 근로자에게만 배정되는 일자리 비율은 30% 넘게 높아졌다.[162] 반면에 기술 근로자와 전문직 근로자로 이루어진 직군의 비율은 1950년 이후 2배 넘게 상승해 오늘날에는 20%에 달한다.[163] 더욱이 주별로 비교해보면 부유층의 격상과 중산층의 정체가 함께 나타난다는 사실을 알 수 있다. 총소득 대비 상위 1%의 비율로 측정한 상위 소득의 상승이 중산층 소득의 하락을 유발한다는 이야기다.[164] 그뿐만 아니라 이는 미국에서만 일어나는 추세도 아니다. 능력주의는 전 세계 부유한 국가의 직장에서 민주주의적 평등을 훼손하고 있다.[165]

이런 추세는 시간이 지날수록 점점 더 강해질 뿐이다. 2000년대 들어서도 저임금 일자리와 고임금 일자리 모두 늘어난 반면에 중간 임금 일자리는 감소했다.[166] 대침체기와 이후 회복기에도 비슷한 경향이 나타났다. 중산층 일자리가 대침체 여파로 사라진 일자리에서 차지하는 비율은 회복기에 창출된 일자리에서 차지하는 비율보다 3배 높았다. 반면에 하위 일자리와 상위 일자리 모두 사라진 일자리보다 새로 창출된 일자리에서 더 높은 비율을 차지했다.[167] 더욱이 미국 노동통계국Bureau of Labor Statistics은 향후 10년에 걸쳐 가장 빠른 속도로 줄어들 직업 유형이 모두 중간 숙련도급이며,[168] 가장 빠른 속도로 늘어날 10가지 직업은 미숙련이나 초고도 숙련도급일 것이라고 전망했다. 매킨지 컨설팅 산하 매킨지 글로벌 연구소McKinsey Global Institute는 미국 노동 인구 중에서 3분의 1 가까이가 2030년까지 자동화 때문에 설 곳을 잃을 것이라면서 한층 더 급격한 변화를 예측했는데, 이들 중 절대다수가 중간 숙련도급이다.[169]

종합해보면, 이 같은 변화는 잔물결 정도가 아니라 해일이라 할 만큼 대변혁이다.[170] 난적으로 말해 노동시장은 20세기 중반 직업 세계의 민주주의적 구심점을 포기했고, 그에 따라 직업의 성격에 근본적인 변화가 나타났다.

직업은 한때 20세기 중반 미국이라고 하면 곧바로 연상되던 폭넓은 중산층 기반의 경제와 사회를 뒷받침했다. 반면에 오늘날의 직업은 부유층과 나머지 사람들의 불평등 심화가 적절하다는 생각을 뒷받침한다. 20세기 중반에는 직업이 공통의 민주주의적 경험을 중심으로 미국인들을 통합했으며 노조에 가입한 제너럴모터스의 자동차 생산직 근로자가 노동시장을 상징했다. 오늘날에는 직업이 미국인을 분열시키고 월마트의 고객 맞이 직원과 골드만삭스의 은행 간부가 미국의 노동시장을 압축적으로 보여준다.

제값을 하는 교육

20세기 중반의 경제를 지배했던 민주주의적인 직장은 미국 중산층의 성향에 잘 맞았다. 수많은 중간 숙련도급 일자리와 그와 연관된 직장 내 교육 기회는 과거에 직장의 성격을 규정했고 직급과 숙련도를 초월해 근로자들을 연결했다. 세인트클레어쇼어스의 볼링장 아르바이트생이 중산층 임금에 직장 내 교육과 승진 기회가 따르는 정규직에 편입되었던 시대에는 복잡하고 경쟁적인 엘리트 교육의 필요성이 크지 않았다.

그와 대조적으로 오늘날의 경제를 지배하는 능력주의적인 직장은 미국 엘리트의 성향에 잘 맞는다. 노동시장의 중산층 공동화로 근로자가 유형별로 분열되고, 특히 초고도 숙련도를 갖춘 근로자는 나머지 사람들과 철저히 분리된다.[171] 부유한 가정은 자녀가 상위 직업을 얻고 능력주의 양극단에서 유리한 방향에 서는 데 필요한 특별한 교육과 기량을 제공하기 위해 엘리트 교육이라는 도전을 받아들인다.[172] 직장 내 평생 교육은 대학 학위 선호 현상으로 엘리트 교육에 밀려났다.[173]

엘리트 교육은 효과적이다. 부유한 가정이 자녀의 인적 자본 형성에 투자하는 돈과 노고는 제값을 한다. 소득 상위 20% 가정의 어린이가 성인이 되어 소득분포 상위 5분위에 들 가능성은 하위 20% 가정의 어린이보다 7배 정도 더 높으며 부의 분포에서 상위 5분위에 들 가능성도 9배 더 높다. 교육 분포의 상위 5분위에 들 가능성은 12배에 달한다.[174]

교육은 노동시장이 선호하는 선별 메커니즘이며 특히 일류 학교의 교육이 제공하는 경제적 수익은 어마어마하다. 다시 말해 교육은 양극화된 신종 노동시장에서 하위 근로자와 상위 근로자를 갈라놓는 단층선을 고스란히 드러내며 근로자들을 거의 겹치지 않는 소득 집단별로 분류한다. 집중적인 교육과 번지르르한 직업은 대개 방향이 일치한다. 능력주의가 유발하는 불평등 때문에 엘리트 학생은 곧 상위 근로자가 된다.[175]

선별 분류의 철저함은 놀라울 정도다(495쪽 〈그림 9〉 참조). 중위 대졸자는 일생에 걸쳐 고등학교를 졸업하지 못한 근로자의 93%와 고등학교만 졸업한 근로자의 86%보다 더 많은 돈을 번다. 중위 전문대학원 졸업자는 고등학교 중퇴자의 99%와 고등학교만 졸업한 근로자의 98%, 학사 학위만 있는 근로자의 83%보다 더 많은 돈을 번다.[176] 교육 분포의 하위 50%에 속하는 근로자 중에서 상위 10%에 속하는 중위 근로자보다 더 많은 소득을 얻는 이의 비율이 50명 중 1명꼴이라는 뜻이다.[177]

절대 수치로 보면 그 격차가 엄청나다. 고졸인 중위 남성 근로자는 150만 달러, 대졸인 중위 남성 근로자는 260만 달러,[178] 전문 학위를 취득한 중위 남성 근로자는 400만 달러 이상을 일생에 걸쳐 번다. 여성의 경우에는 각각 110만 달러, 190만 달러, 300만 달러다. 게다가 이 같은 절대 수치는 과거 미국은 물론 현재 다른 고소득 국가의 수치와 비교하더라도 상당한 것이다. 현재 대학의 소득 프리미엄은 1980년의 2배 정도다.[179] 등록금을 뺀 학사 학위의 현재 가치present discounted value는 1965년 가치의 3배에 가깝다.[180] (대학 교육의 순수한 경제 수익률은 잘 알려진 추산에 따르면 한 학년당 13~14%로, 주식시장의 장기 수익률보다 2배 정도 높다.)[181] 미국 대학의 프리미엄은 영국과 프랑스보다 1.5배, 스웨덴보다 3배 더 크다.[182]

학점이나 시험 성적과 마찬가지로 상위 대학과 중위 대학의 평생 소득 격차는 중위 대학과 하위 대학의 격차를 크게 능가한다. 한층 더 수준 높은 엘리트 교육을 받은 사람을 면밀하게 조사해보면 그 같은 경향이 증폭된다.[183] 적당한 상위권에 속하는 대학 학사 학위의 소득 증대 효과는 하위권 대학보다 10~40% 더 크며,[184] 등록금 수익률의 2배에 이른다.[185] 초일류 대학 학사 학위의 소득 증대 효과는 훨씬 더 크며 평범한 학위의 2배를 웃돈다.[186] 초일류 대학을 졸업한 상위 소득자는 평범한 학위가 있는 상위 소득자보다 3배 넘는 소득을 얻는다.[187] 하버드 졸업자 가운데 소득 상위 10%는 졸업 후 불과 6년 만에 평균적으로 25만 달러를 벌어들인다.[188] 최근 발표된 광범위한 연구 보고서에 따르면 놀랍게도 기업 지도자의 50%, 금융계 지도자의 60%, 고위 정부 관료의 50%가 다닌 대학은 12개를 벗어나지 않는다.[189]

대학원 중에서도 전문대학원 학위는 훨씬 더 큰 소득 프리미엄을 창출한다. 1963년에는 학사 이후 학위의 소득 프리미엄이 학사 학위와 비교할 때 사실상 0이었다.[190] 반대로 오늘날에는 30%에 가까우며 평범한 대학원의 학위라도 마찬가지다. 엘리트 대학원이나 전문대학원의 프리미엄은 한층 더 크다.[191] 전문대학원 졸업자 중에서 소득 상위에 속하는 75번째 백분위수는 일생 동안 650만 달러 정도 버는데, 이는 고등학교만 졸업한 사람이 버는 돈의 5배에 가깝다.[192] 최상위권 엘리트 전문대학원의 소득 프리미엄은 그보다 더 크다.

얼마 전에 발표된 변호사 업계의 소득은 엄청났다. 정상급 파트너와 일반 변호사의 소득은 각각 수백만 달러와 수십만 달러에 달하는 것으로 알려졌는데, 엘리트 로스쿨을 나온 변호사가 장악한 일류 법무 법인에 집중되어 있다. 10위권 로스쿨을 졸업한 1년 차 변호사의 중위 소득은 20만 달러에 육박한다.[193] 하버드 로스쿨을 졸업하고 10년 정도 경력이 있는 30대 후반의 변호사를 대상으로 한 최근 조사에 따르면 남성 변호사의 중위 연봉이 40만 달러에 가깝다.[194] 수익률이 가장 높은 법무법인의 파트너 가운데 96%는 연봉이 500만 달러를 넘어서며 10위권 로스쿨 중 한 곳을 나왔다.[195] 10위권 로스쿨을 졸업한 변호사의 평균 연소득은 11위에서 20위 사이 로스쿨과 21위에서 100위 사이 로스쿨을 졸업한 변호사보다 각각 25%와 50% 더 높다.[196] 그 결과 법률 직종 내에도 극심한 계층화가 나타난다. 게다가 이 같은 현상은 로스쿨 재학생이 얼마만큼의 학비 지원을 받느냐에 따라 로스쿨 학위에 소용되는 비용 대비 내부 수익률internal rate of return ●이 15% 내지 30%까지 나온다.[197]

경영대학원의 경우 5위권 학교 졸업 후 경력 4년 차 평균 연봉이 21만 5,000달러에 달한다. 최근에 졸업한 최상위 소득자는 100만 달러 넘는 연봉을 받으며,[198] 상위권 경영대학원 출신은 50위 경영대학원 출신보다 2~3배 더 높은 소득을 얻는다.[199] 상위권 경영대학 출신이 얻는 직업을 보면 그들의 소득이 높은 이유를 알 수 있다. 하버드 경영대학원에서는 1941년 졸업반의 1.3%만이 금융부문에 취직한

● 투자 계획의 미래 수익률을 추산할 때 사용되는 지표로서, 특정 투자 계획의 예상 수익과 예상 비용이 같아질 때의 수익률.

데 반해, 2016년 졸업반의 무려 28%가 월가 금융회사에 취직했으며 25%는 컨설팅 회사에 들어갔다.[200] 로스쿨과 마찬가지로 상위권 경영대학원을 졸업한 이들은 얼마 지나지 않아 보상을 받는다. 현재 5위권 경영대학원을 졸업한 5년 차 직장인의 급여 소득income gain*은 7만 5,000달러를 웃돈다.[201]

이 같은 수치는 능력에 따른 불평등이 상위 근로 계층의 범위를 좁게 한정해 선망받는 직업이 극소수에 불과하다는 사실을 입증한다. 미국 성인 중 교육 수준이 가장 높은 3분의 1이 받는 평범한 학사 학위는 학위 취득자가 양극화된 노동시장의 밑바닥으로 떨어지는 불상사는 막아주겠지만 윗부분으로 올라가는 데는 더 이상 도움이 되지 않는다. 게다가 소득 상승이 상위 5%, 1%, 0.1%에 집중되는 상황에서 그렇게 올라가기란 불가능하다. 커리어빌더닷컴CareerBuilder.com의 최고경영자는 "학사 학위를 받으면 취업 관문은 통과하지만 실제로 학사 학위가 있는 사람 중에서 실업자는 많지 않으나 기대만큼의 소득 상승은 이룰 수 없다"라고 말한다.[202] 과거에 기술 발전으로 고등학교 졸업장의 가치가 떨어지고 학사 학위의 가치가 올라갔듯이, 오늘날에는 기술의 발전으로 비엘리트 학사 학위의 가치가 떨어진다는 지적도 있다.

평범한 학사 학위로도 엘리트 계층에 편입될 수 있다는 생각은 노동시장 양극화를 반영한다기보다 시대에 뒤떨어진 생각으로, 양극화되기 전인 20세기 중반의 민주주의적인 직업관을 반영한다.

● 이 경우에는 증가한 연봉에서 등록금, 재학 시 제반 비용, 재학 중에 벌지 못한 소득을 제한 금액.

할 일도, 여가도 빼앗긴 사람들

카를 마르크스의 사위인 폴 라파르그Paul Lafargue는 1883년에 『게으를 수 있는 권리The Right to Be Lazy』라는 소책자를 펴냈다.[203] 1910년 대에는 일부 노동조합이 주당 40시간의 근로시간을 쟁취한 성과에 힘입어 근로시간을 한층 더 축소해야 한다는 압력을 가하기 시작했다. 주당 30시간을 촉구하는 소리가 점점 더 커졌고 급진적인 일부 노조는 그보다 더 짧은 근로시간을 요구했다.[204] 한술 더 떠 세계산업노동자연맹Industrial Workers of the World은 "주 4일 하루 4시간 근무"를 요구하는 문구를 티셔츠에 새기기까지 했다.[205] 이해관계가 없는 사람들은 그 같은 요구를 진지한 제안으로 받아들였다. 심지어 1930년에 존 메이니드 케인스John Maynard Keynes는 미래에 기술 혁신의 결과로 긴 근로시간뿐만 아니라 적정한 근로시간이 0에 가까울 정도로 단축되고 대중의 노동이 사라질 것이라고 내다보면서 20세기 내에 주당 3시간 근무가 가능해질 수도 있다는 예측을 내놓았다.[206]

케인스를 비롯한 논객들은 그런 발전이 인류를 이상향에 가까운, 모두가 엘리트에게만 허용되었던 생활방식을 향유할 수 있는 신세계로 이끌 것이라고 꿈꿨다. 그 당시 관점으로는 자연스러운 희망이었다. 노동은 여전히 고되었고 한가한 생활은 그때까지도 위신의 상징이었다. 산업화에 따른 기계 동력 덕분에 근로 계층이 노동의 속박에서 풀려날 것이라는 생각은 낙천적인 몽상가들을 사로잡았다.[207]

실제로도 예측 대부분이 현실로 나타났다. 그러나 예측은 그들이 희망했던 방식으로 실현되지 않았으며 이상적이라기보다는 파멸적인 결과를 몰고 왔다.

기술 혁신 덕분에 근로 계층과 중산층의 오랜 노동 부담이 상당 부분 사라진 것은 사실이다. 아동기와 은퇴기는 과거에 비해 삶에서 많은 부분을 차지하며 한창 일할 나이인 성인의 노동시장 참여도는 떨어지고 있다.[208] 적어도 엘리트 계층을 제외하면 업무 자체도 과거에 비해 시간이 덜 든다. 따라서 오늘날에는 1900년에 근로 계층의 삶을 지배했던 60여 시간의 주당 근로시간이 믿기지 않는다. 심지어 오늘날 주당 40시간 일하는 중산층 근로자는 20세기 중반에 비해 드물다. 더욱이 미숙련뿐만 아니라 중간 숙련도급 노동 역시 과거와 비교도 되지 않을 정도로 덜 고되고 덜 위험하다.[209] 그와 동시에 미국의 중산층과 근로 계층은 과거 그 어느 때보다 더 유복하다.[210] 전반적으로 오늘날의 경제 분포에서 하위 3분의 2에 해당하는 이들은 앞선 세대 사람에 비하면 노동의 강도도 덜하고 근로 환경도 덜 열악하다. 그러면서도 과거에는 상상조차 할 수 없었을 물질적 풍요를 누린다. 케인스나 다른 관측자들이 상상한 정도까지는 발전이 진행되지 않았지만 이상적인 방향으로 큰 걸음을 뗀 것은 사실이다.

이상향이 여전히 요원하다면 그 까닭은 케인스 같은 사람이 미래에 명예가 어떤 척도로 가늠되는지, 미래의 가치관에 대해 완전히 잘못된 예측을 내렸기 때문이다.

이상주의자들은 모두 케인스의 말에서 드러나듯이 근로시간 단축이 번영뿐만 아니라 여가의 광범위한 확산으로 이어지리라 믿었다. 그 당시만 해도 여가는 암묵적으로 귀족계층의 전유물로서 명예와 지위의 상징으로 여겨졌다. 다시 말해 그들은 기술 덕분에 대중이 그 당시만 해도 엘리트의 전유물이던 생활방식을 나눠 받으리라 생각했다. 그런 관점에 따르면 혁신 덕분에 대중은 노동에 따르는 육체적 부담뿐만 아니라 그에 수반되는 사회적 구속과 위신 추락에서 자유로워진다는 것이다. 기술혁명으로 도래할 세계는 유익할 뿐 아니라 포용적일 것이라는 생각이었다. 그 같은 관점으로는 새로운 체제가 완전한 경제 평등에 도달하지는 못하더라도 신분이나 계층의 뚜렷한 구분을 없애고 모든 구성원의 존엄성과 사회적 참여를 북돋울 터였다. 고된 일이 사라진 데 그치지 않고 제대로 된 취미 활동이 이루어지는 것으로 간주할 때, 여가의 확산은 평등이 가까워진다는 보증서이자 척도였다. 그런 관점을 이상주의적이라고 하는 까닭도 그 때문이다.

보편적인 여가라는 이상주의적인 관점은 첫 번째 장애물에서 고꾸라졌다. 기술 혁신은 사람들이 시간을 소비하는 방식을 바꾸었을 뿐 아니라 동시에 사회적 의미도 재형성했다. 신기술은 노동에 획기적인 변화를 일으켜 생산을 엘리트 계층에 집중하는 동시에 노동과 여가를 융합하고 있다. 그 결과 근면성은 공훈과 동일한 것이 되었다.

수많은 근로자가 고역에서 해방되었지만 동일한 메커니즘에 의해 생산에서도 배제되었다. 노동시장의 양극화로 중산층에게는 할 일이 충분히, 사실상 거의 남지 않았다. 강요된 게으름은 실직뿐만 아니라 자발적이지 않은 불완전고용과 노동시장 철수를 포함해 능력 불평등이 중간 숙련도급 근로자들에게 떠안긴 것으로, 규모와 범위 면에서 20세기 중반에 성차별이 여성에게 강요한 게으름과 비슷하다.[211]

현재는 근면성이 명예의 표상이므로 게으른 생활은 더 이상 위신을 약속하지 못하며 여가를 제공하기보다는 그 반대로 무기력감과 그에 수반되는 굴욕감을 안긴다. 중산층 근로자는 일자리를 구하더라도 그들의 일자리는 강압적이고 거슬리며 굴욕적인 감시와 통제에 매여 장래성이 없다. 따라서 그들은 상위 근로자와 달리 품위와 사회적 지위를 얻지 못한다. 아마존 창고에서 일하는 사람의 움직임은 발걸음 단위로 추적되고 통제된다. 더욱이 이 회사는 촉각 피드백haptic feedback을 통해 직원에게 물건 넣을 상자를 알려주며 직원이 언제 화장실을 쓰거나 몸을 긁적거리고 꼼지락대는지 확인할 수 있는 손목 밴드에 특허를 냈다.[212] 우버 기사들은 요청을 받으면 가본 적 없는 목적지라 하더라도 20초 내 승차 요청을 승인해야 한다.[213]

능력주의 시대의 게으름은 여가를 숭상하던 귀족 시대의 중노동과 거의 같은(그리고 과거에 여가가 만들어낸 것과는 정반대의) 사회적 영향을 만들어낸다. 여가를 숭상하던 귀족의 세상에서는 중노동이 품위의 정반대로 여겨졌듯이, 오늘날 능력주의 세상에서는 게으름이 품위의 정반대다. 암울한 일자리는 암울한 삶을 낳으며 능력주의의 덫이 중산층에게 떠안긴 쓰라린 절망감과 분노는 능력 불평등의 경제적·사회적 논리 안에 깊숙이 자리 잡은 근원에서 비롯된다.

이를 통해 중산층의 근로시간 단축이 케인스 같은 이들이 간절히 바랐던 번영과 정반대 결과를 낳은 까닭, 즉 오늘날 미국인이 중산층의 게으름을 특권의 확대로 환영하기보다 심각한 사회 문제로 생각하고 낙원보다는 지옥이 다가오는 전조로 받아들이는 까닭이 무엇인지 알 수 있다. 기술과 관련된 공상도 이제는 이상향보다는 그 정반대 방향을 향한다.

능력 불평등은 중산층에게 양방향에서 전면 공격을 가한다. 새로운 경제 현실이 중산층에게서 할 일을 빼앗고 새로운 규범이 중산층의 명예를 박탈하는 것이다. 능력주의의 필수적인 논리는 혜택을 집중하고 차별을 개인의 기량과 노력이 부족하고 기준에 미달한다는 말로 정당화하는 것이다. 다른 말로는 설명할 수 없는 분노와 모욕이 사회 전반으로 확산되는 이유도 그 때문이다. 경제 확장기에도 정치계를 뒤덮는 포퓰리즘이나 전염병이나 전쟁 없이도 탐닉, 과용, 자살 등 자신이 자초한 죽음 때문에 전반적인 사망률이 올라가는 현상도 같은 원인 때문이다. 두 가지 격변 모두 소득 수준으로는 중산층이지만 대학 학위가 없는,[214] 정확히 능력 불평등이 잉여로 규정한 집단에서 집중적으로 일어나고 있다.

암울한 직업은 그 직업에 종사해야 하는 사람에게 그들을 드리운다. 능력주의는 기량을 마술적인 힘마저 갖춘 우상으로, 즉 욕망의 대상으로 떠받들어 기량을 쌓지 못한 사람을 좌절에 빠뜨린다.

노력의 착취

미국의 중산층을 구축했던, 평판 좋은 중간 숙련도급 직장의 종신고용제, 소소하지만 순조롭고 꾸준한 진급을 보장하는 체계와 같은 근로 제도는 더 이상 존재하지 않는다. 대출 담당자와 주식 중개인, 중간관리자, 독자적인 소매상인, 숙련공이 모두 사라지고 있다. 중산층 공동화는 "소득과 시간의 비선형 관계"를,[215] 좀 더 광범위하게는 "엘리트다움과 노력의 비선형 관계"를 만들어내므로 "탄력적인 근무 일정에는 대개 대가가 따른다".[216] 착취적이고 혹독한 상위 직업의 유일한 대안은 하위 직업이다. 번지르르한 직업을 거부하는 엘리트는 암울한 직업을 택할 수밖에 없다. 그에 따라 소득과 지위의 분포가 비탈이 아니라, 절벽 형태를 보이는 "승자독식" 사회가 탄생한다.[217]

20세기 중반에는 저소득층 중심의 소득성장 덕분에 소득 사다리의 칸이 하나씩 위로 올라갔다. 1970년에 이르면 소득분포에서 50번째 백분위수에서 75번째 백분위수로, 75번째 백분위수에서 99번째 백분위수로, 무엇보다 99번째 백분위수에서 99.9번째 백분위수로 올라갈 때의 영향이 미미해 중산층부터 엘리트 계층까지 미국인은 모두 안정적인 상태에 있었다. 소득 사다리에서 한 칸 아래로 떨어지더라도 잃을 것이 적었을 뿐 아니라 한 칸 위로 올라갈 때는 얻을 것이 더더욱 적었다.[218]

그 후 능력주의가 유발한 불평등의 결과로 상위 계층의 소득이 성장함에 따라 소득 사다리의 칸들이 점점 더 멀리 떨어지게 되었다. 가장 크게 벌어진 것은 소득 사다리의 윗부분이다.[219] 그 결과 소득 사다리 오르기 경쟁은 맨 윗부분에서 가장 치열하다. 90번째 백분위수에서 99번째 백분위수로, 99번째 백분위수에서 99.9번째 백분위수로, 더 나아가 99.9번째 백분위수에서 99.99번째 백분위수로의 상승이 일어날 때는 경기침체 와중에도 부가 천정부지로 치솟고 중산층이 허우적거릴 때도 현대판 귀족이 나타난다. 유능한 엘리트는 경쟁자 100명마다 99명을 꺾는다 해도 진정한 성공을 거둘 수 없다. 100명 중에서 99명을 이미 꺾고 올라온 경쟁자 100명 중에서 다시 99명을 꺾어야만 한다. 따라서 가장 큰 성공을 거둔 엘리트가 가장 아슬아슬한 상황에 놓인다. 능력주의의 수용 범위는 점점 더 좁아지고 그 안의 중압감은 가차 없이 높아지고 있다.

이런 직업 분포를 보이는 노동시장에서는 일과 삶의 균형을 선택할 수 없다. 여가를 회복하려면 상위 직업과 상위 직업이 제공하는 소득과 지위를 완전히 포기하고 엘리트 계층을 벗어나야 한다. 더욱이 엘리트 교육에 엄청난 비용이 든다는 점을 생각할 때 그런 선택은 대대손손 이어질 수밖에 없다. 자기 착취를 거부하는 상위 근로자는 삶 전체가 붕괴되며 자녀들에게까지 그 여파가 미친다.[220] 따라서 애초에 산 중턱까지 올라가는 삶을 택했다가 근근이 올라가서 절벽에 필사적으로 매달려 있는 사람은 절벽 가장자리에서 갑자기 떨어질 때 그전에 떨어진 사람보다 더 극심한 충격을 받는다.

능력주의 생산의 메커니즘은 엘리트의 근면성에 추가적인 상향 압력을 가하므로 상위 근로자는 항상 자신의 바람보다 더 오랜 시간 더 집중적인 노력을 기울일 수밖에 없다. 경제학자들은 이런 현상을 '다람쥐 쳇바퀴 경쟁 평형 rat-race equilibrium'이라고 부른다.[221] 조정 경주에 참여한 사람들을 보면 그 영향을 현장에서 확인할 수 있다. 싱글 스컬 single scull●에서 우승을 거두는 사람은 대개 결승선을 통과하고 나서야 환호한다. 반대로 8인 종목에 참여해 우승하는 사람들은 결승선을 통과하자마자 탈진한 기색으로 쓰러진다. 싱글 스컬 경주자는 베블런의 관점대로라면 승리를 거두기 위해 자신의 역량을 전부 고갈하기보다 여유 있게 승리를 거둔다. 그러나 8인 종목에서는 힘이 분산되기

● 한 사람이 양손으로 두 개의 노를 젓는 조정 종목.

때문에 노 젓는 사람 각각이 얼마만큼 속도에 기여하는지 드러나지 않는다. 생산성을 직접 측정할 수 없는 상황에서는 눈에 보이는 탈진이 생산성의 지표가 된다.[222]

정교하고 격이 높은 일을 하는 상위 근로자도 같은 문제에 직면한다. 개인의 노력이 집단의 생산에 영향을 주지만 고용주가 개개인의 생산성을 직접 측정할 수 없을 때 고용주는 근무시간을 생산성의 척도로 활용한다.[223] 게다가 노력이 덜하거나 생산성이 떨어지는 근로자를 추려내기 위해 근로시간이 짧은 직무를 없애버린다.[224] 쳇바퀴 경쟁의 영향은 워낙 강력해 어떤 엘리트 기업이 직원들이 탈진할까 봐 자유로이 휴가를 쓰도록 했을 때 직원들이 실제로 쓴 휴가는 오히려 줄어들었다.[225]

이런 메커니즘은 한데 모여 엘리트의 근로시간을 끌어올린다. 국가 간 비교를 해보면 엘리트의 근로시간은 경제 불평등도가 높은 나라일수록 긴 경향이 있다.[226] 이런 국가 간 차이는 근로시간에 상당한 영향을 준다. 예를 들어 어느 추산에 따르면 미국의 근로시간이 더 긴 원인 중 미국과 스웨덴의 불평등도 격차가 차지하는 비중은 60%에 가깝다.[227] 미국 내에서도 산업에 따라 비슷한 관계가 나타난다. 근로시간의 증가는 산업 내 소득 불평등도의 증가와 상관관계가 있다.[228] 예를 들어 엘리트 법무법인이 일반 변호사에게 요구하는 기나긴 수임료 청구 시간은 쳇바퀴 경쟁의 영향을 실증적으로 입증한다. 잘 알려진 연구에 따르면 연구 대상인 일반 변호사 가운데 절반 가까이가 그처럼 역효과를 내는 유인perverse incentive 때문에 지나치게 오래 일한다.[229]

계층 전체로 볼 때 부유층이 그런 영향을 통해 이득을 보는 일은 없다. 개인이 근로시간의 증가로 지위를 얻는다 하더라도 그 나머지 사람들은 지위를 잃기 때문이다. 경쟁적인 노력은 엘리트가 전체적으로 지나치게 많은 돈을 벌고 과도하게 소비하며 초과 지출을 충당하기 위해 지나치게 열심히 일해야만 하는 죄수의 딜레마prisoner's dilemma•를 만들어낸다. 자기 파괴적으로 과로하는 엘리트의 이야기는 진부하고 상투적인 서사가 될 정도로 여기저기서 사실상 끝도 없이 반복된다. 고위 중역, 최고경영자, 전문적인 기업의 파트너들이 값비싼 아파트를 소유하고도 가구 배달을 시킬 시간이 없어 매트리스와 침낭으로 버틴다는 식의 이야기다.[230] 이들의 텅 빈 아파트는 일 이외에는 아무것도 없는 삶을 상징하기 때문에 큰 관심을 자아낸다.

오늘날의 엘리트 근로자들은 사실상 사생활을 영위해서는 안 된다는 요구를 받는다. 골드만삭스 투자은행부문 공동 대표인 데이비드 솔로몬David Solomon은 1980년대의 투자은행 직원들도 장시간 일하긴 했지만 저녁에 퇴근하고 그다음 날 아침에 음성 메시지를 확인하는 것이 허용되었다. 이제는 "다른 사람이 보낸 메시지에 내가 한 시간 안에 응답하지 않으면 그 사람은 내가 차에 치인 게 아닌지 의아해할 것이다".[231] 유능한 엘리트의 사생활 중에서 일에 방해가 되는 부분은 없다. 미국변호사협회 보고서에 따르면 "병원 분만실에서 계약을 마무리하거나 문서 초안을 작성하는 변호사의 이야기는 충격적일 정도로 흔하다".[232] 기한 때문에 자녀의 학예회나 형제의 결혼식에 참석하

• 이익을 극대화하려는 각자의 행동이 모두의 손실을 유발하는 상황.

지 못하고 회의 때문에 가족의 장례식장을 교대로 지킨다는 이야기도 자주 들려온다.[233]

그런 식의 부담은 쌓여만 간다. 월가의 현장 연구 보고서에 따르면 "대학 때 명랑했던 녀석이" 모건스탠리에 입사해 체중이 약 15킬로그램이나 불어났고 "무뚝뚝하고 (…) 같이 있으면 불편한 데다 절대 웃지 않는 사람"이 되었다는 이야기를[234] 심심치 않게 들을 수 있다고 한다. 또한 엘리트 금융인을 대상으로 한 연구에서는 "열의와 활기 넘치던" 대졸 신입 직원이 4년 차가 되면 "알레르기와 약물 중독"과 심지어 "크론병Crohn's disease,● 건선, 류머티즘 관절염, 갑상샘 질환 같은 만성 질병"에 시달리는 "엉망진창 상태"가 된다는 결과가 나왔다.[235]

엘리트 직장인의 스트레스 관련 산업재해 청구도 급증해 1980년대 전반에만 3배 증가했다.[236] 실리콘밸리 대기업들을 대상으로 이동 진료소를 운영하고 있는 팰로앨토 의료재단Palo Alto Medical Foundation에 따르면 엘리트 직장인 사이에서 스트레스성 질병과 불안 관련 장애가 유행병처럼 번지고 있으며 연간 260일이 맑은 날인 팰로앨토에서 비타민 D 결핍 진단이 끊이지 않는다.[237]

엘리트 직원의 과로를 방지하려는 기업 방침만 보더라도 문제의 심각성을 알 수 있다. 금융회사인 UBS는 신입 직원들이 매주 2시간씩 시간을 내어 "자기 볼일"을[238] 보도록 의무화했다. 골드만삭스는 하계 인턴 사원에게 야근하지 말라고 지시하는가 하면 애널리스트의 토요일 근무를 금지했다.[239] 모건스탠리는 부장급 직원들의 휴가를 4주 유

● 소화관에 발생하는 만성 염증성 질환.

급 '안식 기간'이라는 명칭으로 바꾸고 휴가를 내는 직원을 '나약'하다고 여기는 분위기를 방지하기 위해 직원들이 휴가를 제대로 쓰는지 확인하고 있다.[240]

이 같은 이야기에 등장하는 직장인들은 업무를 하지 않으면 직업을 유지하기 위해 필요한 일만 할 뿐 개인 생활이 없는 것이나 마찬가지다. 모든 것을 감안할 때 아무리 많은 소득과 재산도 장시간 근무로 인한 건강 문제에 대한 보상이 될 수는 없다. 소득과 소비가 늘어날수록 행복감은 점점 더 줄어든다.[241] 게다가 근무시간이 길어지면 근로자가 자기 삶에서 필요한 활동들을 줄여나갈 수밖에 없으므로 건강이 갈수록 나빠진다.

이 같은 사실을 절감하는 상위 근로자가 늘어나는 추세다. 현재 주당 60시간 넘게 일하는 사람들이 근무시간을 평균적으로 25시간씩 줄이고 싶어 한다는 조사 결과는 엘리트의 과로가 얼마만큼 광범위하고 심각한지를 단적으로 보여준다.[242] 주당 50시간 넘게 일하는 남성의 80%와 여성의 90% 가까이는 일하는 시간을 줄이고 싶다고 응답했다.[243] 마찬가지로 대학원 이상 교육을 받은 남성들의 응답에 따르면 주당 근무시간이 자신들의 바람보다 11.6시간 더 길다. 경영, 전문직, 기술 업무에 종사하는 남성 근로자들은 주당 12시간에 가까운 초과 근무를 하고 있다고 응답했다.[244] 엘리트 여성의 초과 근무는 훨씬 더 심각하다. 대학원을 졸업한 여성 근로자는 자신의 바람보다 주당 15시간 가까이 더 일한다. 경영, 전문직, 기술 업무에 종사하는 여성 근로자는 주당 13시간의 초과 근무를 한다고 응답했다.[245] 주목할 점은 엘리트가 아닌 근로자의 초과 근무는 그보다 훨씬 덜하다는 사실이

다. 고졸 미만인 남성과 여성 모두 주당 초과 근무시간이 5시간 정도에 불과하다.[246]

엘리트들도 격식과 체면에 얽매이지 않는 상황에서는 고소득이 장시간 근무를 보상해준다는 생각이 터무니없다는 것을 솔직하게 인정한다. 최근 어느 젊은 전문직 종사자는 자신이 연봉 300만 달러를 받고 하는 일을 마이크 타이슨을 상대로 경기하는 것에 비유했다.[247] 자신들이 "병적이고 비정상적"으로[248] 일하며 자기에게는 "인생이 없다"거나[249] "자녀를 가질 방법이 없다"고[250] 말하는 엘리트도 있다. 그보다 훨씬 더 충격적이고 생생한 하소연도 흔하다. 제이피모건과 DJL 등의 투자은행에 다니는 애널리스트들은 자신들의 업무 부담을 죽음의 바탄 행군Bataan Death March,● 노예 생활, 나치의 유대인 대학살에 비유한다.[251] 불쾌하게 들릴지 몰라도, 그들의 경험에 합당한 비유다. 오늘날 상위 근로자의 근무시간은 과거 노동 개혁가들이 잔인하고 비인간적이라고 규탄했던 빈곤층의 근로시간에 맞먹는다.

마지막으로, 엘리트들은 지나치게 오랫동안 열심히 일할 뿐만 아니라 잘못된 방식으로 일한다. 옳지 못한 동기로 옳지 못한 일을 하는 것이다.

근로자가 자신의 일을 제대로 된 방식으로 추구하고 자신의 진정한 관심사와 포부를 반영하는 천직에 종사할 때 일은 자신을 표현하고 자신의 목표를 실현하는 수단이 될 수 있다. 어느 시기에 이르면 장시간

● 태평양 전쟁 당시 일본군이 미군과 필리핀군 전쟁 포로에게 필리핀의 바탄을 88킬로미터나 강제로 행군하게 한 학대 행위.

근무는 업무의 구성과 상관없이 인생을 엉망진창으로 만든다. 어떤 직업을 상정하든 주당 100시간씩 계속해서 일하면 배우자와 부모 역할을 할 수 없으며 어떤 종류의 열정도 품을 수 없다. 그럼에도 천직이라는 개념은 일을 인간화하는 힘을 지니며 직업이 근로자 개인을 소외시키기보다 자신을 표현하는 수단이 되도록 한다. 천직은 직업을 개인의 다른 생활과 조화를 이루는 통일체로 만든다.

능력주의 시대의 불평등은 상위 근로자들이 직업을 천직으로 추구하는 데 갈수록 큰 걸림돌이 된다. 그런 면에서 능력주의는 기량을 엘리트의 숭배 대상으로, 얻는다 해도 피상적인 만족감만 주는 강렬한 욕망의 대상으로 만든다. 엘리트의 자산 중 인적 자본이 차지하는 비중은 지나치게 크며 엘리트들은 인적 자본의 역설에 갇혀 진정성 있게 일하기에는 자신의 기량에 지나칠 정도로 많은 것을 투자한다. 직업이 소득을 좌우하고 노력이 지위를 결정지을 때 시장이 원하는 것과 다른 포부와 관심사를 추구하는, 즉 다른 목표를 위해 임금과 직업에 구애되지 않는 근로자는 자신 그리고 자녀를 엘리트 계층에서 추방하는 셈이다. 능력주의 시대에 성공을 거두려면 엘리트는 엄청나게 오랜 시간을 소외된 상태로 일해야 한다.

그 영향이 어찌나 강력한지 오늘날의 엘리트는 자신의 소외를 진짜 포부로 포장하고 지위를 목표로 추구한다. 그 결과 엘리트의 고용주들은 여유와 자유를 누리거나 의미 있는 직업을 갖기 위해 연봉 높은 직업을 그만두는 사람들을 현실에 안주하고 야심이 없으며 '덜떨어졌다'고[252] 보는 분위기를 조성하는 방식으로 최근 투자은행에 입사한 직원의 말마따나 "매사에 하버드다운 것을 추구"하거나 "프린스턴 같은 직장"을 찾으려는 엘리트들의 욕구를 악용한다. 그와 동시에 교사, 공무원, 군인, 성직자와 같이 의미 있는 일을 제공하지만 보수가 적은 직업의 사회적 지위는 능력주의의 확산과 더불어 급격하게 낮아지고 있다.

그러나 소외된 노동은 아무리 그럴듯하게 포장해도 소외된 노동일 뿐이다. 결국에는 상위 근로자의 삶을 묘사하는 표현에도 그 같은 사실이 반영되어 있다. 다시 말해 오늘날 유능한 엘리트들 사이에서 회자되는 일과 삶의 균형이라는 개념도 직업이 천직이 아니라 소외된 노동이라는 전제를 깔고 있다.

능력주의의 덫은 엘리트를 숙명의 소용돌이 안에 가둔다. 과거에 여가와 지위, 생산과 종속의 연관성은 베블런이 말한 유한계급 사회의 규범으로 엘리트들 사이에서 일종의 단체 협약이자 행동수칙으로 엘리트들의 과로, 착취, 소외를 방지했다. 그런 규범은 물질적인 재화의 소비보다 여가를 우위에 둠으로써 엘리트가 여유와 관심사를 잃지 않도록 했다. 순전히 물질적인 소비 비용을 마련하기 위해 열심히 일하는 것을 품위 없는 행위로 규정함으로써 천직이라는 개념이 유지되도록 했다.

여가라는 개념은 일종의 상류층 조합을 형성했으며 엘리트를 외부자뿐만 아니라 자신으로부터도 보호했다. 유한계급이 상호 파괴적이며 한 방향으로만 돌아가는 데다 점점 더 강도를 더해가면서 끝도 없이 되풀이되는 착취 노동의 톱니바퀴에 끌려 들어가지 않도록 기여했다.

능력에 따른 불평등을 정당화하기 위해서는 여가라는 개념부터 타파해야 했다. 오늘날의 양극화된 노동시장에서 번지르르한 직업이 경제적인 기능을 다 하려면 그 일을 하는 사람들이 교육을 통해 엄청난 기량을 쌓아야 할 뿐 아니라 과로를 꺼리지 말아야 하며 사회적으로도 고된 노력을 권장하는 분위기가 형성되어야 한다. 여가를 대신해 노력이 명예의 지표가 된 것이 주된 변화다. 이런 식으로 엘리트 문화가 변화해야 나머지 변화도 가능해지고 유지된다.

낮이 끝나면 밤이 오듯이 엘리트 문화의 변화는 상위 근로자 특유의 고통(탈진과 소외)으로 이어진다. 고결한 노력으로 합당한 보상을 받을 수 있게 된 바로 그 역사적인 순간에 노동은, 특히 엘리트의 노동은 소외되었다. 천직이라는 개념이 그 어느 때보다 엘리트에게 큰 매력과 가치를 발휘했을 그 순간에 일의 성격이 뒤바뀜에 따라 천직은 더 이상 존재하지 않는 개념이 되다시피 했다. 능력 경쟁과 보상의 내적 논리는 그리고 능력으로 지위가 결정되는 사회 경제 구조는 소외된 자기 착취로 치닫는 경향이 있다.

따라서 유능한 엘리트들은 경제 불평등의 심화 때문에 이익을 얻을 뿐 아니라 고통을 겪으며 귀족들이 누리던 특권을 온전히 되찾을 수 없다. 상위 근로자는 세상의 절대자masters of the universe●라기보다 계층만 높은 징집병에 가깝다. 신분 상승의 대가로 강도 높고 소외된 노동을 선고받은 이들이다. 이들은 곧 자신이 거둔 성공의 부수적인 피해자들이다.

● 월가의 엘리트 금융인들을 일컫는 표현.

THE
MERITOCRACY
TRAP

3부

새로운 귀족과
나머지의 사회

7장

직업, 가정, 소비까지
총체적인 격차

빌 클린턴과 조지 부시는 1946년 여름 50일 차이로 태어났고, 훗날 미국의 42대, 43대 대통령으로 당선된다.[1]

두 사람 모두 대통령직에 올랐지만 20세기 중반 미국에서 그들이 속한 계층은 크게 달랐다. 빌 클린턴의 가족은 중산층이었다. 클린턴이 태어나기 직전에 자동차 사고로 세상을 떠난 아버지는 외판원이었다. 어머니는 간호학을 공부하기 위해 고향으로 돌아와, 얼마 후 자동차 딜러와 재혼했다. 그래서 어린 클린턴은 작은 식료품점을 운영하는 외조부모의 손에서 자랐다.[2]

반면에 조지 부시의 가족은 누가 뭐래도 부유한 상류층이었다.

조지 부시는 훗날 역시 대통령이 된 아버지가 예일대 학생일 때 태어났다. 나중에 상원의원이 된 할아버지 프레스콧 부시는 당시 예일 대학 재단의 위원이면서 높은 수익성으로 유명한 브라운 브라더스 해리먼 앤드 코퍼레이션 은행Brown Brothers Harriman & Co의 출자자였다.[3]

빌 클린턴 가족과 조지 부시 가족은 이처럼 겉보기에는 엄청난 차이가 있지만, 빌 클린턴과 조지 부시의 유년 시절 경험에는 큰 차이가 없었다.

클린턴 일가는 부유하진 않았지만, 그렇다고 해서 그 사실이 빌 클린턴의 청년 시절에 큰 영향을 주지는 않았다. 그의 외가인 아칸소주 호프의 사우스허비가 117번지(그의 조부모가 1938년부터 임대했다가 빌 클린턴이 태어난 해 구입한 집)는 소도시이긴 해도 활력 넘치는 중심지 인근의 안정된 중산층 동네에 있었다. 클린턴 일가의 수수한 목조 주택은 돈 잘 버는 부동산 개발업자 아버지를 둔 빈스 포스터Vince Foster의 벽돌 저택 맞은편에 있었다. 두 집안의 경제 수준은 차이가 있었지만, 두 소년은 자연스레 평생지기가 되었다.

어린 시절 클린턴은 고향에서 얻을 수 있는 기회를 한껏 활용했다. 대학 입시 준비를 도와주는 공립 고등학교에서 훌륭한 정규 교육을 받았고, 활발한 활동을 벌이는 시민단체에 가입했다. 이 중 미국재향군인회 산하 단체인 보이스 네이션Boys Nation에서 클린턴은 학생 상원의원으로 활약했고, 이때 워싱턴을 여행하며 케네디 대통령을 만난 경험은 이후 정부 활동에 대해 지속적인 관심을 갖게 된 계기가 되었다. 그후 클린턴은 장학금을 받아 명문 사립대학에 다녔고, 졸업 후에 다닌 옥스퍼드 대학과 예일 대학 로스쿨 학비도 장학금으로 충당했다. 그는

그곳에서 부유한 집안 출신인 힐러리 로댐Hillary Rodham을 만나 결혼 했다.[4]

반면에 부시 일가는 의문의 여지없는 부자였지만, 그런 사실 역시 젊은 조지 부시의 일상적인 경험에 큰 영향을 끼치지는 못했다. 요 즘 기준으로 보면 가족 재산이 적은 편이었다. 그리고 부시 일가는 수입에 맞게 생활했다. 텍사스주 미들랜드의 웨스트오하이오 애비 뉴 1412번지에 있는 부시의 어린 시절 집은 130제곱미터 정도의 수수 한 규모였으며 클린턴 일가의 집처럼 안정된 중산층 동네에 있었다.[5] 그 시절에 교회는 모든 계층이 만나는 장소였다. 그는 뒤뜰에서 열린 바비큐 파티에서 사서인 중산층 출신 로라를 만났다. 이후 로라 부시 Laura Bush는 (힐러리 클린턴처럼) 가슴이 파였지만 가격대가 적당한 웨 딩드레스를 입고 결혼했다. 결혼식이 끝나자 조지와 로라는 멕시코 코 수멜섬에서 상당히 검소한 신혼여행을 즐겼다.[6]

클린턴과 부시 모두 미국 역사상 유례없이 경제적으로 통합된 사회 의 일원으로 태어났다. 이후 미국 사회는 전후의 경제 호황과 인권 혁 명으로 좀 더 광범위하게 통합되었다. 임금 상승과 강력한 노동조합에 힘입어 블루칼라 노동자들은 20세기 중반 미국 생활에서 중추적인 위 치를 차지하게 되었다.[7]

더구나 제대군인원호법은 대학에 가지 못했을 세대까지 대학으로 이끌어 블루칼라 출신에게도 화이트칼라로서의 미래를 꿈꿀 수 있는 길을 활짝 열어주었다. 경제 엘리트들의 수입은 중산층과 크게 다르지 않았다. CEO 대비 생산직 직원뿐만 아니라 의사 대비 간호사, 변호사 대비 비서, 은행장 대비 은행 창구 직원의 소득 비율은 모두 현 수준의

2분의 1에서 20분의 1 수준이었다.[8] 게다가 비교적 적은 소득인데도 상대적으로 높은 세금이 부과되었다. 오늘날에는 세율이 40% 정도인 데 비해 1950년대를 통틀어 최고 세율이 90%에 이르렀다.[9] 마지막으로, 1950년에서 1970년 사이 전국적으로 임금이 수렴됨에 따라 엘리트들은 검소해졌을 뿐만 아니라 지리적으로도 분산되었다.[10]

이런 경제 현실은 엘리트 계층과 중산층 사이 연결고리를 만들어냈을 뿐 아니라 경제적으로 통합된 미국 문화에 맞는 사회적 습관과 규범을 만들어냈다.

20세기 중반의 엘리트는 다른 계층의 사람들과 구별될 정도로 호화로운 생활을 즐길 만한 수단이 그리 많지 않았다는 뜻이다. 적어도 오늘날의 경제 엘리트 대다수가 탐닉하는 호화로운 사치품이 거의 존재하지 않았다. 1960년대 초 미국의 주요 도시에서 가장 비싼 식당에서 식사하는 비용은 일반 식당보다 2배 정도 높았다. 시중에 나온 것 가운데 가장 비싼 와인은 오늘날 돈으로 50달러에 불과했으며 가장 비싼 차는 일반 자동차 가격의 2배도 안 되었다.[11] 집도 마찬가지였다. 이 나라에서 가장 '멋진' 동네에 있는 주택의 평균 가격은 20세기 중반에 지어진 신축 주택의 평균 가격에 비해 2배 정도 높았을 뿐이다.[12] 심지어 20세기 중반의 디자인도 모더니즘, 간소한 멋, 대량생산 방식을 수용해 중산층의 미학을 엘리트 사이에서도 사랑받는 고급 취향으로 끌어올렸다.[13]

엘리트 부유층도 마찬가지였다. 다른 계층과 구별되는 물리적, 사회적, 문화적 공간으로 숨어 들어 중산층을 회피하는 일이 없었다. 사실 회피할 수 없었다고 해야 옳다. 1950년대 미국에는 중산층과 부유층 사이의 작은 격차를 줄이려는 단체로 가득했다. 중산층 클린턴을 데려와 케네디 대통령을 만나게 한 보이스 네이션도 그 가운데 하나였다. 수많은 대규모 전국 시민 회원 단체(미국재향군인회, 프리메이슨, 미국 농업연합회, 미국연합감리교여성회 등)는 지도자들을 포함해 모든 계층의 회원을 끌어모았다.[14] 전반적으로 엘리트 계층과 중산층은 하나로 통합된 사회에서 살았다. 20세기 중반의 세인트클레어쇼어스는 그 당시 미국의 축소판이었다.

더욱이 20세기 중반의 미국인은 자신의 경제 질서 때문에 부자가 나머지 계층과 융합되었다는 사실을 잘 알고 있었다. 미국인은 계층 없는 사회를 찬양했다. 융합의 이상을 포용하고 대중문화까지 아우르는 사회였다. 1955년 미국 '최고경영자'의 일상을 그린 잡지『포춘』은 엘리트의 경제적 수준이 일반적으로 "차상위 소득 계층의 남성과 크게 다르지 않다"고 자랑스럽게 선언했다.[15] 『포춘』은 실제 사례로 그 주장을 뒷받침했다. 예를 들어 1954년 50억 개의 종이봉투를 생산해 미국 시장의 5분의 1을 점유했던 페이퍼컴퍼니의 '우두머리' 잭 워너Jack Warner는 "앨라배마 대학 캠퍼스 근처 투스칼루사에 있는 120제곱미터의 벽돌집에서 살고 있다"라고 말했다.[16] 빌 스티븐슨Bill Stephenson은 북서부에서 가장 큰 은행 계열사 사장이 되었을 때도 "새로운 포드를 샀으며 여전히 그 차를 운전"했다. "스티븐슨 부인은 출시된 지 3년 된 뷰익 자동차를 몬다. 스티븐슨 부부는 좀 더 즐겁게 지내도 되었으나 계속해서 방 일곱 개짜리 집에 살고 시간제 청소 담당 아주머니의 도움을 받는 삶에 상당히 만족했다."[17]

『포춘』은 이런 사건들이 하나의 추세라고 결론지었다. "오늘날 임원의 집은 검소하고 비교적 작은 듯하다. 방은 일곱 개에 욕실은 두 개 반인 경우가 대부분이었다." 마찬가지로 "임원의 집은 규모가 작아져서 파티도 줄어들었다". 그리고 "대형 요트도 자취를 감추었다".[18] 엘리트와 중산층의 물질적인 검소함은 20세기 중반에 규범으로 확립되었다. 그에 따라 그 기준을 위반한 사람들은 조롱에 가까운 비난을 받았다. 이와 같이 사회적으로 통합된 20세기 중반의 엘리트 계층은 다른 계층과 분리되어 살았던 대공황 이전 시대의 엘리트 계층과 뚜렷하게 대비되는 삶을 살았다.

사실 『포춘』은 두드러진 사치품에 대해 유별난 적대감을 표출했다. 『포춘』은 "로버트 R. 영처럼 방이 40개인 뉴포트 별장, 방이 31개 딸린 팜비치의 해변 별장을 구입하는 일이 요즘은 드문 듯싶다"라고 썼다. 그리고 잡지는 "로버트 영이 뉴포트에 있는 페어홀름을 구입하기 위해 쓴 돈은 3만 8,000달러밖에 되지 않았다. 필라델피아 은행가 존 R. 드렉셀이 1905년 으리으리한 저택을 짓는 데 쓴 100만 달러의 4분의 1밖에 안 되는 비용이다"라고 덧붙였다.[19] 스티븐슨도 좀 더 완곡하긴 하지만 상당히 확고하게 비슷한 주장을 펼쳤다. "스티븐슨은 '고위 중역은 정해진 길을 벗어나서는 안 된다'고 말한다. 이 말은 드러나지 말아야지 주제넘게 나서면 안 된다는 뜻이다."[20]

경제 환경은 사람들의 삶 속에 깊숙하고 광범위하게 파고든 문화 관행을 만들어내 생활방식뿐 아니라 삶에 대한 사고방식에까지 영향을 끼치고 가상의 영역을 구축했다. 사회학자 윌리엄 줄리어스 윌슨William Julius Wilson이 말했듯이 20세기 중반에 "(미국의 사회 구조에) 인종의 영향에 맞먹을 만한 계층의 영향이 존재했다는 징후는 없었다".[21] 대압축 시대 내내 부유층과 중산층은 큰 위화감 없이 하나로 통합되었다. 미국 사회에서 소득의 간극은 중산층과 저소득층 사이에 존재했다.

20세기 중반의 경제 평등으로 저소득층을 제외하면 사회적인 경계가 불분명해졌다. 대단한 부자는 평민과 다르다는 스콧 피츠제럴드의 말이 낭만주의자나 복고주의자의 마음을 끌었을지는 몰라도 20세기 중반에 이르러 헤밍웨이의 반박은 현실을 가감 없이 담아냈다. 클린턴과 부시의 사례와 그들이 속한 사회 전반의 상황에서 알 수 있듯이, 20세기 중반에 부유층과 나머지 사람들은 부유층의 재산이 (약간) 더 많다는 것 이외에는 크게 다르지 않았다.

명확해진 단층선

오늘날의 상황은 매우 달라 보인다. 경제 불평등은 미국에 분열을 초래할 조짐을 보이고 있다. 다시 말해 불평등 때문에 미국식 자본주의가 사회적 연대를 유지할 수 있었던 메커니즘이 해체되고, 그 대신 미국이 계급 사회로 돌변하기 일보 직전이다.

경제 불평등 이외에도 종속의 중심축은 존재한다. (미국의 원죄인) 인종적 편견은 여전하고 인종은 미국 사회에서 계층으로도 극복하지 못하는 단층선 가운데 하나로 남아 있다.[22] 그러나 계층은 인종을 대체하기보다 인종과 함께 이용되는 사안으로, 윌리엄 윌슨도 인정했듯이 사회적 · 경제적 계층화를 낳은 원인이며 인종만큼 강력한 영향력을 지닌다.[23] 오늘날 계층이 인종보다 학업 성취도에 더 큰 영향을 끼친다는, 즉 짐 크로 시대에 있었던 인종 영향에 맞먹을 정도로 큰 영향을 준다는 앞서의 고찰은 여러 가지 실제 사례 중 단적인 사례 한 가지를 보여줄 뿐이다.[24] 그렇다고 인종 문제를 경시해서는 안 된다. 다만 이런 비교를 통해 인종 문제뿐 아니라 계층 문제까지 드러난다는 점에 주목할 필요가 있다.

오늘날 능력주의적인 불평등으로 인해 20세기 중반의 모호한 계층 구분은 사라지고 엘리트와 중산층 사이 명확한 단층선이 존재한다. 이것은 이제 은유가 아니라 확고하고 측정 가능한 사실이다. 중산층은 말 그대로 축소되고 있다. 전체 가구 중에서 '중산층'으로 불릴 만한 가구의 비율은 정점에 비해 5분의 1 가까이 하락했으며 총소득 중에서 중산층 가구가 차지하는 비율은 3분의 1 정도 하락했다.[25] 이 같은 경향을 보면 어째서 미국인의 절대다수가 더 이상 중산층이 될 수 없는지,[26] 어째서 남아 있는 미국 중산층이 소득 측면에서 큰 비중을 차지하지 않는지 가늠할 수 있다.[27] 중산층의 몰락은 미국 사회 전반으로 확산되는 중이다. 20세기 중반에 소득분포와 사회를 통합했던 미국 소득분포의 중심축은 더 이상 원래 위치를 유지하지 못한다.

중산층 문화는 미국 사회 전반에 걸쳐 창의적인 주도권을 상실하고 있다. 세인트클레어쇼어스는 더 이상 미국의 이상을 상징하지 않으며 팰로앨토가 그 자리를 차지했다. 그러므로 20세기 중반 정점에 이르렀던 연대의식은 점점 약화되는 추세다. 이제 능력주의적인 불평등이 시민 생활의 거의 모든 부분을 결정짓는다. 부유층과 나머지 사람들의 생활, 결혼, 번식, 구매, 그리고 먹고 놀고 기도하는 방식은 다르며, 그들은 거의 모든 면에서 분리된 사회적 세상에 산다. 불평등은 엘리트 계층을 내적으로 결속하는 동시에 외부와 차단한다. 그들의 생활 경험은 능력주의적인 엘리트다움에 의해 구축된다.

오늘날 부유층과 나머지 사람들은 서로에게 낯설고 이해할 수 없는 삶을 영위한다. 경제 불평등은 철저하게 다른 경향, 관행, 세계관을 통해 두 계층을 조직한다. 두 계층은 서로 만나는 일이 드물고 피상적이고 형식적으로만 교류한다. 그들은 서로 이해하고 공감하지 못한 채로 점점 멀어진다.

일하는 곳이 전혀 달라지다

강박적인 과로에 시달리는 부유층과 게으름을 강요받는 나머지 계층의 간극이 점점 심해지고 있다. 더욱이 각각의 집단은 처한 상황에 맞춰 자신의 태도를 조정한다. 따라서 이들의 가치관도 각자의 현실에 따라 나뉜다. 부유층은 과로를 숭고한, 심지어 남자다운 행위로 칭송하고 게으름을 경멸한다. 반대로 나머지 사람들은 일에 대한 지나친 헌신을 자기애의 일종으로 폄하한다.[28] 능력주의로 인한 경제적 분열이 도덕적 갈등으로 직결되는 것이다.

이 같은 갈등은 엘리트 직장과 중산층 직장의 차이 때문에 한층 심각해진다. 부유층과 나머지 계층 모두 노동과 자본의 구분이라는 형식적인 의미에서는 생계를 위해 일한다고 볼 수 있다. 그러나 그들은 서로 다른 영역에서 일하며 심지어 활동하는 '대륙'도 분리되어 있다.

20세기 중반의 고용주는 별다른 심사 작업 없이 직원들을 채용했다. 세인트클레어쇼어스의 볼링장에서 아르바이트하다가 취업한 소년들의 사례처럼 말이다. 1960년대에 (그 당시 최고 임금을 자랑하던) 포드 자동차는 공개적으로 지원자들에 대한 심사를 시행하지 않았다. 적어도 생산직에 대해서는 그러했다. 포드 관리자는 "빈자리가 생기면 우리는 공장 대기실에 앉아 밖에서 어슬렁거리는 사람이 있는지 내다보았다. 그중에서 겉으로 멀쩡해 보이고 알코올 중독자 같지 않은 사람이 있으면 곧바로 채용했다"라고 말한다.[29] 사무직 지원자들조차 놀랄 만큼 허술한 검증 과정을 거쳤다. 20세기 중반의 근로자는 일자리를 얻기 위해 경쟁적으로 지원할 필요가 없었다.

더욱이 20세기 중반에 기업은 모든 숙련도의 근로자를 고용했다. 20세기 중반에 확산된 경영 기법에 따른 결과였다. 그 당시 경영 기법은 숙련도 수준이 다양한 근로자를 나란히 배치해 서로 어울리게 하는 것이었다. 직장 내 교육은 승진에 필요한 기량을 적당하게 제공했다.

기업은 물론 산업 전반에 걸쳐 근로자가 숙련도에 따라 분류되는 일도 없었다. 금융계 근로자의 숙련도라고 해서 남들보다 눈에 띄게 뛰어나지도 않았다.[30] 실제로 20세기 중반의 경제는 숙련된 근로자와 미숙련 근로자를 두루 직장으로 이끌었다. 집에 있는 사람들까지 일자리를 얻을 정도였다. 1970년에는 대학을 졸업한 사람이 전국에 "놀랄 만큼 고르게 분포되어 있었다". 도시와 농촌을 가리지 않고 전 지역에 걸쳐 있었을 뿐 아니라 도시 내에서도 골고루 분포되어 있었다.[31]

이와 대조적으로 오늘날의 직장은 숙련도 등급에 따라 체계적으로 조직된다. 일반적으로 기업은 채용 단계에서 지원자를 철저하게 심사

한 다음, 엘리트 근로자와 나머지 근로자를 각기 다른 물리적 공간에 배치한다.[32]

아주 낮은 임금을 지급하며 미숙련 근로자를 구하는 고용주만이 직원을 대충 보고 채용한다.[33] 중산층 고용주는 형식적인 인지 검사와 장시간 면접을 통해 지원자를 심사한다.[34] 엘리트 고용주는 집요할 정도로 까다롭게 지원자를 엄선하며 최고의 집단에서만 채용한다. 온종일 이어지는 몇 차례 면접을 통해 지원자들을 탐색하는 데 수백만 달러를 들인다.[35]

이런 심사는 특히 능력주의 위계질서의 맨 윗부분에서 활발하게 이루어진다. 근로자를 숙련도와 교육 수준에 따라 업무에 배치하는 절차는 시간이 흐름에 따라 점점 더 정확해지고 있다.[36] (최고 수익을 올리는 법무법인 등의) 초일류 고용주는 초일류 대학에서 직원의 대부분을 채용한다. 초일류 대학 출신만 뽑는 고용주도 있다.

채용 시 심사 덕분에 기업은 직장 내에서 고숙련 근로자와 미숙련 근로자를 분리할 수 있다. 게다가 기업에는 숙련도로 직원을 분리해야 하는 강력한 동기가 있다. 분리해야 숙련된 근로자만이 실행할 수 있는 생산 기법을 채택할 수 있기 때문이다. 수단과 동기의 결합과 더불어 숙련도 차별이 심각해지고 있다.

중간관리직이 제거되고 한때 직원의 승진을 가능하게 했던 경력 사다리가 사라지면서 개별 기업 내에서 숙련된 관리자와 숙련도가 떨어지는 생산직 근로자 사이에 극명한 장벽이 생겨났다. 한편 그보다 더 급진적인 현상이 확산되고 있다. 고숙련 근로자와 미숙련 근로자가 일하는 기업이 완전히 나뉘는 것이다.[37] 대학 교육을 받은 근로자가 대

학 학위가 없는 근로자도 고용하는 기업에 근무할 가능성은 점점 더 줄어드는 추세다.[38]

실제로 기업뿐만 아니라 전체 산업이 미숙련 근로자나 고숙련 근로 자만을 채용하는 경향이 나타났다. 20세기 중반에는 소매와 금융 모 두 숙련도 전반에 걸친 근로자를 채용했고 중간 숙련도에 중점을 두었 으나, 오늘날 소매는 미숙련 일자리를, 금융은 초숙련 직업을 상징한 다. 월마트의 일반 직원으로 출발한 사람이 골드만삭스의 상무이사 자 리에 오를 수도 있다는 생각은 비웃음을 사기 십상이다. 에드 렌시처 럼 같은 회사 내에서 생산직 근로자가 경영진으로 도약하는 것조차 불 가능한 일이 되었다.

오늘날 미숙련 근로자와 고숙련 근로자는 서로 다른 종족이나 다 름없다. 이제는 군대마저 출신 배경이 다른 사람을 한데 모아놓지 않 는다. 미국군은 오랜 세월에 걸쳐 사회 전반에서 병력을 모집했다. 제2차 세계대전 당시의 동원과 잇따른 제대군인원호법 제정으로 군복 무는 사회 계층 이동의 중요한 수단이 되었다. 그러나 이제 교육 수준 이 높은 엘리트가 군대에 매력을 느끼는 일은 없다고 해도 과언이 아 니다.[39]

이 같은 변화는 전사자를 추도하는 기념물에서 가장 통렬하게 드러 난다. 미국의 주요 대학에는 남북전쟁에서 두 번의 세계대전과 한국 전쟁에 이르기까지 미국이 치른 전쟁에서 싸우다 목숨을 잃은 졸업생 의 이름이 새겨진 벽이 세워져 있다. 그러나 그 후에 새겨진 명단은 전 보다 훨씬 더 짧다. 엘리트의 반전사상과 대학생 징병 유예 때문에 부 유층은 대부분 베트남 전쟁에 참전하지 않았으며, 더 나아가 부유층 대부분이 전쟁 물자를 지원한 것은 사실이지만 이라크와 아프가니스탄에서 벌어진 최근의 전쟁에 직접 참전한 부유층은 거의 없다. 그 경향이 얼마나 강력한지는 걸프전이 일어났던 1990년에서 1991년에 예일 대학 학생 중 이라크에서 희생된 학생의 숫자보다 학교가 있는 뉴헤이븐에서 살해당한 학생이 더 많았다는 사실로 입증된다.[40]

중간 숙련도를 갖춘 중산층 근로자와 초고도로 숙련된 엘리트 근로자가 각기 다른 집단에서 각기 다른 수단으로 선발되고 전혀 다른 기업과 산업으로 분리될 때, 두 계층은 서로 다를 뿐만 아니라 충돌하는 직업 문화를 받아들일 수밖에 없다. 과도한 야망에 대한 두 계층의 태도, 즉 엘리트의 숭배와 대조되는 중산층의 회의주의는 두 계층의 직업 경험이 완전히 다르다는 사실을 단적으로 보여준다.

엘리트 직업은 상위 근로자에게 소외되고 착취적인 요구를 강요한다. 그러나 그 같은 요구는 반목이 아니라 동료의식, 명령이 아니라 협력의 언어로 포장된다. 엘리트 직장에서는 격식에 얽매이지 않는 분위기가 확산되고 있다. 이름이 직위를 대체하고 복장은 자유로워지거나 자기표현 수단이 되고 있다. 유니폼 착용은 비록 회색 플란넬 정장일지라도 상상조차 할 수 없다. 게다가 엘리트 고용주가 직업과 생활의 경계를 허물어뜨리고 직장을 중심으로 한 '민간 사회 세계private-sector social world'를 구축하는 경향도 확산되는 중이다.[41] 무엇보다 엘리트 고용주는 책임감을 중시하고 신입 직원부터 최고위 임원에 이르기까지 모든 엘리트 직원에게 진취성을 발휘하라고 장려한다. 직원도 자신이 명목적인 상사 밑에서 일한다기보다 상사와 함께 일한다고 생각한다. 오늘날 엘리트 직업을 조직하는 요소는 무시가 아니라 상호 이익이다.

이 모든 관행은 능력주의의 경제적·이념적 구조에서 비롯된다. 기량이 가치를 창출하고 근면성이 명예의 요건일 때, 직업은 공훈에 따라붙는 광채를 자연스레 획득하게 된다. 엘리트 직업의 광채는 피상적이지만 실제이고 엘리트 직장은 그 광채를 유지하기 위해 세심하게 관리된다.

나머지 직장은 모든 면에서 정반대 접근법을 취한다. 보수뿐만 아니라 직업 문화에서도 중간 숙련도급 근로자의 종속된 위치가 갈수록 고스란히 드러난다. 대개는 유니폼을 착용한다. 유니폼은 안전하고 능률적인 생산을 촉진하기보다 개성을 억누르고 근로자의 위계를 표시하는 기능을 한다(과거에 기능공이 착용했던 작업복과 비슷한 역할이다). 공장에서 일한 적 있는 사람은 "희한한 모자를 뒤집어써야 하는" 일자리만이 자신에게 열려 있다고 말한다.[42] 고용주가 인색하게도 근무 도중의 휴식과 개인 시간을 제한함에 따라, 직업은 일과 삶 사이 확고한 경계를 만들어낸다. 아마존의 창고 업무에서 드러나듯이, 직원의 작업에 대한 고용주의 지휘 통제는 강화될 뿐 아니라 물샐 틈이 없어 보인다.

생산직 근로자가 경영 업무를 박탈당함에 따라 이들과 현재 경영의 특권을 배타적으로 휘두르는 상위 근로자는 철저히 분리된다. 실제로 고용주는 사실상 근로자의 기량과 노력보다는 생산물을 구매하는 것에 가까울 정도로 중간 숙련도급 근로자를 세세하고 철저하게 감독한다. 그에 따라 엘리트 직장이 독립성과 진취성에 중점을 두는 상황에서도 나머지 직장은 근로자를 경영진이 이용하는 도구 수준으로 끌어내리고 있다.

모든 면에서 비엘리트 직업 문화는 그 일을 하는 근로자의 가치를 부정하고 저임금의 암담함만 가중한다.

이런 차이들이 누적되어 상위 근로자와 하위 근로자 간에 차이를 만들어낸다. 그 차이는 양극단(드문 일은 아니다)에서 가장 두드러지며 일상을 살폈을 때 가장 뚜렷한 징후를 보여준다.

엘리트 중에 어떤 이들은 삶이 완전히 직업의 일부가 된다. 극단적인 사람은 생산성과 그로 인해 얻을 수 있는 명예에만 신경을 쓴다. 모든 자아를 일에 쏟아붓는다. 그 광채는 엄청나게 밝지만 그만큼 얄팍하며 근로자의 번영은 능력주의가 규정한 피상적이고 유익한 덕목에 국한된다.

다른 한편에는 능력주의 때문에 갑자기 직업이 주는 지위를 빼앗겨버린 하위 근로자가 대거 존재한다. 게다가 이들의 숫자는 점점 더 늘어나고 있다. 무엇보다 눈에 띄는 점은 수감된 적이 있거나 경범죄 선고를 받은 사람이 (1960년에는 250만 명에 불과했지만) 현재 2,000만 명에 이르며, 이들이 극도로 하찮은 일자리 외에 모든 고용 형태에서 배제된 채 암울한 그늘에서 살아가야만 한다는 사실이다.[43] 여기에 해당하는 집단은 치안, 형사소송 절차, 실질적인 형법 등에서의 인종 차별을 통해 형성되며 흑인을 비롯한 비백인을 포함한다. 그 비율이 어찌나 과도한지 비백인의 대량 수감과 그 여파가 '뉴 짐 크로법'으로 불릴 정도다.[44]

근면하면 명예를 얻는다는 능력주의적 사고방식은 감옥 밖 활동에서도 이들에게 제약을 가한다. 전과 때문에 취업이 제한되는 상황에서 능력주의적인 불평등은 미국의 인종 질서를 뒤집어놓고 있다. 여가가 지위를 상징했던 시대에는 노예제 치하에서 인종적 종속이 합법적인 강제 노동을 통해 강요되었다. 근면성이 지위를 형성하는 오늘날에는 인종적 종속이 합법화된 강제 실업을 통해 강요된다.

엘리트 가정의 생산성

과거의 귀족들은 자신들이 전통적인 도덕보다 우위에 있다고 생각했으며 부르주아 중산층의 온당한 성 관습을 조롱했다.[45] 더욱이 귀족 엘리트는 자녀에게 재산과 혈통 이외에는 거의 아무것도 물려주지 않았다. 귀족의 자녀는 대개 하인에 의해 양육되었으며 부모와 가깝게 지내지 않았다. 또한 귀족 제도가 사양길에 접어든 이후에도 베블런의 말대로 구시대 유한계급에게는 장식용 아내ornamental wife가 마지막으로 남은 신분의 상징 중 하나였다. 장식용 아내는 남편의 재산이 충분해 아내의 노동 없이도 가계를 넉넉하게 꾸릴 수 있음을 보여주는 표식이었다.[46]

오늘날의 상황은 그 반대라고 해도 과언이 아니다. 남녀를 막론하고 능력주의 시대 엘리트는 보수적인 사생활을 영위하며 매우 안정적인 결혼 생활을 유지한다. 이들은 혼인 관계 속에서 자녀를 양육하는 일에 헌신한다. 교육 수준이 높고 성공한 아내는 남성 상위 근로자의 사회적 지위를 끌어올리는 역할을 한다. 반면에 교육을 전혀 받지 못했거나 많이 받지 못한 아내가 있으면 남성의 지위가 흔들린다.

능력주의적인 불평등이 그 같은 변화의 원인이다. 능력주의의 등장으로 엘리트 가정은 자녀를 엘리트 근로자로 만드는 데 필요한 인적자본의 생산 현장으로 재구성되었다. 능력주의의 영향으로 엘리트 가정은 가족 구성, 법적 구조, 가정 내 습관 측면에서 중산층 가정과 근본적으로 다른 형태로 바뀌었다.

능력주의 시대 엘리트는 끼리끼리 결혼하고, 결혼 생활을 유지하며, 가정 내에서 자녀를 키우는 경향이 강한데, 이는 모두 왕조적 세습의 필수 요건이다. 교육받은 부모, 특히 교육받은 어머니는 자녀 교육에 한층 더 능숙하다. 이혼은 손해가 크다. 직접적으로도 그렇지만 상위 근로자가 일에 집중하는 데 방해가 될 뿐만 아니라 학업 성적이 우수한 자녀를 키우는 일에 차질이 빚어지기 때문이다. 따라서 부유층은 나머지 계층에 비해 이혼하는 일이 드물다.[47] 혼외자가 있으면 가뜩이나 복잡한 상황이 한층 더 혼란스러워지므로 부유층은 혼외자를 두는 일이 거의 없다.[48]

더욱이 엘리트가 생각하는 이상적인 가정은 능력주의적인 의무에 정서적·도덕적 외관을 더하는 방향으로 바뀌었다. 엘리트의 자녀는 왕조적 세습의 부담을 진다. 이들의 성취는 부모의 야망을 달성하기 위한 수단이다. 능력 경쟁은 형제자매 간의 경쟁심까지 부추긴다. 실제로 중산층 가정보다 엘리트 가정에서 형제자매 간의 경쟁이 훨씬 더 치열하다.[49]

능력주의는 결혼관에도 지대한 영향을 준다. 1970년에는 결혼 생활이 '매우 행복'하다고 응답하는 전문직 부부와 근로 계층 부부의 비율이 거의 동일했다. 그러나 오늘날에는 결혼 생활이 '매우 행복'하다는 근로 계층의 비율이 3분의 1이나 하락했다. 반면에 결혼 생활이 '매우 행복'하다는 전문직 종사자의 비율은 1980년대에 일시적으로 하락했다가 다시 원래 수준을 회복한 채로 유지되고 있다.[50] 또한 학사 학위가 있는 여성 가운데 "부부 사이의 문제에 답이 보이지 않을 때는 이혼이 최선책"이라고 응답한 비율이 2002년에서 2012년 사이 25% 하락했다.[51] 능력주의 시대 엘리트는 성생활도 부부 사이의 일로 연결 짓는 경향이 있다. 부유층 여성은 혼인 관계 내에서 자녀를 잉태할 뿐 아니라 출산한다. 부유층 여성의 낙태율은 지난 20년에 걸쳐 30% 가까이 떨어졌다. 같은 기간 저소득층 여성의 낙태율은 20% 가까이 상승했다.[52]

이와 같이 결혼은 능력주의자 특유의 이념적인 힘을 유지하는 역할을 한다. 물론 엘리트들은 전통적인 도덕관을 거부하고 성적 자유를 추상적인 정치 원리의 문제로 단언할 수도 있다. 그러나 이들은 생각만 할 뿐 실행에 옮기지 않는 자유주의자로 유달리 정절을 지키면서 산다.

게다가 엘리트 가정은 갈수록 차별화된 방식으로 공동체와 교류한다. 예를 들어 방과 후 활동은 19세기 후반에 "바로 미국의 근로 계층에게 유연한 생활 기술을 가르치겠다는 목표"에 따라 시작되었다.[53] 방과 후 활동은 20세기 중반까지 원래 기능을 수행했지만, 이제는 갈수록 엘리트의 전유물이 되고 있다. 1954년부터 1986년 사이 태어난 코호트의 경우에는 소득 상위 4분위수와 하위 4분위수에 속하는 12학년생 중에서 스포츠를 제외한 방과 후 활동에 참여하는 비율, 스포츠 활동을 하는 비율, 스포츠팀의 주장을 맡는 비율의 격차가 각각

240%, 40%, 130%씩 벌어졌다.[54]

마찬가지로 부유층 어린이와 저소득층 어린이가 각각 종교 예배에 참석하고 공동체의 일에 자원하는 횟수의 차이는 3배 정도 증가했다.[55] 각 집단에서 "대부분의 사람은 믿을 만하다"라고 응답한 비율의 차이 역시 3배 증가했다.[56] 반면에 (외로움, 우정, 사람과 사람 사이 도움에 대한 설문을 통해 측정된) 사회적 소속감은 상위 4분위수 사이에서 크게 증가했고, 하위 4분위수 사이에서는 사실상 전혀 증가하지 않았다.[57]

엘리트가 아닌 가정에 비해 엘리트 가정은 부모와 자녀 모두 학업, 직업, 정서 측면에서 능력주의의 사회 질서에 갈수록 많은 것을 투자하고 적극적으로 관여한다.

엘리트 가정의 성역학 역시 놀랄 만큼 복잡하고 직관에 반하지만 다른 계층과 큰 차이가 난다. 미국의 엘리트는 나머지 미국인보다 사회적으로 좀 더 자유로우며 그런 만큼 여성의 위치가 가정 내 아내와 어머니에 국한된다는 전통적인 성별 규범에 반대할 가능성이 크다. 게다가 이들 중에는 미국 중산층의 성차별주의를 경멸하는 사람도 많다.[58] 그러나 엘리트 가정의 경제 구조는 이상과 전혀 일치하지 않는다. (엘리트의 성적 행동이 자기들이 내세우는 자유분방함을 따르지 않는 것과 매한가지다.)

반면에 보수가 가장 높은 엘리트 직종은 대부분 남성이 장악하고 있다. 『포춘』500대 기업의 고위 중역 가운데 14% 정도만이, 또한 보수가 가장 높은 중역 중 8% 정도만이 여성이다. 게다가 『포춘』500대 기업 가운데 고위 경영진에 여성이 없는 기업이 25%를 웃돈다.[59] 월가는 아직도 압도적으로 남성 중심적이다.[60] 미국 법무법인의 지분 파트너 가운데 18%만이 여성이다.[61] 의사의 경우 최근 몇 년 사이 남녀 간 임금 격차가 벌어졌다.[62]

엘리트 교육에 필요한 개인의 몰입에 어머니를 양육에 묶어놓는 성별 규범까지 더해지면서 그 같은 경향은 정당화된다. 상위 직업에 요구되는 장시간 근무는 양육은 고사하고 임신에도 방해가 된다.[63] 따라서 오늘날 엘리트 여성은 베블런의 생각처럼 유한계급임을 과시하기 위해서라기보다 자녀 교육에 집중하기 위해 일을 하지 않는다. 페이스북과 애플 같은 기업은 수만 달러를 들여 여성 상위 근로자의 난자 동결 비용을 부담한다. 출산을 미루고 일터에 남아 있도록 유도하기 위해서다.[64] 그러나 왕조적 세습이라는 능력주의의 목표가 그런 조치보다 한층 더 강력하다.

반면 중산층 남성이 전통적으로 장악한 제조업 일자리의 대부분은 최근 수십 년 사이 사라지거나 임금 정체를 겪어왔다. 그 제조업 일자리를 몰아낸 서비스 직종 대다수는 전통적으로 중산층 여성의 몫이다.[65] (실제로 남녀 임금 격차가 축소되는 추세는 대학을 나오지 않은 남성의 임금 하락이 빚어낸 결과물이다.)[66]

더욱이 저소득층 남성은 저소득층 여성에 비해 능력주의 시대 노동 시장에서 양질의 일자리를 얻기가 불리하다. 연소득 3만 달러 미만인 가정의 대학생 가운데 남성이 차지하는 비율은 42%에 지나지 않는다.[67] 베블런의 이론은 중산층에 대해 여전히 유효하지만 거기에는 어두운 반전이 숨어 있다. 중산층 가정의 일하는 여성은 남성의 임금이 더 이상 충분하지 않다는 사실을 반영한다.[68]

이 같은 경향은 남녀 간 임금 격차가 중산층과 저소득층에서는 줄어드는 반면에, 엘리트 계층에서는 확대되는 결과로 이어진다.[69] 실제로 소득 상위 5분위수인 맞벌이 가정의 경우에는 남편보다 많이 버는 아내의 비율이 29%에 불과한 반면에, 하위 5분위수인 맞벌이 가정의 경우에는 남편보다 많이 버는 아내의 비율이 무려 69%에 이른다.[70] 이 같은 경향을 통해 엘리트 이외의 계층에서 결혼율이 하락하는 원인을 어느 정도 파악할 수 있다. 아내가 남편보다 많이 벌 때는 결혼이 유지될 가능성이 떨어진다. 그 결과 인구 전반의 결혼율이 23% 하락했는데, 결혼 감소는 특히 소득분포의 하위 집단에서 두드러진다.[71] 이 모든 면에서 능력주의 시대 불평등은 남녀 관계와 가정 내 경제력 균형에 영향을 끼친다.

엘리트와 나머지 계층의 분열은 가정의 관습뿐 아니라 가정생활의 이상에도 영향을 줄 정도로 심각하고 널리 퍼져 있다. 실제로 능력주의 시대 불평등으로 부유층과 나머지 계층의 현실적인 문제 인식, 결혼과 가정생활에 대한 기대는 확연히 다르다.

이 시대의 엘리트에게 결혼과 관련된 문제의 화두는 동성 간 결혼이다. 동성 간 결혼이 급속도로 허용된 것은 (엘리트가 아닌 미국인이 동성 결혼을 기꺼이 용인하면서도 낙태를 비롯해 성 도덕과 관련된 문제에는 전통적인 관점을 유지한다는 놀라운 사실 때문에 다소 퇴색되긴 했지만) 밝은 미래를 예고하는 승리다.

이와 대조적으로 엘리트가 아닌 미국인은 양성 결혼의 급감에 대해 관심이 많다(그 사실을 회피할 수는 없다). 이들은 가정생활의 제도적 기반이 무너지고 있다고 본다. 게다가 이들은 붕괴 중인 제도가 동성 부부를 수용하는 방향으로 확대되어야 하는지의 문제를 자신의 일로 생

각하지 않는다. 그런 문제는 학문의 영역으로 여기는 것이다.[72]

정치는 진보, 경제는 보수

지그문트 프로이트Sigmund Freud는 사람이 어떻게 해서 성공할 수 있느냐는 질문에 "사랑과 일 (…) 사랑과 일뿐이다. (…) 사랑과 일은 인간다움의 기본 요소다"라고 대답했다.[73] 능력주의는 직업과 가정을 재구성함에 따라 생명의 원천에까지 영향을 미치며 부유층과 나머지 사람들을 각기 다른 풍조로 이끈다. 그러나 프로이트의 고찰에도 불구하고 사람은 사랑과 일 이외에도 많은 것에 몰입한다. 사람은 신을 믿고 정치를 추구하며 남들과 어울리는가 하면 먹고 쇼핑하며 오락을 즐긴다. 이런저런 행동은 전체적으로 일과 가정에 결합되어 문화를 만들어낸다. 게다가 능력주의 시대 불평등으로 부유층과 나머지 사람들이 수용하는 문화는 이들의 가정이나 직업과 마찬가지로 점점 더 큰 차이를 보인다.

오늘날 미국인의 신앙은 교육과 소득을 기준으로 극명하게 나뉜다. 성공회, 유대교, 힌두교 신자 가운데 학사 학위를 가지고 가구 소득이 10만 달러를 넘어서는 사람의 비율은 전국 평균의 2배 정도다.[74] 게다가 이들 중에서 고등학교를 중퇴한 사람과 가구 소득 3만 달러 미만인 사람의 비율은 각각 전국 평균의 4분의 1과 2분의 1 수준이다(장로교회 신자의 교육 수준과 소득은 그보다 좀 더 낮을 뿐이다). 이와 대조적으로 여호와의 증인, 미국 침례교회, 그리스도의 교회COGIC 신자 가운데 학사 학위를 가지거나 가구 소득이 10만 달러를 웃도는 사람의 비율은 전국 평균의 절반에도 못 미친다. 또한 고등학교를 중퇴하거나 가구 소득이 3만 달러를 밑도는 사람의 비율은 전국 평균의 1.5배 정도다.[75] (흥미롭게도 가톨릭교회 신자는 소득과 교육 측면에서 전국 평균과 엇비슷하다. 가톨릭교회의 긴 역사, 광범위한 보급, 제도적 비중 때문에 내부적 분리가 허용되어 교회 안에 여러 개의 분파가 생겨난 것이 그 원인으로 생각된다.)[76]

정치 역시 점점 더 계층을 기준으로 분리되고 있다. 트럼프의 포퓰리즘으로 드러난 적개심을 보면 이미 정치적 분열이 훨씬 더 심각하다는 사실을 알 수 있다.

앞서 언급한 엘리트 예비학교 필립스 엑서터 아카데미의 학생 한 명은 최근 엘리트의 가치관에 관한 설문조사에서 "나는 도덕적으로는 민주당을 지지하지만 경제적으로는 공화당원이다"라고 응답했다.[77] 그 학생은 자신이 속한 계층을 잘 알고 있는 것이다. 좀 더 폭넓게 보면 엘리트 미국인은 지지 정당과 상관없이 중산층과 근로 계층 미국인에 비해 사회적으로는 진보주의 성향이, 경제적으로는 보수주의 성향이 강하다.[78]

부자가 사회적으로 진보 성향이라는 통념을 뒷받침하는 근거는 많다. 미국인의 가치관을 광범위하게 조사한 수백 개의 연구를 총체적으로 분석한 결과에 따르면 소득분포에서 대략 상위 5분의 1에 속하는 미국인은 동성애, 낙태, 정교 분리(등을 비롯한 몇 가지 사안)에 대해 소득 수준이 낮은 미국인에 비해 좀 더 자유로운 인식을 보인다.[79]

그보다 더 한정된 소득 최상위 엘리트의 인식을 확인하기란 쉽지 않다(진짜 부자들은 파악하기도 어려울 뿐 아니라 파악하더라도 바쁘고 사생활을 중시하므로 설문에 응할 가능성이 적다). 그러나 극소수 엘리트에 대한 학계의 관심이 불평등 심화와 더불어 증대함에 따라 진짜 부자의 문화적 인식이 좀 더 명확하게 드러나기 시작했다. 극소수 엘리트가 엘리트 다중과 마찬가지로 진보적인 사회의식을 지닐 뿐 아니라 심지어 한층 더 진보적이라는 것이다. 최근 어느 연구에 따르면 대학원이나 전문대학원을 나온 미국인 가운데 "한결같이 진보적인" 관점을 지닌 사람은 고졸 이하인 사람보다 6배 많다.[80] 필립스 엑서터를 대상으로 한 설문조사에서는 학생 10명 중 9명꼴로 사회 문제에 대해 진보적이라고 밝혔다.[81] 마지막으로, 시카고의 소득 최상위 가구(평균 연소득 100만 달러, 평균 자산 1,400만 달러인 가구)에 초점을 맞춘 선행 연구pilot study에서도 이들이 종교, 문화, 도덕적 가치관과 관련된 여러 사안에서 뚜렷하게 진보적이라는 결과가 나왔다.[82]

그에 비하면 엘리트가 경제적으로 보수주의 성향이라는 사실은 잘 알려지지 않았다. (유명하지만 독특한 관점을 지닌) 부유한 진보주의자 몇 명이 관점이 다른 경제 엘리트 전반을 대변한다는 착각이 널리 퍼져 있기 때문이다. 그럼에도 엘리트 전반의 경제적 보수주의는 분명한 현실이다.

소득분포 상위 5분의 1에 속하는 미국인의 인식을 폭넓게 조사한 연구에서 이들이 사회적으로 진보주의자라는 사실뿐만 아니라 경제적으로 보수주의자라는 사실이 분명히 드러났다(사실 이들의 경제적 보수주의 성향은 한층 더 명확했다). 소득 상위 5분의 1에 속하는 미국인은 하위 5분의 4보다 누진세와 사회복지 지출에 한층 더 큰 반감을 드러냈다.[83] 소득 상위 10분의 1인 미국인 역시 보수적인 경제 관점을 보였다. 중위 미국인에 비해 최고 한계세율에 대해 훨씬 더 적대적이고 양도소득세와 상속세 인상에 덜 호의적이다. 게다가 최저임금이나 최저소득의 인상에 동의하지 않는 경향이 한층 더 강하며 기업과 산업에 대한 정부의 규제에도 훨씬 더 회의적이다.[84] 필립스 엑서터 조사에서는 경제 문제에 보수적인 학생의 숫자가 사회 문제에 보수적인 학생보다 3~5배 더 많다는 사실도 드러났다.[85]

미국의 진짜 부자들은 그보다 경제 문제에 훨씬 더 보수적이다. 앞서 언급한 (상위 1%를 대상으로 한) 시카고 조사에 참여한 이들 가운데 근로 계층 미국인의 일자리를 지키고 보수를 인상할 목표로 고안된 정책에 찬성하는 사람은 미국인 전반의 3분의 1에도 미치지 못했다. 모든 미국인의 건강과 양질의 교육(공교육, 대학, 근로자 재교육)을 보장하기 위해 설계된 여러 가지 정부 지원에 찬성하는 사람은 절반 정도에 불과했다. 소득 불평등을 완화하기 위한 정부의 직접 재분배에 찬성하는 사람은 고작 3분의 1 정도였다. 이들은 다수의 미국인이 찬성하는 대기업 규제 강화에도 맹렬하게 반대했다. 게다가 재정 적자가 미국의 가장 시급한 문제라고 생각하는 사람은 4배 정도 많았으며, 일자리 문제가 가장 시급하다고 본 사람은 대략 4분의 1에 지나지 않았다.[86] 더욱이 그들 중에서도 최고 부자(소득 상위 0.1%)는 극도로 보수적인 경향이 있었다. 이들 중에는 그럭저럭 부유한 연구 대상보다 경제 규제 완화에 찬성하는 사람이 많았으며, 사회보장을 포함한 국내 사회복지 프로그램 축소에 찬성하는 경향이 두드러졌다.[87]

마지막으로 슈퍼리치를 대상으로 한 여론조사는 여전히 드물지만 인접 연구에서 최고로 부유한 사람이 경제 문제에 극도로 보수적이라는 결과가 나왔다. 최근 실험 연구에서는 예일 대학 로스쿨의 (부모의 중위 연소득이 15만 달러 정도이며 연구 당시 상근 변호사로서 받은 첫 연봉이 18만 달러 정도인[88]) 학생이 미국의 일반인에 비해 그야말로 훨씬 더 효율을 중시하며 평등에 대한 관심은 훨씬 더 적다는 것이 밝혀졌다.[89] 공화당보다 민주당을 선호한다고 주장한 학생은 반대의 경우보다 10배 많았지만 예일 대학 로스쿨의 민주당 지지자는 (재분배 때문에 효율이 희생되는 것을 꺼린다는 점에서) 공화당 지지자처럼 행동한다는 사실도 드러났다. 이런 경향은 예일 대학 로스쿨에 국한되지 않는다. 좀 더 광범위한 조사에 따르면 전반적으로 부유한 학생회가 있는 대학에 다니는 것이 학생의 인종, 성별, 종교, 학업 성취도, 돈을 벌고 지식을 쌓는 동기보다 학생의 경제적 보수 성향을 한층 더 강력하게 예고하는 요소다.[90] 실제로 해당 연구는 엘리트 대학이 학생에게 사회 문제에 대해 진보적인 관점을 견지하도록 유도한다는 것을 입증하는 연구 결과가 많긴 하지만, 부유한 대학이 학생에게 경제 문제에 대해 보수 성향을 심어주며, 그 영향은 소득 최상위 학생 사이에서 가장 강력하게 나타난다고 결론 내렸다.[91]

이런 분열이 누적되어 엘리트만의 세계관이 형성된다. 그런 세계관 때문에 부유한 엘리트는 나머지 미국인과 구분되는 본능과 인식을 지니게 된다. 이들의 세계관은 사생활, 다양성, 다원주의와 관련된 기존 진보주의 관점과 일, 생산성, 개인의 책임과 관련된 기존 보수주의 관점이 혼합된 것이다. 나머지 계층에 비해 부유층 중에는 동성 결혼, 여성의 권리, 차별 철폐 조치에 찬성하며 교내 기도와 치안 강화에 반대하는 사람이 더 많다. 또한 낮은 세율과 자유무역에 찬성하며 사회복지비와 노조에 반대하는 사람도 더 많다. 이들의 세계관은 어느 논객의 말대로 종교와 도덕주의에 대한 무관심과 정부 규제와 재분배에 대한 적대감 등의 측면에서 "시장 자유주의가 부유층에게 훨씬 더 큰 호소력"을 발휘한다는 사실을 반영한다.[92]

다시 말해 엘리트 미국인은 (신자유주의 등과 같이 좀 더 범위가 좁으며 동시대적인 유형을 비롯해) 고전적 자유주의라 할 만한 생각을 지지하는 경향이 강하며 중산층과 근로 계층 미국인은 반대하는 경향이 강하다. 이런 이념은 능력주의의 위계질서만이 바람직하며 나머지는 그렇지 못하다는 생각을 우회적으로 반영하는 것으로, 각계각층 엘리트에게 인기가 있다. 그 영향을 받은 스티브 잡스가 "실리콘밸리는 능력주의 그 자체"라고 선언한 사실은 널리 알려져 있다.[93] 골드만삭스는 공격적으로 부를 추구한다는 사실을 감추기보다 과시한다.[94] 예일 대학은 유색인종 학생을 수용하지만 직원과 대학원생의 노조 결성에는 반대한다.[95] 마지막으로, 그 같은 이념은 당파를 막론하고 모든 엘리트를 하나로 통합한다. 따라서 유능한 엘리트가 토착주의적인 포퓰리즘과 사회적 보수주의에 자유무역과 자유시장에 대한 적개심을 가미한 도널드 트럼프를 그토록 혐오하는 것도 그리 놀라운 일이 아니다.

더욱이 부유층과 나머지 계층은 신앙과 정치뿐만 아니라 일상적인 여가 행태 측면에서도 갈수록 분리되고 있다. 우선 가구당 연소득이 10만 달러 웃도는 미국인이 여가로 보내는 시간은 2만 달러 미만인 미국인보다 40% 적다.[96] (실업자 중에서도 교육 수준이 낮은 남성의 텔레비전 시청과 수면 시간은 교육 수준이 비교적 높은 남성보다 주당 11시간 정도 많다.)[97] 이와 대조적으로 부유층은 나머지 계층에 비해 운동에 훨씬 더 많은 시간을 쏟는다. 상위 5분위수는 중산층과 저소득층보다 각각 주당 2배와 5배 많은 시간을 운동에 할애한다. 이와 같이 신체 단련은 신분의 상징이 되었다.[98]

더 긴 근무시간은 차치하고, 부유층은 나머지 계층에 비해 혼자 있는 시간이 많으며 남들과 어울리는 시간이 적다. 그러나 이들이 남들과 어울릴 때는 소득이 높기 때문에 잘 맞는 친구를 선택하기가 수월하며 가족이나 이웃보다 친구와 어울리는 일이 많다(소득 상위 4분위수가 저녁에 친구를 만나는 날은 하위 4분위수보다 연간 5.2일 더 많다). 반면에 나머지 계층은 가족과 이웃을 선호하는 경향이 있다(소득 하위 4분위수가 저녁에 가족 및 이웃과 어울리는 날은 상위 4분위수보다 연간 8.3일 더 많다).[99]

실제로 부유층과 나머지 계층의 사교 인맥 구성은 상당히 다르다. 부유층은 (전국적일 뿐만 아니라 국제적으로) 광범위하지만 피상적이며 "활동적이고 끊임없이 이동"하거나 "국제적인" 자아에 어울리는 인맥을 쌓는다. 반면에 근로 계층과 중산층의 인맥은 좁지만 깊이 있고 "정착한 자아"에 어울린다.[100] 부유층과 나머지 계층은 요리나 대화같이 기본적인 활동에서조차 뚜렷한 차이를 보인다. 엘리트들은 대개 직업적인 인맥을 확충하려는 생각에서 "더 친해지고" 싶은 사람에게 신기한 요리를 대접해 좋은 인상을 주려고 한다. 반대로 중산층은 익숙한 음식을 가족이나 오랜 친구에게 대접한다.[101] 부유층은 형식적이고 정치적인 대화를 나누는 경향이 있는 반면에 나머지 계층은 솔직하고 직선적인 화법에 자부심을 느낀다.[102]

그뿐만 아니라 부유층과 나머지 계층은 놀랄 만큼 다른 취미를 추구한다. 인터넷에서의 행태에 대한 앞선 연구를 통해 부유층과 나머지 계층의 관심사가 어느 정도로 달라졌는지 드러났는데, 부유층은 기술, 신체 단련, 여행 관련 내용을 검색하는 일이 많은 반면에 저소득층은 만성 질환, 총기, 종교에 대해 검색하는 경향이 뚜렷했다.[103] 가상세계에서의 관심사는 실제 세계에서의 관심사를 반영한다. 일류 대학인 버클리와 중산층 위주인 루이지애나 주립대학의 학생단체를 비교해보면 그 차이가 어느 정도인지 가늠할 수 있다. 버클리 대학에는 있지만 루이지애나 주립대학에는 없는 학생단체로는 국제사면위원회 Amnesty International, 인신매매반대연합Anti-Trafficking Coalition, 지속가능성구축Building Sustainability, 환경과학학생연합Environmental Sciences Student Association, 국제학생대사Global Student Embassy 등이 있다. 루이지애나 주립대학에는 있지만 버클리 대학에는 없는 학생단체에는 산유국기독교선교단체Oilfield Christian Fellowship, 농업경영클럽Agribusiness Club, 전술게임 및 역할놀이협회Wargaming and Role-playing Society가 포함된다.[104]

엘리트다운 소비

부유층과 여타 계층의 차이는 일상적인 소비에서도 드러난다. 의류, 가전제품, 자동차, 전자제품 등 사람들이 소유한 물건과 사용하는 서비스, 먹는 음식, 물건을 구매하기 위해 이용하는 업체 등에서 차이가 난다는 뜻이다.[105] 뻔해 보이지만 중요한 사실이다. 미국의 가계 소비는 GDP의 70%에[106] 이르는 만큼 소비재는 사회 전반의 분위기를 결정짓는다.

20세기 중반에는 평등주의가 넘쳤다. 중산층은 풍요로운 생활을 누릴 수 있었으며 부유층이 모방할 정도로 훌륭한 취향과 덕목을 갖췄다. 오늘날에는 그와 반대로 부유층과 나머지 계층의 소비가 뚜렷하게 나뉜다. 취향과 도덕관념 모두 사치를 용인하는 방향으로 나아가고 있다. 개인이 구매하는 브랜드를 통해 인종보다 소득을 가늠하기가 쉬울 만큼 그 차이는 극명하다.[107]

인류 역사를 통틀어 엘리트는 대중과 품질뿐 아니라 종류까지 다른 물건을 소유하고 소비했다. 봉건주의 시대에는 한정된 계층만이 토지를 소유할 수 있었으며 토지 소유는 엘리트 지위의 필수 요건이었다. 실제로 완전한 토지 소유는 엘리트 중에서도 최상층인 군주(통치권자)만의 특권이었다.[108] 게다가 사치 규제 법령이 갖가지 종류의 소비에 적용되었다. 예를 들어 엘리트 이외 모든 사람에게 화려한 옷감이나 색상으로 된 옷과 호화로운 음식을 금지하는 식이었다.[109]

부르주아 혁명과 더불어 이 같은 소비자 계층 질서가 무너지기 시작했다(실제로 일부 사치 규제 법령은 그 같은 흐름을 저지하기 위해 시행되었는데, 귀족적이기보다 상업적인 부의 과시를 겨냥했다[110]). 20세기 초의 자본주의로 인해 그 과정은 가속화되어 20세기 중반에 상류층과 중산층의 소비 관행에 나타나던 계층적 구분이 사실상 사라졌다.

토지와 주택의 경우 연방정부의 주택 구매 지원 조치로 주택 소유 비율이 1940년에서 1970년 사이 44%에서 63%로 높아졌다[111](그 이후로는 두드러진 상승세가 나타나지 않고 있다).[112] 그뿐만 아니라 1980년대까지 자동차, 냉장고, 취사용 조리기구, 세탁기, 의류건조기, 에어컨 등이 중산층 전반에 보급되었다.[113] 20세기 중반의 미국인은 너나 할 것 없이 적당한 자동차와 시계를 구매했고 적당한 식당에서 외식을 했다. 그들은 같은 상점에서 같은 브랜드의 제품을 구매했다. 1970년 대에는 일 년에 한 번 이상 시어스 백화점을 이용하는 성인이 4명 중 3명꼴이었으며 미국 가구 가운데 절반이 시어스 전용 신용카드를 지니고 있었다.[114]

취향뿐만 아니라 도덕관념까지도 그런 경제적 현실을 반영하게 되었다. 20세기 중반에 세인트클레어쇼어스를 비롯해 수많은 교외에 들어섰던 주택과 그 집들을 채웠던 현대풍 가구에는 사치스러운 부유층이나 알뜰한 저소득층보다는 폭넓은 중산층의 적당히 풍족한 삶에 어울리는 소재, 디자인, 기법 등이 의식적으로 활용되었다. 교외 생활의 필수품인 자동차조차 중산층의 예산에 맞춰 설계되고 제작되었다. 잘 알려져 있듯이 헨리 포드Henry Ford는 직원을 자사의 고객으로 만들기 위해 직원에게 넉넉한 급여를 지급했다. 그 같은 경영 관행을 위해서는 고급 차량보다는 직원이 원하고 살 수 있는 대중적인 차량을 제작할 필요가 있었다.[115] 20세기 중반에 이르기까지 대중적인 모델이 문화를 지배했고 도덕의 잣대가 되었다. 그 영향력은 엘리트에게까지 미칠 정도로 강력했다. 한 예로 『포춘』은 일부 기업 지도자가 (뉴포트의 '전원주택'에서든 팜비치의 별장에서든) 여전히 도금 시대의 생활방식을 유지하고 있다고 조롱하기도 했다.

오늘날에는 능력에 따른 불평등으로 인해 그 같은 추세가 뒤집혔다. 최상위층을 포함한 소득분포 전반에서 (달러 금액으로 환산되는) 소비의 불평등은 소득의 불평등을 따라간다.[116] 더욱이 수치 이외 측면에서도 부유층과 나머지 계층의 소비는 차이를 보인다. 중산층 소비자와 엘리트 소비자가 서로 다른 상점에서 다른 물건을 구매하는 경향이 강화되고 있다. 이들은 결제 방식도 다르다.

경제 불평등의 그늘에서 허덕이는 사람들을 공략하는 저가 제품이 중산층의 소비를 장악하고 있다. 저가 소매업체는 절약해야 하는 가정에 전통적인 소비재를 판매한다. 그뿐만 아니라 임금 정체 때문에 더 이상 소비를 감당할 수 없게 된 중산층에게 소비를 충당할 대출을 제공한다.

저가 슈퍼마켓, 1달러 상점dollar store,● 대형 마트 등의 저가 유통업체는 지난 수십 년에 걸쳐 기하급수적으로 성장했다. 월마트만 해도 1962년에 단독 매장으로 출발했지만 2016년에는 미국에서 3,000억 달러의 매출을 창출하기에 이르렀다. 달러 제너럴과 패밀리 달러는 최근 몇 년 사이 연평균 매출이 각각 9%와 7%씩 증가했다.[117] 이 세 곳의 이용자는 타깃Target처럼 가격이 약간 더 높은 대형 마트의 이용자보다 소득이 적다.[118] 예를 들어 패밀리 달러 이용자의 소득은 40% 가까이 적다. 고가 매장 이용자와는 훨씬 더 큰 소득 격차를 보인다. (중간 숙련도급 직원을 미숙련 직원으로 대체한 대형 마트 체인의 방침은 자사가 취급하는 제품의 수요에 직접적인 영향을 끼친다. 직원들이 자사의 자동차를 구매할 수 있을 정도로 충분한 보수를 지급하기로 한 헨리 포드의 결단은 대압축 시대의 평등주의 경제를 반영한다. 마찬가지로 저가 상점 이외에는 이용할

───────

● 1달러 내외의 물건을 판매하는 곳.

수 없을 정도로 직원에게 낮은 보수를 지급하는 월마트의 사례는 오늘날의 불평등한 경제를 상징한다.)[119]

사설 대출 회사는 중산층의 삶에서 불가피한 부분이 될 정도로 빠르게 성장하고 있다. 그 같은 경향을 단적으로 보여주는 사례가 바로 악명 높은 급전 대출payday loan이다. 급전 대출은 1주일 치의 생활비도 마련할 수 없는 사람을 대상으로 한다.[120] 저소득자를 노린다는 나쁜 평판에도 불구하고 급전 대출의 성장세는 꺾이지 않고 있다. 1990년 초반만 해도 500개 미만이던 급전 대출 회사가 2002년에는 1만 2,000개로, 2016년에는 2만 2,000개로 늘어났다.[121] 현재 미국에는 맥도날드와 스타벅스 매장을 합한 것보다 더 많은 급전 대출 회사가 존재하며,[122] 2012년에 미국인이 급전 대출로 지출한 돈은 74억 달러에 달했다.[123]

게다가 급전 대출처럼 드러난 부분은 사설 대출에서 빙산의 일각에 불과하다. 20세기 중반의 중산층 가구는 상당한 저축을 쌓아올렸으며 1970년대 후반만 해도 소득분포의 하위 90%가 5~10%의 저축률을 기록했다.[124] 그러나 그 후 저축은 실종했고 대출이 소득을 대신해 늘어나는 소비를 충당하는 수단이 되었다.[125] 그에 따라 해당 소득 집단의 가계 부채는 1990년대 후반에 소득을 능가할 정도로 불어났으며, 특히 50번째 백분위수에서 75번째 백분위수까지의 소득 집단에서 가장 높은 증가세를 보였다.[126] 이런 대출은 경솔하거나 분에 넘치는 지출보다는 대부분 사회적으로 합당한(또는 필요한) 지출에 사용되지만, 그럼에도 중간 숙련도급 근로자가 벌 수 있는 소득을 초과한다.[127]

실제로 저소득층과 중산층 가구 가운데 70%가 신용카드를 의료비나 자동차며 주택 수리비처럼 불가피한 비용을 충당하기 위한 '안전망'으로 이용한다는 조사 결과가 있다.[128] 중산층 가구 대부분이 중산층으로서 필요한 소비와 저축의 간극을 메우기 위해 대출 등의 빚으로 살아간다.

소득이 점점 더 불안정해지는 상황에서,[129] 소비를 감당하기 위한 대출은 끝내 파멸의 그림자를 드리운다. 찰스 디킨스 소설의 등장인물 미코버 씨가 "해마다 20파운드를 벌고 19파운드 19실링 6펜스를 지출하면 행복해진다. 해마다 20파운드를 벌고 20파운드 6펜스를 지출하면 불행해진다"라고 불평한 그대로다.[130] 미코버는 디킨스의 아버지처럼 채무자 감옥debtor's prison에 수감되었다.[131] 오늘날의 중산층 미국인은 전에 없던 압류foreclosure와 파산의 소용돌이에 휘말려 있다.[132]

채무 징수 집행 규모는 놀라울 정도다. 최근 어느 해에는 뉴욕시에서 민사법원에 제기된 소비자 채무 관련 소송만 32만 건으로, 같은 해 연방법원에 제기된 전체 소송 건수와 맞먹는다.[133] 채무 때문에 수감될 위험은 없다 하더라도, 채무는 여전히 중산층의 고민거리다. 게다가 압류와 파산은 수감과 마찬가지로 결혼을 파탄 내고 어린이의 삶에 혼란을 불러일으키는 등 인생 전반에 그림자를 드리우며 대물림된다. 실제로 그 영향이 어찌나 강력한지 일각에서는 중산층을 프레카리아트precariat●로 바꿔 부르기도 한다.[134]

● 이탈리아어로 불안정성을 뜻하는 precario와 무산계급을 뜻하는 proletariat를 결합한 신조어로 불안정한 근로 계층을 뜻한다.

반면에 (상류층의 마음을 끌며 경제 불평등을 극명하게 보여주는) 사치품은 부유층의 소비 생활을 장악해나갈 뿐만 아니라, 이들의 자아상에도 점점 더 큰 영향을 끼치고 있다. 『포춘』이 보도했듯이 20세기 중반의 정서를 결정지었던 규범과 관행은 이제 능력에 따른 불평등의 내적 논리에 밀려 사라졌고 오늘날의 유능한 엘리트는 『포춘』이 조롱했던 사치를 즐긴다. 취향과 도덕관념까지 새로운 경제 현실에 맞게 땅에 떨어져, 평범하고 뛰어나지 않거나 적당한 사물을 업신여길 뿐만 아니라 독특하고 화려하며 사치스러운 사물을 높이 평가하는 분위기가 조성되었다.

능력주의 시대에 벌어진 이 같은 변화는 불가피하다. 근면성이 명예로 간주되는 이 시대에 유능한 엘리트는 베블런이 언급했던 한가로운 취미를 즐길 여유가 없으며 (두드러지게 집중적인 노동과 더불어) 사치품은 공훈을 대신해 사회적·경제적 지위를 형성해주는 주요 수단이 되었다.[135] 오늘날의 부유층은 불평등이 심화된 사회에서 자신의 재산을 과시하기 위해 유별난 소비를 한다. 정교하고 값비싼 물건이 명예의 물질적 표상이자 엘리트의 근면성과 인간 소외의 상징이 되었다. 다시 말해 사치품은 능력주의의 가치를 구체적으로 보여준다.

이런 경향은 호화로움과 배타성을 대놓고 내세우는 브랜드에서 가장 뚜렷하게 드러난다. 오늘날 웬만한 대도시에서는 일반 차량보다 10배 비싼 자동차를 즉석에서 구매할 수 있을 뿐 아니라 흔히 볼 수 있다.[136] 2014년에 벤틀리 모터스Bentley Motors가 판매한 15만 달러 이상의 차량 대수는 2000년에 자동차 산업 전체가 판매한 차량 대수보다 많았다.[137] 제네바 모터쇼는 최근 몇 년 동안 100만 달러 웃도는 자동차를 전에 없이 다양하게 소개해왔다(그 가운데는 400만 달러짜리 람보르기니도 있다). 최근 세계적인 브랜드 평가 및 전략 컨설팅 업체인 브랜드 파이낸스Brand Finance가 조사한 바에 따르면 페라리Ferrari가 세계에서 "가장 영향력이 큰" 브랜드다.[138] 마찬가지로 요즘에는 몇만 달러짜리 시계를 주로 취급하는 매장도 있다.[139] 바이킹Viking, 서브제로Sub-Zero, 베르타초니Bertazzoni, 라코르뉴La Cornue 등의 회사가 제조하는 고급 오븐과 냉장고는 일반 제품보다 10배에서 100배까지 비싸다. 뉴욕, 워싱턴, 샌프란시스코의 최고급 식당은 일반 식당보다 무려 50배나 비싸다. 셰프가 "오랫동안 품어온 미식의 꿈을 달성하고 나파밸리에 최고급 프랑스 요리를 선보이기 위해" 1990년대에 문을 연 프렌치 론드리French Laundry에서 식사하려면 저장고에서 바로 꺼내오는 5,000달러짜리 와인을 제외하더라도 한 사람당 310달러 이상 든다.[140]

전통적인 사치품의 소매 매출은 경제성장률보다 4배 정도 더 빠른 속도로 성장했으며 1990년 이후 10% 넘는 연평균 성장률을 보였다.[141] 골드만삭스는 사치품 매출이 앞으로도 계속해서 경제성장률을 능가하는 속도로 성장해 2030년대에는 현재의 2배에 이를 것이라고 전망한다.[142] 개별 품목의 가격을 보면 총매출 중 상당 부분이 특정 계층에서 이루어진다는 사실을 짐작할 수 있다. 20세기 중반에는 사치품이라도 특별한 경우나 (자동차 애호가처럼) 특정한 사치품을 선호하는 경우에 중산층이 구매할 수 있는 가격대에 판매되었다. 반면에 최근의 가격대로라면 중산층이 사치품을 손에 넣기란 영영 불가능하다. 20세기 중반에는 빌리 조엘Billy Joel의 노래에 등장하는 올리어리 하사가 그렇듯이 중산층이 지금 타는 쉐보레에 웃돈을 얹어 캐

딜락으로 교환하겠다는 꿈을 꿀 수 있었다.[143] 그러나 오늘날의 중산층으로서는 벤틀리 자동차를 몰거나 블랑팡 시계를 차거나 라코르뉴레인지로 요리하거나 프렌치 론드리에서 식사하는 것을 꿈도 꿀 수 없다.

게다가 사치의 영역이 급격하게 확대되었다. 한때 중산층 등의 대중을 겨냥했던 소비재의 상당수가 사치품으로 전환되었다. 예를 들어 비욘세가 가장 최근에 연 공연의 입장권 평균 가격은 350달러를 웃돌았으며,[144] LA 레이커스, 댈러스 카우보이스, 뉴욕 양키스 등의 홈 경기 입장권 가격은 200달러를 훌쩍 넘어섰다.[145] 동시에 전에는 없던 새로운 종류의 사치품이 생산되고 판매된다. 유람선에는 전담 안내원과 수영장이 딸려 있고 일반 승객이 (마일리지를 사용해도) 이용할 수 없는 특등 층이 마련되어 있다.[146] 리조트들은 일반 입장권보다 10배 넘게 비싼 특별 이용권을 판매하고 통행이 적은 시설을 따로 만들어놓고 있다.[147] 항공사들은 일등석 서비스를 한층 더 고급스럽게 끌어올리고 일등석 승객을 포르쉐에 실어 줄을 설 필요가 없는 일등석 전용 터미널로 안내한다.[148] 공식적으로 무료인 서비스에조차 비싼 돈을 얹어 돈을 치를 만큼 부유한 이용자들에게 판매하는 신종 기업도 등장했다. 공용 주차 공간의 매매를 알선하는 멍키파킹Monkey Parking이나 식당을 예약해 이용자들에게 웃돈을 얹어 파는 레저베이션 홉Reservation Hop이 그런 예다.[149] (이 같은 신종 기업의 서비스가 일등석 항공권처럼 강한 적대감을 불러일으키는 것은 어쩌면 당연하다. 일등석 객실의 존재는 비행기가 9시간 29분 지연되었을 때와 같은 빈도로 일반석 승객의 기내 난동을 유발한다. 게다가 일반석 승객이 일등석을 지나가야 하는 경우에는 비행기가 15시간 지연

될 때와 같은 빈도로 기내 난동이 발생한다.)[150]

그 외에도 (호화롭지 않기 때문에) 일반적으로 고급으로 인식되지 않는 제품과 서비스 역시 요즘에는 주로 부유층이 소비하는 일이 많다.

엘리트 사립학교와 대학은 수많은 사례 중 하나일 뿐이다. 특별 전담 의사Concierge doctor는 환자에게 보험사의 가격 상한선이 적용되지 않는 진료비와 연간 고정 비용을 일시불로 청구하고 최고급 의료 서비스를 제공한다.[151] 높은 진료비 덕분에 관리 의사는 일반 의사보다 25% 더 적은 숫자의 환자만 보고 충분한 시간을 들여 환자를 진찰할 수 있다(이와 대조적으로 의사들의 평균 진료 시간은 15.7분이다[152]). 게다가 특별 전담 의사한테는 주말을 포함해 당일 예약으로 진료를 받을 수 있다.[153] 병원의 특별 전담 병동에는 프레테 침대보, 파르마산 햄이나 송아지 고기 커틀릿 등의 고급스러운 음식으로 구성된 식단, 전담 직원을 제공하는 식으로 최고급 호텔을 방불케 하는 병실이 마련되어 있다. 의료비를 제외하고도 하루에 수천 달러씩 척척 낼 수 있는 현금 고객을 대상으로 한 병실이다.[154] (최근에는 고급 치과 의사까지 등장했다. 베르나르 투아티Bernard Touati라는 프랑스 치과 의사는 샤넬, 디오르, 프라다 매장으로 둘러싸인 파리의 진료실에서 재벌이며 마돈나 같은 팝스타를 치료한다. 그는 치아 한 개를 떼우고 2,000달러 가까운 진료비를 청구한다. 디자이너 다이앤 폰퓌르스텐베르크Diane von Furstenberg는 자신의 매장에서 드레스 두 벌을 구매할 수 있는 차용증으로 진료비를 대신하기도 했다.)[155] 보험 적용 없이 특별 전담 모형에 따라 대금을 청구하는 변호사, 회계사, 투자 자문가 등도[156] 부유한 의뢰인들에게 (소득 방어 등의) 최고급 법률·금융 서비스를 제공한다.[157] 엘리트 가정은 식료품도 차별화된 것으로 구매한다.

사회·경제적 지위가 높은 미국인은 중산층보다 훨씬 더 몸에 좋은 음식(과일, 채소, 어류, 견과류, 통밀, 콩)을 먹는다. 물론 중산층은 저소득층보다 한층 더 몸에 좋은 음식을 먹는다. 그 격차는 둘 다 점점 더 벌어지지만 늘 그렇듯이 엘리트 계층과 중산층의 격차가 중산층과 저소득층의 격차보다 크다.[158]

이 모든 제품과 서비스는 거의 전적으로 부유층에 의해 소비되는데, 이들은 소비를 통해 엘리트다움을 의식적으로 과시하는 셈이다. 엘리트들이 (과일과 채소 등의 소비를) 의무로 인식하든, (의료 서비스 등의 소비를) 필요한 것으로 인식하든, (교육 서비스 등의 소비를) 도덕적인 것으로 인식하든 간에 그들의 소비 생활은 능력주의 이념이 사치라는 개념을 어느 정도로 장악했는지 알려주는 사례일 뿐이다.

마지막으로, 이처럼 맞물린 추세는 서로서로를 강화하며 축적된 효과를 낸다. 그 결과 부유층과 나머지 계층은 점점 더 다른 제품뿐 아니라 다른 브랜드를 서로 다른 매장에서 구입하고 다른 수단으로 그 값을 치른다.

상거래가 검약과 사치로 양극화됨에 따라 노동시장의 가운데 부분과 마찬가지로 소비자 시장의 가운데 부분도 공동화되는 추세다. 타코벨Taco Bell 같은 패스트푸드 체인점이나 프렌치 론드리 같은 최고급 식당이 승승장구하는 반면에, 올리브 가든Olive Garden이나 레드 로브스터Red Lobster 같은 중산층 식당은 고전을 면치 못한다.[159] (베스트 웨스턴 같은) 중산층 대상 호텔 브랜드는 (포시즌스와 세인트레지스 같은) 최고급 호텔 브랜드의 절반에 불과한 성장률을 보인다. 그뿐만 아니라 (프라이스 초퍼, 달러 트리, 패밀리 달러 등의) 할인 마트와 (홀푸드,

노드스트롬, 바니스, 니만 마커스 등의) 고급 마트나 백화점이 확장세를 거듭하며 대개 중산층 브랜드가 포기한 지역으로까지 진출하는 와중에도 (시어스나 J. C. 페니 등의) 중산층 슈퍼마켓과 백화점은 대부분 무너지고 있다(고급 의류 업체 바니스가 아울렛업체 로만스의 상징적인 첼시 매장 자리로 옮긴 것은 유명하다[160]).

계산대 앞에서도 엘리트는 대출금이 아니라 소득이나 저축한 돈으로 결제한다는 점에서 나머지 계층과 다르다(실제로 소득 상위 1%는 여전히 소득의 3분의 1 정도를 저축한다[161]). 부유층은 돈을 빌리더라도 소득 보완보다는 지렛대로 이용하고 투자 수익률을 증대할 목적으로 대출을 활용한다.

이런 차이가 쌓이면 계층이 구분되는 데 그치지 않고 서로 단절되는 지경에 이른다. 엘리트 학교와 대학은 부유층 학생과 중산층 학생을 갈라놓는다. 특별 전담 의사는 일반인 대상 대기실을 없애거나 아예 환자가 남들과 함께 대기할 여지를 없앤다. 겉보기에는 평범한 구매의 경우에도 판매업체의 세분화에 따라 판매업체끼리 겹치는 고객이나 제품이 없다.

할인마트인 빅라츠Big Lots의 식품부에는 치즈 진열대나 맞춤형 정육 코너가 없을 뿐 아니라 수제 아이스크림 판매대도 없는 반면에 홀푸드Whole Foods는 코카콜라, 오스카마이어Oscar Mayer 핫도그, 하인츠Heinz 케첩을 판매하지 않는다. 한편 패밀리 달러와 니만 마커스Neiman Marcus가 판매하는 상표 중에는 단 한 가지도 공통된 것이 없다.[162] 타코벨과 프렌치 론드리가 사용하는 재료에도 전혀 공통점이 없다. 심지어 소금마저 다르다.[163] 두 식당이 재료를 대하는 태도도 하늘과 땅 차이다. 타코벨은 웹사이트를 통해 자사가 "특이한 이름이 붙은" 재료를 쓰지 않고 "안전하며 미국 식품의약국의 승인을 받은" 재료만 쓴다고 강조한다.[164] 프렌치 론드리에 납품되는 재료를 알려달라는 요청이 잇따르자 이 식당은 총천연색 사진과 셰프의 자필 서명이 포함되고 공급업체 각각의 이야기를 소개하는 50쪽짜리 책자를 제작했다. 이 책자에 따르면 버터는 버몬트의 농장에서 공급된다고 하는데, 이 농장은 "버터를 만들기 위해 자유의지를 어느 정도는 희생해야 하며 동물의 요구에 따라 살아야 한다"라고 밝힌다.[165]

능력주의 시대 불평등은 소비를 뒤바꾸어놓았으며 그에 따라 엘리트와 중산층 소비자의 공통된 공간은 물론 경험마저 거의 사라지고 있다. 인간의 삶 전체가 등급별로 분리된 여객기 좌석의 모형대로 재형성되는 추세다.[166]

성채가 된 도시

20세기 중반에 세인트클레어쇼어스와 팰로앨토의 중산층이 비슷한 정도의 번영을 누렸다는 사실은 그 당시 미국의 경제 지형이 어떠했는지를 잘 보여준다. 다른 도시의 사정도 비슷했다. 예를 들어 워싱턴 D.C. 외곽의 시그모나 파크에서 20세기 중반 이후 꾸준히 발간되어온 지역 소식지를 보면, 1970년대 초반에 토지 측량사, 해병대 소령, 실내장식업자, 미용사, 경찰, 수리공, 비서 모두가 오버브룩 거리의 이웃으로 살았다는 사실을 알 수 있다.[167]

미국인 대다수가 그만그만한 중산층 동네에 살았으며, 동네의 특성은 소득과 계층이 아니라 문화로 구분되었다. 동네에 대한 인식은 경제 수준이 아니라 기후와 역사는 물론 주민의 특징으로 정해졌다.

지역별 소득은 제2차 세계대전 종전부터 1970년대 말까지 꾸준히 수렴했다(이 같은 수렴이 그 당시 미국의 전반적인 임금 불평등 완화에 기여한 비중은 30% 정도였다[168]). 1945년에 가장 부유한 지역의 1인당 소득이 가장 가난한 지역보다 2배 가까이 높았지만 그 격차는 1945년부터 1979년 사이 70% 정도 줄어들었다.[169] 부와 재산이 미국 전역에 골고루 분산되었다. 1960년대 중반에는 미국에서 가장 부유한 25개 대도시권에 일리노이주 록퍼드, 위스콘신주 밀워키, 미시간주 앤아버, 오하이오주 클리블랜드가 포함되었다.[170]

이 같은 상황을 통해 20세기 중반 생산의 경제 논리를 지역의 측면으로 파악할 수 있다. 지대 소득이 있는 엘리트는 지대를 창출하는 물적 자산 가까이 거주할 경제적 동기가 있었다. 농지, 공업용 기계, 공장은 (주로 필요에 의해) 지리적으로 분산되었다. 그 때문에 엘리트 자본가는 전국적으로 여러 지역에 분산되어 사는 것이 유리했다. 20세기 중반의 엘리트는 여기저기 섞여 살았다. 예를 들어 대학 졸업자가 여러 도시에 비교적 골고루 분산되었다.[171] 그에 따라 중산층이 대부분 지역을 장악했다. 이런 경제 지형 탓에 그 당시 엘리트와 중산층의 사회적 통합은 불가피했다. 엘리트의 분산과 뚜렷하지 않은 계층 구분 때문에 계층 전반에서 사회적 통합이 일어날 수밖에 없었다는 뜻이다. 미국 전역의 어린이가 빌 클린턴이며 조지 부시와 비슷한 어린 시절을 보낸 것에서 알 수 있듯이 "공통된 미국식 생활방식"이 등

장했다.[172]

오늘날에는 능력에 따른 불평등 때문에 이 모든 영향력이 반전되고 있다. 상위 근로자는 어디를 가든 자신의 인적 자본과 함께한다. 그뿐만 아니라 그들이 얻는 직장은 높은 보수를 제공하되 반드시 인접한 물리적 공간에서 남들과 함께 일하는 조건을 내건다. 그러므로 이들의 노동 집약적인 생산은 집적 경제economies of agglomeration와 지식 확산이 있을 때 빛을 발할 수 있다.[173] 더욱이 신흥 엘리트가 자신의 인적 자본을 자녀에게 물려주기 위해서는 학교와 방과 후 체험 활동으로 이루어진 집단 교육의 기반 시설이 필요하다. 마지막으로 오늘날의 엘리트가 선호하는 사치품의 경우 대도시와 같이 부유한 소비자가 대거 밀집된 곳에서만 경제적인 공급이 가능하다. 이런 영향 때문에 신흥 엘리트는 지리적으로 집적될 수밖에 없으며 미국은 다시 소득 기준으로 분리되고 있다.[174]

우선 엘리트는 시골에서 벗어나 도시로 이주하고 있다. (이와 대조적으로 중산층은 점점 더 같은 지역에 머물러 있는 경향이 있다. 이주 자체가 엘리트다움의 상징이 될 정도다.)[175] 1970년에 농촌과 도시의 미국인은 비슷한 교육을 받았다. 그러다가 2000년대 초에는 농촌 지역의 젊은이 가운데 학사 학위를 가진 이의 비율이 일반 도시에 거주하는 젊은이의 절반에도 미치지 못하게 되었다.[176] 그 후 농촌과 도시의 교육 수준 격차는 점점 더 벌어지고 있다.[177] 이는 농촌에서 여러 저소득 국가의 경제성장을 크게 저해하는 해외 이민에 맞먹을 정도로 심각한 두뇌 유출이 일어나고 있음을 입증하는 지표다.[178]

더욱이 대학 졸업자와 고소득자는 특정한 도시로 몰리는 데서 알 수 있듯이 엘리트의 이주와 더불어 주민의 교육 수준과 소득에 따라 도시 간에도 차별화가 이루어지고 있다.[179] 21세기에 접어들 무렵에는 성인 주민 가운데 학사 학위를 가진 주민의 비율이 17% 미만과 34% 이상인 대도시권이 각각 62곳과 32곳이었다.[180] 이름이 알려진 도시 중에는 교육 수준이 높은 근로자가 유독 꺼리거나 선호하는 곳이 있다. 디트로이트 주민 가운데 학사 학위가 있는 이의 비율은 10% 미만이다.[181] 반대로 오스틴, 보스턴, 샌프란시스코, 새너제이, 워싱턴 D.C. 주민 중에서 학사 학위를 가진 사람의 비율은 평균 50% 가까이 된다.[182] 뉴욕시 역시 1980년부터 2010년 사이 학사 학위를 가진 근로자의 숫자가 73% 증가한 반면에, 학사 학위가 없는 근로자의 숫자는 15% 감소했다.[183] 양쪽 다 교육 수준이 높은 부부 가운데 절반 가까이가 몇 개 안 되는 대도시에 거주한다.[184]

능력주의 시대의 소득도 교육과 비슷한 추세를 보인다. 실제로 특허 생산량의 차이가 지역별 임금 편차에서 차지하는 비중도 3분의 1에 이른다.[185] 따라서 1980년에서 2012년 사이 전국 평균 소득 대비 도시 평균 소득의 비율이 뉴욕, 워싱턴, 샌프란시스코에서 각각 50%, 40%, 30% 정도 높아진 것도 놀라운 일이 아니다.[186] 전반적으로는 1990년 이후 교육 수준이 가장 높은 대도시권 10곳의 1인당 소득은 교육 수준이 가장 낮은 10곳의 2배 넘게 증가했다.[187] 게다가 현재 교육 수준이 가장 높은 도시의 근로자는 가장 낮은 도시 근로자보다 평균 2배 정도 많은 임금을 받는다.[188]

집값과 지대도 비슷한 추세를 보인다.[189] 보스턴, 뉴욕, 샌프란시스코, 워싱턴 D.C., 팰로앨토 같은 도시의 고급 지역에 있는 주택이 미국의 (세인트클레어쇼어스 같은 곳의) 평범한 신축 주택보다 2배 정도 비쌀 거라고 말하면 비웃음을 사기 십상이다. 중산층으로서는 그 같은 지역에서 세를 사는 것도 불가능하다. 로스앤젤레스, 샌프란시스코, 마이애미, 뉴욕 거주자의 소득은 높을 대로 높아졌지만 이런 도시의 임대료는 소득에서 각각 49%, 47%, 44.5%, 41%를 앗아간다(이에 비해 2000년에는 소득 대비 임대료의 비중이 각각 34.1%, 24.7%, 26.5%, 23.7%였다).[190] 도시에서 대학을 졸업하지 못한 사람 대비 졸업한 사람의 비율이 1%씩 올라갈 때마다 임대료는 0.6%씩 올라간다.[191] 한마디로 오늘날의 중산층이 엘리트 도시에 거주하는 여유를 누리기란 불가능하다.

부유층과 나머지 계층이 도시 내에서도 점점 더 분리된 채로 살아가는 가운데 계층에 따른 지리적 격리는 한층 더 세밀하게 진행되고 있다. 1970년에는 미국인 가운데 70% 가까이가 중산층 동네에 살았다. 현재는 그 비율이 40%에 불과하다.[192] 같은 기간 부자 동네와 가난한 동네에 사는 미국인의 비율도 각각 2배 증가했다.[193] 전반적으로 지난 40년에 걸쳐 부유층과 저소득층 모두 인구조사의 표준 지역 census tract을 기준으로 뚜렷이 분리되는 추세다.[194] 인구통계학적 척도로 따질 때 소득과 교육에 따른 주거지 분리 정도는 1970년 이후 각각 최소한 25%와 100% 증가했다.[195] 여러 계층이 섞여 살던 동네들도 이제 분리되는 추세다. 1970년부터 1990년까지 주로 저소득층 주민이 사는 가난한 동네의 비율은 2배, 주로 부유층이 사는 부자 동네의 비율은 20% 증가했다.[196]

사회경제적 분리는 특히 소득분포의 최상위층에서 극심하다. 뉴욕의 부자 동네인 어퍼이스트사이드에는 학사 학위를 가진 성인의 비율이 1960년부터 2006년 사이 3배 넘게 증가해 전체 주민의 74%에 달한다.[197] 마찬가지로 소득과 교육 수준 기준으로 상위 5% 동네에 거주하는 25세 이상 미국인 910만 명 가운데 63%가 학사 학위를 가지고 있으며 연간 중위 가구 소득은 14만 1,000달러다.[198] 엘리트의 공간적 분리는 그 이웃 동네에도 적용된다. 소득과 교육 수준 기준으로 상위 5%인 주민 가운데 80% 가까이는 상위 5% 동네에 몰려 살며, 그런 엘리트 동네와 이웃한 동네도 평균적으로 소득과 교육 분포에서 86번째 백분위수에 속한다. 더욱이 엘리트와 특정 동네는 두 가지 방향의 연관성을 보인다. 앞서 언급했듯이 하버드, 프린스턴, 예일 대학 동문의 절반이 소득과 교육 수준이 가장 높은 상위 5% 동네에 산다.[199] 엘리트 전문대학원을 졸업한 사람은 훨씬 더 높은 비율로 부유한 동네에 산다.[200] 하버드 경영대학원 동문 가운데 60%가 상위 5% 동네에 거주한다.

지리적인 분리는 그 외 여러 형태의 분리를 구체적으로 보여주는 사례일 뿐이다. 교육과 소득은 생활 전반의 편의와 품질에 영향을 끼침으로써 방금 설명한 문화적 분열을 지리적인 측면으로 보여준다. 가장 부유하고 교육 수준이 높은 도시는 기대수명이 훨씬 더 높으며 범죄율이 더 낮고 공해가 덜한 데다 정치적 영향력도 한층 더 크다.[201] 무엇보다 능력주의의 세례를 받은 부모는 경제적인 격리 현상에 힘입어 형편이 좋지 못한 나머지 가정의 엄연한 현실인 무질서와 혼란으로부터 자신과 자녀를 차단한다.

줄곧 결혼 생활을 유지하는 친부모 밑에서 자라난 엘리트 동네의 어린이 가운데 90%가 사실상 같은 환경에서 산다. 부유한 동네에서 범죄를 예방하기 위해 마련한 출입문과 경비는 불평등에 개탄하는 사람들의 관심을 끌어모을지도 모른다. 그러나 엘리트가 자발적으로 선택한 격리 생활의 가장 결정적인 메커니즘은 경비원의 존재가 아니라 임대료와 집값 상승이다.

이 모든 결과를 뭉뚱그려 말하기는 어렵지만, 동네 수준과 교육 수준이 높은 도시에 존재하는 편의 시설 때문에 행복감의 불평등이 소득의 불평등보다 30% 더 높아질 수 있다는 예측도 존재한다.[202] 경제 불평등 때문에 부자들과 나머지 사람들은 서로 판이한 생태계에서 산다. 당연히 지리적인 이동이 일어나는 이유도 달라졌다. 과거에는 기후가 더 좋은 곳을 찾아 이동했지만 이제는 자신과 비슷한 계층의 사람과 모여 살기 위해 이동한다.[203]

마지막으로, 이 같은 현상은 삶의 모든 측면뿐 아니라 모든 세대에 영향을 끼친다. 가난한 동네에서 자란 아이들은 어른이 되어 엘리트 계층에 합류하는 데 필요한 교육을 받지 못한다. 반대로 부유한 동네에서 자란 아이들은 엘리트 계층에 들어가는 데 필요한 교육을 받을 수 있다. 그로 인한 영향은 역시 상당히 크며 소득분포 전반에 걸쳐 적용된다. 극서민층 사이에서 도시로 진입하려는 움직임이 가장 활발하다. 도시에서는 여전히 중산층과 부유층이 분리된 채로 살아간다. 소득 수준이 다양한 사람이 어울려 사는 지역이 전국적으로 사라지고 있다.[204] 소득분포에서 좀 더 윗부분을 차지하는 부유층 동네의 경우 앞서 언급했듯이 상위/중위 학생 1인당 학비 지출이 매우 높다. 엘리트 대학과 나머지 대학 학생 간 소득 불평등이 극심한 까닭도 그 때문이다.

이 같은 경향은 도시와 동네마다 각각의 방식으로 재현되며 지역만의 독특한 장소 의식을 통해 특정한 패턴이 나타나게 된다. 그러나 20세기 중반과 달리 오늘날 소득과 계층에 관련된 자료는 어떤 장소에 대해 많은 정보를 포착하고 결정짓는다. 심지어 세인트클레어쇼어스처럼 중산층 도시로 남아 있는 곳에도 매우 부유한 주민과 매우 가난한 주민이 모두 적다는 점에서 주목할 만하다. 도시 대다수는 일종의 신분 상승이나 하락을 통해 부유층 도시나 저소득층 도시로 통하게 된다. 이제는 주민의 특성이 아니라 경제 추세가 장소의 특성을 결정짓는다.

오버브룩 거리는 공교롭게도 팰로앨토의 선례를 따랐다. 오늘날 시그모나 공원 지역에 사는 사람들의 연평균 가구 소득은 10만 달러를 넘고 동네 성인 주민 가운데 60%가 대학 졸업자다. 오버브룩 거리에는 변호사, 의사, 고위 공무원 들이 살고 있다.[205]

피츠제럴드와 헤밍웨이의 귀환

20세기 중반의 미국 사회에서는 빌 클린턴과 조지 부시처럼 경제 수준이 차이 나는 사람이라도 유년 시절의 경험이 크게 다르지 않았다. 두 사람은 같은 세대 사람들처럼 중산층 사회에서 더불어 살았다.

이와 대조적으로 오늘날 클린턴의 딸 첼시나 조지 부시의 딸 바버라와 제나가 누리는 삶은 엘리트층 가문만이 공유하며 오늘날의 중산층 어린이뿐만 아니라 그들 부모 세대의 엘리트에게조차 알려지지 않은 것이다.

챌시 클린턴은 앞서 백악관에서 고등학교를 다닌 마지막 영애인 에이미 카터가 공립학교를 다닌 것과 달리 엘리트 사립 고등학교를 거쳐 스탠퍼드, 컬럼비아, 옥스퍼드 대학에 진학했다.[206] 그녀는 학업을 마친 뒤 경영 컨설팅 업체인 매킨지와 사모펀드이자 부실 증권 전문 투자회사인 애비뉴 캐피털 그룹Avenue Capital Group에서 일했다.[207] 챌시의 남편은 빌 클린턴 부부와도 친한 하원의원 부부의 아들이며 역시 스탠퍼드와 옥스퍼드를 졸업하고 골드만삭스에서 일하다가 헤지펀드를 창업했다.[208] 챌시는 힐튼헤드섬에서 열린 르네상스 위크엔드Renaissance weekend●에서 남편을 만났고, 제2차 도금 시대에 허드슨강이 내려다보이는 언덕 위의 50에이커 면적의 보자르 저택에 딸린 애스터 코트에서 베라 왕의 웨딩드레스를 입고 결혼했으며 당연히 맨해튼에 있는 아파트에 1,000만 달러 이상을 썼다.[209]

바버라 부시는 예일 대학을 졸업하고 디자인 박물관과 국제 개발 기구에서 일했다. 제나 부시도 국제적인 자선단체에서 일하면서 자신의 활동에 관한 책을 출판하고 NBC 방송의 통신원으로도 활약하고 있다. 제나의 시아버지는 교육부 차관보, 버지니아 주지사, 버지니아 공화당 의장 등 다채로운 이력을 쌓은 인물이며 남편은 차입 매수를 전문으로 하는 일류 사모펀드 콜버그 크라비스 로버츠Kohlberg Kravis Roberts에서 일하고 있다. 제나 부부는 특별히 주문 제작한 석조 제단

● 상류층 지식인들이 주로 참석하는 묵상회.

과 십자가를 배경으로 결혼식을 올렸다.[210]

클린턴이나 부시의 자녀 가운데 중산층 환경에서 살아본 사람은 아무도 없다. 빌 클린턴과 조지 부시가 20세기 중반의 미국을 대변하듯이 클린턴과 부시의 자녀들은 자기 세대와 새로운 시대의 풍조를 반영한다. 그들은 전형적인 요즘 엘리트이며, 전반적인 추세로 볼 때 극단적이긴 하지만 예외적인 사례도 아니다.[211]

능력주의 시대의 불평등이 부자와 나머지 사람의 삶에 미치는 영향은 달러 금액으로 환산되는 소득과 부에 그치지 않는다. 그보다 능력주의는 계층 체계를 만들어 부자와 나머지 사람을 나누고 두 집단을 서로 구별되고 이질적인 세계에 격리한다. 부자와 나머지 사람이 다른 방식으로 일하고 결혼하고 부모가 되고 종교 모임과 사교 생활을 하면, 그사이 크나큰 간격이 생겨난다. 더 이상 놀랄 일도 아니다. 외적인 관습뿐 아니라 내적인 삶의 측면에서도 부자와 나머지 사람은 분리되고 전자는 희망을, 후자는 불안감을 품는다. 교육 수준이 낮은 미국인은 교육 수준이 높은 미국인보다 기대 수준이 낮고, 시민 생활에 대한 참여도가 덜하며, 미래를 한층 더 비관적으로 바라본다. 이런 차이는 다른 선진국에 비해 유독 미국에서 두드러지게 나타난다.[212]

오늘날 능력주의에 따른 격차를 극복해 계층 이동에 성공한 극소수는 존재감이 대단하지만, 낯선 문화에 대해 이들이 느끼는 부담감은 삶의 크고 작은 부분에 영향을 준다. 예를 들어 엘리트 대학 내에서도 저소득층 가정 출신 학생은 부유층 학생보다 결혼율이 더 낮다.[213] 게다가 장학금을 받기 위해 교내에서 수행해야 하는 일은 전통적으로 근로 계층의 잡무로 인식되는 것들이다. 그러므로 근로 장학생은 그런 일자리를 치욕으로 느낀다. (더구나 우수한 학생은 부유층에 편중되어 있는 만큼, 재정 지원을 받는 학생도 상당히 유복한 가정 출신인 경우가 많다. 이들에게 교내 아르바이트는 그들의 포부뿐만 아니라 과거의 계층 경험과도 무관하기 때문에 이들이 느끼는 치욕감은 한층 더 가중된다.)[214] 예일 대학에서 재정 지원을 받는 어느 학생은 최근 이런 불평을 했다. "예일 대학은 학생에게 단순 사무직이나 도서관 업무같이 단조로운 일을 시키고 고마워하라고 강요한다. 나는 나만의 시간을 누릴 정도로 부자가 아니기 때문에 달갑지는 않지만 어쩔 수 없이 그런 일을 한다."[215] 자기중심적일 뿐만 아니라 무례하기까지 한 불평불만이지만 계층적 위치를 벗어나기란 불가능하다는 현실을 담고 있는 말이다. 다시 말해 이 학생은 (아직까지는) 교사와 동급생의 기대에 못 미치는 삶을 영위하는 아웃사이더다.

예일 대학 로스쿨에서 '1세대 전문가'라고 불리는 동질 집단들은 이런 딜레마의 중압감을 완화하려고 노력한다.[216] 그러나 능력주의의 이념적 힘이 어찌나 강력한지 이들 동질 집단은 자신들의 목표가 계층 구조를 무너뜨리는 것인지, 아니면 엘리트 계층으로 평탄하게 진입하는 것인지 마음을 정하지 못한다. 대학들은 정반대 딜레마에 직면했다. 대학들은 서민층이든 중산층이든 학생의 출신 배경을 긍정적으로 생각하려고 한다. 그러나 다른 소수자들을 포용했던 때와 달리 대학들은 능력주의적인 계층 질서를 해체하는 것을 뚜렷한 목표로 삼을 수 없다. 그런 질서를 형성하는 것이 대학의 중요한 사명이기 때문이다.[217]

유능한 엘리트 계층의 폐쇄성이 어찌나 공고한지 계층을 이동한 사람들은 엘리트 계층과의 관계를 통해 자신을 규정해야 한다(빌 클린턴이나 조지 부시는 그렇게 할 필요가 없었다). 어느 대학 졸업생이 대학을 떠나 고향으로 돌아간 뒤에 했던 말이 있다. "아주 중요한 경기를 하다가 편이 바뀐 것만 같다."[218]

편이 바뀐다는 은유적 표현은 살면서 두루 경험하는 불평등의 본질을 담고 있다. 능력주의는 부자들의 삶과 나머지 사람들의 삶 사이 그 어떤 중첩도 허용하지 않는다. 따라서 능력주의 시대에 계층이 공유하거나 서로 만날 수 있는 중간지대란 있을 수 없다.

마지막으로, 부자와 나머지 사람의 수명과 건강 상태는 총체적인 불평등을 고스란히 보여주는 척도다. 물론 이런 척도가 정확한 측정지표가 될 수는 없지만 "누적된 우위에 대한 타당하고 일반적인 지표" 역할을 한다.[219] 의료 데이터를 보면 능력주의에 따른 특권의 본질을 파악할 수 있다.

교육 수준이 높은 부유층 가운데 건강 이상으로 인한 신체 활동의 제약, 시력 장애, 심장 질환, 심리적 문제, 비만, 전반적인 건강 이상 등으로 고생하는 사람의 비율은 빈곤층이나 중산층보다 한층 더 낮다고 알려져 있다(또한 부유층과 중산층의 격차는 중산층과 빈곤층의 격차에 맞먹는다[220]). 게다가 미국에서 엘리트의 흡연율은 엘리트가 아닌 사람보다 훨씬 더 낮고, 대학을 졸업한 사람 가운데 흡연자의 비율은 고등학교만 졸업한 사람과 고등학교를 중퇴한 사람에 비해 절반이나 낮다(또한 고등학교 졸업자와 중퇴자의 흡연율은 사실상 거의 동일하다[221]).

더욱이 질병에 걸린 엘리트 미국인이 받는 치료는 가난한 미국인이나 중산층 미국인이 받는 질병 치료와 갈수록 차별화되고 있다.[222] 심지어 프랑스 절대 군주정 시대에 키가 소득과 지위를 대변했듯이, 이제는 치아가 그런 역할을 한다. 부유층 미국인은 매년 10억 달러 이상을 미용 치과 치료에 지출한다. 반면에 가난한 미국인과 중산층 미국인은 무료 치과 진료소(와 병원 응급실)에 의지하는 일이 많아지고 있다. 그 결과 65세 이상 미국인 중에서 자기 치아가 하나도 남아 있지 않은 사람이 5명 중 1명꼴이다. 예를 들어 최근 무료 치과 진료소에 들른 어느 중산층 환자는 건강한 치아가 "숨길 수 없이 눈에 보이는 부의 상징"이라고 말했다.[223]

치아를 비롯한 신체 모든 부분의 건강 격차 때문에 기대수명의 격차도 엄청나게 커지고 있다. 1999년부터 2003년까지 히스패닉이 아니며 고졸 이하인 백인의 중년 사망률은 상승한 반면, 대학 중퇴자의 중년 사망률은 안정적인 수준을 유지했으며, 대졸 이상인 인구의 중년 사망률은 꾸준히 하락했다.[224] 실제로, 교육 수준이 상대적으로 낮은 미국인의 사망률은 교육 수준이 높은 사람의 사망률 하락을 상쇄할 정도로 그 상승 폭이 가팔랐으며, 그 결과 총사망률이 연간 0.5% 정도씩 상승해 사망률이 연간 2%씩 하락했던 지난 20년 세월이 무색해졌다.[225]

폭넓게 보면 1980년부터 2010년까지 소득분포에서 맨 아래 두 개 5분위수에 속하는 두 인구 집단의 기대수명(50세)은 남성의 경우 평탄한 상태를 유지하거나 소폭 감소했으며, 여성의 경우 크게 감소했다(하위 5분위수 여성의 경우 최대 4년까지 감소다). 중간에 있는 두 개 5분위수의 기대수명은 남성의 경우 증가했다가 평탄한 상태를 유지했으며 여성의 경우는 소폭 감소했다. 상위 5분위수의 기대수명은 남녀 모두 급격하게 증가했다.[226] 상위와 하위 두 5분위수의 기대수명 차이는 남성의 경우 평균 7년(5~12년), 여성의 경우 평균 9년(4~13년) 정도로 벌어졌다.[227]

엘리트 안에서도 슈퍼리치는 일반 부자보다 장수하며 슈퍼리치와 일반 부자의 기대수명 격차도 점점 더 커지고 있다. 남녀 모두 대졸 이상인 25세와 대학을 중퇴한 25세의 기대수명 차이는 대학 중퇴자와 고졸자의 기대수명 차이를 웃돈다.[228] 실제로 남녀 모두 상위 1%에 속하는 부자의 사망률이 현저하게 낮으며 상위 5%인 부자의 사망률도 상위 10%인 부자보다 더 낮다.[229] 이 같은 격차는 점점 더 커지고 있다. 1980년대 초반부터 2000년대 중반까지 상위 1%와 상위 10% 부자의 사망률 격차가 대략 2배로 증가했을 정도다.[230]

마지막으로, 부자와 나머지 사람의 거주지에서 알 수 있듯이 이런 추세는 어김없이 지리적인 형태로 나타난다. 코네티컷처럼 부유한 주와 미시시피처럼 가난한 주의 기대수명은 현재 6년이나 차이가 난다.[231] 게다가 부유한 동네의 기대수명이 꾸준히 증가하는 와중에도 가난한 동네의 기대수명은 감소하고 있다. 예를 들어 켄터키주 동부에 사는 여성의 수명은 2007년부터 2011년까지 1년 넘게 감소했다.[232]

능력주의의 누적된 우위가 어느 정도인지 가늠할 수 있는 예를 살펴보자. 미국과 니카라과의 기대수명 격차는 대략 4년이며,[233] 미국의 모든 암 환자가 완치된다 해도 그로 인해 연장되는 기대수명은 4년에 불과하다.[234]

20세기 중반에는 헤밍웨이가 피츠제럴드와의 논쟁에서 이겼을지 모르지만, 능력주의에 따른 불평등이 만연한 지금은 피츠제럴드의 관점이 점점 더 힘을 얻는 추세다. 사람을 결정짓는 것은 몸이며 삶의 방식은 그 삶을 사는 사람의 몸 곳곳에 영향을 준다.[235] 오늘날 부자의 몸은 나머지 사람과 다르다.

부자와 나머지 사람은 별개의 나라에 산다고 할 정도로 격차가 너무나 크다.

8장

슈퍼 엘리트 경제

1970년대부터 미국 중산층은 임금 정체로 돈이 부족해지고 수입이 바닥나자 생활비를 마련하기 위해 돈을 빌리기 시작했다.

중산층의 임금이 정체된 상황이었으나 사회경제적 요건을 보면 중산층의 소비가 계속 늘어나야 하는 분위기였다. 국가 발전이라는 뿌리 깊은 이상 때문에 미국인들은 늘 이전 세대보다 잘살아야 한다고 믿어왔다. 게다가 계속해서 중산층의 소비가 늘어나야만 총수요가 유지될 수 있었다. 총수요는 소비 경제에서 고용과 성장을 견인하는 요소이기 때문이다.[1] 동시에 레이건 혁명은 부유층으로부터 중산층으로의 전면적인 재분배를 단호히 거부했고, 실제로 누진세율이 낮아졌다.

임금이 정체되더라도 감당할 만한 수준으로 중산층 소비를 북돋위야 한다는 주장과 전면적인 재분배를 완강히 반대하는 주장이 충돌함에 따라 대안은 몇 가지 되지 않았다. 소득이 늘어나지 않는 사람은 남의 돈을 훔치거나 구걸하거나 돈을 빌려야만 소비를 늘릴 수 있다. 그렇다고 그 많은 사람이 도둑질을 할 수도 없는 노릇이며 개인의 자발적인 기부 행위에는 한계가 있다. 이처럼 누진세율을 높이기보다 낮춰야 한다는 확고한 요구와 중산층의 소득이 정체되어도 소비는 늘어나야 한다는 요구가 동시에 나타난 상황에서 민간 대출은 확대될 수밖에 없었다.[2] 동시에 상위 소득자의 소득이 상승해 새로운 경제 엘리트 사이에서는 과잉 저축이 발생했다. 이에 따라 이념적으로는 전면적인 재분배에 반대했던 부자들도 대출의 공급처 역할을 할 수 있게 되었다.[3] 소득은 정체되었는데 재분배는 이루어지지 않고 소비가 지속적으로 증가해야 하는 상황에서는 반드시 채무가 발생한다.[4] 이런 식으로 경제적 불평등이 심화되면서 금융공학에 대한 수요가 급격히 증가했고, 이 새로운 수요로(다른 원인도 있었지만[5]) 금융 산업이 빠르게 성장했다.

정부는 이 같은 방정식의 왼쪽과 오른쪽 항을 거시적·미시적 측면에서 적극 지원했다. 느슨한 통화 정책, 자산 거품의 포용, 거품이 꺼지면 투자자를 보호하겠다는 약속 등이 결합되어 채무에 의한 중산층의 소비가 촉진되었다.[6] 다른 정책들도 각각의 상황에서 동일한 목표를 추구했다. 예를 들어 클린턴 정부는 "주택 소유자에 대한 재정적 장벽"을[7] 해소할 수 있는 "민간과 공공부문의 창의성과 자원에 의한 자금조달 전략"을 추진했고,[8] 이를 위해 연방 주택담보대출 정책을 변경했다. 정부는 전통적 대출에 대해 "쓸 수 있는 현금이 부족해 계약금을 적립할 수 없다"거나 "매달 채무를 상환할 정도로 충분한 수입이 없다"는 사람들에게 대출을 장려하고자 했다.[9]

이런 정책들은 효과가 있었다. 그것도 대부분 즉각적인 효과를 발휘했다. 예를 들어 저금리로 집값이 오를 때 가계는 집값이 오를 때마다 1달러당 25~30센트를 빌렸다.[10] 종합해보면 이런 정책은 중산층 소비의 기반을 바꿔놓았다. 20세기 중반의 중산층은 소득이 증가하면서 생활수준이 높아졌다. 그러나 1970년대부터 중산층은 돈을 빌려서 소비하기 시작했다.

이것이 하나의 추세라는 점은 의문의 여지가 없다. 하위 90%의 평균 소득은 1940년에서 1975년 사이 꾸준히 상승했다. 동시에 소비도 꾸준히 늘어났다. 1975년경부터 소득이 거의 전면적으로 정체되기 시작했지만 소비는 꾸준히 증가세를 이어갔다. 반면에 평균 채무는 1940년부터 1975년까지 소득보다 느린 속도로 증가했다. 그러다가 소득이 정체된 지 몇 년 지나지 않아 가파른 증가세를 보이기 시작했다. 중산층의 소득이 고갈되었다는 것을 입증하듯, 중산층의 대출은 증가했다. 중산층 가구가 임금 정체로 소득을 잃자 그 격차를 메우고자 대출이 크게 늘었다는 이야기다(496쪽 〈그림 10〉 참조). 더구나 대출 규모는 중위 소득에서 상위 소득으로의 상승 수준에 맞먹을 정도로 커졌다.[11]

노벨 경제학상 수상자인 조지프 스티글리츠Joseph Stiglitz가 관찰한 바와 같이 "실질 소득 정체와 소득 불평등 심화로 인한 부정적인 영향은 대체로 금융 혁신으로 상쇄되었다. (…) 게다가 느슨한 통화 정책 덕분에 가계는 대출로 소비 자금을 조달하기가 용이해졌다. 이와 같이 거품을 키운 것은 확장적 통화 정책과 금융부문의 혁신이었고, 이를 통해 자산 가격이 상승했다. 자산 가격의 끝없는 상승으로 가계는 사실상 무제한으로 대출을 받을 수 있게 되었다".[12] 20세기 중반 미국인의 생활수준은 소득을 통해 유지되었고 유럽 중산층의 생활수준은 정부의 재분배를 통해 뒷받침된 반면, 현재 미국 중산층은 갈수록 대출받은 돈에 의존해서 살아가고 있다. 가계 대출이 사실상 소액 단기 대출로 변했다는 앞서의 고찰은 부인할 수 없는 현실이 되었다.

불평등의 심화로 대출은 미국의 거시 경제 규모만큼 상승했고 금융은 이 같은 대출 열풍에 편승해 현재처럼 높은 명성을 얻었다. 그에 따라 새로운 돈은 하천이나 시냇물처럼 졸졸 흐르는 것이 아니라 온천수처럼 콸콸 솟아났다. GDP에서 금융 서비스가 차지하는 비중은 1970년 이후 대략 2배로 증가했다.[13] 현재 금융은 미국의 총경제생산량에서 10분의 1 정도를 차지함에 따라 제조업의 비중에 육박하기 시작했다.[14]

이런 변화로 미국 경제의 무게 중심이 변화가에서 월가로 이동했다. 농업, 도소매 무역, 유용성을 체감할 수 있는 상품과 서비스를 생산하는 제조업 등의 경제활동은 상대적으로 덜 중요해졌고 은행업과 증권 거래 같은 금융 활동도 상대적으로 중요성이 떨어졌다. 그리고 오히려 투자 관리나 보험금을 창출하고 이전하는 보험이 상대적으로 더 중요해졌다.[15] 심지어 최강의 힘을 떨쳐온 공업 기업조차 금융 자회사들의 지배를 받게 되었다. 제너럴모터스가 수년간 가장 높은 수익성을 거둔 분야는 자금조달 자회사인 GMAC인데,[16] 이 회사는 금융위기를 이끈 원인이 되기도 했다. 제너럴모터스는 중산층의 소비를 견인한 월가의 대출이 번화가의 산업 생산을 잠식한 현상을 단적으로 보여주는 사례다.[17]

전반적으로 금융이 거둔 막대한 성장 중 대략 4분의 1은 늘어난 가계 대출에서 비롯된다. 특히 주택담보대출의 폭발적 증가가 금융 산업의 성장 원인 중 하나다. 그러나 신용카드 채무를 포함한 소비자 대출도 이 같은 금융의 성장에 실질적으로 기여했다.[18] 금융의 성장 가운데 절반은 불평등으로 인한 반사 이익이며 유가증권 산업의 생산량 증가를 통해 이루어졌다.[19] 유가증권의 호황은 자산 관리 서비스의 성장, 그중에서도 사모펀드, 벤처캐피털 회사, 헤지펀드 등의 급속한 성장을 중심으로 이루어졌다.

실제로 자산 관리 부문에서 가장 빠른 성장을 보인 분야는 대출을 증권화한 채권fixed-income이다. 2000년부터 2008년 사이 주택담보대출 유동화 증권은 모든 자산 유동화 증권 가운데 대략 절반을 차지했다.[20] 이것이 가계 대출 증가의 이면이다.[21] 반대로 좀 더 평등했던 20세기 중반에 증권 산업의 수익을 창출했던 분야(거래 수수료, 거래 이익, 증권 인수 수수료)가 GDP에서 차지하는 비중은 2000년부터 2008년 사이 계속해서 감소했다.[22]

어느 저명한 논객이 2007~2008년 세계 금융위기 당시 미국 금융 시장의 "조직 전체"가 "주택시장에 안착했다"라고[23] 한 것은 지나친 과장이 아니었다. 주택 시장은 채무에 의존했다. 그리고 채무는 역시 경제적 불평등에서 비롯되었다.[24]

금융 수요가 폭증한 역사적인 시기와 거의 같은 무렵 월가에는 엄청난 능력을 갖춘 신종 근로자들이 나타났다. 상위 근로자들이 새롭게 공급되면서 금융의 영업 방식이 달라졌고, 월가의 초숙련 엘리트에게 유리한 혁신 금융기술이 개발되었다.

1970년대 말 최초로 초숙련 금융 근로자들이 월가에 진입했을 때 여전히 중간 정도 숙련도를 지녔으며 20세기 중반의 틀에서 벗어나지 못한 노년층은 이들을 가리켜 '로켓 과학자'라고 불렀다. 실제로 로켓 과학자들이 금융계에 등장했기 때문이다. 20세기 중반 미국에서는 제2차 세계대전과 냉전으로 인해, 즉 레이더의 발명과 원자 폭탄 개발을 위한 맨해튼 프로젝트, 무기와 우주를 놓고 벌이는 경쟁 때문에 군사력이 중요해지면서 고도로 훈련되고 유능한 물리학자와 공학자가 국가의 번영과 안전에 꼭 필요한 존재라는 생각이 확산되었다. 국방부와 에너지부는 순수 연구비를 자유자재로 조달하기 시작했고, 1950년대와 1960년대에 걸쳐 학문적 역량은 양과 질 측면에서 급속히 성장했다.[25]

그러나 그 후 미국은 우주 경쟁에서 승리했고 소련과의 데탕트로 군비 경쟁이 주춤해졌다. 그리고 베트남 전쟁은 대중의 지지를 받지 못했으며 사람들은 '전쟁을 돕는 과학'에 반대했다.[26] 여론의 흐름은 과학 연구를 군사에 활용하는 것에 반대하는 입장이었다. 결국 정부는 해당 분야에서 지원금을 삭감했으며 연구는 줄어들었다.[27] 물리학과 공학 분야에서 새로 탄생한 박사 세대는 연구와 관련된 일자리가 없어졌다.[28] 이런 초숙련 인재의 공급으로 새로운 수요가 창출되었다.

처음에는 엑슨Exxon, 벨 연구소Bell Labs 등의 에너지와 통신 회사들이 이런 초숙련 인재를 흡수했다.[29] 그러나 1980년에 이르러 월가는 물리학자와 공학자가 이익이 되는 금융 신기술을 개발하고 활용할 수 있다는 사실을 인식하고는 말 그대로 그들에게 전화를 걸어댔다. 일찌감치 금융계에 입문해 골드만삭스의 전무이사가 된 어느 물리학자에 따르면 그 당시 헤드헌터들은 새로운 인재에게 연봉 15만 달러 일자리를 제안했다고 한다. 그는 "그 당시 5만 달러도 받지 못하던 전직 물리학자에게 15만 달러는 거액이었다"라고 회고했다.[30]

월가에 도착한 로켓 과학자들은 금융 산업을 근본적으로 변화시켰다. 새로운 초숙련 인재들은 금융기법을 복잡하게 만들었다. 이론상으로는 오랫동안 알려졌지만 중간 정도 숙련 노동자가 실행할 수 없었던 어려운 금융기법이었다. 금융계의 개편에 필요한 노동력과, 물리학자와 공학자가 제공할 수 있는 노동력이 정확히 일치했다. 금융과 물리에 사용되는 수학은 서로 비슷했다. 더욱이 실용적인 직업관을 지닌 물리학자와 공학자는 자기 분야와 완전히 일치하지 않는 하위 분야를 개척하고 현실적인 문제에 대한 일시적인 해결책을 만들어낸 뒤 다음 단계로 나아가는 데 거리낌이 없었다.[31] 이처럼 금융은 새로운 인적 자본을 발견했다. 이들은 "새로운 분야에 적응하고 지식을 실행에 옮길 수 있는 자신의 역량에 자부심을 느끼는 유능한 수학자, 금융 모형 개발자, 컴퓨터 프로그래머"였다.[32] 이들이야말로 나날이 필요해지던 인재상에 거의 부합했다.

그에 따라 오랫동안 잠들어 있던 혁신이 다시 활발해졌다. 현대적이고 정교한 금융을 발전시키는 기초 이론(포트폴리오 배분과 옵션 등의 파생상품 가격 책정 등을 가능케 한 자본 자산 가격 결정 모형과 블랙 숄츠 모형)은 1950년대, 1960년대, 1970년대 초에 만들어졌다. 이 기간은 금융 그 자체가 초숙련 분야로 변모하기 전 준비 기간으로 불릴 때가 많다.[33] (실제로 리스크 측정, 분리, 재조합과 관련된 모형의 토대가 되는 이론은 파스칼을 비롯한 프랑스 수학자들이 현대적인 확률 이론을 창안한 이후 줄곧 존재했다. 실제로 귀족 도박꾼들이 도박의 승률을 가늠하고 조작하는 방법을 찾기 시작하던 시대에 비롯된 이론들이기도 하다).[34] 이 같은 기초 이론은 단순히 이론적으로만 가능하다는 취급을 받은 채 잠들어 있다가 25년(심지어 300년)이 흐른 뒤 그런 이론을 활용할 수 있는 금융 인력과 광범위하게는 그 같은 금융 인력이 개발한 서비스가 필요한 사회가 만나면서 현재처럼 발전하게 되었다.[35]

실용적인 혁신 기법이 거의 동시에 나타났다. 1970년부터 1982년까지 전에 없이 새로운 금융상품과 관행이 40가지나 도입되었다.[36] 혁신가들은 부자가 되었다. 예를 들어 1980년대 초 투자은행 드렉설 버넘 램버트Drexel Burnham Lambert의 초숙련 근로자들은 고수익 채권 시장을 개척했다. 드렉설의 내부 관계자는 "정크본드의 가격을 어떻게 책정할지 알고 있는 회사는 우리 외에 없었다"라고 회고했다. 드렉설은 정크본드 사업의 수익성을 대폭 높였다.[37] 당연히 높은 수익성은 유능하고 고도로 숙련된 신세대 근로자 사이에서 경쟁을 불러일으켰다. 예를 들어 2000년대 초반에 그 자체로 수익성이 입증된 주택 저당 증권이나 오늘날 고수익을 자랑하는 고빈도 거래high-frequency trading 플랫폼을 포함해 새로운 혁신이 일어났다.[38]

게다가 이런 혁신은 초숙련 인력을 끌어들이면서도 중간 정도로 숙련된 근로자를 금융 분야에서 내몰았다. 유동화가 등장하자 은행은 이번에도 전통적인 대출 담당자를 내보냈다. 대출 고유의 리스크를 통합하거나 헤지하고 그로 인해 정확한 대출 심사가 가능해짐에 따라 심사 업무를 맡던 대출 담당자가 필요 없어진 것이다.[39] (실제로 지난 30년 동안 급증한 주택담보대출은 모두 중간 숙련도급 대출 담당자 없이 금융기법을 통해 이루어졌다. 이렇게 발생한 주택담보대출은 유동화되어 '그림자 은행' 등의 투자자에게 팔렸다.[40] 그에 따라 가계 대출이 엄청나게 늘어났음에도 20세기 중반의 모형에 따라 은행이 발행하고 그대로 보유한 총가계 대출이 2007년 GDP에서 차지한 비중은 1980년 수준과 같았다.)

이때부터 엘리트 교육과 금융이 짝을 이루었다. 중간 숙련 근로자와 중산층을 바탕으로 한 고루한 모델은 급속한 성장, 끊임없는 혁신, 슈퍼 엘리트 인재(고연봉을 받는 초숙련 근로자)에게 자리를 내주었다. 이런 변화는 금융의 문화와 언어를 바꿀 정도로 전반적으로 확대되었다. 도표 전문가나 주식 정보 제공자처럼 시대에 뒤떨어지고 독학으로 업무 능력을 배울 수 있었던 실무자들은 새로운 초고도 숙련자와 대학 졸업장이 있는 '퀀트quant'●들에게 자리를 내주었다. 아이비리그 출신자들이 월가를 장악하기 시작했고 주요 은행의 그룹 전체를 물리학자, 응용수학자, 공학자 들이 지배하게 되었으며 많은 사람이 박사 학위를 가지고 있었다.[41] 금융이 예전과 완전히 달라졌다.

금융은 중간 정도 숙련 인력을 대량으로 고용해 성장했던 20세기 중반의 모형을 버렸다. 그 결과 GDP에서 차지하는 비중이 증가했어도 금융 산업의 고용 비중은 떨어지기 시작했다. 금융은 채용 규모 자체는 작지만 상대적으로 숙련된 인재를 더 많이 채용함으로써 수익성

───────

● 물리학과 수학을 활용하는 금융 분석가.

을 높여나갔고 금융부문의 수익성은 상승했으며 금융 분야를 지배한 엘리트 근로자는 부자가 되었다. 오늘날 "재능은 월가에서 가장 귀중한 상품이다. 재능은 은행이 파는 상품이다. 또한 재능을 사용한 대가로 은행은 돈을 치른다".[42] 현재 월가 회사의 순이익에서 직원의 급여로 나가는 비용은 거의 절반에 달한다.[43] 금융업 종사자는 다른 분야 근로자보다 평균 소득이 70% 더 높다(금융계에서 대졸자가 받는 연봉은 다른 근로자의 평균 연봉보다 거의 2배 이상 높다).[44] 그뿐만 아니라 진짜 부자 가운데 금융계 종사자는 압도적인 비중을 차지한다. 오늘날 엘리트 금융 근로자가 얻는 엄청난 소득 때문에 경제적 불평등이 악화되고 그에 따라 금융의 수요가 증가하는 악순환이 나타나고 있다.

이 같은 이야기는 복잡다단한 현실을 빠짐없이 전달하지는 않지만, 금융권을 넘어 경제 전반에 걸쳐 적용되는 중요한 진실을 고스란히 보여준다. 상위 근로자에게 막대한 소득을 안겨주는 숙련 편향적 기술은 뜬금없이 생겨난 것이 아니라 능력주의 체제에서 비롯되었다. 초고도로 숙련된 금융 근로자들의 등장으로 혁신이 일어났고, 이 같은 혁신은 엘리트의 기량 수준으로만 활용할 수 있었다. 능력을 갖춘 인재 공급이 증가해 인재 자체의 수요도 늘어난다.

능력주의에 따른 불평등이 증가한다. 능력주의는 일련의 되먹임 고리를 통해 덫을 만들고 강화한다. 무엇보다 능력주의에 따른 불평등은 두 가지 기본 구성 요소, 즉 부유한 아이들이 학교에서 받는 특별한 교육과 초고도로 숙련된 엘리트들이 직장에서 받는 엄청난 소득을 연결 짓는다.

능력이 중요한 시대가 되면서 엘리트 사이의 교육 광풍도 정당화된다. 부모와 자녀 모두 폼 나는 일자리를 얻고 폼 나지 않는 일자리는 피하며 대대로 계층을 물려주고자 강압적이고 치열한 교육을 받아들인다.[45] 이렇게 해서 직장에서의 분위기가 집에서도 그대로 재현된다.

엘리트들이 특별한 교육에 몰두하면서 노동시장의 기량 숭배가 정당화된다. 분명한 점은 능력주의가 혁신을 부추긴다는 것이다. 혁신가들은 대개 많은 교육을 받아야 하므로 연구와 개발의 범위와 규모가 커진다. 한편 능력주의적인 교육은 월가에 진출한 물리학자와 같은 혁신가 집단을 구축하고 '연구개발 부문'을 만들어낸다.[46] 그 외에 능력주의가 기술 혁신을 주도하며 발명되는 신기술의 가짓수뿐만 아니라 형태와 종류까지 결정짓는다는 점도 잘 드러나지는 않지만 상당히 중요한 사실이다.

능력주의는 기술 혁신의 초점을 기술에만 맞춘다. 그 까닭은 고도의 교육을 받고 강렬한 동기를 부여받은 상위 근로자가 유별나게 생산적이고 수익성 있는 방법으로 숙련 편향적인 혁신 기술을 활용할 수 있기 때문이다. 그런 점에서 이들은 귀족 엘리트와 극명하게 대비된다 (앞서 언급한 버티 우스터에게 부채 담보부 증권의 거래를 지시한다고 상상해보라). 능력주의 교육은 혁신가들을 만들고 성취할 목표를 부여한다. 이런 식으로 가정은 일터 같은 분위기로 재현된다.

물론 경제 불평등이나 능력주의에 따른 불평등을 엘리트 교육과 엘리트 업무 사이의 되먹임 고리로 온전하게 설명할 수는 없다. 그래도 이는 오늘날의 사회경제적 삶을 지배하는 주요 메커니즘 중 하나다. 능력주의에 따른 불평등은 자체적으로 수정되고 통제되지 않는다. 오히려 능력주의에 따른 불평등이 자리를 잡으면 이전보다 훨씬 더 심각

한 불평등이 나타난다. 기술에 대한 숭배로 엘리트 부모는 혁신에 초
점을 맞춘 자녀 교육에 매달리고 상위 근로자들은 한층 더 혁신적인
기술을 개발해 기량 숭배 경향을 강화한다.

이런 순환은 계속 이어지고, 능력주의에 따른 불평등은 시대가 지
날수록 크기, 질량, 추진력이 늘어난 상태로 대대손손 눈덩이처럼 불
어나고 있다.

경영 혁신

슈퍼마켓 체인 세이프웨이Safeway는 침례교 목사의 아들이 설립했
다. 그는 신용 결제 위주의 식료품 마트가 가격을 높이고 가계부채를
유발한다고 믿었기 때문에 배달 없는 현금 지불 식료품점을 밀고 나
갔다.[47] 설립자인 M. B. 스캐그스M. B. Skaggs는 이후 이런 말을 했다.
"1919년에 나는 무배달 현금 지불 식료품점을 본 적이 없지만, 그런
종류의 마트를 세우겠다는 계획은 타당성이 있었다. 내가 얼마나 앞서
나가는지는 서비스 개선, 낭비 억제, 현금 결제, 고객의 요구 수용, 고
객의 이익에 대한 기여를 통해 평가받을 것이다."[48] 수십 년에 걸친 확
장, 수축, 혁신 전략을 통해 세이프웨이는 "세이프웨이를 이용하라. 세
이프웨이에서 구입하라"와[49] "세이프웨이는 안전을 제공한다"라는[50]
구호를 내걸고 영업했다.

이 시기에 세이프웨이는 1940년 『포춘』이 소개한 것과 같은 20세
기 중반의 모델에 따라 경영했다. 해당 기사에서 앤설 애덤스Ansel

Adams는 "간단한 성공 공식이 있다. 생산자, 직원, 소비자의 이익을 위해 회사를 운영하는 것처럼 행동하라"고 말했다.[51] 더구나 이 말은 허무맹랑한 구호가 아니었다. 예를 들어 회사의 1939년, 1940년, 1941년 연차보고서는 매년 영업 중인 세이프웨이 매장의 수가 감소하고 있어도 직원을 해고할 필요는 없다고 자랑스럽게 선언했다.[52] 1968년에는 샌프란시스코의 베이뷰헌터스 포인트 지역에서 자사와 경쟁을 벌이던 식품 협동조합을 구제하기 위해 노력했다.[53] 1972년에는 "공익에 대한 사회적 수용과 책임감"을 내세워 식품 유통업계 1위를 차지했다.[54] 그에 이어 1970년대 초에는 이사 겸 수석부회장을 미국경제인연합회에 파견해 소외된 소수민족 근로자들을 위해 일자리 50만 개를 창출하는 것을 목표로 하는 단기 프로그램을 마련하도록 했다.[55]

이 기간에 세이프웨이 최고경영자들은 임직원과 긴밀한 관계를 유지했다.[56] 1965년 회사 창립 40주년 기념 연차보고서에는 1926년 세이프웨이가 법인화되었을 때 비상근 식품 점원으로 시작해 회사의 대표를 맡기까지, 40년 내내 이 회사를 위해 일했다는 사실이 자랑스럽다고 한 세이프웨이 사장의 말이 실려 있다. 세이프웨이의 방침으로 이런 승진이 가능했고 장려되기도 했다. 그 회사는 "우리는 살면서 사람들의 발전에 대해 전파한다"라고 밝히기도 했다.[57] "우리는 교육을 받고 많은 경험을 쌓은 관리자가 어느 정도 필요한지 체계적으로 예측한다. 관리자가 될 후보를 알아보고 오늘날의 복잡하고 까다로운 조건에 적합한 인재로 만들고자 교육과 경험을 제공해 위로 올라갈 기회를 준다." 1939년에 세이프웨이의 모든 부서장은 입사 후 카운터에서 일을 시작한 두 명의 직원을 인재로 발굴했다. 한 명은 장부 담당자, 다른 한 명은 제과 코너 보조로 시작했다.[58]

세이프웨이의 급여는 직원들에게 전반적으로 큰 차이 없이 지급되었다. 다시 말해 부서장이 상여금으로 최고경영자의 급여 절반을 가져갈 수도 있었다.[59] 그리고 세이프웨이의 최고경영자들은 보수를 두둑하게 받았지만, 그렇다고 터무니없는 액수는 아니었다. 1956년에서 1964년 사이 세이프웨이가 최고경영자인 로버트 마고완Robert Magowan에게 매년 지급한 연봉 13만 5,000달러는 2018년 기준으로 약 120만 달러에 해당한다.[60] 상당한 액수지만, 오늘날 다른 최고경영자들이 받는 연봉에 비하면 매우 적은 편이다. 『포춘』은 세이프웨이의 문화를 다음과 같이 요약했다. "세이프웨이는 사업에 대한 매우 건전한 사고방식을 통해 정직하게 경영하면 저절로 홍보가 된다는 경영 기법을 합리적으로 활용했다."[61]

세이프웨이의 접근 방식은 당시 사회적 환경과 잘 맞았다. 19세기 근로자들은 대부분 글을 읽고 쓰는 능력이 미흡했으며 대학은커녕 고등학교도 제대로 졸업하지 못했기에 경영의 방향을 결정하거나 제공할 기술이 부족했다. 따라서 듀런트-도트 마차 회사 같은 19세기 기업은 당연히 관리자 없이 굴러갔다. 그러나 20세기가 되자 고등학교 교육의 일반화, 전후의 대학 열풍, 고도화된 업무 교육 덕분에 기본적인 관리 업무를 수행할 수 있는 근로자가 대량 배출되었다.[62] 동시에 20세기 중반 엘리트들의 여가 선호와 20세기 중반 대학들의 평준화 교육으로 과중한 경영 부담을 지려는 의지도, 감당할 능력도 없는 최고경영자들이 배출되었다. 세이프웨이와 GM을 포함한 20세기 중반의 기업이 채택한 분산 경영 기법과 정교한 기업 위계 구조는 자체 인력의 기량에 걸맞았다.

이런 배경에서 1970년대 후반에 일련의 혁신이 시작되어 1980년대 내내 가속화되면서 금융, 법률, 경영 분야의 미국 기업도 재편되었고, 민주주의적이라기보다는 능력주의적인 경영 기법이 새로이 나타났다. 소득은 최상층부에 집중되었다.

첫째, 기업들은 자금조달 방식을 바꾸었다. 20세기 중반 기업들은 자사의 수익 중 상당 부분은 주주나 채권자에게 돌려주지 않고 사업에 재투자했다.[63] 이런 관행에 따라 기업들은 자본시장에서 새로운 자금을 조달하기보다는 사내 자원으로 거의 모든 비즈니스 투자 자금을 조달할 수 있었다.[64] 그러나 경제 전반이 금융에 의존하면서 기업들은 대출로 운영자금을 조달하기 시작했다.[65] 대체로 오늘날 상장 기업은 이익의 일부만 보유한다. 과거의 이익으로 충당되는 주요 지출은 4분의 1에도 미치지 않는다.[66]

이런 변화로 이제 기업들은 정해진 일정으로 채무를 상환하는 데 이윤을 할애할 수밖에 없다. 실제로 채무로 자금조달을 하면 특히 주식 환매와 결합된 방식으로 할 때 관리자들이 채권자에게 상환하는 데 필요한 이익을 창출하고 다른 이해관계자보다 소유주의 이익을 우선시하는 업무에 매달릴 수밖에 없다.[67] 최고경영자들은 이익 잉여금이 대량으로 발생하고 꾸준히 유지되어야 할 때나 가능한 재량권을 잃었고, 회사의 수익성을 높여야 한다는 새로운 압력을 받았다. 자기 아래 모든 직원의 급여를 쥐어짜는 일도 포함되었다. 자본시장과 단절되다시피 한 20세기 중반에 기업에서는 "소유와 경영의 분리"가 경영진의 이상이 되었다.[68] 반면에 요즘 기업의 자본 구조를 보면 행동주의 투자자activist investor●가 경영을 책임지는 현상이 나타나고 있다.

둘째, 새로운 법률 기법이 등장함에 따라 기업 지배권 시장이 형성되었다. 인수합병 전문가들이 주주 가치를 극대화하지 못하는 경영진을 다스리기 위해 이용할 법한 시장이다.[69] 이는 여러 가지 메커니즘을 통해 이루어졌는데, 그중에서 차입 매수가 가장 중요한 메커니즘이었다. 아마도 가장 중요한 기업 담보 차입 매수를 포함해 많은 메커니즘을 통해 이루어졌을 것이다. 어떤 회사를 인수하려는 인수자가 대상회사의 자산을 담보로 돈을 빌려 그 회사의 주식을 매입하는 방식이다. 1980년대부터 차입 매수가 활발해지면서 경영자들이 잠재적인 인수합병 때문에 받는 압력이 급증했다.[70]

왁텔 립턴, 로젠 & 캐츠Rosen & Katz, 스캐든 아프스 슬레이트 미허앤드플롬Skadden, Arps, Slate, Meagher & Flom 같은 법무법인들은 대규모로 행동주의 투자를 실행할 수 있는 법적 장치를 개발했다.[71] 드렉설버넘 램버트 같은 투자은행과 콜버그 크라비스 로버츠 같은 사모펀드는 과거 기업 사냥꾼들이 쓰던 전술을 수용하고 확장해 기업 인수합병을 금융의 주변부에서 월가라는 강력한 중심부로 옮겨왔다. 주주 행동주의의 대략적이면서도 타당한 지표인 미국의 인수합병은 경기 순환주기인 1982년부터 1987년까지 200% 넘게 증가했고,[72] 1988년부터 1999년까지 추가로 500% 가까이 증가했다.[73] 1990년까지 『포춘』 선정 500대 기업 중 3분의 1은 적대적 인수합병 대상으로 지목되었고,

---

● 경영에 개입해 주주 이익의 극대화를 적극적으로 꾀하는 투자자.

3분의 2는 그런 인수합병 경쟁 때문에 경영권 방어 장치를 발동해야 할까 봐 두려움에 떨었다.[74]

셋째, 이런 금융과 법률계의 혁신으로 경영 혁신이 촉발되었다. 이를 통해 기업들은 20세기 중반의 민주주의적인 경영 기법 대신 오늘날과 같은 능력주의 기법으로 갈아탔다. 기업의 수익금을 끌어오는 주체가 변하면서 기업의 사업장에 거대하고 구체적이며 실질적인 변화가 일어났다.[75]

기업 지배권 시장에서는 최고경영자가 아닌 근로자에게 유인책을 제공할 수 없다. 투자자는 회사 운영과 너무 동떨어져 있어 최고경영자 이외의 근로자를 직접 감시하거나 통제하기 어렵다. 실제로 이런 거리 때문에 투자자들은 관리자 역할을 하지 못한다.[76] 동시에 기업 지배권 시장은 최고경영자에게 유달리 효과적인 유인책을 제공한다. 투자자는 최고경영자의 성과를 모니터링하고 당근(주식매수선택권을 비롯한 보수 패키지[77])과 채찍(해고 위협[78])을 모두 사용할 수 있다. 이는 회사의 지도부가 주주 가치 극대화에 전념하도록 유인하기 위해서다. 이런 논리에 따르면 비엘리트 근로자의 관리 결정권은 주주들에게 비용이 되지만, 동시에 엘리트 근로자의 경영 역량은 적절한 유인책만 쓴다면 주주의 이익이 된다.[79] 따라서 기업 지배권 시장이 경영 기법의 혁신을 유도한 셈이다. 이런 경영 기법은 20세기 중반에 분산되었던 경영 권한을 대체했으며, 수평적인 기업 위계 구조의 최상층부에 경영 권한이 집중되는 오늘날의 관행으로 이어졌다.

이 같은 혁신이 맞물려 미국 기업은 탈바꿈했고 민주주의적인 경영 관행이 사라졌으며 그 대신 능력주의적인 위계 구조가 나타났다.[80] 경

영은 금융과 같은 형태로 다시 태어났고 그에 따라 비금융권 회사에서도 기량 숭배 현상이 나타났다.[81]

금융을 뒤바꾼 혁신과 마찬가지로 경영 혁명을 일으킨 계단식 혁신도 저절로 발생하지 않았다. 그보다 계단식 혁신은 전부 능력주의에서 비롯되었다. 능력주의의 영향을 받은 교육기관이 기량이 매우 뛰어나며 스타하노프 같은 노력형 인재들을 공급한 것이 중요한 원인이다.

기업 사냥꾼들이 인수합병을 완수하기 위해 의존하는 금융상품은 앞서 언급한 다른 금융 혁신과 마찬가지로 기량이 남달리 뛰어난 인재들이 있어야 창출되고 가격이 정해지며 거래할 수 있게 되었다(인수합병 열풍이 드렉설 같은 곳의 트레이더들이 급부상한 시점에 일어난 것은 우연이 아니다).

더구나 기업 지배권 시장을 창출한 새로운 법률 기법을 개발하려면 기량이 뛰어난 변호사가 필요했다. 결과적으로 이런 혁신을 만들고 개발한 왁텔과 스캐든 같은 법무법인은 모두 능력주의 경향이 강력하다. 20세기 중반에 이런 법무법인은 귀족적인 엘리트 변호사들과 의식적으로 거리를 두면서 그 당시 다른 기업들과 달리 가문과 종교를 기반으로 한 차별을 거부했다.[82] 오늘날 왁텔은 유능한 엘리트 법조인의 상징이 되었으며, 최고 명문대 졸업생만 채용한다.[83] 또한 왁텔과 가장 가까운 경쟁 법무법인들도 능력주의의 영향을 받았으며 유능한 법조계 인재를 유치하기 위해 적극적으로 경쟁한다.[84]

무엇보다 기업 사냥꾼은 현직 관리자를 전문적이고 근면한 새로운 관리자로 교체하지 못하면 대상 기업의 경제 실적을 개선하거나 주가를 올릴 수 없게 되었다. 주주 행동주의의 자부심은 엘리트의 강화된 경영 역량을 활용하는 데서 비롯된다. 엘리트의 경영 역량은 인수합병을 추진할 수 있는 토대가 된다. 그러려면 스타하노프처럼 노력하고 초고도 기량을 갖춘 데다 막강한 지휘권을 기꺼이, 효과적으로 행사할 최고경영자가 언제든 공급되어야 한다.

그러므로 1980년대 인수합병 열풍이 경영 역량을 생산하는 회사의 급속한 확장 및 재배치와 동시에 일어난 것은 역시 우연이 아니다. 최고재무책임자CFO들은 바로 이 시기에 두각을 나타내며 회사에 금융시장의 관점을 들여왔다.[85] 경영학 석사 학위를 수여하는 경영대학원과 매킨지, 베인앤드컴퍼니, 보스턴 컨설팅 그룹과 같은 경영 컨설팅 회사 모두 변혁적 성장을 통해 수평화된 기업의 위계구조상 최고 관리자들에게 경영에 필요한 기술적 지원을 제공한다.

특히 경영 컨설팅 분야는 몰라볼 정도로 크게 변화했다. 컨설팅 업계는 제2차 세계대전을 통해 "겨우 발돋움"했고,[86] 귀족적인 엘리트들의 느긋한 규범을 온전히 수용했다.[87] 매킨지조차 귀족적인 관행이 남아 있어 1953년이 되어서야 최초로 하버드 MBA 출신 인재를 고용했고, 케네디 대통령이 중절모를 쓰지 않을 때까지 컨설턴트들에게 중절모를 쓰라고 요구했다.[88]

그러나 그 후 20세기 중반에 경제가 쇠퇴하자 컨설팅 회사는 엘리트를 확보하기 위한 활동에 착수했다. 1965년과 1966년에 매킨지는 수천 명의 지원자를 탈락시켜서라도 엘리트 사원을 채용하기 위해 「뉴욕 타임스」와 『타임』에 구인 광고를 냈고,[89] 1970년대 내내 무자비할 정도로 생산성에 치중한 분석법을 자사 비즈니스에 적용했다.[90] 같은 10년 동안 보스턴 컨설팅 그룹의 '유명한 엘리트주의자'인 브루스

헨더슨Bruce Henderson은 하버드 경영대학원 학생 신문에 자사가 "평범한 사람이 아니라 장학생(반에서 상위 5%에 들며 로즈, 마셜, 베이커 장학금을 받은 사람)을 고용하려고 한다"라고 광고했다.[91] 오늘날 상위 경영대학원 졸업생의 25%가 엘리트 컨설팅 회사에 입사하며,[92] 상위 경영대학원의 진로 구축 토론자들 사이에서 주된 주제는 "투자은행과 컨설팅 회사 중 어디에 입사할 것인가"이다.[93]

경영 컨설팅 분야에 몰려든 인재들은 중간관리자를 가차 없이 겨냥했으며 공공연하게 "기업과 사회 내에서 계층화를 추구"하고자 노력했다.[94] 이는 "노련한 업계 경험을 우대하기보다 아이디어가 훌륭하고 그런 아이디어를 설명할 수 있는 능력 있는 직원이면 스물여덟 살짜리라도 우대하겠다"는 것이었다.[95] 컨설턴트들은 브랜드화되고 독점적인 분석 방법으로 여기저기 있는 중간관리자를 공격했다.

MIT의 슬론 경영대학원은 컴퓨터 과학 기업의 컨설팅부문과 협력해 "조직의 일부를 구성부품으로 분해한 뒤 그중 일부를 다시 합쳐 새로운 기계를 만드는 것"을 목표로 하는 '기업 업무 재설계corporate reengineering'라는 프로세스를 개발했다.[96]

새로운 기계에서 제외된 나머지 부분은 일반적으로 중간관리자들로 구성되었다. 그뿐만 아니라 GTE, 애플, 퍼시픽 벨Pacific Bell을 포함한 상당수 회사가 인원 감축 원인이 업무 재설계라는 말을 공공연하게 했다.[97] 매킨지는 'OVAOverhead Value Analysis'●를 적극적으로 내세웠다.[98] 이는 20세기 중반 중간관리자에게 과도한 재량권을 준 관행에

● 간접부문 효율화.

대한 매킨지의 반격이었다.[99] 매킨지는 "OVA의 공정은 신속하지만 고통스럽지 않다. 일반적으로 인력 관련 간접비는 70~85%이며 대부분의 비용 절감은 (비생산직) 인력 감축에서 비롯되므로 간접비를 줄이려면 어느 정도 곤란한 결정이 필요하다"라고 인정했다.[100]

경영 컨설턴트의 좌우명은 일관되게 능력주의적인 내용이었고 이런 경향은 감원을 정당화했다. 어느 역사학자의 말을 빌리자면 컨설턴트들은 "우리 모두가 이 일에 동참하고 있지만, 어떤 돼지는 다른 돼지보다 똑똑해서 더 많은 돈을 받을 자격이 있다"라는 식으로 주장했다.[101] 이처럼 능력주의에 근거한 경영은 "오늘날과 같이 한층 더 가혹해진 자본주의를 낳는 데 일조"했다.[102] 우수한 기량을 자랑하는 은행가, 변호사, 컨설턴트 들은 자기에게 유리한 경영 혁신을 한껏 부추겼다.

끝으로, 이 모든 경영 혁신은 미국 경영진의 능력주의에 뿌리를 두고 있다.[103] 능력주의 교육은 중간관리자라는 정교한 위계에 의존하지 않고 크고 복잡한 기업도 경영할 수 있는 고도의 숙련 노동자를 대량으로 만들어냈으며, 이전 엘리트라면 품위 없다고 생각할 정도로 치열하게 일하는 것을 꺼리지 않는다. 이 같은 근로자는 일반 근로자에게서 경영권과 소득을 빼앗아 최고 경영진에게 집중시키는 금융, 법률, 경영상의 혁신을 낳았다.[104]

공교롭게도 세이프웨이는 이런 경영 혁신의 실제 사례이기도 하다. 주가가 급등하고 배당금이 상승하며 기록적인 수익을 올렸으나, 차입 매수로 타격을 받으면서 1986년에 회사의 성격이 급속도로 달라졌다.[105] 본사 로비에 전시된 세이프웨이의 기업 사명 선언문에는 과거의 좌우명 대신 세이프웨이가 '현재 투자에 대한 목표 수익률'을 추구

한다는 약속이 등장했다.[106]

회사의 여러 부문이 문을 닫았고, 대부분 어려움을 겪고 있는 지역 사회에서 가게들이 문을 닫았으며, 사람들은 일자리를 잃었다.[107] 댈러스의 전체 사업부가 문 닫으면서 9,000명 가까운 직원(평균 근속 기간 17년)이 일자리를 잃었다.[108] 회사의 중간관리자는 거의 남아나지 않았다. 세이프웨이는 본사에서 우수한 직원을 대량 해고했고, 결국 부당해고 소송을 당해 이를 해결하는 데 수백만 달러를 지불했다.[109]

엘리트 경영진은 점차 회사 밖에서 영입되었다. 세이프웨이의 현재 최고경영자는 공인회계사이며 인수합병을 통해 세이프웨이를 인수한 경쟁 업체를 운영하던 사람이다.[110] 그의 전임자는 운송 및 에너지 산업 분야에서 20년 몸담은 뒤 이 회사에 왔다.[111] 한편 회사의 경영진은 엄청난 부자가 되었다. 세이프웨이 최고경영자의 연봉은 기업 인수 후 1년 사이 40%가량 늘었고, 보너스는 기본급의 40%에서 110%로 3배 가까이 늘었다.[112] 연봉 인상은 계속되었다. 오히려 시간이 지나면서 연봉이 높아진 것이다.[113] 2014년 세이프웨이의 최고경영자는 연봉이 총 898만 2,429달러였는데, 이는 1960년대 전임자의 연봉보다 무려 10배 가까이 많은 액수다.[114]

오늘날의 혁신이 기량을 선호하는 까닭

신기술이 항상 숙련된 근로자에게 유리하도록 작용한 것만은 아니다. 엘리트의 소득이 여전히 자본에서 비롯되었을 때는 혁신이 숙련된 노동자에게 불리했다. 산업혁명을 촉발한 기술들은 이전에 복잡한 작업을 엘리트가 아닌 근로자들이 주도하고 수행할 수 있는 공정으로 쪼갠 공장 생산 방식을 탄생시키고 장인에 의한 생산 방식을 대체했다. 이를 눈치챈 숙련된 장인들은 저항했다. 18세기 말 영국 리즈에서 높은 보수를 받던 장인들은 자동화된 베틀이 보급되면서 비숙련 저임금 노동자에게 일자리를 빼앗겼다. 방직공들은 신기술에 반대하는 러다이트 단체를 조직하고 지역 신문에 '방직기계'에 반대하는 탄원서를 냈다. 숙련 노동자들은 이런 저항으로도 일자리를 지킬 수 없자 기계 파괴 운동을 벌이면서 기계에 대한 폭동까지 일으켰다.[115]

혁신이 숙련도에 불리하게 작용하는 현상은 산업화 시대에 접어든지 한참 지나서까지 지속되었다. "19세기에 일어난 주요 기술 발전 대부분은 (…) 고숙련 장인들을 물리적 자본, 원자재, 미숙련 노동력으로 대체했다."[116] 예를 들어 총기 생산 회사는 미국 산림의 값싼 목재와 선반 기계 덕분에 수작업이 가능한 고숙련 근로자 대신 미숙련 근로자를 대량으로 고용할 수 있었다.[117]

"도살자, 제빵사, 유리 부는 직공, 제화공, 대장장이 역시 공장 시스템, 기계, 자동화 등으로 지대한 영향을 받은 숙련 장인이었다."[118] 실제로 숙련된 장인에 대한 혁신의 차별은 20세기 초까지 계속되었다. 예를 들어 1910년대에 포드 자동차는 조립 라인을 개발해 이전에 생산을 담당하던 장인들 없이도 자동차를 만들 수 있게 되었다.[119]

공장 노조가 자본에 대항해 입지를 굳히기 시작했고 여전히 중산층의 풍요를 누리고 있던 20세기 중반에 평등 신봉자들은 혁신을 환영하게 되었다. 20세기 중반 사상가들은 일반적으로 기술 혁신이 중산층 노동자들에게 유리하고 소득을 자본에서 노동으로 이전할 것이라고 생각했다. 더욱이 조지프 슈펭글러Joseph Spengler가 1953년 『미국 사회학 저널American Journal of Sociology』에 기고했듯이 중산층 근로자들은 "국민소득 중 부동산의 지분이 감소하고 임금소득의 지분이 증가하면 소득 불평등의 완화가 뒤따르는 경향이 있다"라고 믿었다.[120] 자본과 중간 숙련 근로자의 대결을 바탕으로 경제 전선이 그려졌을 때, 평등 신봉자들은 혁신을 우호적으로 수용했다.

최근 금융과 경영에서 나타나는 현상을 보면 어째서 혁신이 방향을 바꾸어 경제 평등에 불리하게 진행되었는지 알 수 있다.[121] 새로운 엘리트 교육으로 배출되는 상위 근로자의 공급이 증가함에 따라 혁신은 그런 근로자들의 기량에 유리한 방향으로 바뀌었다. 중간 숙련 근로자와 엘리트 근로자 사이에 나타난 새로운 갈등을 중심으로 경제 전선이 정비되자, 혁신의 방향은 기술 편중과 불평등을 조장하는 쪽으로 바뀌었다.

이 같은 변화는 내적 논리에서 비롯된다. 혁신가는 감정에 치우치지 않는다기보다 사회적 환경에서 일하며 인간적이고 경제적인 관심사를 지닌다. 혁신가는 이런 환경에서 엄청난 상상력을 발휘해 생각과 아이디어를 이끌어내고 이런 생각과 아이디어를 실제로 개발 및 구현하고자 기존의 판을 제거하고 새 판을 짠다.[122] 이는 특히 지식 자체에 목적이 있다기보다 실용성과 이윤 창출 기회를 추구하는 생산 혁신에 적용된다.[123]

혁신가들은 자신이 발명한 기술을 사회의 자원 기반을 포함한 경제 환경에 적합하도록 수정한다. 이런 현상은 최초의 혁신인 농업 발명

이후 존재해왔다. 예를 들어 최초의 농업 경제에서, 건조한 지역의 사회에서는 점적 관개drip irrigation●를 개발한 반면에 하천이 많은 사회에서는 논농사가 발달했을 것이다. 더 나중인 고대 세계의 풍부한 노예 노동력은 고도로 발달한 사회에서마저 산업화되지 않은 원인이 무엇인지 이해하는 단서가 된다. (알렉산드리아의 영웅은 증기로 공을 회전시킬 수 있는 메커니즘까지 고안했지만, 아무도 그 기술을 생산 엔진에 사용하지 않았다.)[124] 좀 더 최근의 사례를 살펴보자. 미국처럼 토지에 비해 노동력이 부족한 사회에서는 일본처럼 토지가 노동력보다 부족한 사회와 매우 다른 농업기술이 발전했다.[125]

모든 사회가 지닌 중요한 자원은 근로자의 기량과 노력(인적 자본)이다. 실제로 수천 년에 걸쳐 부와 경제 생산이 모두 토지를 통해 이루어졌고, 그 후 대략 한 세기 동안 부와 경제 생산이 주로 산업 기계를 통해 이루어졌지만,[126] 현재는 인적 자본이 전 세계 다양한 고소득 국가에서 경제적 부의 가장 큰 원천이 되었다. 또한 한때 혁신 경로가 사회의 천연자원이나 물리적 자원에 맞게 조정되었듯이, 이제는 혁신 경로가 사회의 인적 자원, 그 가운데서도 사회가 지닌 노동력의 기량에 맞게 조정된다.

그 영향은 산업혁명 시대의 미숙련 편향(초기 산업 시대에 장인 정신을 공장 생산으로 대체하려던 경향)을 통해 생생하게 드러난다. 19세기 전반기에 걸쳐 영국에서는 미숙련 노동자가 시골(그리고 기아에 시달리는 아일랜드)에서 도시로 대량 이주했다. 전례 없는 현상이었다.[127]

● 수압이 낮은 관개수를 작물의 뿌리에 연속적으로 공급하는 기법.

1811년부터 1911년까지 런던은 인구 100만 명에서 700만 명 남짓인 대도시로 성장했다. 맨체스터와 그 주변 인구는 대략 40만 명에서 250만 명으로 늘어났다. 버밍엄과 그 주변 인구는 대략 25만 명에서 175만 명으로, 리버풀과 그 주변 인구는 15만 명에서 140만 명 정도로 증가했다.

산업 생산의 중심적인 혁신은 모두 이같이 새로운 노동력을 목표로 삼았고, 동시에 이를 활용했다. 새로운 생산 방식은 표준화되고 교환 가능한 부품으로 구성된 산출물을 사용함으로써 기존에 통합되었던 생산을 개별 단계로 세분화했다. 이로써 미숙련 노동자는 산업공학자들이 조율해놓은 틀에 따라 단순 반복 작업으로 이전에 숙련된 장인의 노동력이 필요했던 생산품을 만들어냈다. 그 과정에서 혁신 기술이 오래된 장인 방식과 고숙련 근로자를 대체했다.[128]

이와 같이 초기 산업 시대의 미숙련 편향은 인적 자원의 상태에, 즉 산업화된 영국에서 고숙련 노동력과 미숙련 노동력의 비율에 적합한 것이었다. 초기 농업 기술이 천연 수자원의 상태에 따라 각기 다른 발전을 보인 것과 비슷한 현상이다.

숙련된 근로자에게 압도적으로 유리한 기술 혁신도 동일한 메커니즘을 따른다. 단, 오늘날에 와서는 혁신의 동기가 반대 방향으로 나아가고 있다. 1960년대부터 시작된 대학 교육 열풍과 더불어 기량을 갖춘 인재의 공급이 급증하고 그 후 최고 학교와 대학이 앞다퉈 매우 집중적인 교육을 제공함에 따라 초고도 기량을 갖춘 상위 근로자가 급증했다. 이들은 전례 없이 복잡한 업무를 수행할 수 있는 역량이 있었다.[129] 동시에 사회규범이 근면성을 높이 평가하고 여가를 부정적으로 바라보는 방향으로 바뀌면서 초숙련 근로자들은 강도 높은 업무 훈련을 받았다.[130] 더욱이 새로운 엘리트 근로자의 숫자와 근면성 덕분에 초숙련 노동력에 적합한 기술이 하나둘 개발되고 있다.[131]

이런 경향에 따라 초숙련 노동력과 생산적으로 결합될 수 있는 신기술에 유리한 경제 기반이 마련되었다. 관련 혁신가들은 이 새로운 지형에 부응했다. 다시 말해 기술 편향적인 혁신으로 수익을 창출할 수 있는 새로운 노동력에 부응하는 혁신을 이루어냈다. 그들의 발명품은 새로 나타난 엘리트 기량에 초점을 맞추고 그 기량에 대한 숭배까지 부추겼다. 그러면서 기존에 활용되었던 평범한 기술을 무시했다.[132] 자본은 활용 가능한 상급 노동력에 자연스레 이끌려 혁신 자금을 댔다.[133] 실리콘밸리에 벤처캐피털 기업이 집중된 것은 그 같은 현상의 한 가지 사례에 불과하다.

혁신은 현재와 같은 기량 편향성을 획득했다. 저절로 그렇게 된 것도 아니고 기술의 논리 때문도 아니었다. 그보다는 능력주의적인 교육이 공급한 기량과 같은 경로를 따름으로써 이루어진 일이다. 금융과 경영, 소매, 제조업, 경제 전반에 걸친 숙련도 편향적 혁신과 더불어 초숙련 노동력을 중심으로 한 생산에 다시 한번 초점이 맞춰졌다. 이에 따라 중간 숙련 근로자의 임금은 동결되고 엘리트 근로자의 임금은 높아졌다. 그뿐만 아니라 능력주의라는 이름으로 불평등이 뒤따랐다.

스털링 버넬Sterling Bunnell은 산업혁명 막바지에 쓴 글에서 "고도로 숙련된 사람들은 도구가 없어도 생산적이다"라고 언급했고, "싸구려 인력은 비싼 도구가 필요하다"라고 지적했다.[134] 혁신의 최근 경로를 보면 버넬의 지적과 정반대다. 오늘날 금융과 경영뿐만 아니라 경제 전반에서 값비싼 근로자의 존재는 혁신가가 다른 근로자를 저렴하게 부릴 수 있는 기계를 만드는 동기가 된다.[135]

기량 공급의 증가는 대략 1970년에 가속화되기 시작했고, 제2차 세계대전 이후 베이비붐과 대학 교육에 대한 20세기 중반의 투자가 맞물리면서 전례 없이 많은 대학 졸업자가 배출되었다.[136] 대학 졸업으로 얻는 임금 프리미엄은 그 후 10년 동안 급감했는데, 이는 놀라운 일이 아니다. 대학을 나온 인재의 공급량이 그 수요를 앞질렀기 때문이다. 그러나 그 후 1980년대 접어들면서 임금 프리미엄은 놀랄 만한 전환점을 맞이해 오늘날까지 계속 빠르게 증가했다. 더구나 대졸 인재의 상대적인 공급량이 (성장 속도가 다소 줄어들었을 뿐) 증가했음에도 그 후 수십 년 동안 임금 프리미엄은 계속해서 가파르게 상승했다. 이는 대학 교육을 받은 노동력의 공급이 갑자기 증가한 지 약 10년 후에 시작된 대졸 근로자에 대한 수요가 갑작스럽고 급격하게 증가했다는 것을 시사한다(별도의 추정에 따르면 1980년대에는 대졸 인재에 대한 수요가 이전 40년 동안보다 1.5배 이상 더 빠르게 증가했다).[137] 대졸 인재의 수요 증가 시기가 지체된 현상과 같은 양상을 가장 잘 설명한 이론이 있다. 대학 교육을 받은 근로자의 공급으로 그들의 기술에 가치를 부여하고 임금 프리미엄 상승을 유도하는 혁신이 촉진되었다는 것이다.[138]

이런 양상과 관계는 최상층부에서 엘리트 대학의 학사 학위나 전문 학위를 취득한 초숙련 근로자의 임금 프리미엄을 통해 그대로 재현된다.[139] 일류 대학의 능력주의적인 개혁과 더불어 엘리트가 전례 없이 여가 대신 생산 활동을 포용하면서 1970년대 초반부터 초숙련 노동력의 공급이 폭발적으로 증가했다. 이번에도 초기에는 새로운 공급 때문에 우수한 기량의 수익률이 억제되었고 상위 1%의 소득 점유율은 1960년대 후반 12% 안팎에서 1976년 10.4%로 떨어지면서 20세기 중반 말기에 바닥을 찍었다.[140] 그러나 그 후 상위 소득은 1970년대 후반부터 상승하기 시작해 1980년대 초중반에는 큰 폭으로 상승했다(1988년까지 상위 1%의 소득 점유율이 절반으로 증가해 거의 15%에 육박했다). 그리고 2000년대가 되어서도 계속 상승하고 있다.[141]

좀 더 광범위한 슈퍼 엘리트 경제에서는 앞서 나타난 금융과 경영의 미시적인 역사가 거시적으로 나타난다. 이런 양상을 가장 타당하게 설명한 이론이 있다. 엘리트 교육의 능력주의 혁명이 만들어낸 새로운 초숙련 근로자들의 공급이 업무와 임금 측면에서 초숙련 기량에 유리한 혁신을 유도했다는 것이다.[142]

마지막으로, 국제적으로 비교해보면 숙련도 편향적인 혁신과 초숙련 노동력의 증가가 연결된다는 역사적인 교훈을 얻을 수 있다.[143] 다른 고소득 국가에 비해 미국에서는 근사하지 않은 직업과 폼 나는 직업의 분리가 한층 더 극명하게 나타난다. 미국의 엘리트 교육도 다른 나라에 비해 더 집중적이고 유별나다. 능력주의에 따른 불평등은 직장과 학교에서 되풀이된다.

독일은 고소득 국가 가운데 미국에 이어 세계에서 두 번째로 큰 나라로, 인구 8,000만 명과 5만 달러 정도의 1인당 국민소득을 자랑한다.[144] 실제로 한 척도에 따르면 인구가 5,000만 명 이상이며 1인당 국민소득이 5만 달러 넘어서는 나라는 미국과 독일뿐이다.[145] 그러나 미국과 독일은 이처럼 특별한 클럽의 둘뿐인 구성원이긴 해도 교육과 직업의 역사에서는 정반대 길을 걸어왔다. 서로 관련된 차이점을 살펴보면 교육과 노동의 관계, 특히 엘리트 교육과 초고도 기량에 대한 경제 수익률의 관계를 가늠할 수 있다.

우선 미국과 독일의 교육은 서로 다른 인구 집단을 대상으로 하며 그 방식도 다르다. 미국은 점점 소수가 되는 엘리트 계층에 교육 투자를 집중해왔다. 게다가 대학 교육을 점점 더 확대하고 직장 내 교육을 거의 없앴다. 이에 비해 독일은 가능한 많은 사람에게 보편적인 교육을 제공하는 방식을 택했다.[146] 독일 엘리트 계층은 상당히 폭넓은데, 그 구성원 모두가 동등한 교육을 받는다. 독일은 사실상 사립학교나 사립대학이 없다. 독일 공립대학에는 엘리트 교수진이 있으나 특별히 경쟁적이거나 두드러진 엘리트 학생 단체가 없다고 해도 과언이 아니다. 독일은 대학 교육을 받은 엘리트층이 아닌 사람에게는 집중적인 직업 훈련을 제공하기도 한다.[147] 마지막으로, 독일은 유아기부터 평등 교육을 장려하고 이를 법적으로 지지하는 나라다. 예를 들어 베를린에서는 시 정부가 모든 시민에게 무료 어린이집을 제공하고 고급 어린이집을 불법화하는 조례를 제정하기까지 했다. 아무리 부유한 부모라도 매달 90유로 이상의 돈을 추가로 치러야 하는 어린이집을 이용할 수 없다.[148]

다른 한편으로 미국과 독일의 기업이 노동시장에서 투자와 혁신을 집중하는 분야도 서로 다르다. 미국 기업은 고숙련 근로자를 보완하기 위해 공장과 기계에 대한 자본 투자가 과도할 정도다.[149] 이와 달리 독일 기업은 미숙련 근로자나 중간 숙련 근로자가 대다수인 부문에 새로운 자본을 투입한다.[150]

회사가 새로운 장비를 구입하면 그 장비를 사용하는 근로자의 생산성이 높아지면서 임금이 높아진다. 이와 같이 중간 숙련 근로자가 사용할 장비에 투자하느냐, 초숙련 근로자가 사용할 장비에 투자하느냐는 두 가지 유형의 급여에 직접 영향을 미친다. 따라서 교육과 기술에 수반되는 임금 프리미엄에도 영향을 준다. 예를 들어 1975년부터 1991년까지 미국의 제조업과 소매업에서 이루어진 신규 투자, 즉 자본 심화capital deepening로 숙련도 프리미엄이 8% 정도 상승했다. 이와 대조적으로 독일에서는 이들 부문의 자본 심화로 임금 격차가 줄어들었다. 전반적으로 미국의 자본 심화는 임금 격차 증가 및 숙련도 수익률 상승과 관련 있는 반면에 독일에서는 임금 압축과 숙련도 수익률 하락과 관련 있다. 실제로 그 영향은 은행 업계에서도 체감되었다. 미국의 은행은 엘리트 인재를 추구하며 세계에서 가장 경제적으로 불평등한 직장이 되었다. 그러나 독일에서는 은행 업계의 신규 투자가 중간 숙련 근로자의 채용 확대로 이어졌고 해당 부문의 임금 불평등을 자그마치 3분의 1이나 줄였다.[151]

그 외에 다른 나라의 사례를 보면 학교와 직장에서의 불평등이 서로 강하게 연관되고 미국 엘리트들이 받는 유별난 학교 교육과 특별한 임금이 서로 연관되어 있다는 사실이 좀 더 뚜렷하게 드러난다. 선진국 전반에서 대졸자의 임금 프리미엄과 엘리트와 중산층의 교육투자 격차가 나란히 오르내리는 경향이 있다(497쪽 〈그림 11〉 참조).[152] 교육이 집중되는 곳에서는 기업이 초숙련 근로자에게 투자를 집중하고 숙련도 프리미엄을 부풀린다. 교육이 분산되는 곳에서는 기업이 중간 숙련 근로자에게 투자를 집중하며 기술 프리미엄을 떨어뜨린다. 학교의 능력주의와 직장의 능력주의는 발맞춰 전개된다.

능력주의를 중시하는 엘리트 근로자의 존재만으로 그들의 기량에 대한 수요가 촉진된다. 오늘날 노동시장을 지배하는 기량 숭배는 엘리트 교육의 능력주의 심화에 대한 우연하고도 계획적인 반응이다.[153] 그뿐만 아니라 엘리트는 자녀에게 특별한 교육을 시키려고 막대한 돈을 쏟아붓는데, 엘리트 자녀의 기량 역시 숙련도 편향적인 혁신을 유도한다. 이런 순환은 계속된다. 어느 저명한 논객은 직접적이라기보다는 함축적인 고찰을 제시했다. "베트남 전쟁 징집법과 베이비붐 세대의 높은 대학 입학률이 컴퓨터 개발을 유발했다"는 것이다.[154] 간단히 말해 폼 나는 일자리는 교육 수준이 아주 높은 노동자들의 출현에 맞춰 만들어졌다. 능력주의에 따른 불평등은 그 자체의 메커니즘에 의해 한층 더 심화된다.

인적 자원의 저주

사회가 사다리라면 정상에 도달할 기회는 두 가지 면에서 불평등할 수 있다.

첫째, 어떤 사람이 더 높은 칸에 도달할 확률은 사다리의 어느 칸에서 시작하느냐에 좌우된다. 능력주의 교육으로 주로 부잣집 자녀가 교육 기회를 얻고 엘리트 학생이 부를 집중적으로 얻으면 기회의 평등이 깨진다. 부유층 자녀는 중산층 자녀를 엘리트 학교에 들어오지 못하도록 하고, 상위 근로자는 중간 숙련 노동자를 불필요한 존재로 만든다. 엘리트의 기회는 중산층의 장애물이며, 엘리트는 능력주의라는 이상을 거부하기보다는 능력주의라는 이상을 실현하기 위해 중산층의 접근을 막는다.

둘째, 사다리 상승의 가치는 사회적·경제적 사다리 칸의 간격이 얼마나 벌어져 있느냐에 달려 있다. 사회계층 전반에 걸쳐 소득과 지위의 절대적인 차이가 얼마나 되느냐에 달려 있다는 뜻이다. 모든 계층이 물질적으로나 사회적으로 비슷한 삶을 영위할 정도로 평평해진 경제 분포에서 사람이 출생 당시 계층에 얽매이는 것과 비슷비슷한 계층들조차 동떨어진 물질적·사회적 환경을 경험할 정도로 분산된 경제 분포 내에서 출생 당시 계층에 얽매이는 것은 전혀 별개의 일이다. 능력주의가 일자리의 양극화를 불러와 중산층의 일자리를 암울한 일자리와 폼 나는 일자리로 대체하면 사다리 칸의 간격이 한층 더 커진다. 개인뿐만 아니라 전체 계층이 분열된다. 이 같은 두 번째 전개는 앞서 언급한 기회의 불평등을 한층 더 악화시킨다.

능력주의에 따른 불평등을 심화하는 되먹임 고리는 이 두 가지 실패를 연결 짓는다. 능력주의가 사회적·경제적 사다리의 길이를 늘리고 사다리 칸의 격차를 늘리는 메커니즘으로 어떤 개인이 상승할 가능성은 어느 칸에서 출발하느냐에 좌우된다. (암울한 직업과 폼 나는 직업이 뚜렷이 나뉨에 따라 엘리트는 자신의 자녀가 폼 나는 직업을 얻을 수 있도록 교육 투자를 아끼지 않는다.) 더욱이 어느 칸에서 출발하느냐에 상승 기회가 좌우되는 능력주의적인 메커니즘을 통해 사다리의 간격은 한층 더 커진다. (세분화된 교육을 받은 엘리트의 출현은 이 엘리트들이 지닌 기량이 필요한 직업과 소득에 편향된 혁신을 유도한다.)

이 두 가지 효과는 절대적인 사회 이동성에 파괴적인 영향을 미친다. 절대적인 사회 이동성이란 어떤 사람이 자기 부모보다 더 많은 수입을 누릴 확률을 뜻한다. 능력주의의 수많은 폐해가 그렇듯이 특히 광범위한 중산층의 사회 이동성이 가장 큰 폭으로 감소한다.

사실상 전후 중산층이 호황을 누리던 시기에 성년이 된 1940년생들은 전반적으로 부모보다 더 부유해졌다. 이 점에서도 미국은 세인트클레어쇼어스와 닮았다. 베이비붐 세대에서는 부모보다 부자가 될 확률이 10분의 9 미만으로 떨어지지 않으려면 상위 10% 가정에서 태어나야만 했다. 부모보다 부자가 될 확률이 절반 아래로 떨어지지 않으려면 최상위 1% 가정에서 태어나야 했다.

1980년에 태어난 세대는 훨씬 더 암울한 미래와 마주했다. 가난한 사람들만이 부모보다 부자가 될 가능성이 컸다. 더욱이, 그리고 결정적으로, 절대적인 사회 이동성의 세대 간 감소 폭은 부모의 소득이 소득분포의 대략 20분위에서 95분위 사이 있는 아이, 다시 말해 폭넓은 중산층 어린이 사이에서 가장 크다. 이들은 20세기 중반의 포용적이고 민주주의적인 교육으로 가장 많은 기회를 얻고 경제성장의 공유로 가장 많은 혜택을 받은 집단이다(498쪽 〈그림 12〉 참조). 오늘날의 폭넓은 중산층은 당연히 배제에 대한 불만의 소리를 가장 크게 내는 집단이기도 하다.

이런 관점으로 보면 능력주의에 따른 불평등이 만들어내는 계층 구도에 주목하게 된다. 엘리트층의 특권과 중산층의 배제는 개인만의 문제가 아니라 본질적으로 집단의 문제다. 앞서 정적인 용어로 설명한 총체적인 격차는 동적인 표현으로도 설명할 수 있다. 능력주의가 능력주의자들에게 유리한 혁신을 유도하면 엘리트는 똘똘 뭉치고 나머지 사람을 배제한다. 배타적 교육과 기량 숭배로 능력 있는 개인들이 선호된다. 능력주의자들의 두 움직임 사이 되먹임 고리는 계층으로서의 능력주의 엘리트 집단에 유리하게 전개된다.

뿌리 깊은 사회적·경제적 힘이 그 과정을 앞당긴다. 흔히 불평등을 비판하는 사람들은 부유해진 엘리트가 자기 뒤에 놓인 기회의 사다리를 거둬들인다고 비난한다.[155] 그러나 아주 정확한 말은 아니다. 이것은 적어도 능력주의적인 불평등의 가장 큰 결함을 포착하지 못한 비난이다.

물론 유능한 엘리트라고 해서 특별히 더 고귀하지 않기 때문에 알려진 형태의 자기거래에 빠짐없이 관여한다는 비판은 옳다. 그러나 눈덩이처럼 불어나는 능력주의적 불평등 배후에 있는 핵심 메커니즘은 개인의 순수한 선택, 즉 아이들을 교육하고 열심히 일하며 혁신하는 선택과도 관련이 있다. 이런 선택이 쌓이고 강화되면 전체가 해를 입을 수 있다. 개인의 노력만 강조하면 사람들의 행동에 있는 근본적인 구조를 간과하게 된다. 개인의 윤리만 강조하면 정치에 대한 관심이 줄어든다.

좀 더 심오하고 구조적인 견해에 따르면 능력주의에 따른 불평등은 익숙한 경제적 역설을 새로운 환경에서 재현한다.

경제학자들은 석유, 금, 다이아몬드 같은 천연자원이 풍부한 나라가 어째서 자원이 적은 나라보다 전반적으로 가난한지 오랫동안 궁금해했다. 천연자원이 국가 경제를 왜곡하는 것이 그 원인 중 하나다. 그처럼 천연자원의 축복을 받은 나라들은 시추와 채굴 등을 통해 자원을 얻는 추출물 산업에 생산을 집중한다. 이런 산업으로 토지와 광산을 소유한 소수 계층에 부와 권력이 집중되는 경향이 나타난다. 또한 대체로 부를 땅에서 추출해내는 고단하고 위험한 일에는 억압된 노동력이 대량으로 필요하다.

따라서 자원이 풍부한 국가들은 공교육에 투자하지 않고 상업과 직업까지 억압하는 데다 생산적이고 역동적인 중산층을 만들어내지 않는다. 이런 국가들은 공공의 이익을 희생하고 강력한 엘리트층의 사적인 이익을 보호하는 데 혈안이 된다. 이에 따라 비민주적이고 부패한 사회 및 정치 제도가 발전하는 경향이 있다. 결과적으로 자원이 풍부한 국가는 자원이 부족한 나라보다 성장이 더디다. 항상 그런 것은 아니지만 대체로 경제학자들이 자원의 저주를 언급할 정도의 상황에 이른다.[156]

능력주의에 따른 불평등을 심화하는 되먹임 고리는 자원의 저주와 비슷하지만 유례를 찾아볼 수 없는 형태로 전개된다. 오늘날 미국에서 저주받은 자원은 석유, 금, 다이아몬드 등의 물리적 부가 아니라 인적 자본이다. 상위 근로자의 특별한 능력은 그들에게 의존하는 경제를 왜곡한다. 인적 자본의 집중은 생산의 초점을 다시 금융과 엘리트 경영 등의 상급 노동력을 활용하는 산업과 직업에 맞추는 혁신을 유도한다. 게다가 이런 산업은 점점 더 폭이 좁아지는 상위 근로자들에게 부와 권력을 몰아준다. 이들은 폼 나는 일을 하며 암울한 일을 하는 수많은 하위 근로자를 지배한다. 이들은 사실상 추출물 산업에 종사하는 것이나 다름없다. 차이라면 이들이 천연자원이 아니라 상위 근로자의 인적 자본에서 부를 추출한다는 점뿐이다.

따라서 능력주의를 따르는 국가들도 교육과 경제활동을 모두 소수의 엘리트 계층에 집중시키며, 이런 엘리트 계층은 항상 그렇듯이 다른 계층이 진입하지 못하도록 문을 걸어 잠근다. 배타적 교육과 숙련도 편향적인 혁신 사이 되먹임 고리로 엘리트 계층의 특권은 확고해지고 확대되지만 중산층은 위축되고 소외된다. 천연자원이 풍부한 나라에 만연한 병폐, 즉 사회적·경제적 계층화, 비민주적 정치, 부패, 저성장 등이 어김없이 뒤따른다.

능력주의에 따른 불평등으로 인적 자원은 오히려 저주가 된다.

9장

'능력'과 '공정성'은 신화다

능력주의라는 용어의 역사는 그리 길지 않다.[1] 능력주의에 따른 불평등보다 조금 더 오래되었을 뿐이다. 능력주의는 영국의 사회학자 마이클 영Michael Young이 1958년에 풍자 소설 『능력주의The Rise of the Meritocracy』에서 소개한 용어다.[2]

마이클 영은 신랄한 표현으로 능력주의를 비판했다. 『능력주의』는 능력주의에 대한 찬미라기보다는 경고의 외침이다. 불길한 예감과 폭력의 기운이 소설을 관통한다. 저자인 마이클 영 자신도 이 책을 조지 오웰George Orwell의 『1984』나 올더스 헉슬리Aldous Huxley의 『멋진 신세계Brave New World』처럼 디스토피아를 다룬 공상과학 소설로 여겼다.

영은 능력주의 때문에 지능 테스트의 정확도가 높아지고 지능 테스트를 받는 나이가 점점 더 어려질 것이며 이를 바탕으로 사람들을 학교, 대학, 일자리로 분류할 것이라고 내다보았다. 결국 이런 분류 때문에 거대하고 공고하며 완전한 사회적 계층화가 나타나리라고 전망했다.

이와 같이 영은 형식적으로 가장 완벽해 보이는 평등 사회에서는 사람들이 타고난 재능에 따라 교육을 받고 소득과 지위를 얻지만 사회적·경제적 이익을 분배하는 과정에서 오히려 불평등이 생겨날 것이라고 내다봤다. 궁극적으로 불평등이 너무 심해져 능력주의의 이념적인 힘으로도 감당하기 어려운 상황이 되면 과격하고 무의미한 폭력이 생겨나리라는 것이 영의 경고였다.

지나고 보니 영의 우려가 옳았다. 그러나 그는 엉뚱한 일을 걱정했다. 양육보다는 천성을 믿은 그는 능력주의를 지지하는 사람도 만들어지기보다는 태어난다고 보았다. 이런 믿음 때문에 영은 능력주의에 따른 불평등에 의해 이용당할 사회적 기술을 예상하지 못했다. 사실 현대 사회의 능력주의는 일찌감치 이루어지는 지능 테스트보다는 장기적으로 이루어지는 집중적인 인재 양성을 통해 작동한다.

게다가 영은 능력주의를 과소평가해 그것이 얼마나 사회를 속속들이 바꿔놓을지 미처 알지 못했다. 그는 능력주의가 이익 분배의 판단 기준이 되는 도덕적 이상과 정치적 이상 같은 가치를 바꾸지는 못해도 경제적·사회적 이익을 분배하는 방식을 바꾸리라고 예측했다. 게다가 능력주의가 혁신을 부추겨 기술 발생의 토대가 될 것이라는 점도 생각하지 못했다. 그 결과 능력주의적인 교육과 능력주의적인 직업이 합리화되고, 심지어 서로 필요한 존재가 되리라는 사실을 내다보지 못했다.

영은 능력주의가 발휘할 강력한 영향력뿐만 아니라 그로 인한 불평등이 경제적, 사회적, 윤리적 삶에 드리울 기나긴 그림자 역시 과소평가했다.

영의 풍자는 크게 빗나갔다. 그가 소개한 능력주의라는 개념은 비난을 받기보다는 널리 받아들여졌다. 영 자신도 세상을 떠날 때까지[*] 능력주의의 전개 과정을 안타까워했다.[3]

신흥 귀족제를 타파할 새로운 상상

구체제의 규범을 기준으로 획기적 변혁을 비판할 수는 없다.[4] 능력주의는 사회를 철두철미하게 재편했고 가정과 직장, 실생활과 상상을 관통하는 격변을 일으켰다. 영은 이전 세대에서 물려받은 평등의 이상 때문에 상상 속의 세계를 제대로 예측하지 못했다.

정의, 특권, 능력에 대한 오늘날의 이상은 능력주의라는 유전자를 지니고 있다. 그것들이 모두 능력주의에서 비롯된 것이기 때문이다. 능력주의는 능력주의에 따른 불평등을 포함해 모든 면에서 실질적으로나 도덕적으로나 필요한 이념처럼 보이는 세상을 구축했다. 이처럼 대안 없는 능력주의의 횡포 때문에 그 덫을 빠져나가기란 매우 어렵다.

능력주의에 따른 불평등에서 나타나는 독특한 양상을 포함해 능력주의가 만들어낸 새로운 사실을 받아들이려면 새로운 규범이 필요하다. 능력주의가 지배하는 세상을 감안해 설계되고 정리된 규범이어야

● 1915년에 태어난 마이클 영은 2002년에 사망했다.

한다. 능력주의에 대한 불만이 무엇인지 분명히 밝히고 이것이 정당한 불만이라는 합의를 이끌어 능력주의의 덫에서 벗어나려면 새로운 상상력이 필요하다. 다시 말해 능력주의의 마력을 인정하는 틀이 필요하다.

영은 능력주의가 비난받아야 하는 이유를 그리 설득력 있게 제시하지 못했지만 새로운 틀을 만드는 데에는 기여했다. 그는 능력주의라는 단어를 발명할 수밖에 없었다. 왜냐하면 '가장 고결한' 귀족들에 의한 통치를 자연스럽고도 친숙하게 표현한 단어 aristocracy가 수 세기 동안 정치적 활동과 이념 작업으로 인해 부정적인 의미로 바뀌었기 때문이다. 따라서 영은 '가장 고결한most virtuous'이라는 표현의 그리스어 어원 aristo를 '벌다earn'라는 단어의 라틴어 어원 mereo로 바꾸어 자신만의 용어 meritocracy를 만들어냈다.[5]

영의 개념과 구조는 하나같이 역사의 선례를 따랐다. 영이 존경했던 조지 버나드 쇼George Bernard Shaw는 '귀족적 민주주의'나 '민주주의적인 귀족'이라는 개념을 고안하고, 그에 대해 다양한 글을 썼다.[6] '귀족적 민주주의'나 '민주주의적인 귀족'이란 표현을 통해 쇼는 좋은 정부를 만들려면 위계질서가 필요하다는 점을 시사했다. 그런데 그가 말하는 좋은 정부란 출신 성분이 아니라 능력을 바탕으로 하는 정부였다. 이보다 앞서 에밀 부트미Émile Boutmy라는 프랑스인은 귀족의 특권이 붕괴하는 상황에 대응하기 위해 엘리트 계층을 강화해야 한다는 생각으로 파리 정치대학을 설립했는데, 역대 프랑스 대통령 7명 중 6명이 이 대학 출신이다.[7] 부트미는 "상류층이 정치적인 주도권을 유지하려면 (…) 가장 능력 있는 인물들의 권한을 활용해야 한다"라고 말했다.[8] 페이비언협회 회원답게 영국적인 사고방식을 지닌 영이 보기에 조지 버나드 쇼보다 한층 더 이상적이고 부트미보다는 덜 냉소적이었던[9] 토머스 제퍼슨Thomas Jefferson은 그보다 훨씬 더 이전에 '부와 태생'이 아니라 '미덕과 재능'을 지닌 '자연 귀족natural aristocracy'을 긍정적으로 생각했다.[10] 영의 언어유희는 획기적이라기보다는 그 당시 상황을 규명하려는 시도였다. 현대 민주 자본주의의 등장으로 격이 떨어지고, 심지어 조롱당한 귀족적인 위계질서를 다른 적당한 위계질서로 대체하려는 시도였다.

능력주의와 귀족주의를 정반대 개념으로 생각하는 사람이 많지만, (영이 생각했듯이) 능력주의라는 단어의 기원을 보면 능력주의 사회와 귀족주의 사회가 실제로는 가까운 사촌 관계 같다는 것을 알 수 있다. 이런 배경 지식은 영의 섣부른 추론보다는 능력주의에 대해 한층 더 강력한 방어 수단이 된다. 능력주의와 귀족주의가 비슷하다는 점을 이해하면 능력주의에 따른 불평등을 둘러싼 논의의 실마리를 종합해 능력주의 중심의 세계관을 일관적이고 타당하게 비판할 수 있다.

능력주의는 귀족주의와 마찬가지로 엘리트 계층과 나머지 계층을 전반적으로 분리하고 엘리트 계층이 세대를 거쳐 특권을 누릴 수 있도록 한다. 탁월한 교육의 특권은 부유한 학생들이 누리고, 윤택한 직업의 특권은 교육 수준이 높은 근로자들이 누린다. 여기서 좋은 교육과 좋은 직업이라는 두 가지 특권은 서로를 뒷받침하고 같이 성장한다. 이처럼 각 가정은 물론 엘리트 계층 전반에서 나타나는 왕조적 특성을 인식하면 능력주의가 어디서부터 잘못되었는지 파악할 수 있다.

토지 세습을 바탕으로 한 귀족주의는 토지가 가장 가치 있는 경제 자산이며 결과적으로 부가 세대에 걸쳐 자연스럽게 이어질 때 유지될 수 있었다.[11] 그러나 네브래스카 출신으로 하버드 로스쿨 학장이던 로스코 파운드Roscoe Pound는 1922년에 "산업 시대에는 대체로 부가 약속으로 구성된다"라고 지적했다.[12] 근로 계약에 포함된 약속도 그에 해당한다. 그뿐만 아니라 노동의 가치를 보장하는 인적 자본은 세대가 바뀔 때마다 수고스럽더라도 다시 구축되어야 한다.

구체제에서 세습 귀족주의를 지탱한 법 체제는 새로운 산업 시대의 상황에 적합하지 않았다. 이런 법 체제 중에는 토지를 그대로 유지하기 위해 한 사람에게 토지를 집중시키는 장자 상속, 그리고 매각을 금지해 재산을 가족의 소유로 유지하려는 한사 상속限嗣相續, fee tail 등도 포함되었다. 여기에 상속세나 물질적인 부를 몰수하고 파괴하는 전쟁과 같은 요소가 누적되어 구조적 변화가 일어나면서 귀족 제도의 몰락이 앞당겨졌다. 토지는 가치를 잃었고 귀족 가문은 새로운 시대에 적응할 수 있는 기량과 융통성이 부족했으며 부르주아 계층이 중심이 된 국가는 남아 있던 귀족의 유산을 전부 없앴다.

오늘날 능력주의는 이 새로운 세상에 왕조적 세습의 충동을 되살려 냈다. 능력주의 교육은 세대를 거쳐 인적 자본을 계승한다. 그뿐만 아니라 엘리트 교육은 나태함과 타락을 멀리하고 엘리트로서 지위를 지키라고 가르친다.[13] 엘리트 학교와 기업은 엘리트로서의 지위를 유지해 능력주의 시대의 디브렛 귀족 연감Debrett's Peerage and Baronetage이라고 할 법한 규칙을 세우려고 한다. 이번에도 법은 왕조의 계승에 도움을 준다. 법률은 자녀를 부모의 채무로부터 보호한다. 기존 세대가 다음 세대의 인적 자본을 저당 잡지 못하게 하기 위함이다. 이는 귀족의 토지를 가족의 소유로 묶어두었던 한사 상속 제도의 능력주의식 형태라고 해도 과언이 아니다.[14] 더욱이 상속세와 증여세가 미성년 자녀의 인적 자본 구축을 위한 교육 투자라는 막대한 부의 이전wealth transfer에는 적용되지 않는다. 그런 점에서 능력주의적인 상속은 귀족적 교양 교육의 현대적인 형태라 할 수 있다.

능력주의 방식에 따라 재구성된 왕조적 특권은 한때 귀족이 누리던 특권보다는 안정성이 떨어질지도 모른다(다만 역사적으로 보면 귀족은 겉으로는 안정적으로 보이지만 실제로는 안정적인 생활을 경험하지 못했다). 엘리트에게는 분명 더 큰 비용이 든다. 신세대 엘리트는 성실한 노력을 통해 특권을 새롭게 쟁취해야 한다. 능력주의 시대 엘리트는 다른 사람이 아니라 자기 자신을 착취해 소득을 얻는다.

이 같은 사실을 통해 엘리트가 능력주의에 대해 불만을 품는 이유를 짐작할 수는 있지만, 그렇다고 능력주의에 따른 불평등의 계층적 성격이나 능력주의 시대 엘리트의 왕조적 경향이 옅어지지는 않는다. 귀족주의 왕조에서 능력주의 왕조로 전환됨에 따라 사회의 계층 질서가 폐지되기보다 우호적으로 변형되거나 수정되었다. 귀족적 왕조를 존속 불가능하게 만든 경제적·사회적 변화에 대응해 계층 질서를 보존하기 위한 시도였다.[15]

능력이라는 허상

구체제의 귀족에게 무슨 자격으로 그처럼 과도한 부, 지위, 권력을 누리느냐고 물었다면 그 귀족은 (아리스토텔레스의 말을 빌려) 자신이 가장 뛰어난 미덕을 갖추었기 때문이라고 대답했을 것이다.[16] 그 말은 진심이었을 것이다. 그뿐만 아니라 그 시대의 광범위한 상황을 감안할 때 상당히 설득력 있는 대답이었을 것이다.

귀족은 토지를 비롯한 재산과 상당히 적절한 관계를 유지하고 있었다. 부동산 자본이 실질적으로 증가할 수 없었던 농업 경제 시대에는 상업이 (0에 가까울 정도로) 약화되었다.[17] 그와 동시에 농업 경제 체제에서는 현재의 이익을 위해 토지를 착취하기보다 장기적으로 토지를 관리하는 편이 유리했다. 왕조 시대에 토지가 차지했던 위치 때문에 (세습 재산과 관련된 법적 제도를 포함해) 귀족은 세대를 막론하고 "가문의 후손에게 물려주기 위해"[18] 토지를 지키는 등 장기적인 관점에서 관리했다.

이런 공식을 통해 귀족도 (적어도 이론상으로는) 가족에 대한 의리와 국가에 대한 충성심 사이에서 균형을 잃지 않았음을 알 수 있다. 지방 씨족 기반의 사회 조직에서 국민 국가나 다국적 제국으로까지 발달한 사회는 지역의 사회적 연대를 좀 더 광범위한 사회적·물리적 공간에서도 작동하는 형태로 확대할 가교가 필요했다. 귀족 시대에는 가정과 국가의 융합이 바로 그런 가교 역할을 했다. (이 같은 가교는 오늘날까지도 흔적을 남기고 있다. 예를 들어 영어 단어인 'domestic'은 가정과 자국이라는 뜻으로 사용된다.)[19]

마지막으로, 귀족적 예의범절은 개인에 의한 통치에서 제도에 의한 통치로 전환되면서 변화했다. 사회가 확장되면서 행정은 지도자 개인의 카리스마와 분리되어 관료적 합리성이라는 비인격적인 권위를 서서히 획득했다. 정중한 예의범절은 그 같은 전환을 중개하는 매개체 역할을 했고 일종의 통치 방식이었다. 통치는 개인으로부터는 분리되었으나 훗날 관료에게 권한을 부여하게 될 정교한 교육기관과 전문 자격증이 필요하지 않았다.[20]

물론 오늘날에는 자신에게 미덕이라는 자격이 있다는 귀족의 자기인식이 통하지 않는다. 부분적이긴 해도 기회균등에 대한 의지가 굳건해져 혈통에 따라 계층이 결정되는 불공평함은 비난의 대상이 되었다. 무엇보다 부르주아 혁명과 상업 경제의 부상으로 귀족적 덕목이 좋게 말해 불합리하고 나쁘게 말해 격이 떨어진 것으로 재조명되었다는 점이 중요하다. 토지에 대한 완고한 보수주의는 교류, 혁신, 숙련된 노동을 기반으로 하는 경제성장을 방해한다. 혈통에 대한 강박관념은 구성원의 자격이 국가나 이상 측면에서 정해지는 사회에서는 이기주의로 보인다. 게다가 집중적인 교육과 엄청난 기량이 노력과 전문성을 요하는 행정의 토대가 되는 사회에서는 정중한 태도와 예의가 아마추어 같을 뿐 아니라 심지어 무능해 보인다.

귀족은 한때 자신의 권위를 보장했던 성격적 특성 때문에 오히려 조롱과 무시를 받았다. 17세기 초에 세르반테스는 기사도를 희화화했고,[21] 후반에는 라로슈푸코가 귀족의 허영심과 탐욕을 낱낱이 해부했다.[22] 물론 18세기와 19세기 혁명 과정에서 귀족들의 입지는 한층 더 약화되었다. 20세기에는 귀족에 대한 경멸이 당연시되었고 사회와 경제 전반으로 확산되었다. 더욱이 귀족적 덕목 자체가 가식적이고 부패한 것으로 재조명되었다. 기업 사냥꾼들은 "3대째 예일 대학을 나온 집안의 아들"이[23] 운영하는 회사들을 조롱이라도 하듯이 인수합병의 목표로 삼았다. 아이비리그 입학 담당자들도 더 이상 귀족적인 예비학교를 나오고 집안이 대대로 부유하지만 "행복한 하위 25%happy bottom quarter"●에 속하는 학생을 선뜻 입학시키려 하지 않았다.[24] 브루스터는 특권층조차 가문보다는 능력을 토대로 출세하는 것을 선호한다고 고찰 했는데, 그의 고찰은 이미 거의 완성된 혁명에 아이비리그가 승인 도장 을 찍는 격이었다.[25]

능력주의를 신봉하는 엘리트는 귀족을 몰아냈고 능력주의의 카리스 마는 미덕에 대한 귀족의 자기인식이 오늘날 통하지 않는 이유가 되었 다. 강도 높은 교육과 관료적 합리성이 태생과 예의범절의 권위를 빼앗 았고 민주주의적인 책임감은 귀족적인 배려를 무용지물로 만들었다. 무엇보다 인적 자본이 토지보다 우위에 서게 되었다. 능력주의적인 미 덕이 지배하는 세상이 되었다. 그 때문에 엘리트에게는 그 미덕이 인간 의 우수성을 자연스럽고 불가피하게 표현하는 개념으로 다가왔다. 이 는 미덕에 대한 과거 귀족들의 사고방식처럼 고착되었다.

그러나 미덕은 대개 검증의 맥락에 따라 달라진다. 어떤 경우에는 순간의 판단으로 미덕이 명확해진다. 예를 들어 야구 투수의 운동 기량 은 분명히 야구라는 게임을 위해 가공된 산물이며, 다른 게임에는 적합 하지 않다.[26] 게다가 게임의 틀이 너무 급격하게 바뀌거나 완전히 사라 지면 무용지물이 된다.[27] 귀족의 미덕은 맥락에 좌우되는 정도가 덜했 지만 좌우되지 않는 것은 아니었기에 사회와 경제 구조가 바뀌자 마찬 가지로 쓸모없어졌다.

● 기부금을 내거나, 학업 성적은 낮아도 스포츠 등 다른 분야에서 두각을 나타내는 학생으로, 주 로 공립학교의 선발 원칙.

바퀴가 한 번 더 돌면서 능력주의적 미덕도 비슷한 운명에 처했다. 실제로 오늘날의 실력파 엘리트는 야구 투수와 놀랍도록 흡사하다. 오늘날 상위 근로자는 기량과 교육을 통해 엄청난 생산성을 발휘하지만,[28] 그런 교육과 기량이 수렵 채집 사회와 자급자족 농업 사회뿐만 아니라 와트의 증기기관 발명부터 20세기 중반에 이르기까지 부유한 나라들에서 대세였던 공업 생산 시대에는 그다지 큰 가치를 인정받지 못했을 것이다.

더욱이 능력주의적인 미덕의 가치가 일반적이라기보다 매우 특정한 상황에 의존한다는 것을 확인하려면 멀리 볼 필요도 없다. 현재 엘리트의 기량을 창출하는 교육과 이런 기량의 가치를 우대하는 현대 노동시장의 생산 형태는 엘리트 교육과 기량 숭배가 서로를 부추기는 되먹임 고리라는 긴 사이클이 끝날 때쯤에나 존재할 수 있다. 엘리트 기량은 과거로부터 이어진 엄청난 경제적 불평등이 있어야만 존재할 수 있고 고소득을 낼 수 있다. 투수로서의 미덕이 야구의 산물이듯이, 능력주의적인 미덕은 경제적 불평등의 산물이다.[29]

이런 통찰력이 생기면 능력이라는 개념의 의미를 재규정해 능력주의에 따른 불평등을 새로운 시각에서 바라볼 수 있다. 우선 평등의 적에 힘을 실어주는 주요 논거가 무너진다. 다시 말해 능력주의에 따른 불평등이 안타깝고 개탄할 만한 것이라고는 해도 엘리트 근로자들은 그만한 자격이 있으니 그들이 생산하는 결과물에 상응하는 금전적 대가를 받을 권리가 있다. 그러므로 능력주의에 따른 불평등을 받아들여야 한다는 주장이 힘을 잃는 것이다. 상위 소득이 지대 추구나 사기가 아닌 능력을 반영한다는 주장을 받아들이더라도 상위 근로자의 노동력은 엄청난 불평등 때문에 교육과 일자리를 엘리트의 기량을 우대하는 식으로 왜곡될 때만 큰 생산성을 지닐 수 있다. 그러나 막대한 생산성으로도 그 토대가 되는 불평등을 정당화할 수는 없다. 능력주의자들이 제시하는 정당화 근거로는 시간이 흘러도 아무것도 정당화할 수 없다.

상위 근로자가 노력해서 얻은 기량의 대가를 받을 자격이 있다고 해도 이런 기량이 경제적으로 가치가 높아져 불평등을 낳는다면 그대로 보고 있을 수 없다. 또한 이런 인식에 따라 능력주의로 인한 불평등을 찬성하는 주장 중 정치적으로 가장 강력한, 사회적 기여에 대한 '응분의 대가 원칙principle of just desert'에 드러난 맨큐의 주장은 그야말로 힘을 잃는다.

좀 더 깊이 들어가보면 상위 근로자들에게 막대한 소득을 안겨주는 엄청난 생산성 자체가 경제 불평등의 부산물이라고 인식할 때 기량이나 능력이라는 개념에 대한 의구심이 생긴다. 기량과 능력에 대한 의구심은 추상적 주장과 비유라는 두 가지 방식으로 표현될 수 있다.

흔히 생산에 대한 근로자의 기여도를 나타내는 특정 근로자의 성과는 다른 근로자들이 그 근로자의 참여와 관계없이 동일한 방식으로 일하는 상황에서 그 근로자의 노동이 있을 때와 없을 때 총산출량의 차이로 판단된다. 산출량은 능력의 전통적인 척도다. 시장은 이런 생산성 모델에 따라 임금을 정하고 이에 따라 상위 근로자는 엄청난 소득을 얻을 수 있다. 이 같은 소득이 만들어내는 불평등이 어째서 흔히 능력주의에 따른 불평등으로 인식되는지 설명해주는 모형이다.

그러나 근로자의 성과에 대한 좀 더 공정하고 정확한 평가 방식을 생각해보면 다른 의문이 생겨난다. 이런 평가 방식은 해당 근로자의 노동이 있을 때와 없을 때 총산출량의 차이에 주목한다는 점에서는 위와 동일하지만 그 근로자가 없을 때 다른 근로자가 최적의 방식으로 생산을 재구성하는 것을 감안한다.[30] 이 대안적 접근법은 근로자의 성과에 대한 좀 더 작은 측정값을 산출한다(특정 근로자가 없을 때 재구성된 근로자의 산출량이 상쇄되기 때문이다). 두 측정값의 차이는 특정 근로자의 존재로 나머지 근로자가 일하는 방식을 포함한 생산 패턴이 전반적으로 변화할 때 유달리 커진다. 특히 특정 근로자가 자신이 없을 때 다른 사람이 생산을 재구성하는 것을 금지할 때는 이와 같은 대안적 척도가 큰 설득력을 지닌다.

그런 경우 근로자는 일반적인 척도에 따르면 막대한 생산성을 보일 수 있지만 대안적 척도에 따르면 전혀 생산적이지 않을 수도 있으며, 심지어 마이너스(-) 생산성의 소유자일 수도 있다. 이런 일은 해당 근로자가 내는 직접적인 이익이 간접적인 손실을 밑도는 데다 나머지 근로자 모두의 생산성이 그 근로자와 같은 수준으로 고정될 때, 다시 말해 해당 근로자가 동료들이 자신이 없을 때처럼 생산성을 발휘하지 못하도록 방해할 때 일어나게 마련이다.[31]

오늘날 개인이 아닌 계층으로서의 능력주의 엘리트가 바로 그런 입장에 처해 있다. 현재 기술 수준을 감안할 때 생산을 위해서는 상위 근로자의 노동이 꼭 필요하다. 그에 따라 노동시장은 엘리트가 지닌 기량을 숭배하게 된다. 이는 숙련도가 낮은 나머지 근로자가 엘리트 근로자 없이 현재 기술을 사용하는 것보다는 엘리트 근로자가 작업할 때 총산출량이 훨씬 더 크다는 것을 의미한다. 예를 들어 숙련도가 떨어지는 주택담보대출 담당자는 주택저당증권을 구성하고 거래할 초숙련 근로자 없이는 현재와 같은 주택담보대출 금융을 관리할 수 없을 것이다. 자산유동화증권을 관리하는 초숙련 근로자는 유동화로 발생한 이익의 대가로 높은 보수를 받으려 한다. 마찬가지로 소규모 기업에서 관리 기능이 없는 생산 라인 작업자는 최고경영자의 뜻에 따라 생산을 조정한다. 관리 기능을 독점한 엘리트 경영진은 막강하고 생산적인 지휘권을 얻은 것에 뿌듯해하며 그에 맞는 보수를 받고 싶어 한다. 그러므로 모든 형태의 상위 근로자는 소득 불평등이 능력에 따른 차등이라고 주장한다.

그러나 현재처럼 기술이 점점 더 극단적으로 높은 기량이 필요한 현상은 자연스럽고 불가피하다. 오히려 이런 현상은 엘리트 교육과 숙련도 편향적 혁신 사이 되먹임 고리에서 드러나듯이 교육이 점점 더 폭이 좁아지는 엘리트 계층에 집중되는 상황에서 유발된다. 이 경우 상위 근로자 집단은 대안적 기술을 사용함으로써 자신이 없으면 다른 근로자가 최적의 방식으로 일할 수 없도록 만든다. 주택담보대출의 유동화로 결국 중간 숙련도인 대출 담당자가 쫓겨나고 엘리트인 상급 관리자는 중간관리자의 입지를 약화시켜 몰아냈다.

불평등에 의한 혁신이 숙련도 편향적 생산 체제를 만드는 능력주의 세상에서 엘리트 근로자가 생산하는 이익은 오히려 비엘리트 노동자가 발휘해야 할 생산성을 줄일 가능성이 있기 때문에 경계해야 마땅하다. 물론 이익과 손실의 정확한 균형은 여전히 이론의 영역으로 남아 있다. 그러나 엘리트의 진짜 생산성이 거의 0에 가깝다는 점을 타당하게 입증한 연구도 있다. 각종 혁신이 이루어져도 현대 금융은 여전히 금융 중개에 드는 총비용을 줄이지 못했고 중위 가구가 유발하는 근본적인 경제 리스크 비율도 낮추지 못했다.[32] 게다가 현대 경영진은 미국 기업의 전반적인 성과를 향상시키지 않은 듯 보인다. 물론 투자 수익률을 비롯한 이익이 증가했을 수는 있지만 말이다. 전반적으로 보면 능력주의에 따른 불평등의 심화는 오히려 경제성장의 가속화나 생산성 향상에 딱히 도움이 되지 않는다.[33]

같은 주장을 비유로 풀어보면 한층 더 이해하기가 쉽다. 사회가 이타적이고 협동적인 농민과 교활하고 강력한 전사로 구성되어 있다고 상상해보자. 수십 년 동안 농민은 농작물을 기르고 전사는 평화를 지키면서 이웃과 화합하고 번영을 누리며 살아간다. 그러던 어느 날 어떤 전사가 국경에서 교전을 시작한다. 이들의 도발이 이어지면서 적대적인 분위기가 고조되다 못해 사회의 화합이 깨지고 전면적이고 끝없는 전투가 이어진다.

일단 전쟁이 빈번해진 사회에서는 농민이 비생산적인 존재가 되고 전사가 안전과 복지를 지키는 데 필요한 존재가 된다. 전사는 자신들이 공익을 위해 애쓰기 때문에 그 대가로 사적인 이익을 누릴 수 있다면서 지위, 부, 권력을 독점하겠다고 주장한다. 농민은 전쟁이 없었다면 전사들이 그토록 중요한 존재가 되지 못했을 거라고 말할지도 모른다. 전사의 진정한 생산물은 농업 억제 등의 전쟁 총비용으로 상쇄될 수밖에 없다.

능력주의에 따른 불평등 뒤에는 불평등을 눈덩이처럼 불리는 메커니즘이 도사리고 있다. 이런 메커니즘이 작동할 때는 중산층 근로자가 농민 역할을, 상위 근로자가 전사 역할을 한다. 부유층이 자녀에게 집중적인 교육을 시킨 뒤에야 생산 기술은 엘리트의 기량에 유리하게 조정된다. 더욱이 생산성을 높였으니 높은 보수를 받는 것이 당연하다고 정당화하는 상위 근로자의 경우, 비유에 나온 전사와 마찬가지로 생산성이 딱히 높지 않을 수도 있다. 이런 상위 근로자는 자녀에 대한 집중적인 교육을 통해 교육 전쟁을 시작하고, 그 결과를 실현하지 못하면 입지를 잃게 된다. 전사와 마찬가지로 엘리트 근로자의 진짜 생산물은 능력주의에 따른 불평등과 능력주의의 중간 숙련도급 중산층에 대한 억압이라는 비용으로 상쇄되기 마련이다. 그런 억압은 기량을 우대하는 혁신을 통해 일어난다.

이와 같이 생각해보면 현대의 능력주의와 구체제의 귀족주의가 매우 비슷한 면이 있다는 의혹을 품게 된다. 귀족정치가 그 시대의 사회적·도덕적 틀 안에서는 그 이름에 충실했다는 것을 잊기 쉽다. 귀족 엘리트는 미덕이나 탁월함 같은 개념을 계층과 연결 지었고, 그에 따라 과도할 뿐만 아니라 거의 독점적으로 덕목을 차지했다. 구체제가 신뢰를 잃은 까닭은 세습에 대한 귀족의 관념이 출생권이라는 일종의 복권을 만들어내 기회균등을 깨뜨렸다기보다 부르주아 혁명 때문에 우수성과 미덕이라는 귀족적 자질이 터무니없고 사실상 사기라는 민낯이 드러났기 때문이다.

능력이 진정한 사회적 공헌도와 실제 업적으로 이어진다는 능력주의의 핵심 이론을 받아들이기란 어렵지 않다. 그러나 앞서 말했듯이 교육 집중과 기량 숭배며 그 사이에서 작동하는 되먹임 고리가 능력주의에 따른 불평등을 만들어낸다. 능력주의의 기만은 불평등이 눈덩이처럼 불어남에 따라 폭로된다. 오늘날 여기저기서 찬양되는 능력주의적인 업적은 구체제에서 찬양되던 귀족적인 미덕과 마찬가지로 가짜에 불과하다.

진보주의자들의 일반적인 지적과 달리 경제 불평등의 문제는 엘리트가 분에 넘치도록 소득을 부풀리기 위해 무력이나 사기, 그 외 꼼수를 사용하는 데 있지 않다. 또한 진보주의자의 지적과 달리 엘리트가 학부모, 학교, 대학으로부터 엘리트 직업에 필요한 기량을 얻고자 교육을 받는 것도 문제는 아니다. 실제로 경제가 진정한 능력주의와 멀어지고 있다는 생각으로는 날로 심화하는 경제 불평등의 근본적인 폐해를 포착할 수 없다.

능력주의에 따른 불평등은 능력주의 그 자체의 폐해다. 특히 능력주의가 완전히 실현될 때 그 폐해는 커진다. 무엇보다 능력에 대한 사고방식이 그 폐해의 근원이다. 일반적으로 능력이라 불리는 개념은 이념적인 자만으로서, 근본적으로 부당한 이익 분배를 눈속임하기 위해 만들어진 것이다. 능력주의는 과두정치의 원칙이 가장 최근인 현대에 재현된 데 불과하다. 능력주의는 귀족의 정치와 경제 행태가 현대적으로 재현된 것이다. 이런 현대 세계에서는 명성, 부, 권력이 토지가 아니라 기량에서 나온다. 여기서 말하는 기량이란 자유 근로자의 인적 자본이다.

거대한 난파선

이런 고찰은 경제 불평등에 대한 논의에 변화를 불러온다. 개개인이 받는 응분의 대가에 대한 곤란한 질문은 당분간 회피하고 개인의 악행에 대한 도덕적인 판단을 하지 않는다. 이에 전통적으로 능력주의를 비판해온 진보주의자들은 당황한다. 한마디로 능력주의자 개개인을 비난하기보다는 능력이라는 개념 자체를 비난하는 사고방식이다. 새로운 시작은 새로운 방향의 논의로 이어지고 그런 논의는 새롭고도 다른 결론에 도달하게 된다.

어마어마한 기량, 노력, 상위 근로자의 생산을 포함한 능력주의가 그 누구에게도 이익이 되지 못한다는 사실이 점점 더 분명해지고 있다. 능력주의 때문에 한때 강력한 영향력을 떨치고 경제생활의 중추를 차지했던 근로 계층과 중산층이 경제적 요구에 어쩔 수 없이 순응하게 된다. 그 결과 시민 상당수는 어쩔 수 없이 게으름을 피우고 지금도 엄청나지만 그 숫자가 점점 더 늘어나는 프롤레타리아에 합류하게 된다. 동시에 능력주의는 상위 근로자에게 그 자신이 지닌 인적 자본의 임차인 역할을 내맡긴다. 그 과정에서 소외된 노동이 생겨난다. 부유층 아이는 엄격한 엘리트 교육이라는 무자비함 속에서 고통을 겪는다. 능력주의에 따른 불평등은 사회를 쓸모없는 자와 쓸모를 잃은 자로 나눈다.

이런 양상은 계층을 물려주기 위해서는 효과적이지만 엄청나게 비용이 많이 드는 메커니즘을 구축한다. 일반 시민에게 정말로 엘리트 계층에 합류할 기회를 제공하지 않기 때문에 엘리트 세습에 효과적이고, 엘리트가 자기 지위를 유지하기 위해 지속적이고 소모적이며 불안정한 노력으로 내몰린다는 점에서 큰 비용이 든다. 그 과정에서 능력주의에 따른 불평등은 사회의 연대를 저해하고 민주주의적인 자치를 타락시킨다. 능력주의가 점점 더 경제성장을 달성하지 못하는 것이 느껴진다.

더욱이 그 모든 비용은 개인의 악행이나 능력주의의 이상을 완벽하게 구현하지 못한 집단의 실패 때문이 아니라 능력주의에 내재한 약속 때문에 발생한다.

능력주의자는 능력주의의 현실과 기원을 부정하지는 않는 만큼, 그 모든 비용이 능력의 도덕성 때문에 발생할 수밖에 없다고 주장한다. 이들은 상위 근로자는 엄청난 기량과 생산성을 지닌 만큼 높은 소득을 얻을 자격이 있으며, 생산성과 능력에 걸맞은 소득을 얻는 것이 정의이고 생산성이 떨어지는 데다 일도 그리 열심히 하지 않는 중산층을 생산성이 한층 더 뛰어나고 고되게 일하는 부유층보다 우대하는 것은 옳지 않다고 말한다. 능력주의에 따른 불평등은 그로 인해 초래되는 고통에도 불구하고 인정되며, 심지어 찬양되어야 한다는 것이 능력주의자의 주장이다.

그러나 능력주의의 부담이 커짐에 따라 불평등이 정당하다는 논리와 그런 논리의 중심이 되는 능력이라는 개념은 크나큰 압박을 받는 상황이다. 능력주의는 그 개념이 엉터리로 밝혀지고 나면 더 이상 그 압박을 견뎌낼 수 없을 것이다.

능력주의에 따른 불평등이라는 구조물은 오지만디아스Ozymandias● 에 나오듯이 모래 위에 세워진 형상처럼 언제든 무너져 내릴 수 있다.

● 영국의 시인 퍼시 비셰 셸리의 소네트 제목.

우리는 무엇을 해야 하는가?

능력주의는 경제 불평등을 변화시켰듯이 정치도 변화시켰다.

평등주의자들은 그 변화를 뒤늦게야 인식했으며 여전히 제대로 이해하지 못하고 있다. 그 결과 정치에 공백이 생겨났고, 그 공백은 본능적으로 변화를 감지하고 능력주의에 대한 불만을 이용하러 나선 기회주의자로 메워졌다.

선동가들은 부패한 세력을 비난하고 취약한 외부인을 공격함으로써 중산층의 분노를 부추긴다. 그들은 이런 공격을 통해 신화에나 나올 법한 황금기를 회복할 수 있다고 약속한다. 도널드 트럼프 대통령은 법치주의를 포기하고 수백만 명의 불법 노동자와 그 가족을 추방하면 미국이 다시 위대한 나라가 될 것이라고 말했다. 영국의 극우 정치인 나이절 패라지Nigel Farage는 유럽연합EU과의 국경을 폐쇄하면 영국이 독립과 자존심을 회복할 수 있을 거라고 주장한다. "독일의 성공적인 1,000년 역사"를[1] 회복하자고 떠들어대는 독일의 포퓰리스트들은 앙겔라 메르켈 총리가 난민을 받아들인 것이 조국에 대한 반역행위라고 비난했다.

한편 사기꾼들은 탈진하고 중증 질환에 시달리는 엘리트에게 싸구려 치료법을 판매하기 위해 줄을 서 있다. 투자은행 같은 엘리트 기업은 사내에 체육관과 수면실을 만들거나,[2] 출장 가 있는 직원의 모유 배송 비용을 대신 치르거나, 심지어 난자 냉동 비용을 부담해 직원의 가임 능력을 연장해주겠다고 약속한다. 일과 삶의 균형을 보장하겠다는 것이다.[3] 대학은 배려나 공동 참여와 같은 지원자의 윤리적이고 협력적인 업적을 입시에 고려해 입시 열풍을 잠재울 것이라고 발표한다.[4] 인생 상담 코치는 현재를 즐기라고 가르치거나 술보다는 장시간의 근무를 줄이는 것을 새해 목표로 삼으라고 권한다.[5]

이런 약속은 지금 당장 받아들이는 사람에게서도 신뢰를 얻지 못한다. 부자와 그 외 사람 모두 내심으로는 자신을 지지한다고 공언하는 사람이 진정한 구원책을 제공하지 않을 뿐 아니라 자기를 갖고 논다고 생각한다.

세인트클레어쇼어스 출신으로 트럼프를 지지했던 어느 사업가는 자신이 트럼프의 공약을 믿지 않으며 그가 끈질기게 내놓는 주장을 경멸한다고 말했다.[6] 트럼프가 대통령에 당선된 뒤 설문조사에 응한 트럼프 지지자 가운데 거의 절반은 지역사회의 삶이 크게 달라지지 않거나 더 나빠질 거라고 예상했다.[7] 마찬가지로 컨설팅 회사 베인앤드컴퍼니가 최근 1,000명 넘는 엘리트 근로자를 대상으로 승진을 위해 무엇이 필요한지 설문조사를 했을 때, 대다수가 일과 삶의 균형이라는 개념은 헛소리라면서 "장시간 근무와 끊임없는 일"이 승진의 비결이라고 대답했다.[8]

그럼에도 거짓 선지자는 지지 기반을 얻는다. 불만이 뿌리 깊은 사람은 대부분 도움을 받지 못하더라도 자기 불만을 들어주는 것을 가장 중시하기 때문이다. 그들은 폭풍이 몰아친다는 사실을 인정하는 배에 매달린다.

포퓰리스트가 중산층의 과거 영광을 되살리지는 못할 것이다. 그러나 그들은 삶의 형태가 상실되었음을 인정한다. 그런 상실을 도덕적 비용으로 치켜세우고 정치 공작의 중점으로 삼는다. 일과 삶의 균형 프로그램은 결코 균형을 이루지 못하겠지만 그들은 상위 근로자가 소외된 노동에 종사한다고 인정한다. 이 모든 것은 결국 아무리 높은 소득도 자기 착취와 피로에 대한 보상이 될 수 없다는 인식을 바탕으로 한다.

진보주의자는 능력주의의 손아귀에 있기 때문에 제대로 된 해답을 내놓을 수 없다. 그들은 스톡홀름 증후군에 걸려 있다. 자신을 포로로 만든 포획자를 기꺼이 받아들인다. 그 결과 진보주의자는 보이지 않는 문제를 악화시킨다.

진보주의자는 정체성 정치identity politics와 빈곤 구호에 초점을 맞추면서도 중산층의 불만을 유별난 징징거림으로 치부한다. 20세기 중반 세인트클레어쇼어스가 무한정 제공했던 풍요로움과 안전을 향한 중산층의 갈망은 진보주의자가 보기에는 더 이상 실현 불가능한 일이

자, (백인 남성의) 잃어버린 특권에 대한 그리움에 불과하다. 한마디로 중산층이 기준에 미달한다는 뜻이다.

진보주의자는 엘리트의 불만을 배부른 소리라며 무시한다. 이들은 다양성과 포용 차원에서 엘리트 기관의 비능력주의적인 편견을 없애는 데만 초점을 맞춘다. 진보주의자는 경쟁이 치열한 입시나 장시간 근무 자체를 비인간적인 일이라고 보기보다는, 소수자나 워킹맘에게 불리할 때나 내부 인맥과 문화적 자본의 작용이 은폐될 때만 문제가 된다고 본다. 사실상 엘리트에게 쉬지 않고 열심히 일하는 것이 특권임을 각인시키는 것이다.

이 두 가지 반응 모두 치욕과 소외를 불러일으키는 능력주의의 측면을 강화한다. 진보주의자의 이런 행태 때문에 중산층은 정치 선동꾼과 엘리트들의 백해무익한 속임수에 빠져 있다. 선의의 세력이 자신을 향한 사람들의 절망을 깨닫지 못할 때 정치는 어둠 속에 빠진다.

경제 불평등의 해소에 대한 전통적인 관점은 정치적 문제를 악화시킬 뿐이다.

전통적인 경제 이론에서 봤을 때, 경제적 재분배는 근본적으로 경쟁의 문제다. 부자들에게서 필요한 비용을 빼내고 그 비용은 반드시 이익보다 커야 나머지 사람이 이익을 볼 수 있다는 것이다. 린든 존슨 행정부의 경제자문위원장을 역임한 아서 오쿤Arthur Okun은 빈곤과의 전쟁에 대한 글에서 재분배 메커니즘은 하나같이 돈을 "구멍 뚫린 통에 담아 부자에게서 가난한 사람"에게로 옮기는 격이라고 고찰했다.[9] 그의 주장에 따르면 재분배된 돈의 일부는 "도중에 그냥 사라지기 때문에 부자에게서 취한 돈이 가난한 사람에게 온전히 전달되지

는 못한다".[10]

오늘날의 일로 생각해보면 중산층을 지원하면 엘리트층이 손해를 입을 수밖에 없으며 그 손해가 지원을 웃돈다는 식의 생각이다. 더욱이 이런 사고방식에 따르면 부자의 숫자가 적기 때문에 그 타격은 한층 더 클 것이다. 그러나 구멍 뚫린 통에 돈을 담더라도 부유층 개개인이 적은 부담을 나눠서 지면 빈곤을 퇴치할 수 있다. 빈곤과의 전쟁은 세인트클레어쇼어스의 그 누구도 겨냥하지 않았으며 그곳 주민의 큰 희생을 요구하지도 않았다. 그러나 일반적인 프레임에 따르면 최고치로 치달은 불평등은 본질적으로 부자 개개인에 대한 대대적인 공격 없이는 완화될 수 없으며, 불평등과의 전쟁이라는 새로운 전쟁은 엘리트를 공격하지 않는 한 중산층을 다시 일으켜 세울 수 없다. 능력주의에 따른 불평등을 퇴치하려면 팰로앨토를 황폐하게 만들어야 한다는 것이다.

전통적 견해는 정치적 의지를 끌어낼 수도, 능력주의에 따른 불평등을 치유할 수 있는 정책을 만들어낼 수도 없다. 진보주의자는 중산층의 분노에 불을 붙이고 엘리트의 저항을 불러일으키는 한편, 정치 선동꾼과 사기꾼은 능력주의에 대한 불만을 독점하고 이용한다. 그러므로 능력주의에 따른 불평등은 심각한 불만뿐만 아니라 광범위한 비관론을 유발해 사람들을 절망에 빠뜨린다.

최근 어느 책에 노벨상 수상자 4명을 포함해 저명한 경제학자 10명에게 한 세기 안에 어떤 삶이 펼쳐질지 예측해달라고 요청했더니, 그중 누구도 경제 불평등이 완화되리라고 전망하지 않았으며 몇 명은 사회가 '대규모 소득 재분배'를 실행할 능력을 갖추지 못했다고 대답했다는 내용이 나온다.[11] 그 까닭은 "잘 사는 사람들은 자기가 소유한 것을 지키기 위해 힘을 합칠 것이며, 그중에는 다수의 희생을 통해 이익을 얻는 방법도 모색할 것"이기 때문이다.[12] 어느 정치학자는 인간이 지금까지 겪어온 불평등을 검토한 끝에 사회가 전쟁에 패배하지도, 혁명에 굴복하지도 않은 채 오늘날의 미국 정도로 막대한 소득과 부의 집중을 해소한 사례는 한 건뿐이라는 결론을 내렸다.[13] 어느 저명한 역사학자의 비슷한 연구에 따르면 "전면적인 핵전쟁이 터져야 기존의 자원 분배를 근본적으로 재설정할 수 있다".[14]

상황이 이렇지만 희망적인 근거는 있다. 고도로 심화된 불평등 속에서 질서를 회복한 '유일한 사례'는 1920~1930년대 미국 사회였다. 간단히 말해 뉴딜 체제를 채택해 대공황에 대응했고 20세기 중반의 중산층을 구축했다.[15] 게다가 인간의 경험은 철칙을 철칙으로 그대로 유지하기에 너무도 제한적이다(기록된 역사는 인류의 실제 역사를 일부밖에 설명하지 못한다). 역사상 처음으로 큰 흐름이 계속해서 이어지고 있다. 현재가 예외적인 경우에는 과거의 일을 서막으로 삼을 필요가 없다.[16]

가장 중요한 사실은 정치와 정책에 대한 전통적인 견해가 잘못되었다는 점이다. 진보주의자들은 능력주의에 대한 불만에 강력하고 직접적으로 호소할 수 있다. 능력주의의 덫은 중산층의 좌절과 엘리트의 소외를 선동가들, 인생 상담 코치들보다 훨씬 더 설득력 있게 설명한다.

능력주의의 덫이 그려낸 그림을 보면 능력주의가 불평등뿐만 아니라 재분배까지 변화시켰다는 사실이 드러난다. 그 결과 불평등과 재분배는 더 이상 경쟁의 문제가 아니다. 중산층을 다시 세우는 일에 엘리트의 자원을 빼올 필요가 없으며 구멍 뚫린 통을 사용하지 않아도 된다. 그 대신 능력주의의 폐해가 낱낱이 폭로된다면 부자와 그 외 사람들은 공통적으로 불평등을 해소하는 일에 관심을 품게 될 것이다. 잃어버린 소득을 되찾고 지위를 회복하려는 중산층의 열망, 그리고 진정한 자유를 회복하려는 엘리트의 열망은 더 이상 경쟁하지 않고 조화를 이룬다. 중산층과 엘리트는 서로 다른 고통을 겪지만 같은 압제자 아래에서 고통받고 있다.

부자든 그 외 사람이든 이 같은 능력주의의 덫에서 따로 빠져나갈 수는 없다. 둘이 함께해야만 탈출할 수 있다. 그 덫에서 벗어나기 위해서는 모두 능력주의의 위계질서를 해체하고 민주주의적 평등을 구축해야 한다. 모두에게 이익이 되며 각자의 지위가 공유되기 때문에 가치를 지니는 사회적·경제적 질서를 만들어내야 한다.

개혁의 두 가지 경로

진보주의자는 이전에도 비슷한 이상을 위해 싸웠다. 구체제에서 왕과 왕자는 백성을 아래로 내려다봤다. 백인은 노예 제도가 시행된 시대와 짐 크로법이 제정된 시대를 거쳐 오늘날까지도 여러 가지 측면에서 유색인종을 내려다본다. 진보주의자는 민주 시민이 서로를 동등한 눈으로 바라본다는 사실을 알고 있다. 또한 노예 폐지론자와 시민운동가가 강조했듯이,[17] 평등이 모든 사람의 인간성을 고양한다는 사실도 알고 있다. 이제 진보주의자는 이런 지혜를 경제에 적용하고 부자와 그 외 사람을 각자의 불만에 가둬두는 능력주의의 덫을 해체하며 다 함께 번영할 수 있는 경제를 구축해야 한다.

능력주의에 따른 불평등 해소는 '문명 차원의 문제'다.[18] 이를 위해서는 포괄적인 조정이 필요하다. 정부, 민간단체, 문화적 관습, 개인의 의식이 바뀌어야 한다. 그것도 능력주의에 따른 불평등이 일으킨 변화와 비슷한 규모로 조정해야 한다. 그러나 능력주의의 덫은 여러 세대에 걸쳐 구축된 만큼 여러 세대가 지나야 해체될 것이다. 그럼에도 능력주의의 덫을 연구하면 개혁가에게 방향을 제시해줄 수 있다. 진보적 개혁가는 능력주의에 따른 불평등을 초래한 두 가지 메커니즘 모두를 개혁의 목표로 삼아야 한다. 이런 근본적인 통찰력은 개혁을 위한 두 가지 경로를 알려준다.

첫째, 현재 부유층 자녀의 최고급 교육에 집중하는 교육방식은 개방되고 포용성을 가져야 한다. 최고 명문 학교와 대학에서라도 입시 경쟁이 완화되어야 하며 훈련이 덜 소모적으로 이루어져야 한다.

둘째, 현재 암울한 직업과 폼 나는 직업으로 분리된 일이 경제 생산의 중심에 선 중간 숙련도급 근로자에게 되돌아가야 한다. 엘리트 근로계층에게 집중된 생산이 중산층에게 골고루 분산되어야 한다.

물론 이것이 능력주의에 따른 불평등을 완전히 해소할 지침을 제시하지는 않는다. 오랜 시간이 요구되는 모든 세기적 프로젝트가 그렇듯이, 민주주의적인 평등을 구축하기 위한 활동도 미리 계획할 수는 없다. 그 대신 헌신적이되 유연하며 실용성 있는 조치를 다양한 전선에서 시행하면 점점 더 발전하고 성장할 것이다. 실질적인 노력에 앞서 전면적인 개혁을 (정책통의 체크리스트든 정치인의 프로그램이든) 한 가지

방식으로 설명하려고 하는 것은 헛수고에 불과하다. 위의 두 가지 교훈은 개혁 의제를 처음부터 끝까지 구체적으로 제시해서가 아니라 활동가들에게 어디에서 시작할지 알려준다는 점에서 중요하다. 또한 능력주의에 따른 불평등을 뿌리째 뽑으려는 시도를 통해 진정한 진보가 가능하다는 사실을 알려준다.

교육 개혁가는 현재의 명백한 불공평을 자신의 정치적·현실적 입장에 맞게 해결하려는 일에서 시작해 능력주의에 따른 불평등을 정면에서 공격해야 한다.[19]

능력의 상속은 현재 일반적인 유산에 적용되는 재산세에서 완전히 면제된다. 부유한 부모가 자녀의 교육에 쏟아붓는 막대한 투자는 재산에 포함되지 않는다.[20] 또한 사립학교와 대학은 공익 자선단체와 마찬가지로 세금 혜택을 누린다.[21] 따라서 동문 기부금은 세금 공제가 가능한데, 학교와 대학은 기부금으로 얻은 소득에 대해 세금을 납부하지 않는다.

이런 관행은 능력주의 교육을 사실상 엘리트들만 이용할 수 있는 조세 회피처로 만든다. 부모의 소득과 교육이 아이의 학업 성취도를 결정하는 경우에는 순수하게 능력만 보고 뽑는 엘리트 학교와 대학이 동문은 아니라 해도 엘리트 학위를 가진 부모를 둔 학생으로 가득하게 된다.

엘리트 학교와 대학은 세법상 공공 자선단체로 분류되지만 능력주의에 따른 불평등은 사실상 학교와 대학을 독점적인 클럽으로 만든다. 학교와 대학이 누리는 세금 혜택은 귀족이 한때 공주와 왕자에게 바쳤던 돈과 비슷하다. 중산층 가정이 자신의 자녀가 결코 받지 못할 엘리트 교육의 비용을 학교와 대학에 치르는 셈이다.

조세 회피 금액도 엄청나다. 부유층의 능력 상속은 자녀 각각에게 1,000만 달러 정도를 양도하는 것에 상응한다. 최근 1년 동안 프린스턴 대학은 학생 한 명당 10만 5,000달러의 보조금에 해당하는 세금을 면제받았다. 이와 비교해 공립대학의 학생 보조금은 뉴저지 주립대학에 속한 럿거스 대학의 학생 한 명당 1만 2,300만 달러, 뉴어크의 에식스 카운티 대학의 학생 한 명당 1만 2,400달러 정도다.[22] 이런 수치 때문에 냉소적인 사람은 하버드, 예일, 프린스턴을 "부속 대학이 있는 헤지펀드"라고 부르기도 한다.[23]

마지막으로, 조세 회피처는 계속해서 확대될 전망이다. 10대 대학 기부금은 현재 총 1,800억 달러를 넘어섰으며, 최근 수십 년 동안 매년 7% 정도씩 성장해왔는데, 이는 미국 가계 순자산 총성장률의 2배가 넘는다.[24] 대학은 장기적인 계획에 착수했다. 예일 대학은 작년에 기숙형 대학residential college 두 곳을 설립하면서 그 건물이 영구적으로 유지될 수 있도록 설계했다.[25] 그러나 미래에도 이런 성장이 계속된다면, 10대 부자 대학이 부유하고 교육 수준이 높은 부모의 자녀 대부분을 교육함에 따라 미국 전체를 손아귀에 넣게 될 것이다. 능력주의 시대 고작 200년간 벌어진 일이다.

정말이지 타협이 필요한 상황이다.

이런 사실 때문에 정부는 부유한 사립대학을 포함해 엘리트 학교와 대학에 대해 막대한 영향력을 떨칠 수 있다. (최근 몇 년간 프린스턴 대학의 총수입 가운데 세금이 면제된 기부금과 세금 공제 가능한 동창 기부금이 무려 5분의 4에 달했으며, 상위 20개 대학은 평균적으로 이런 수입원에서 수입의

3분의 1을 얻었다.)[26] 개혁은 정부의 영향력을 토대로 이 배타적인 클럽을 해체해야 한다. 실제로 자선단체처럼 운영되는, 다시 말해 광범위한 대중을 받아들여 교육시키는 학교와 대학에만 자선단체로서의 세금 혜택을 제공해야 한다.

이 문제를 해결하는 방법은 여러 가지가 있다. 그러나 가장 직접적인 방법이 최선이다.

첫째, 사립학교와 대학은 소득분포의 3분의 2에 해당하는 가정 출신 학생을 절반 이상 입학시키지 않으면 세금 면제 혜택을 받지 못하도록 해야 한다.[27] 둘째, 공공 보조금을 제공한다든지 학교가 입학 정원을 확대하는 식으로 요건을 충족하도록 유도해야 한다.[28]

이런 개혁이 이루어지면, 능력주의 시대에 배타적이며 편협하고 집중적으로 교육된 엘리트가 포용적이고 광범위하면서도 교육을 제대로 받은 엘리트로 물갈이될 것이다. 개혁은 능력주의 상속으로 집중되는 부를 확산시켜 더 많은 사람에게 '엘리트 교육'을 제공하고, 동시에 대중적인 대학은 재원이 보충되어 교육을 전반적으로 개선할 것이다. 이런 식으로 개혁은 부자들과 그 외 사람 간 교육 격차를 큰 폭으로 줄일 수 있다.

개혁의 두 갈래는 자연스럽게 조화를 이룬다. 두 번째 개혁이 첫 번째 개혁의 실현을 위한 로드맵이 되는 것이다. 엘리트 교육에는 터무니없이 많은 비용과 노력이 들어간다. 그 때문에 교육기관들은 규모를 키울 여유가 없다.[29] 문제는 (부유층 학생에게 편중된 탓에) 성장이 가장 시급한 교육이 바로 가장 부유한 교육기관이라는 사실이다. 학생의 부유층 편중 현상이 가장 심한 아이비리그는 입학 정원을 2배로 늘리면,

즉 엘리트 계층이 아닌 신입생을 선발하면 비영리 단체의 지위를 유지하는 조건을 충족할 수 있으며, 그리고도 학생 한 명당 지출 비용을 2000년 수준으로 유지할 수 있다.[30] 전체적으로 볼 때 대학은 입학 정원을 절반 정도 늘리고도 1970년 수준으로 학생 한 명당 지출 비용을 유지할 수 있다.[31] 사립학교도 입학 정원을 2배로 늘리더라도 공립학교보다 학생 대 교사 비율이 더 높게 유지된다.[32] 공적 자금을 통해 추가된 학생들에게 보조금을 지급한다면 이미 안정적인 성장을 보이는 교육기관이 한층 더 성장할 것이다.

오늘날 엘리트 교육을 포용적으로 만들기 위해 필요한 개혁은 엘리트 학교와 대학이 1960년대에 능력주의를 받아들이면서 시작한 혁명에 비하면 그 규모가 크지 않다. 능력주의의 혁명은 불평등의 심화를 부추겼기 때문이다. 그때 탈바꿈을 거친 교육기관은 다시 한번 달라질 필요가 있다.[33]

포퓰리스트들은 이미 엘리트 대학들을 (진보주의와 '정치적 올바름'의 온상으로 비난하며) 공격 목표로 삼고 있다. 이들의 노력은 성공을 거두기 시작했다. 재정이 매우 탄탄한 사립대학의 소득에 대해 적당한 소비세를 매겨야 한다는 주장이 최근 세금 개혁의 일환으로 법제화되었다.[34] 사실 이미 비슷한 제안이 그 이전부터 수년 동안 위원회에서 잠자고 있었다. 대학이 미국에 나쁜 영향을 끼친다고 말하는 포퓰리스트들은 정치적으로 치우친 동기를 지니고 있을지도 모르지만,[35] 능력주의에 따른 불평등을 명확하게 이해하면 그들의 비난이 잘못되지 않았다는 것을 알 수 있다.

엘리트도 교육 개혁을 지지해야 한다. 현재의 정권은 갖가지 재정

보조금을 지원해 엘리트가 폭행당하고 멍들고 취약해져도 그대로 두고 본다. 극도의 능력주의 경쟁으로 부유층 아이는 가혹하고 비인간적인 입시 경쟁에 시달리고 점점 더 견디기 어려워한다. 한마디로 부유층 학생의 인적 비용을 낭비하고 있다. 입시 경쟁이 엄격하다는 이야기는 부모가 아무리 엘리트라 하더라도 아이가 탈락할 수 있다는 뜻이다.

엘리트 학생 숫자를 확대해 교육의 포용성을 회복하는 개혁을 시행하면 현직 엘리트 중 그 누구도 쫓아낼 필요가 없으며 경쟁이 치열한 학교에 입학하는 부유층 학생 숫자도 고의든 우연이든 오히려 소폭 증가할 것이다. (이와 관련해 학급 규모를 확대함으로써 여학생을 받아들인 엘리트 대학의 개혁 모델을 생각해보자. 여학생을 받아들였다고 해서 남학생을 배제한 것은 아니었다.)[36] 부유층 학생이 입학할 수 있는 학교나 대학의 숫자가 조금만 증가해도 부유층 지원자 간의 경쟁을 큰 폭으로 완화할 수 있다.[37]

엘리트에게 자유를 확대해 숨통을 틔워주면 이들은 학위를 통해 얻는 소득이나 지위가 하락해도 만족할 것이다. 팰로앨토는 포용적인 교육에 의해 변화하겠지만, 그 변화는 오히려 그곳에 사는 사람에게 유리하도록 작용할 것이다. 변화는 그곳 주민에게 안전과 축복을 제공할 것이다. 20세기 중반 세인트클레어쇼어스의 교훈은 오늘날 팰로앨토에서 이중으로 적용된다. 꾸준하고 진정한 선은 덧없고 거짓된 선보다 낫다.

마지막으로, 엘리트 학교는 작은 비판만 있어도 세금 면제 혜택이 정당하다며 강력하게 방어하지만,[38] 그렇게 반응하는 것 자체가 실수다. 포용적인 교육을 시행한다면, 사회적 이동성을 제공하고 초일류 학교들이 한때 누렸던 영광을 되살릴 학교와 대학 간의 파이프라인이 다시 열릴 것이다. 그러므로 개혁은 실제로 학교와 대학의 핵심 사명을 전개하는 데 도움을 줄 수 있다. 이렇게 된다면 특정 대학이 미국 전체를 소유하는 상황이 나타날 리 없다. 이 같은 개혁은 그 어떤 포퓰리스트적 대안보다 교육자에게 적절하게 와닿을 것이다.

그와 동시에 추진될 수 있는 병행적인 정책 의제는 노동의 개혁, 즉 과잉 생산에서 벗어나 중산층 노동으로 생산을 재조정하는 것을 목표로 한다. 중산층 노동을 촉진하는 가장 직접적인 방법은 중산층 노동자에게 유리한 상품과 서비스를 만드는 방법을 장려하는 것이다. 그러나 현재 경제 정책은 이런 가능성을 전혀 염두에 두지 않는다. 앞으로는 중산층 노동력을 전면과 중심부에 배치해야 한다.

정부는 생필품 수요의 충족과 안전성 확인을 목표로 생산 제품과 서비스의 종류를 규정하는 점을 들여다보자. 예를 들어 의료 정책은 의약품에 대한 접근성을 촉진하고, 법률 규정은 사법 정의에 대한 접근성을 높이고, 기업 지배 구조 규정은 투자자를 보호하고, 금융 규정은 소비자를 착취로부터 보호하며 금융 시스템을 위기로부터 보호한다.

그런데 이 모든 규정은 규제 대상 산업에 존재하는 일자리의 성격과 해당 산업 종사자에 대한 임금 지급 방식에도 영향을 준다. 이 같은 영향은 간과될 때가 많지만 그 파급력은 엄청나다. 예를 들어 의료 서비스는 GDP의 약 6분의 1을 차지하고 금융은 10분의 1 정도를 차지한다.[39] 상위 1% 근로자 중 절반이 경영, 금융, 의약, 법률 산업에 분포해 있다.[40] 따라서 해당 분야에서 중간 숙련도급 근로자의 생산을 촉진하는 개혁은 전반적인 평등을 확보하는 데 도움을 줄 것이다.

중간 숙련도급 근로자의 생산을 촉진하는 모형은 이미 존재한다. 의학계의 경우 샌프란시스코의 보편적 건강보험 계획은 의사보다 임상간호사의 역할에 중점을 둔다.[41] 오리건주와 위스콘신주의 클리닉에서는 일반적으로 의사가 맡는 건강 진단에 치과 의사를 투입하고 있다.[42] 법조계의 경우 워싱턴주에서는 법무 박사 학위를 취득한 고숙련 변호사보다는 중간 숙련도급 법무사를 통해 일상적인 법률 서비스를 제공하는 실험을 하고 있다.[43] 금융계에서는 난해한 금융공학을 제한하고 월가 은행보다 번화가 시중은행을 우대하는 규정을 도입한다면 금융계 일자리를 중간 숙련 근로자가 대폭 채우게 될 것이다. 경영의 경우에도 기업 지배권 시장을 규제한다든지 하도급 계약을 통해 장기 고용을 장려하는 관리 체제를 시행해 광범위한 중간관리자에게 골고루 경영을 맡기면 수익을 개선할 수 있다.

이 모든 개혁을 둘러싼 기존 논쟁은 개혁이 상품과 서비스의 수량, 품질 및 가격에 미칠 영향에만 초점을 맞추고 있다. 합당한 초점이긴 하다. 그러나 생산 당사자를 군이 암울한 직종과 폼 나는 직종으로 분리할 필요가 있는지, 아니면 중간 숙련도 중심으로 돌아가도록 할지에도 개혁이 영향을 미칠 수 있다. 의료 서비스는 첨단기기와 기술자의 도움을 받는 소수의 전문의 또는 훨씬 더 숫자가 많으며 중간 숙련도를 갖춘 일반의와 간호사를 통해 제공될 수 있다. 물론 환자에게 가장 적합한 치료 방법이 무엇인지가 제일 중요하다. 그러나 사람의 건강이 달려 있으며 경제의 6분의 1을 차지하는 분야일지라도 능력주의에 따른 불평등에 굴복하느냐, 중간 숙련 업무를 통해 민주적 평등을 조장하느냐 역시 중요한 문제다. 사실상 그 중요성은 똑같다고 봐도 무방하다.

그러므로 정책 입안자는 자신의 선택이 엘리트와 중산층 일자리 사이의 균형에 어떻게 영향을 미치는지 항상 관심을 기울여야 한다. 이런 영향에 대한 검토를 의무화하면 이 모든 단편적인 개혁을 통합하고 촉진하는 데 도움이 될 것이다. 모든 신규 연방 규정에 대해 손익 분석을 해야 한다는 기존 요건과 비슷한 방식을 도입하자는 이야기다.[44] 정교한 행정 절차가 규제에 대한 부유층의 영향력을 강화한다는 것이 뚜렷하게 입증되는 상황에서 규제 프로세스 자체를 단순화하면 평등이 촉진될 가능성이 커진다.[45]

두 번째 개혁으로는 고용주가 중간 숙련도급 일자리를 창출할 의욕을 느끼도록 세금을 활용하는 것이다. 놀랍게도 기존 세금 구조에 따르면 고용주가 중숙련 근로자를 해고하고 초숙련 근로자를 고용해야 유리하다. 그 결과 능력주의에 따른 불평등이 오히려 크게 심화된다. 급여세payroll tax만 개혁해도 이런 상황을 뒤집어 고용주가 중간 숙련도급 중산층 근로자를 고용하도록 유도할 수 있다. 급여세를 개혁하면 조세 수입도 늘어날 것이며, 그중 일부는 신규 중산층 일자리를 창출하기 위한 추가 유인책을 마련하는 데 사용될 수 있다.

연방 급여세, 특히 사회보장에 자금을 지원하는 개인이 처음 받는 임금 13만 2,900달러에 대한 세금 12.4%는 소득 상한이 정해져 있다는 점에서 역진세나 다름없다.[46] 지난 반세기 동안 급여세의 역진세적 성격은 소득세의 누진세적 성격을 넘어섰으며,[47] 이 같은 양상은 연방 급여세가 백만장자와 사실상 동일한 한계세율로 중하층 근로자에게 부담을 주고 중상층 근로자에게는 그보다 현저하게 높은 비율로 부담을 주는 결과로 이어진다. 그 영향은 지속적이고 막강하다. 이는 수십 년 동안 능력주의에 따른 불평등을 초래한 요소다. 각각 10만 달러(2018년 달러 기준) 정도 버는 부부는 가장 높은 종합 한계세율aggregate marginal federal tax rate을 부과받기 십상이다.[48] 그러나 자본소득과 상급 노동력에 의한 근로소득은 그보다 절반 정도 높은 세율을 적용받는 데 그친다.[49] 전반적으로 기존 세금 구조에 따르면 전체 경제에서 중산층 근로자가 가장 높은 세율을 적용받는다.

중산층 근로자에 대한 급여세 부담이 어느 정도인지 생생하게 보여 주는 사례가 있다. 은행이 20세기 중반의 금융 기법을 동원해서 연봉 10만 달러 정도 되는 중숙련 대출 담당자에게 주택담보대출을 발행하도록 한다면, 은행과 근로자에게 부과되는 급여세가 총 30만 6,000달러에 이를 것이다. 반대로 은행이 현재 생산 방식으로 전환하고 중숙련 대출 담당자 대신 월가 출신 트레이더 한 명을 채용해 200만 달러를 벌어들일 경우, 은행과 트레이더가 내야 하는 급여세는 9만 달러 정도에 불과하다.[50] 두 가지 생산 기술의 경제적 효과가 동일하며 한 가지에는 중숙련 근로자 20명이, 다른 하나에는 초숙련 근로자 1명이 필요한 상황에서 중간 숙련도급 담당자를 활용하는 접근법은 평균적으로 현재의 능력주의적 접근법보다 10%포인트 이상 높은 급여세에 직면한다. 총급여세 부담이 3배 넘게 증가하는 셈이다.

다시 말해 급여세는 중숙련 근로자의 고용과 임금을 실질적으로 억제하고 초숙련 근로자의 고용과 임금을 띄운다. (실제로 초숙련 근로자가 창업 지분이나 성과 보수 명목으로 소득에 대한 자본 이득 공제를 받을 수 있는 경우 소득세를 20%포인트 정도 감면받을 수 있다.) 다시 한번 중산층 근로자는 자신이 결코 얻을 수 없는 상위 근로자의 일자리를 위해 세금을 내며 지원하는 셈이다.

사회보장 급여세에 대한 소득 상한을 제거하면 중산층의 고용이 촉진된다. 새로운 조세 제도를 통해 중숙련 노동력보다는 초숙련 노동력을 배치하도록 유도하는 정부의 기존 생산 보조금을 없애야 한다. 그에 따라 초숙련 근로자 중심으로 생산을 재편하는 방식 대신에 중숙련 근로자 중심으로 생산을 재편하는 방식이 매력을 얻을 것이다.

상한선을 없애면 세입도 창출될 것이다. 개혁이 노동시장과 경제 전반에 영향을 미칠 것이기 때문에 얼마나 많은 세입이 창출될지는 확실치 않다. 그 모든 영향을 빠짐없이 고려한 동적 모형dynamic model은 존재하지 않지만, 의회 예산국은 그에 준하는 여러 가지 모형 semi-dynamic model을 구축했다. 이들은 상한선을 없애면 당장 1,500억 ~2,000억 달러의 신규 세입이 창출되며 장기적으로는 급여 세수가 GDP의 1.1%까지 증가할 것으로 전망하고 있다.[51]

상당한 금액이다. 이를테면 그 금액은 최근 몇 년간 노동부 고용관리국 전체 예산의 약 60배(2018년도 예산의 약 90배)에 달하며,[52] 미국 전체 공공 및 사립대학 전체 예산의 약 3분의 1에 해당한다.[53]

정부는 중산층 일자리 촉진을 위해 이런 추가 세입을 활용할 수 있다. 최적의 지출 패턴을 정하려면 면밀한 연구와 실험이 필요할 것이다. 그러나 그 돈의 절반을 중간 숙련도급 일자리를 창출하는 데 쓴다고 상상해보자. 중간 숙련도급 중산층 노동자를 고용하는 고용주에게

임금 보조금을 지급하고,[54] 나머지 절반은 교육을 개방적이고 포괄적으로 만드는 데 필요한 사립대학과 대학생 단체의 확장에 지원하는 식으로 쓰는 것이다. 임금 보조금을 최저임금 인상과 결합하면 사업주가 보조금을 유용하지 못하도록 막을 수 있다.[55]

임금 보조금은 이미 정치권의 지지를 받고 있다. 전통적인 보수주의자로 통하던 정치인을 비롯해 정치계 유명인사와 기업인은 중산층 임금에 대한 보조금 지급 방안에 열을 올리고 있다. 좌파에서는 마크 워너Mark Warner 상원의원이 중산층 일자리와 임금을 지원하는 법안을 발의했고,[56] 최근 미국 진보 센터Center for American Progress가 내놓은 마셜 플랜Marshall Plan for America은 연간 1,500억 달러 정도 들여 440만 개의 공공부문 일자리를 만들자는 제안을 담고 있다.[57] 우파에서는 리더십 전문가인 피터 조지스쿠Peter Georgescu와 홈디포Home Depot로 억만장자가 된 켄 랭곤Ken Langone이 기업의 근로자 투자와 중산층 노동자의 생산성을 높이는 생산 형태를 도입하자는 캠페인을 활발히 벌이고 있다. 조지스쿠는 연방 임금 보조금까지 명시적으로 지지하고 있다.[58]

마지막으로, 이 개혁 과제의 두 축, 교육과 직장 혁신은 능력주의에 따른 불평등을 진단하는 것으로 세울 수 있다. 그 두 축은 서로 밀접한 관계이기도 하다. 개혁 과제의 두 축은 능력주의에 따른 불평등의 핵심을 파고들 뿐만 아니라 시너지를 일으켜 훨씬 더 거대한 영향력을 끼칠 것이다. 능력주의에 따른 불평등을 앞당기는 메커니즘에 제동을 걸고 그것을 역방향으로 전환하는 것을 목표로 한다.

개방적이고 포용적인 교육이 시행되면 부유층이 아닌 엘리트가 대폭 늘어날 것이다. 개방성이 강화되면 엘리트 계층으로의 사회적 이동이 일시에 증가하고 전통적으로 미국 중산층과 엘리트 계층 모두에게 열려 있던 기회의 길이 복원될 것이다. 교육받은 노동자들의 공급이 늘어나면 엘리트 직업의 근로소득과 근로시간이 즉각 감소하고 전반적인 소득 수준이 크게 높아질 것이다.

동시에 급여 세제 개혁과 임금 보조금을 시행하면 중산층 근로자보다 상위 근로자에게 유리한 현재의 세금제도가 반전되고, 그 대신 중산층 근로자에게 이로운 상황이 확고해질 것이다.[59] 특히 현재 조세 체제가 가장 많은 세금을 부과하며 기술 분포의 폭넓은 중앙에 위치하는 가운데를 차지하는 교육받은 근로자가 급증한다면, 수요는 개선될 수밖에 없다.

이 두 가지 개혁의 간접적인 효과는 직접 효과보다 오히려 더 크다. 두 가지 개혁 모두 혁신가에게, 상위 근로자에게 유리한 기술 대신 중산층 근로자에게 유리한 기술로 혁신의 방향을 틀 동기를 부여할 것이다. 그렇게 되면 돈과 노고가 많이 드는 기량의 수익률은 한층 더 줄어들고, 견실한 기량의 수익률이 높아지는 혁신이 이루어지게 마련이다. 결과적으로 집중적인 교육의 이점이 줄어들고, 교육은 한층 더 개방적이고 포용적으로 변화할 것이다. 그리고 평등이 자기 자신을 강화하는 선순환이 그간의 눈덩이처럼 불어나는 불평등을 대체할 것이다.

교육과 노동에 대한 개혁이 오랜 시간에 걸쳐 함께 진행된다면 경제와 사회에서 중산층에게 중추적인 역할을 되찾아줄 수 있다. 물론 세인트클레어쇼어스가 20세기 중반에 누렸던 꾸준한 호시절은 역사 속으로 사라져버렸다. 그러나 능력주의에 따른 불평등을 진단하면

21세기 방식의 호시절을 모두에게 되찾아주는 정책을 마련할 수 있다.

민주적인 평등의 새로운 정치학

1968년은 세계가 기존 상황에 대한 불안과 반란을 광범위하게 경험한 마지막 해다. 그 당시 런던 정경대학 학생들은 시가를 피우는 자본가와 한 학생이 어떤 자동차를 서로 빼앗으려고 싸우는 모습을 포스터로 제작했다.

그 차의 전조등에는 달러와 파운드 기호가 새겨져 있었고, 번호판에는 "파업 금지법, 임대료 인상, 학생 탄압"이라는 문구가 새겨져 있었다. 포스터의 구호는 "동일한 우두머리에 대한 동일한 전투"였다.[60]

이 포스터의 구호는 거짓말이거나 기껏해야 동화 같은 허구였다. 이 포스터를 만든 학생 중에서도 절반이 그 구호를 믿지 않았다. 1968년은 귀족 체제가 여전히 세를 떨치던 때여서, 부유한 학생과 가난한 근로자가 같은 우두머리를 섬기지도, 같은 싸움을 벌이지도 않았다. 부유한 학생은 여전히 유한계급에 진입해 임대업자로서 넉넉한 소득을 올리거나, 최소한 대규모 조직의 일원이 되겠다는 꿈을 꿀 수 있었다. 반면에 가난한 근로자는 여전히 자본의 손아귀에서 광범위한 박탈을 경험했다.

전후의 호황 속에서 자본에 대항해 자기 입지를 구축하고 번영을 누리는 법을 배운 중산층은 엘리트 학생의 불안감에 공감하지 않고 어리둥절해하거나 남의 일로 넘겼다. 부유층 학생의 반란은 부분적으로 그들의 직감을 표출했다고 볼 수도 있지만 그런 인식은 여전히 무의식의 영역에 있었고 불분명했다. 그때부터 가속화되던 능력주의 혁명이 그 부유한 학생을 원치 않는 압박에 시달리게 했다고 볼 수도 있다. 즉 능력주의는 엘리트에게 좋은 결말을 가져다줄 운명이 아니었다고 볼 수도 있다.

런던 정경대학 포스터의 가장 큰 아이러니는 포스터가 제작되던 당시는 거짓이었던 구호가 훗날 실현되었다는 점이다. 그때까지는 아직 보이지 않던 힘을 통해서였다. 그 과정에서 능력주의는 경제 불평등의 정치학을 근본적으로 뒤바꾼다. 그 변화는 포스터가 주창했던 (현재에 더 적절한) 대동단결 가능성을 열어준다.[61]

오늘날 능력주의에 따른 불평등은 어느 누구에게도 이득이 되지 않는다. 능력주의 때문에 일 없이 놀게 되고 그에 따라 소득과 지위를 얻지 못하게 된 다수에게도, 능력주의의 유혹에 넘어가 치열하고 소외된 노동을 통해 인적 자본을 착취하는 소모적 경쟁에 참여한 소수에게도 이득이 없다.

따라서 새로운 정치판에서 선동가, 사기꾼, 그 외 거짓 선지자에게 이용당하는 사람들의 진짜 요구를 청취하고 부응할 여지가 존재한다. 능력이라는 것이 허울임을 폭로하는 식으로 능력주의에 따른 불평등을 진단하면, 엘리트를 특권에 집착하게 하고 중산층을 외부 이민자들에게 화풀이하도록 꾀어내는 이념을 간파할 수 있다. 진정한 이익을 보호하기 위해 인간성을 억누르는 것과 허구에 매달려 인간성을 억누르는 것은 완전히 다르다.

능력주의를 명확한 시각으로 바라보자. 그러면 모든 폐해가 서로 관련되지 않은 듯 보여도 실제로는 공통된 근원에서 비롯된다는 것을 파악할 수 있다. 인적 자본과 생산력이 점점 더 숫자가 줄어드는 엘리트 계층에 과도하게 집중되는 현상이 그 근원이다. 그에 따라 부유층은 스타하노프가 했던 식으로 과도한 노력에, 나머지는 강요된 게으름에 내몰린다. 그러므로 사회 질서와 경제 질서가 한층 더 평등해지면 부자와 그 외 사람 모두의 형편이 나아질 수밖에 없다.

무엇보다 민주주의적인 평등은 능력주의에 따른 불평등을 해결할 수 있는 유일한 방법이다. 케이크를 손에 넣고 먹는 것을 원하는, 즉 소득과 지위를 희생시키지 않은 채로 잃어버린 여가와 진정한 자유를 되찾고 싶어 하는 능력주의 시대 엘리트는 속임수에 넘어간 사람이다. 그들은 자신을 극심한 위험에 몰아넣는 생산의 혹독한 논리를 간과한다. 인적 자본이 소득을 낳고 노력이 명예가 되는 상황에서는, 현재의 상위 근로자가 하는 것처럼 남을 지배하거나 악영향을 끼치면서도 자신은 온전할 방법이 없다. 자신을 착취하고 내면을 공허하게 만들지 않는 한 인적 자본으로 부자가 될 수는 없다. 시민들이 시민으로서의 자존심을 지키기 위해서는 서로를 직시해야 하듯이, 근로자도 자유로워지고 자신에게 충실해지기 위해서는 소득과 생산을 남들과 나눠야 한다. 능력주의는 진정한 자아를 파괴하지 않는 사람에게는 지배로 가는 길을 허락하지 않는다.

한층 더 평등한 사회는 모든 사람에게 이익을 준다. 엘리트는 감당 가능한 소득과 지위만을 누리는 자유와 여가를 되찾을 수 있다. 팰로 앨토는 덜 부유해지겠지만, 과중한 부담을 덜 것이고, 주민은 여전히 유복한 상태에서 자유를 되찾을 것이다.

동시에 중산층은 강요된 게으름에서 벗어나 소득과 지위를 높이고 그에 따라 아무런 만족도 주지 못하는 적개심을 떨쳐버릴 수 있다. 세인트클레어쇼어스는 부와 존엄성을 회복하고 미국의 삶이라는 서사의 중심부 위치를 되찾을 것이다.

오늘날 소득 재분배에 대한 올바른 은유는 오쿤의 구멍 뚫린 통 Okun's leaky bucket theory●이 아니라 상호 이득이다. 최고조로 발달한 능력주의가 보편적인 불만을 낳는 상황에서 민주주의적인 평등은 상생의 계약으로, 부유층과 그 외 사람이 협력해야만 이룰 수 있는 계약이다. 그 안에서는 모두가 능력주의의 덫에서 벗어날 수 있다.[62]

두 집단이 교류하면 둘 다 이익을 얻는다. 그렇게 되면 진보주의자에게 우호적인 정치의 장이 마련된다.

승리는 오랜 투쟁 끝에 힘겹게 쟁취될 것이다. 반드시 해야 할 투쟁이며, 승리는 책에서가 아니라 현실에서의 주장과 조직화를 통해 이루어져야 한다. 그러나 책은 시민이 자신의 진정한 관심사가 무엇이고 그에 따라 어떤 정치적 운동에 동참하는 것이 타당한지 파악하는 데 도움이 될 수 있다.[63]

능력주의가 내뿜은 밝은 빛 때문에 사람들은 그 안에 존재하는 이념적 덫을 제대로 보지 못한다. 능력주의의 밝은 빛은 부유층에게 가짜 자부심을, 나머지 사람들에게 거짓 분노를 심어줌으로써 그에 따른 불평등이 두 집단에 끼치는 해악을 드러나지 않게 한다. 성찰은 능력주의의 폐해를 드러냄으로써 이쪽저쪽의 광범위한 시민에게 평등

───────

● 평등을 위해 이익을 옮겨가면 손실이 발생한다는 뜻.

을 권한다. 그뿐만 아니라 성찰은 부유층과 그 외 사람에게 힘을 합치지 않으면 능력주의의 덫을 벗어날 수 없다는, 부유층과 나머지 사람은 사소한 이익을 놓고 대립하지만 결국에는 힘을 합쳐야만 진정한 이익을 얻을 수 있다는 진실을 알려준다.

오래된 구호를 새롭게 인용해보겠다. 이제 중산층 근로자와 상위 근로자를 포괄하는, 만국의 노동자여, 단결하라. 노동자에게 잃을 것은 쇠사슬 이외에 없고, 얻을 것은 온 세상이다.[64]

·감사의 말·

『엘리트 세습』은 20년에 걸쳐 쓴 책인 만큼 수많은 분에게 감사의 빚을 졌다. 모두를 일일이 열거하기가 힘들다. 그리고 이분들에게 그 빚을 어떻게 다 갚아야 할지도 모르겠다. 그러나 갚으려는 노력을 포기할 수는 없다.

대학원에서 철학을 공부하면서 인적 자본에 불평등이 생길 때 발생하는 독특한 문제를 포함해 경제적 불평등에 관심을 갖게 되었다. 버나드 윌리엄스, 데릭 파피트, 로널드 드워킨, G. A. 코언 교수님 밑에서 공부했다. 모두 분배 정의에 대한 강력하고 독특한 견해를 가지고 있었다. 아마도 더 중요한 것은, 모두 깊은 문제에 대해 명확하게 생각하는 것이 얼마나 어려운지, 그리고 경험을 직접 할 수 있는 아이디어를 얻는 방법을 가르쳤다는 것이다. 얼마 후, 불평등에 관한 몇 가지 초기 주장을 발표한 뒤 엘리자베스 앤더슨과의 교류를 통해 이런 노력이 실생활에 효과적으로 적용되지 못한다는 점을 깨달았다. 더 나은 접근 방식을 찾던 중에 이 책에 대한 아이디어를 얻을 수 있었다.

그 길은 직선이 아니었으며, 예일대와 다른 여러 곳에서 동료 및 친구들과 수많은 대화를 나누었고 많은 사람이 초기의 초안에 대해 언급했다. 많은 이가 초고를 평가해주었다. 무네르 아마드, 앤 알스토트, 이언 에이리스, 모니카 벨, 요차이 벤클러, 필립 보빗, 대니 보츠먼, 키아라 브리지스, 스티브 브릴, 릭 브룩스, 존 뷰레타, 귀도 칼라브레시, 제시카 카텔리노, 밥 엘릭슨, 크리스털 페임스터, 오언 피스, 제임스 포먼, 로버트 프랭크, 브라이언 가스튼, 데이비드 그레이월, 우나 해서웨이, 준비에브 엘르랭게르, 로버트 호켓, 마이클 케이드, 폴 칸, 에이미 카프친스키, 알 클레보릭, 이사 콜러 하우스만, 로이 크레이트너, 더그 키사, 존 랭빈, 마크 립시치, 잭 리스코, 아어 리스토킨, 이언 맬컴, 벤저민 마코비츠, 잉가 마코비츠, 줄리아 마코비츠, 레베카 마코비츠, 리처드 마코비츠, 스테파니 마코비츠, 노아 메싱, 샘 모인, 데이비드 오언스, 프르즈멕 팔카, 벤 폴락, 로버트 포스트, 애셔 프라이스, 클레어 프리스트, 제드 퍼디, 아지즈 라나, 롭 라이히, 주디스 레스닉, 수전 로즈애커먼, 스콧 샤피로, 댄 샤프스테인, 피터 슈크, 비키 슐츠, 레바 시겔, 팀 스나이더, 케빈 스택, 톰 타일러, 로리 반 루, 샤론 볼크하우젠, 필리프 웰스, 레이프 베나르, 패트리크 볼프, 노아 제이츠, 타이추장 등이 포함된다. 에이미 추아와 제드 루벤펠드는 특히 광범위하고 집중적인 도움을 주었다. 이 책은 말 그대로 이들이 없었다면 세상에 나오지 못했을 것이다.

또한 이 책의 아이디어를 더 공식적인 상황에서도 제시했는데, 그때의 질문들로 내 논지의 표현 방식과 논지 자체가 좋아졌다. 여기에 도움을 준 곳으로는 미국헌법학회의 진보적 법률 장학 세미나와 브랜퍼드 머니, 파워, 정치 시리즈, 일본은행, 이화여자대학교, 싱가포르 국립법률대학, 허즐리야 대학 학제간센터, 텔아비브 부흐만 법학대학 등이 있다. 이외에도 하이델베르크 미국학 센터, 폼페우 파브라 대학, 볼로냐 대학, 암스테르담 대학 유럽 계약법 연구 센터, 베를린 홈볼트 대학, 살롱 폴라크리스 대학, 베를린 대학 간 콜로니얼 학제, 칠레 예일 클럽, 칠레 법대 교수회, 예일대 머니토크 심포지엄, 자본주의 연구 하버드 프로그램, 미국 애리조나대 제임스 E. 로저스 로스쿨, 애리조나대 법철학센터, 예일대 소득세 지원사업, 토리노 국제대학, 예일대 사회정책연구소, 워싱턴대 불평등, 정치, 그리고 공평한 성장 콘퍼런스를 위한 워싱턴센터, 예일대 로스쿨 교수 워크숍, 예일대 로스쿨 졸업식, 토론토대 법대, 텍사스대 법대, 미국헌법학회 법과 불평등에 관한 회의, 예일대 로스쿨 동문, 조지타운대 로스쿨, 세글라센터, UCLA 로스쿨, 컬럼비아대 로스쿨, 텍사스대 불평등인권회의, 다트머스대, 코넬대 로스쿨, 예일대 동창회, 헌법 이론과 정치에 관한 라틴 아메리카 세미나, 코메니우스 프로그램, 카리플로 재단, 뉴욕대 인문학 연구소, 뉴욕대 로스쿨, 밴더빌트대 로스쿨, 프랑스 국무원, 부에노스아이레스 법학부, 연방주의자협회, 노스캐롤라이나대 로스쿨 법과 정치 경제 프로젝트, ETH 취리히와 IAST 툴루즈, 훔볼트 대학 사회과학원, 퍼펄로 대학 볼디센터, 노스웨스턴 대학 프리츠커 로스쿨, 브루클린

로스쿨, 예일대 로스쿨 1세대 전문가, 이탈리아 법경제학회도 있다.

이 책의 두 번째 초안에 헌신한 여러 세미나에 참석한 사람은 내가 글을 쓰는 주요 과제를 마치면서 귀중한 의견과 제안을 했다. 여기에는 자코모 코르네오, 펠릭스 코흐, 베르트람 롬펠트, 크리스토프 뫼르스, 프라우케 피터, 프리드베르트 루브, 위르겐 슈프, 프리드베르트 반디에라, 루시 반스, 토르스텐 벨, 리처드 블런델 등이 있다. 사프라이 대학, 런던 대학의 폴 시걸, 브루스 애커먼, 데이비드 브룩스, 마이클 그레츠, 앤서니 크론만, 릭 레빈, 메이라 레빈슨, 알렉 맥길리스, 제니퍼 네델스키, 앨런 슈워츠, 존 위트, 포티아 우, 예일대 로스쿨의 기디언 야피, 에밀리 베이즐론, 니컬러스 데이도프, 제이컵 해커, 그리고 뉴헤이븐의 애니 머피 폴이 불평등 독서 모임에 참석했다.

특히 줄리안 아이켄, 미셸 허드슨을 포함한 예일 대학 법대 도서관과 훌륭한 직원들이 귀한 연구를 지원해주었다. 그리고 매우 특별한 연구 보조자 그룹이 산더미처럼 쌓인 자료와 다른 사실들을 수집, 평가, 정리했다. 여기에는 유세프 알자라니, 매슈 앰플먼, 몰리 앤더슨, 코시 애니네파, 제시카 베이커, 애런 바텔스 스윈델스, 세라 제인 비버 크리톤, 탈리 비알로스토키, 새뮤얼 엠 브릴, 존 C. 칼훈, 마이클 코넌, 이그나시오 코포네, 제인 쿠퍼, 린지 카운츠, 마르쿠 드위트, 알렉산드라 에이넌, 레아 페르난데스, 에릭 피시, 에드워드 폭스, 미겔 프란시스코 데 피게레토, 루벤 가렛, 윌리엄 게이브릭, 에이드리언 곤잘레 크레이그 콘노트, 첼시 레인 밀러, 아서 라우, 제프 링월, 대니얼 리스트, 캐서린 로게, 루카스 매클루어, 마리안나 마오, 버지니아 매칼몬트, 캐서린 매카시, 알렉스 머카시닉, 마리안 메싱, 스트라토스 파히스, 제러미 필라, 발리다 프렌티스, 라첼 폴닉, 클레르 생아무르, 잭슨 슬로바아라, 조녀선 사노프, 조지 센, 에릭 스테게밀러, 에밀리 스톨젠버그, 릴리언 팀머만, 홍 트랜, 제시카 보스버그, 팅 왕, 메건 라이트, 제프리 장, 캐서린 장, 칼린 주브지키가 있다. 특히 이 중 두 명이 이 책에 대해 길고 치열한 참여를 해주었다. 시작과 중간에는 제프 장이, 마지막에는 캐서린 매카시의 도움이 컸다.

예일 대학 로스쿨과 딘스 앤서니 크론만, 해럴드 고, 로버트 포스트, 헤더 게켄은 수년에 걸쳐 지속 가능한 집중적인 글을 썼다. 베를린 과학 대학은 1년간 지원을 했고, 영국 국립도서관은 짧은 기간이나마 내가 글을 쓰고 생각할 수 있는 탁 트이고 유쾌한 장소가 되었다. 패티 밀라도는 전문적으로 내 직업 생활을 조직하고 육성했다.

티나 베넷, 트레이시 피셔, 엘리자베스 셰인크먼, 피오나 베어드, 스베틀라나 카츠 등이 이 책을 우아하고 감각적으로 만들어주었다. 티나는 특히 연설을 해 믿을 만한 책을 제안한 다음, 나의 엉터리 사본을 책으로 만들도록 도왔다. 티나만 한 에이전트가 과연 있을까 하는 생각이 든다.

펭귄뉴욕의 앤 고도프와 윌 헤이워드, 펭귄런던의 스튜어트 프로핏과 벤 시니오르가 놀라운 보살핌, 기술, 지성 및 판단력으로 책을 편집했다. 이들은 나와 함께 원고에 대해 많은 시간을 보냈으며 논쟁에 대해 더 많이 읽고 생각했다. 이들의 관심이 나의 초기 노력을 완전히 새롭고 극적으로, 더 나은 것으로 만들어주었다. 유키 히로세는 공감 어린 배려로 원고를 꼼꼼히 살펴봐주었다. 케이시 데니스, 게일 브루셀, 브루스 기퍼즈, 그리고 펭귄 제작진 모두 물리적으로 멋진 책을 만들어주었고 훌륭한 레이아웃과 시각적 언어로 이 책이 전하려는 아이디어를 더 나은 방향으로 빛내주었다.

끝으로, 아내 세라 빌스턴은 솔직하면서도 냉철한 비판과, 동시에 무한한 다정함으로 이 책의 초안을 평가하며 초안 수정 작업을 도왔다. 이 책의 페이지마다 아내의 목소리가 반영되어 있다고 할 수 있다. 결정적으로 고비가 있을 때마다 내 세 아이는 우선순위를 변경해 내가 글을 쓸 수 있도록 개인적인 용무도 뒤로 미루고 도와주었다.

모든 분에게 감사하다는 말을 전하고 싶다.

그림과 표

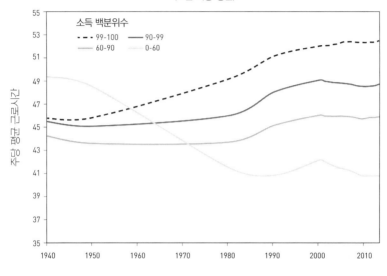

〈그림 1〉 소득 순위에 따른 주당 평균 근로시간[1]

(10년 이동 평균)

〈그림 1〉은 지난 70년 동안 소득과 노동의 상관관계를 추적한다. 오늘날 소득분포의 하위 60%인 근로자는 1940년에 비해 주당 근로시간이 10시간 가까이 줄어들었다. 이는 20%에 달하는 감소 폭이다. 그다음 30%에 해당하는 소득분포의 60백분위수에서 90백분위수 사이 속하는 근로자의 근로시간은 같은 기간에 거의 동일한 수준을 유지했다. 반면에 소득분포 상위 10%인 근로자의 근로시간은 증가했으며, 한정된 엘리트 계층에 소득이 집중됨에 따라 증가 폭이 점점 더 늘어나고 있다. 특히 상위 1%의 근로시간은 주당 7시간 가까이 증가했는데, 이는 소득 순위 중 가장 큰 증가 폭이다. 특이하게도 상위 1%인 사람은 2000년대 들어서도 근로시간이 꾸준히 증가했다. 이런 경향의 누적 효과는 엄청나다. 20세기 중반에 상위 1%의 근로시간은 하위 60%인 근로자보다 주당 3~4시간 짧았지만 오늘날에는 12시간 가까이 더 길다. 이 두 가지 변화의 누적 효과는 16시간에 달하며 근무일로 환산하면 주당 2일이다. 마지막으로, 이는 자영업자가 아닌 정규직 중년층만 조사한 결과로, 실제 증가 폭은 이보다 더 클 것이 거의 확실하다. 무엇보다 이런 수치는 실업과 노동시장 참여 추세를 감안하지 않은 것임을 유의해야 한다. 실제로 노동시장 참여는 중산층에서 엘리트 계층으로 옮겨가는 추세다.

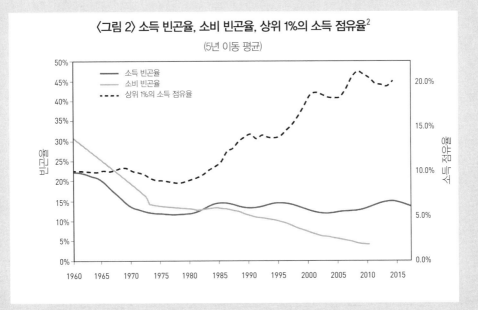

〈그림 2〉 소득 빈곤율, 소비 빈곤율, 상위 1%의 소득 점유율[2]

(5년 이동 평균)

소득 빈곤율
소비 빈곤율
상위 1%의 소득 점유율

〈**그림 2**〉는 대압축 시대의 정점인 1960년에서 21세기까지의 소득 빈곤율(왼쪽)과 상위 1%(오른쪽)의 소득 점유율을 보여준다. 빈곤율과 관련된 두 개의 실선은 모두 하락했다. 정확한 추세는 산출 방식에 따라 달라질 테지만 빈곤율은 1960년 수준의 2분의 1에서 6분의 1 가까이 하락했다. 소득 빈곤율은 22.5%에서 12% 정도로 하락했다. 소비 빈곤율은 31% 정도에서 5% 미만으로 떨어졌다. 이와 대조적으로 부유층의 소득 점유율과 관련된 점선은 가파르게 상승했다. 가장 부유한 1%의 소득 점유율이 1960년 이후 두 배 가까이 증가했다. 이는 상위 1%의 소득 점유율이 10%대에서 20%대로, 절대적으로 증가한 것을 반영한다.

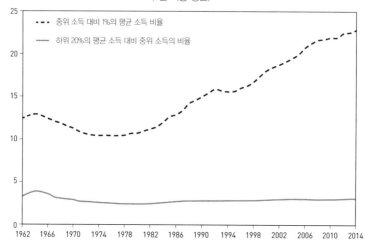

〈그림 3〉 고소득, 중간 소득, 저소득 간 비교치의 변화[3]
(5년 이동 평균)

- - - 중위 소득 대비 1%의 평균 소득 비율
—— 하위 20%의 평균 소득 대비 중위 소득의 비율

〈그림 3〉은 전반적인 소득분포에서 주요 지점의 세후 소득 비율을 나타낸다.[4] 상향 점선을 통해 중산층(50번째 백분위수)의 소득 대비 상위 1%의 평균 소득 비율이 상승했음을 알 수 있다. 다시 말해 부유층은 중산층을 훌쩍 따돌리고 점점 더 부유해지고 있으며, 오늘날 상위 1%의 소득은 중위 소득의 20배를 웃돈다. 더욱이 1960년대와 1970년대 상위 1%는 두 배 가까운 소득을 올리고 있다. 실선은 하위 20%의 평균 소득 대비 중위 소득의 비율을 나타낸다. 전반적으로 다소 하향하는 것으로 볼 때 오늘날 중위 소득자의 저소득층 대비 소득 비율이 20세기 중반에 비해 다소 하락했음을 알 수 있다. 한마디로 저소득층과 중산층의 소득이 수렴하고 있다.

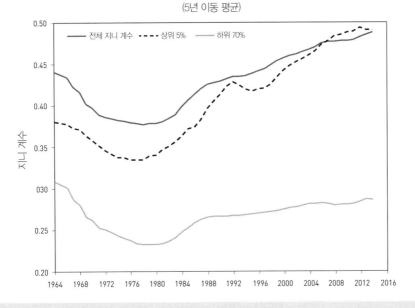

〈그림 4〉 장기간에 걸친 미국 상위 소득자, 하위 소득자, 전체 지니 계수[5]
(5년 이동 평균)

〈그림 4〉는 세 가지 방식으로 산출된 미국의 지니 계수다.[6] 진한 상향 실선은 전체 지니 계수다. 가파른 상승세로 볼 때 불평등 수준이 1964년 노르웨이 수준에서 오늘날 인도 수준으로 급증한 것을 알 수 있다. 연한 실선은 잘 알려지지 않은 측정치로, 소득 하위 70%의 지니 계수다.[7] 소득을 재분배하는 것이 아니라 상위 30% 이상의 소득을 상계하는 식으로 구한다. 〈그림 4〉는 최하위층의 지니 계수가 20세기 중반 이후 10% 정도 하락했음을 보여준다. 미국 소득분포상 하위 70%의 지니 계수가 소폭 하락했다는 이야기다. 가파른 상승선을 그리는 점선은 상위 5%의 지니 계수를 나타낸다. 상위 5%의 지니 계수는 하위 95% 이하의 소득을 모두 상계해서 구한다. 부유층 내 불평등이 천정부지로 치솟았음을 알 수 있다. 더욱이 광범위한 하위 집단 내 불평등과 폭이 좁은 상위 집단 내 불평등 격차가, 1964년부터 1984년까지 거의 그대로 유지되다가 1984년 초부터 급증한 사실을 보여준다. 경제 불평등의 무게 중심이 소득분포 내에서 위로 이동하고 있다는 뜻이다. 실제로 최근 점선과 진한 실선이 교차했다. 현재 부유층 내 불평등은 경제 전반의 불평등보다 크다. 정중앙의 경제 분리선으로 중산층과 저소득층이 뚜렷이 나뉘어 있던 20세기 중반이라면 상상조차 할 수 없었을 결과다.

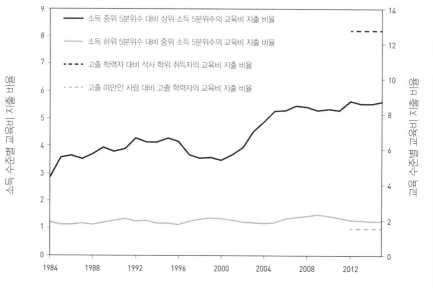

〈그림 5〉소득과 교육 수준에 따른 교육비 지출 비율[8]

(5년 이동 평균)

범례:
- 소득 중위 5분위수 대비 상위 소득 5분위수의 교육비 지출 비율
- 소득 하위 5분위수 대비 중위 소득 5분위수의 교육비 지출 비율
- 고졸 학력자 대비 석사 학위 취득자의 교육비 지출 비율
- 고졸 미만인 사람 대비 고졸 학력자의 교육비 지출 비율

〈그림 5〉는 부유층 가정과 중산층 가정의 소비 비율과 중산층 가정과 저소득층 가정의 소비 비율 추세를 교육 지출을 중심으로 보여준다. 이를 통해 부유층 가정이 자녀 교육에 투자하는 금액이 중산층에 비해 엄청나게 증가했음을 알 수 있다. 동시에 중산층 가정의 교육 투자는 저소득층 가정에 비해 증가하지 않았다. 교육 수준이 최고로 높은 가정과 보통인 가정의 교육 지출 비율을 보여주는 진한 짧은 점선은 진한 실선이 시사하는 바를 입증한다. 그뿐만 아니라 교육 지출이 소득에 비해 더 한정된 엘리트에게 집중되어 있으며 그런 엘리트가 중산층에 비해 어마어마하게 많은 돈을 교육에 투자하고 있다는 사실이 드러난다.

〈그림 3〉에서 보여준 지출 비율과 소득 비율 사이 밀접한 상관관계를 주목하라. 비교적 안정되어 있었으며 불평등이 주로 중산층과 저소득층 사이 문제였던 20세기 중반의 질서가 (1980년대부터 시작된) 새로운 질서로 대체되고 있음을 알 수 있다. 새로운 질서 아래에서는 중산층과 저소득층이 서서히 수렴하는 가운데 상류층이 중산층과 분리되고 있다.

〈그림 6〉 소득분포상 90/50과 50/10의 독해 및 수학 성취도 격차[9]

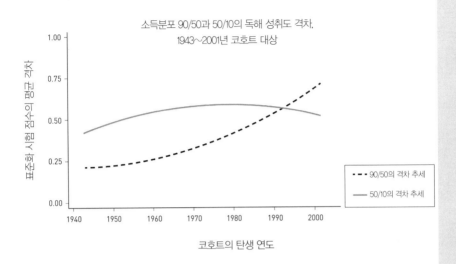

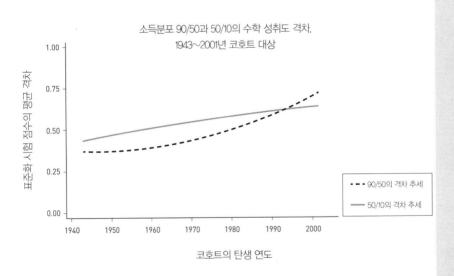

두 개로 이루어진 〈그림 6〉은 사회학자 숀 리어든Sean Reardon이 도출한 것으로,[10] 소득 분포상 90번째 백분위수와 50번째 백분위수의 학업(독해와 수학) 성취도 격차와 50번째 백분위수와 10번째 백분위수의 학업 성취도를 보여준다. 해당 그림에 따르면 90/50의 학업 성취도 격차는 20세기 중반 이후 증가했으며, 특히 1970년대 초부터는 가파르게 증가해왔다. 반면에 50/10의 학업 성취도 격차는 그보다 훨씬 더 서서히 증가해왔으며 심지어 독해의 경우에는 감소하기 시작했다. 이 두 가지 추세가 결합됨에 따라 20세기 중반에는 50/10의 독해와 수학 성취도 격차가 90/50의 격차보다 각각 2배와 3분의 1 정도 컸으나, 1990년대 중반에 이르면 90/50의 성취도 격차가 50/10의 성취도 격차를 따라잡았다. 더욱이 90/50의 성취도 격차는 그 후로도 꾸준히 증가하는 반면에, 50/10의 성취도 격차는 변동이 없다가 최근 들어 감소하기 시작했다. 오늘날 부유층과 중산층 어린이의 학업 성취도 격차는 중산층과 저소득층 어린이의 학업 성취도 격차보다 4분의 1에서 3분의 1 정도 더 크다.

다시 한번 학업 성취도 격차와 〈그림 3〉에서 제시된 소득 비율의 밀접한 상관관계를 눈여겨보라. 비교적 안정되어 있으며 불평등이 주로 중산층과 저소득층 사이 문제였던 20세기 중반의 질서가 1980년대부터 시작된 새로운 질서로 대체되고 있음을 알 수 있다. 새로운 질서 아래에서는 중산층과 저소득층이 서서히 수렴하는 가운데 상류층이 중산층과 분리되고 있다.

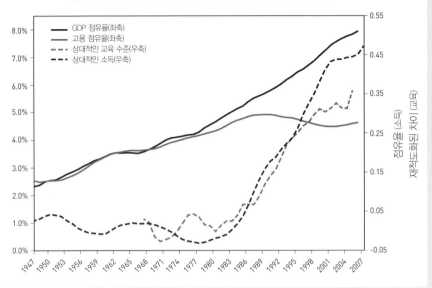

<그림 7> 금융계 종사자의 GDP 점유율, 고용 점유율, 상대적인 소득과 교육 수준, 1947~2005년[11] (5년 이동 평균)

<그림 7>은 지난 70년에 걸친 금융부문 종사자의 두 가지 추세를 보여준다. 왼편에는 생산과 고용 점유율이, 오른편에는 상대적인 소득과 교육 수준이 나타나 있다.[12] 제2차 세계대전 종전부터 1970년대 말에 이르기까지 금융은 중간 숙련도급 산업이었으며 해가 갈수록 더 많은 근로자를 고용했다. 같은 기간 금융의 GDP 점유율과 총고용률은 동반 상승했다. 더욱이 해당 기간 금융부문 근로자의 평균 생산성, 교육 수준, 소득은 다른 부문 종사자에 비해 현저히 높지 않았다.[13] 그러다가 1980년대부터 금융 산업의 GDP 점유율은 성장이 가속화되었다. 반면에 금융 산업의 고용 점유율은 변동이 없었고 심지어 하락하기 시작했다.[14] 더 나아가 상대적으로 적은 숫자의 근로자가 GDP에서 상대적으로 더 큰 비중을 차지함에 따라 금융계 종사자의 상대적인 생산성 향상에는 당연히 교육 수준과 소득의 상승이 수반되었다.[15] 그림에는 포함되어 있지 않지만 두 기간을 통틀어 금융 산업이 총보수지급액에서 차지하는 비중은 GDP 점유율과 더불어 꾸준히 상승했다. 다시 말해 금융계 종사자의 소득은 줄어들지 않았다. 오히려 갈수록 숫자가 적어졌지만 더 큰 이득을 점유한 엘리트 근로자 사이에서 꾸준한 몫을 차지했기 때문에 점점 더 높은 소득을 올렸다.[16]

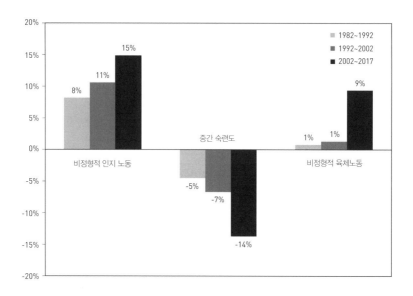

〈그림 8〉 숙련도에 따른 고용 점유율 변화[17]

〈**그림 8**〉은 경제학자 니르 자이모비치Nir Jaimovich와 헨리 슈Henry Siu가 도출한 것으로, 지난 30년 동안 10년마다 중간 숙련도급의 정형적이고 집약적인 노동은 급감하고 저숙련도 중심의 비정형적 육체노동은 완만히 상승한 반면에, 고숙련 정형적 인지 노동은 크게 증가한 추세를 보여준다. 결과적으로 1980년부터 중간 숙련도급 일자리 중 25% 정도가 사라졌으며, 구체적으로 고숙련 근로자의 일자리 점유율은 3분의 1 가까이 상승했다.

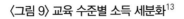

〈그림 9〉 교육 수준별 소득 세분화[13]

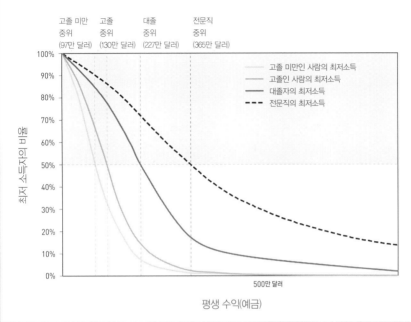

고졸 미만 중위 (97만 달러)
고졸 중위 (130만 달러)
대졸 중위 (227만 달러)
전문직 중위 (366만 달러)

y축: 최저 소득자의 비율

범례:
- 고졸 미만인 사람의 최저소득
- 고졸인 사람의 최저소득
- 대졸자의 최저소득
- 전문직의 최저소득

500만 달러

x축: 평생 수익(예금)

〈그림 9〉는 교육 수준에 따른 소득 세분화를 나타낸다. 철저한 상관관계가 놀라울 정도다. 고등학교를 졸업하지 않은 근로자와 고등학교를 졸업한 근로자 중 각각 7.3%와 14.3%만이 중위 대졸자만큼의 소득을 올린다. 고등학교를 중퇴한 근로자와 고졸 근로자와 일반 대학을 졸업한 근로자 중 각각 1.3%, 2.4%, 17.2%만이 전문대학원을 졸업한 중위 근로자만큼의 높은 소득을 올린다. 이런 수치를 보면 교육 수준이 높지 않은 근로자와 높은 근로자가 사실상 전혀 겹치지 않는, 분리된 세상에서 살다시피 한다는 것을 알 수 있다. 교육 수준이 가장 낮은 사람은 계속해서 일자리를 찾지 못해 사기가 땅에 떨어진 반면에, 교육 수준이 가장 높은 사람은 흔히 나돌듯 부모 집의 지하에 산다는 대졸자의 이야기와 대조적으로 완전 고용을 누린다. 일자리를 찾는다 해도 교육 분포에서 하위 50%를 차지하는 사람 중에서 상위 20%에 속하는 중위 근로자만큼의 소득을 올리는 사람은 겨우 50명에 1명꼴이다.[19]

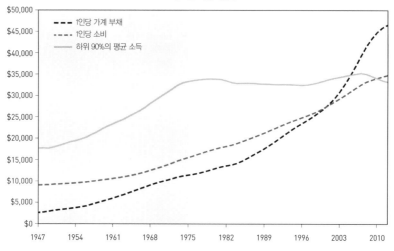

〈그림 10〉 하위 90%의 소득, 1인당 소비, 부채 변화[20]

(10년 이동 평균)

〈그림 10〉은 1947년부터 2010년까지 소득분포상에서 하위 90%인 가구의 1인당 소득, 가계부채, 평균 소득을 보여준다. 70년에 걸쳐 소비는 놀랄 만큼 꾸준히 증가했다. 반대로 소득과 부채 추세는 현저한 변동성을 보인다. 이 두 가지 추세의 변동성은 일종의 좌우 대칭을 보인다. 1947년부터 1975년까지 하위 90%의 평균 소득은(소비와 더불어 꾸준히) 상승했다. 그러다가 1975년에는 소비가 완만하게 증가하는 가운데 소득 상승세는 완전히 멈췄다. 이와 대조적으로 같은 기간 평균 부채는 소득보다 좀 더 완만한 상승세를 보였고, 소득 상승세가 멈추었다가 몇 년 후 꾸준히 증가하는 소비와 더불어 가파르게 상승하기 시작했다. 이런 추세는 명백한 현실이었다. 과거에는 소득이 꾸준히 증가해 중산층의 생활수준이 향상되었다. 그러나 1975년부터 오늘날까지 소득이 정체되었고 대출이 급증했다. 시장 불평등이 심화하는 상황에서 미국의 중산층은 재분배가 아니라, 부채를 통한 생활방식을 유지해왔다.[21] 소득이 부족해지자 부채가 소비를 뒷받침했다.[22] 중산층 가구를 대상으로 한 대출은 점점 더 약탈적 대출의 성격을 띠고 있으며 경제 불평등의 그늘에서 소액 단기 대출과 기본적으로 같은 방식으로 제공된다.[23]

〈그림 11〉 기량의 수익률과 교육의 불평등한 투자[24]

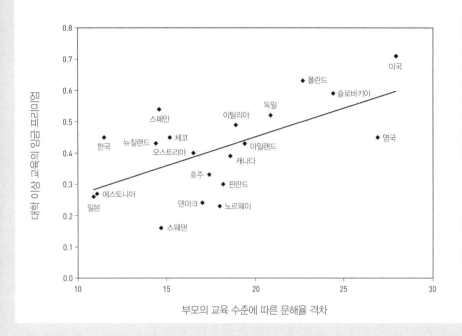

〈그림 11〉은 OECD 국가 전반의 기량 수익률과 교육 투자 불평등의 관계를 보여준다. 세로축은 대학 졸업자의 임금 프리미엄을 나타낸다. 임금 프리미엄은 근로자 기량의 경제적 수익률을 직접 보여주는 척도로, 대학 졸업장이 있는 근로자와 졸업장이 없는 근로자의 중위 시급 비율로 측정된다. 가로축은 부모의 지위가 자녀의 기량에 미치는 영향력을 나타낸다. 이는 OECD 각국 사람들이 "목표를 달성하고 지식과 잠재력을 개발하며 사회에 참여하기 위해 글을 이해하고 활용하며 고찰하고 상황과 연관 짓는" 능력을 측정한 것이다.[25] 부모의 교육 수준은 자녀의 교육 투자와 높은 상관관계를 보이기 때문에 어떤 사회의 교육 집중도를 단적으로 반영하는 척도다. 3차 교육의 임금 프리미엄과 부모의 교육 수준이 자녀의 기량에 미치는 영향 간에는 뚜렷한 상관관계가 존재하는데, 이를 통해 기량 숭배주의와 교육 집중도가 나라마다 차이를 보이며, 이 두 가지가 별개의 것이라기보다는 서로 연관된 것임을 알 수 있다.

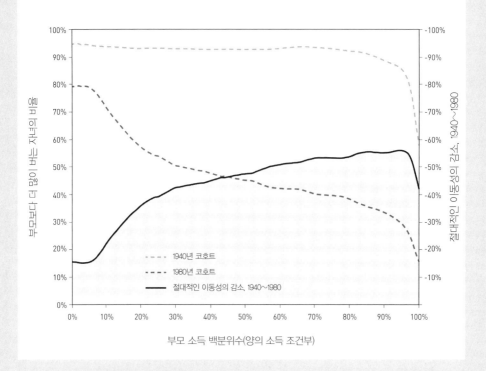

〈그림 12〉 자녀가 부모보다 더 높은 소득을 올릴 가능성의 변화[28]

부모보다 더 많이 버는 자녀의 비율

절대적인 이동성의 감소, 1940~1980

- - - 1940년 코호트
- - - 1980년 코호트
—— 절대적인 이동성의 감소, 1940~1980

부모 소득 백분위수(양의 소득 조건부)

〈그림 12〉는 20세기 중반과 오늘날 부모보다 더 높은 소득을 올리는 자녀의 비율을 부모의 소득 순위별로 보여준다. 연한 점선은 1940년에 태어난 자녀가 20세기 중반에 보인 사회적 이동성 추세다. 놀랍게도 최상위 소득자의 자녀 이외에는 소득분포 전반에 걸쳐 모든 자녀가 부모보다 더 많은 돈을 벌게 되었다. 진한 점선은 1980년에 태어난 자녀에 대한 내용이다. 최근 수십 년 동안 경제성장이 둔화해 소득분포 전반에 걸쳐 자녀가 부모보다 더 많은 돈을 벌 가능성이 낮아졌다. 그러나 그 변화는 매우 다른 형태로 나타난다. 부모의 소득 순위가 상승해 빈곤선을 탈출한 다음 정체된 상태를 보인 가운데 1980년에 태어난 자녀의 경우 부모보다 더 많은 돈을 벌 확률이 급속도로 떨어지고 있으며, 특히 매우 부유한 부모를 둔 자녀의 경우 그 확률이 (부모가 이룬 높은 소득 수준을 넘지 못해) 떨어진다. 마지막으로 실선은 능력주의에 따른 불평등이 절대적인 이동성에 끼친 영향을 극명하게 보여준다. 이를 통해 부모의 소득 순위별로 두 코호트 전반에 걸

친 절대적인 이동성의 감소가 드러난다. 부모의 소득이 소득분포상 20번째 백분위수에서 95번째 백분위수 사이인 자녀의 감소 폭이 가장 크다. 다시 말해 임금 정체의 타격을 가장 크게 입은 (매우) 광범위한 중산층 자녀의 절대적인 이동성이 가장 크게 감소했다.

〈표 1〉 자녀 연령별 상위 교육 투자와 중위 교육 투자

단계	엘리트 투자	중위 투자	투자 격차
취학 전	어린이집 2년 과정 연간 1만 5,000달러	어린이집 1년 과정 연간 5,000달러	3세 때: 1만 5,000달러 4세 때: 1만 달러
학령기	초등학교 7년 과정 (유치원~초등 6년) 연간 2만 5,000달러	초등학교 7년 과정 (유치원~초등 6년) 연간 1만 달러	5~11세 연간 1만 5,000달러
	중고등학교 6년 과정 연간 6만 달러	중고등학교 6년 과정 연간 1만 달러	12~17세 연간 5만 달러
	심화학습 13년 과정 연간 9,000달러	심화학습 13년 과정 연간 1,500달러	5~17세 연간 7,500달러
대학	4년 과정 연간 9만 달러	0달러 (중위 미국인은 대학에 진학하지 않음)	18~21세 연간 9만 달러
대학원과 전문대학원	2~7년 과정 연간 9만 달러	0달러 (중위 미국인은 대학원이나 전문대학원에 진학하지 않음)	22~28세 연간 9만 달러

《표 1》은 전형적인 상위 1%와 중산층의 연간 인적 자본 투자 격차를 보수적으로 산출된 대략적인 숫자로 보여준다. 분명한 점은 표에 나온 격차가 엘리트 교육과 일반 교육의 진정한 격차에 미치지 못한다는 사실이다. 현물 투자를 제외한 현금 투자만을 반영하고 있으며 질이 아니라 양만 측정한 표다. 신생아 때의 낮은 스트레스, 안전한 동네, 부유한 부모가 자녀에게 제공하는 양육 시간과 교육, 고급 교육을 받는 동년배로 인해 얻는 효과, 부유하고 교육 수준이 높은 부모가 자녀를 교육하면서 발휘하는 뛰어난 기량과 효율성에 대한 측정치는 반영되지 않은 것이다. 그러나 이 표가 정확한 측정치가 아닌 대략적인 정도를 반영한다는 것을 감안하더라도 현대 엘리트가 자녀 양육에 할애하는 투자가 유별나다는 사실이 생생하고 압축적으로 드러난다.

〈표 2〉 능력 상속의 환산

교육 지출 당시 자녀 연령	부모 사망 이후 기간	복합 인자		지출 격차(달러)	사망 당시 금액(달러)	
		8%	6%		8%	6%
3	47	37.2	15.5	15,000	558,000	232,500
4	46	34.5	14.6	10,000	345,000	146,000
5	45	31.9	13.8	22,500	717,750	310,500
6	44	29.6	13.0	22,500	666,000	292,500
7	43	27.4	12.3	22,500	616,500	276,750
8	42	25.3	11.6	22,500	569,250	261,000
9	41	23.5	10.9	22,500	528,750	245,250
10	40	21.7	10.3	22,500	488,250	231,750
11	39	20.1	9.7	22,500	452,250	218,250
12	38	18.6	9.2	57,500	1,069,500	529,000
13	37	17.2	8.6	57,500	989,000	494,500
14	36	16.0	8.1	57,500	920,000	465,750
15	35	14.8	7.7	57,500	851,000	442,750
16	34	13.7	7.3	57,500	787,750	419,750
17	33	12.7	6.8	57,500	730,250	391,000
18	32	11.7	6.5	90,000	1,053,000	585,000
19	31	10.9	6.1	90,000	981,000	549,000
20	30	10.1	5.7	90,000	909,000	513,000
21	29	9.3	5.4	90,000	837,000	486,000
22	28	8.6	5.1	90,000	774,000	459,000
23	27	8.0	4.8	90,000	720,000	432,000
24	26	7.4	4.5	90,000	666,000	405,000
25	25	6.8	4.3	90,000	612,000	387,000
능력 상속 금액에 준하는 총액					16,841,250	8,773,250

〈표 2〉는 〈표 1〉에 나온 수치를 취합해 능력 상속을 산출한 것이다. 구체적으로 엘리트 교육에 지출된 돈이 지출되지 않고 투자되어 부모가 사망한 뒤 엘리트 자녀에게 상속될 때의 금액을 산출한 것이다.

이때 엘리트 학생의 대학원과 전문대학원 재학 기간뿐만 아니라 더 중요하게는 부유한 부모가 몇 살에 자녀를 낳는지, 몇 살에 세상을 떠나는지, 다른 곳에 투자했을 때의 수익률은 얼마인지 추정해야 한다. 〈표 1〉이 대학원과 전문대학원을 2~7년 과정으로 나타낸 반면 〈표 2〉는 대략 4년의 중위 기간으로 설정했다. 그뿐만 아니라 〈표 2〉는 엘리트가 서른 살에 자녀를 낳고 여든 살에 세상을 떠나며 연간 8% 수익률을 얻는 것으로 기준점을 정했다. 강건성 검증robustness check을 하면 연간 수익률은 6%로 낮아진다.

표의 수치는 보수적인 추산치다. 학사 학위가 있는 여성의 초산 연령은 평균 서른 살이며,[27] 소득분포 상위 1%인 미국인의 기대수명은 남녀 각각 87세와 89세다.[28] 1980년부터 2018년까지 S&P 500 주식의 배당금을 재투자할 때의 연평균 명목 수익률은 11.5%에 달했으며, 연평균 실질 수익률은 8% 정도였다.[29] 마찬가지로 1926년부터 2015년까지 미국 주식시장 전체의 연평균 실질 수익률은 CRSP 1-10 지수와 CPI-U 지수로 계산할 때 8.6%였다.[30]

THE
MERITOCRACY
TRAP

본문에 숫자로 표시된 각주에 대한 설명은
QR코드를 통해 전자파일로 다운로드할 수 있습니다.

엘리트 세습

초판 1쇄 발행 2020년 11월 10일
    8쇄 발행 2022년 8월 25일

지은이 대니얼 마코비츠
옮긴이 서정아
펴낸이 오세인 | 펴낸곳 세종서적㈜

주간 정소연
편집 장여진 이현미 | 표지 디자인 co*kkiri | 디자인 김진희
마케팅 임종호 | 경영지원 홍성우
인쇄 천광인쇄 | 종이 화인페이퍼

출판등록 1992년 3월 4일 제4-172호
주소   서울시 광진구 천호대로132길 15, 세종 SMS 빌딩 3층
전화   경영지원 (02)778-4179, 마케팅 (02)775-7011 | 팩스 (02)776-4013
홈페이지 www.sejongbooks.co.kr | 네이버 포스트 post.naver.com/sejongbook
페이스북 www.facebook.com/sejongbooks | 원고 모집 sejong.edit@gmail.com

ISBN 978-89-8407-801-7 03330